Immanuel Kant

Critik der Urtheilskraft

3. Auflage 1799

Immanuel Kant

Critik der Urtheilskraft
3. Auflage 1799

ISBN/EAN: 9783741182938

Hergestellt in Europa, USA, Kanada, Australien, Japan

Cover: Foto ©Klaus-Uwe Gerhardt /pixelio.de

Manufactured and distributed by brebook publishing software (www.brebook.com)

Immanuel Kant

Critik der Urtheilskraft

Critik
der
Urtheilskraft

von

Immanuel Kant.

Dritte Auflage.

Berlin,
bey F. T. Lagarde. 1799.

Vorrede
zur ersten Auflage, 1790.

Man kann das Vermögen der Erkenntniß aus Principien a priori die reine Vernunft, und die Untersuchung der Möglichkeit und Gränzen derselben überhaupt die Critik der reinen Vernunft nennen: ob man gleich unter diesem Vermögen nur die Vernunft in ihrem theoretischen Gebrauche versteht, wie es auch in dem ersten Werke unter jener Benennung geschehen ist, ohne noch ihr Vermögen, als practische Vernunft, nach ihren besonderen Principien in Untersuchung ziehen zu wollen. Jene geht alsdann bloß auf unser Vermögen, Dinge a priori zu erkennen; und beschäftigt sich also nur mit dem Erkenntnißvermögen, mit Ausschließung des Gefühls der Lust und Unlust und des Begehrungsvermögens; und unter den Erkenntnißvermögen mit dem Verstande nach seinen Principien a priori, mit Ausschließung der Urtheilskraft und der **Vernunft** (als zum theoretischen Erkenntniß gleichfalls gehöriger Vermögen), weil es sich in dem Fortgange findet, daß kein anderes Erkenntnißvermögen, als der Verstand, conſtitutive Erkenntnißprincipien a priori an die Hand geben kann. Die Critik also, welche sie insgesammt, nach dem Antheile den jedes der anderen an dem baaren Besitz der Erkenntniß aus eigener Wurzel zu haben vorgeben möchte, sichtet, läßt nichts übrig, als was der **Verstand** a priori als Gesetz für die Natur, als den Inbegrif von Erscheinungen (deren Form eben sowohl a priori gegeben iſt), vorschreibt; verweiset aber alle andere reine Begriffe unter die Ideen, die für unſer theoretisches Erkenntnißvermögen überschwenglich, dabey aber doch nicht etwa unnütz oder entbehrlich ſind, ſondern als regulative Principien dienen: theils die besorglichen Anmaßungen des Verstandes, als ob er (indem er a priori die Bedingungen der Möglichkeit aller Dinge, die er erkennen kann, anzugeben vermag) dadurch auch die Möglichkeit aller Dinge überhaupt in diesen Gränzen beschlossen habe, zurück zu halten, theils um ihn selbſt in der Betrachtung der Natur nach einem Princip der Vollständigkeit, wiewohl er ſie nie

Vorrede.

erreichen kann, zu leiten, und dadurch die Endabsicht alles Erkenntnisses zu befördern.

Es war also eigentlich der **Verstand**, der sein eigenes Gebiet und zwar im **Erkenntnißvermögen** hat, sofern er constitutive Erkenntnißprincipien a priori enthält, welcher durch die im Allgemeinen so benannte Critik der reinen Vernunft gegen alle übrige Competenten in sicheren aber einigen Besitz gesetzt werden sollte. Eben so ist **der Vernunft**, welche nirgend als lediglich in Ansehung des **Begehrungsvermögens** constitutive Principien a priori enthält, in der Critik der practischen Vernunft ihr Besitz angewiesen worden.

Ob nun die **Urtheilskraft**, die in der Ordnung unserer Erkenntnißvermögen zwischen dem Verstande und der Vernunft ein Mittelglied ausmacht, auch für sich Principien a priori habe; ob diese constitutiv oder bloß regulativ sind (und also kein eigenes Gebiet beweisen), und ob sie dem Gefühle der Lust und Unlust, als dem Mittelgliede zwischen dem Erkenntnißvermögen und Begehrungsvermögen, (eben so, wie der Verstand dem ersteren, die Vernunft aber dem letzteren a priori Gesetze vor-

Vorrede.

schreiben) a priori die Regel gebe: das ist es, womit sich gegenwärtige Critik der Urtheilskraft beschäftigt.

Eine Critik der reinen Vernunft, d. i. unseres Vermögens nach Principien a priori zu urtheilen, würde unvollständig seyn, wenn die der Urtheilskraft, welche für sich als Erkenntnißvermögen darauf auch Anspruch macht, nicht als ein besonderer Theil derselben abgehandelt würde; obgleich ihre Principien in einem System der reinen Philosophie keinen besonderen Theil zwischen der theoretischen und practischen ausmachen dürfen, sondern im Nothfalle jedem von beiden gelegentlich angeschlossen werden können. Denn, wenn ein solches System unter dem allgemeinen Namen der Metaphysik einmal zu Stande kommen soll (welches ganz vollständig zu bewerkstelligen, möglich, und für den Gebrauch der Vernunft in aller Beziehung höchst wichtig ist); so muß die Critik den Boden zu diesem Gebäude vorher so tief, als die erste Grundlage des Vermögens von der Erfahrung unabhängiger Principien liegt, erforscht haben, damit es nicht an irgend einem Theile sinke, welches den Einsturz des Ganzen unvermeidlich nach sich ziehen würde.

Vorrede.

Man kann aber aus der Natur der Urtheilskraft (deren richtiger Gebrauch so nothwendig und allgemein erforderlich ist, daß daher unter dem Namen des gesunden Verstandes kein anderes, als eben dieses Vermögen genennet wird) leicht abnehmen, daß es mit großen Schwierigkeiten begleitet seyn müsse, ein eigenthümliches Princip derselben auszufinden (denn irgend eins muß es a priori in sich enthalten, weil es sonst nicht, als ein besonderes Erkenntnißvermögen, selbst der gemeinsten Critik ausgesetzt seyn würde), welches gleichwohl nicht aus Begriffen a priori abgeleitet seyn muß; denn die gehören dem Verstande an, und die Urtheilskraft geht nur auf die Anwendung derselben. Sie soll also selbst einen Begrif angeben, durch den eigentlich kein Ding erkannt wird, sondern der nur ihr selbst zur Regel dient, aber nicht zu einer objectiven, der sie ihr Urtheil anpassen kann, weil dazu wiederum eine andere Urtheilskraft erforderlich seyn würde, um unterscheiden zu können, ob es der Fall der Regel sey oder nicht.

Diese Verlegenheit wegen eines Princips (es sey nun ein subjectives oder objectives) findet sich hauptsächlich in denjenigen Beurtheilungen, die man ästhetisch nennt, die das Schöne und Erhabne, der Natur oder der Kunst, betreffen. Und gleichwohl ist die critische Untersuchung eines Princips der Urtheilskraft in denselben das wichtigste Stück einer Critik dieses Vermögens. Denn, ob sie gleich für sich allein zum Erkenntniß der Dinge gar nichts beytragen, so gehören sie doch dem Erkenntnißvermögen allein an, und beweisen eine unmittelbare Beziehung dieses Vermögens auf das Gefühl der Lust oder Unlust nach irgend einem Princip a priori, ohne es mit dem, was Bestimmungsgrund des Begehrungsvermögens seyn kann, zu vermengen, weil dieses seine Principien a priori in Begriffen der Vernunft hat. — Was aber die logische Beurtheilung der Natur anbelangt, da, wo die Erfahrung eine Gesetzmäßigkeit an Dingen aufstellt, welche zu verstehen oder zu erklären der allgemeine Verstandesbegrif vom Sinnlichen nicht mehr zulangt, und die Urtheilskraft aus sich selbst ein Princip der Beziehung des Naturdinges auf das unerkennbare Übersinnliche nehmen kann, es auch nur in Absicht auf sich selbst zum Erkenntniß der Natur brauchen muß, da kann und muß ein solches Princip a priori zwar zum Erkenntniß der Weltwesen angewandt

Vorrede.

werden, und eröfnet zugleich Aussichten, die für die practische Vernunft vortheilhaft sind: aber es hat keine unmittelbare Beziehung auf das Gefühl der Lust und Unlust, die gerade das Räthselhafte in dem Princip der Urtheilskraft ist, welches eine besondere Abtheilung in der Critik für dieses Vermögen nothwendig macht, da die logische Beurtheilung nach Begriffen (aus welchen niemals eine unmittelbare Folgerung auf das Gefühl der Lust und Unlust gezogen werden kann) allenfalls dem theoretischen Theile der Philosophie, sammt einer critischen Einschränkung derselben, hätte angehängt werden können.

Da die Untersuchung des Geschmacksvermögens, als ästhetischer Urtheilskraft, hier nicht zur Bildung und Cultur des Geschmacks (denn diese wird auch ohne alle solche Nachforschungen, wie bisher, so fernerhin, ihren Gang nehmen), sondern bloß in transscendentaler Absicht angestellt wird; so wird sie, wie ich mir schmeichle, in Ansehung der Mangelhaftigkeit jenes Zwecks auch mit Nachsicht beurtheilt werden. Was aber die letztere Absicht betrift, so muß sie sich auf die strengste Prüfung gefaßt machen. Aber auch da kann die große Schwierigkeit, ein Problem, welches die Natur so verwickelt hat, aufzulösen, einiger nicht ganz zu vermeidenden Dunkelheit in der Auflösung desselben, wie ich hoffe, zur Entschuldigung dienen, wenn nur, daß das Princip richtig angegeben worden, klar genug dargethan ist; gesetzt, die Art das Phänomen der Urtheilskraft davon abzuleiten, habe nicht alle Deutlichkeit, die man anderwärts, nehmlich von einem Erkenntniß nach Begriffen, mit Recht fordern kann, die ich auch im zweyten Theile dieses Werks erreicht zu haben glaube.

Hiemit endige ich also mein ganzes critisches Geschäft. Ich werde ungesäumt zum Doctrinalen schreiten, um, wo möglich, meinem zunehmenden Alter die dazu noch einigermaßen günstige Zeit noch abzugewinnen. Es versteht sich von selbst, daß für die Urtheilskraft darin kein besonderer Theil sey, weil in Ansehung derselben die Critik statt der Theorie dient; sondern daß, nach der Eintheilung der Philosophie in die theoretische und practische, und der reinen in eben solche Theile, die Metaphysik der Natur und die der Sitten jenes Geschäft ausmachen werden.

Einleitung.

I.
Von der Eintheilung der Philosophie.

Wenn man die Philosophie, sofern sie Principien der Vernunfterkenntniß der Dinge (nicht bloß, wie die Logik, Principien der Form des Denkens überhaupt, ohne Unterschied der Objecte) durch Begriffe enthält, wie gewöhnlich, in die theoretische und practische eintheilt: so verfährt man ganz recht. Aber alsdann müssen auch die Begriffe, welche den Principien dieser Vernunfterkenntniß ihr Object anweisen, specifisch verschieden seyn, weil sie sonst zu keiner Eintheilung berechtigen würden, welche jederzeit eine Entgegensetzung der Principien, der zu den verschiedenen Theilen einer Wissenschaft gehörigen Vernunfterkenntniß, voraussetzt.

Es sind aber nur zweyerley Begriffe, welche eben so viel verschiedene Principien der Möglichkeit ihrer Gegenstände zulassen: nehmlich die Naturbegriffe, und der Freiheitsbegrif. Da nun die ersteren ein theoretisches Erkenntniß nach Principien a priori möglich machen, der zweyte aber in Ansehung derselben nur ein negatives Princip (der bloßen Entgegensetzung) schon in seinem Begriffe bey sich führt, dagegen für die Willensbestimmung erweiternde Grundsätze, welche darum practisch heißen, errichtet: so wird die Philosophie in zwey, den Principien nach ganz verschiedene, Theile, in die theoretische als Naturphilosophie, und die practische als Moralphilosophie (denn so wird die practische Gesetzgebung der Vernunft nach dem Freiheitsbegriffe genannt) mit Recht eingetheilt. Es hat aber bisher ein großer Mißbrauch mit diesen Ausdrücken zur Eintheilung der verschiedenen Principien, und mit ihnen auch der Philosophie, geherrscht: indem man das Practische nach Naturbegriffen mit dem Practischen nach dem Freyheitsbegriffe für einerley nahm, und so, unter denselben Benennungen einer theoretischen und practischen Philosophie, eine Eintheilung machte, durch welche (da beide Theile einerley Principien haben konnten) in der That nichts eingetheilt war.

Der Wille, als Begehrungsvermögen, ist nehmlich eine von den mancherley Naturursachen in der Welt, nehmlich diejenige, welche nach Begriffen wirkt; und Alles, was als durch einen Willen möglich (oder nothwendig) vorgestellt wird, heißt practisch-möglich (oder nothwendig): zum Unterschiede von der physischen Möglichkeit oder Nothwendigkeit einer Wirkung, wozu die

Urſache nicht durch Begriffe (ſondern, wie bey der lebloſen Materie, durch Mechaniſm, und bey Thieren, durch Inſtinkt) zur Cauſalität beſtimmt wird. — Hier wird nun in Anſehung des Practiſchen unbeſtimmt gelaſſen: ob der Begrif, der der Cauſalität des Willens die Regel giebt, ein Naturbegrif, oder ein Freyheitsbegrif ſey.

Der letztere Unterſchied aber iſt weſentlich. Denn, iſt der die Cauſalität beſtimmende Begrif ein Naturbegrif, ſo ſind die Principien *techniſch=practiſch*; iſt er aber ein Freyheitsbegrif, ſo ſind dieſe *moraliſch=practiſch*: und weil es in der Eintheilung einer Vernunftwiſſenſchaft gänzlich auf diejenige Verſchiedenheit der Gegenſtände ankommt, deren Erkenntniß verſchiedener Principien bedarf, ſo werden die erſteren zur theoretiſchen Philoſophie (als Naturlehre) gehören, die andern aber ganz allein den zweyten Theil, nehmlich (als Sittenlehre) die practiſche Philoſophie, ausmachen.

Alle techniſch=practiſche Regeln (d. i. die der Kunſt und Geſchicklichkeit überhaupt, oder auch der Klugheit, als einer Geſchicklichkeit auf Menſchen und ihren Willen Einfluß zu haben), ſo fern ihre Principien auf Begriffen beruhen, müſſen nur als Corollarien zur theoretiſchen Philoſophie gezählt werden. Denn ſie betreffen nur die Möglichkeit der Dinge nach Naturbegriffen, wozu nicht allein die Mittel, die in der Natur dazu anzutreffen ſind, ſondern ſelbſt der Wille (als Begehrungs=, mithin als Naturvermögen) gehört, ſofern er durch Triebfe=

dern der Natur jenen Regeln gemäß bestimmt werden kann. Doch heißen dergleichen practische Regeln nicht Gesetze (etwa so wie physische), sondern nur Vorschriften: und zwar darum, weil der Wille nicht bloß unter dem Naturbegriffe, sondern auch unter dem Freyheitsbegriffe steht, in Beziehung auf welchen die Principien desselben Gesetze heißen, und mit ihren Folgerungen, den zweyten Theil der Philosophie, nehmlich den practischen, allein ausmachen.

So wenig also die Auflösung der Probleme der reinen Geometrie zu einem besonderen Theile derselben gehört; oder die Feldmeßkunst den Namen einer practischen Geometrie, zum Unterschiede von der reinen, als ein zweyter Theil der Geometrie überhaupt verdient: so und noch weniger, darf die mechanische oder chemische Kunst der Experimente oder der Beobachtungen, für einen practischen Theil der Naturlehre, endlich die Haus= Land=Staatswirthschaft, die Kunst des Umganges, die Vorschrift der Diätetik, selbst nicht die allgemeine Glück= seligkeitslehre, sogar nicht einmal die Bezähmung der Neigungen und Bändigung der Affecten zum Behuf der letzteren, zur practischen Philosophie gezählt werden, oder die letzteren wohl gar den zweyten Theil der Philosophie überhaupt ausmachen; weil sie insgesammt nur Regeln der Geschicklichkeit, die mithin nur technisch=practisch sind, enthalten, um eine Wirkung hervorzubringen, die nach Naturbegriffen der Ursachen und Wirkungen mög-

Einleitung.

lich ist, welche, da sie zur theoretischen Philosophie gehören, jenen Vorschriften als bloßen Corollarien aus derselben (der Naturwissenschaft) unterworfen sind, und also keine Stelle in einer besondern Philosophie, die practische genannt, verlangen können. Dagegen machen die moralisch-practischen Vorschriften, die sich gänzlich auf dem Freiheitsbegriffe, mit völliger Ausschließung der Bestimmungsgründe des Willens aus der Natur, gründen, eine ganz besondere Art von Vorschriften aus: welche auch, gleich denen Regeln welchen die Natur gehorcht, schlechthin Gesetze heißen, aber nicht, wie diese, auf sinnlichen Bedingungen, sondern auf einem übersinnlichen Princip beruhen, und, neben dem theoretischen Theile der Philosophie, für sich ganz allein, einen andern Theil, unter dem Namen der practischen Philosophie, fordern.

Man siehet hieraus, daß ein Inbegrif practischer Vorschriften, welche die Philosophie giebt, nicht einen besonderen, dem theoretischen zur Seite gesetzten, Theil derselben darum ausmache, weil sie practisch sind; denn das könnten sie seyn, wenn ihre Principien gleich gänzlich aus der theoretischen Erkenntniß der Natur hergenommen wären (als technisch-practische Regeln); sondern, weil und wenn ihr Princip gar nicht vom Naturbegriffe, der jederzeit sinnlich bedingt ist, entlehnt ist, mithin auf dem übersinnlichen, welches der Freyheitsbegrif allein durch formale Gesetze kennbar macht, beruht, und sie also moralisch=practisch, d. i. nicht bloß Vorschriften und Regeln in dieser oder jener Absicht, sondern, ohne vorgehende Bezugnehmung auf Zwecke und Absichten, Gesetze sind.

II.
Vom Gebiete der Philosophie überhaupt.

So weit Begriffe a priori ihre Anwendung haben, so weit reicht der Gebrauch unseres Erkenntnißvermögens nach Principien, und mit ihm die Philosophie.

Der Inbegrif aller Gegenstände aber, worauf jene Begriffe bezogen werden, um, wo möglich ein Erkenntniß derselben zu Stande zu bringen, kann, nach der verschiedenen Zulänglichkeit oder Unzulänglichkeit unserer Vermögen zu dieser Absicht, eingetheilt werden.

Begriffe, sofern sie auf Gegenstände bezogen werden, unangesehen, ob ein Erkenntniß derselben möglich sey oder nicht, haben ihr Feld, welches bloß nach dem Verhältnisse, das ihr Object zu unserem Erkenntnißvermögen überhaupt hat, bestimmt wird. — Der Theil dieses Feldes, worin für uns Erkenntniß möglich ist, ist ein Boden (territorium) für diese Begriffe und das dazu erforderliche Erkenntnißvermögen. Der Theil des Bodens, worauf diese gesetzgebend sind, ist das Gebiet (ditio) dieser Begriffe, und der ihnen zustehenden Erkenntnißvermögen. Erfahrungsbegriffe haben also

zwar

Einleitung.

zwar ihren Boden in der Natur, als dem Inbegriffe aller Gegenstände der Sinne, aber kein Gebiet (sondern nur ihren Aufenthalt, domicilium); weil sie zwar gesetzlich erzeugt werden, aber nicht gesetzgebend sind, sondern die auf sie gegründeten Regeln empirisch, mithin zufällig, sind.

Unser gesammtes Erkenntnißvermögen hat zwey Gebiete, das der Naturbegriffe, und das des Freyheitsbegrifs; denn durch beide ist es a priori gesetzgebend. Die Philosophie theilt sich nun auch, diesem gemäß, in die theoretische und die practische. Aber der Boden, auf welchem ihr Gebiet errichtet, und ihre Gesetzgebung ausgeübt wird, ist immer doch nur der Inbegrif der Gegenstände aller möglichen Erfahrung, sofern sie für nichts mehr als bloße Erscheinungen genommen werden; denn ohnedas würde keine Gesetzgebung des Verstandes in Ansehung derselben gedacht werden können.

Die Gesetzgebung durch Naturbegriffe geschieht durch den Verstand, und ist theoretisch. Die Gesetzgebung durch den Freyheitsbegrif geschieht von der Vernunft, und ist bloß practisch. Nur allein im Practischen kann die Vernunft gesetzgebend seyn; in Ansehung des theoretischen Erkenntnisses (der Natur) kann sie nur (als gesetzkundig, vermittelst des Verstandes) aus gegebenen Gesetzen durch Schlüsse Folgerungen ziehen, die doch immer nur bey der Natur stehen bleiben. Umgekehrt aber, wo Regeln practisch sind, ist die Vernunft nicht darum sofort gesetzgebend, weil jene auch technisch=practisch seyn können.

Verstand und Vernunft haben also zwey verschiedene Gesetzgebungen auf einem und demselben Boden der Erfahrung, ohne daß eine der anderen Eintrag thun darf. Denn so wenig der Naturbegrif auf die Gesetzgebung durch den Freyheitsbegrif Einfluß hat, eben so wenig stört dieser die Gesetzgebung der Natur. — Die Möglichkeit, das Zusammenbestehen beider Gesetzgebungen und der dazu gehörigen Vermögen in demselben Subject sich wenigstens ohne Widerspruch zu denken, bewies die Critik der r. V., indem sie die Einwürfe dawider durch Aufdeckung des dialectischen Scheins in denselben vernichtete.

Aber, daß diese zwey verschiedenen Gebiete, die sich zwar nicht in ihrer Gesetzgebung, aber doch in ihren Wirkungen in der Sinnenwelt unaufhörlich einschränken, nicht Eines ausmachen, kommt daher: daß der Naturbegrif zwar seine Gegenstände in der Anschauung, aber nicht als Dinge an sich selbst, sondern als bloße Erscheinungen, der Freyheitsbegrif dagegen in seinem Objecte zwar ein Ding an sich selbst, aber nicht in der Anschauung vorstellig machen, mithin keiner von beiden ein theoretisches Erkenntniß von seinem Objecte (und selbst dem denkenden Subjecte) als Ding an sich verschaffen kann, welches das Übersinnliche seyn würde, wovon man die Idee zwar der Möglichkeit aller jener

Einleitung.

Gegenstände der Erfahrung unterlegen muß, sie selbst aber niemals zu einem Erkenntnisse erheben und erweitern kann.

Es giebt also ein unbegränztes, aber auch unzugängliches Feld für unser gesammtes Erkenntnißvermögen, nehmlich das Feld des Übersinnlichen, worin wir keinen Boden für uns finden, also auf demselben weder für die Verstandes- noch Vernunftbegriffe ein Gebiet zum theoretischen Erkenntniß haben können; ein Feld, welches wir zwar zum Behuf des theoretischen sowohl als practischen Gebrauchs der Vernunft mit Ideen besetzen müssen, denen wir aber in Beziehung auf die Gesetze aus dem Freiheitsbegriffe, keine andere als practische Realität verschaffen können, wodurch demnach unser theoretisches Erkenntniß nicht im Mindesten zu dem Übersinnlichen erweitert wird.

Ob nun zwar eine unübersehbare Kluft zwischen dem Gebiete des Naturbegrifs, als dem Sinnlichen, und dem Gebiete des Freyheitsbegrifs, als dem Übersinnlichen befestigt ist, so daß von dem ersteren zum anderen (also vermittelst des theoretischen Gebrauchs der Vernunft) kein Übergang möglich ist, gleich als ob es so viel verschiedene Welten wären, deren erste auf die zweyte keinen Einfluß haben kann: so soll doch diese auf jene einen Einfluß haben, nehmlich der Freiheitsbegrif soll den durch seine Gesetze aufgegebenen Zweck in der Sinnenwelt wirklich machen; und die Natur muß folglich auch so gedacht werden können, daß die Gesetzmäßigkeit ihrer Form wenigstens zur Möglichkeit der in ihr zu bewirkenden Zwecke nach Freyheitsgesetzen zusammenstimme. — Also muß es doch einen Grund der Einheit des übersinnlichen, welches der Natur zum Grunde liegt, mit dem was der Freiheitsbegrif practisch enthält, geben, wovon der Begrif, wenn er gleich weder theoretisch noch practisch zu einem Erkenntnisse desselben gelangt, mithin kein eigenthümliches Gebiet hat, dennoch den Übergang von der Denkungsart nach den Principien der einen, zu der nach Principien der anderen, möglich macht.

III.

Von der Critik der Urtheilskraft, als einem Verbindungsmittel der zwey Theile der Philosophie zu einem Ganzen.

Die Critik der Erkenntnißvermögen in Ansehung dessen, was sie a priori leisten können, hat eigentlich kein Gebiet in Ansehung der Objecte; weil sie keine Doctrin ist, sondern nur, ob und wie, nach der Bewandniß die es mit unseren Vermögen hat, eine Doctrin durch sie möglich sey, zu untersuchen hat. Ihr Feld erstreckt sich auf alle Anmaßungen derselben, um sie in die Gränzen ihrer Rechtmäßigkeit zu setzen. Was aber nicht in die Eintheilung der Philosophie kommen kann, das kann doch, als ein Haupttheil, in die Critik des reinen Erkenntnißvermögens überhaupt kommen, wenn es nehmlich Principien enthält, die für sich weder zum theoretischen noch practischen Gebrauche tauglich sind.

Die Naturbegriffe, welche den Grund zu allem theoretischen Erkenntniß a priori enthalten, beruheten auf der Gesetzgebung des Verstandes. — Der Freiheitsbegrif, der den Grund zu allen sinnlich=unbedingten practischen Vorschriften a priori enthielt, beruhete auf der Gesetzgebung der Vernunft. Beide Vermögen also haben, außer dem, daß sie der logischen Form nach auf Principien, welchen Ursprungs sie auch seyn mögen, angewandt werden können, überdem noch jedes seine eigene Gesetzgebung dem Inhalte nach, über die es keine andere (a priori) giebt, und die daher die Eintheilung der Philosophie in die theoretische und practische rechtfertigt.

Allein in der Familie der oberen Erkenntnißvermögen giebt es doch noch ein Mittelglied zwischen dem Verstande und der Vernunft. Dieses ist die Urtheilskraft, von welcher man Ursache hat, nach der Analogie zu vermuthen, daß sie eben sowohl, wenn gleich nicht eine eigene Gesetzgebung, doch ein ihr eigenes Princip nach Gesetzen zu suchen, allenfalls ein bloß subjectives a priori, in sich enthalten dürfte: welches, wenn ihm gleich kein Feld der Gegenstände als sein Gebiet zuständre, doch irgend einen Boden haben kann, und eine gewisse

Beschaffenheit desselben, wofür gerade nur dieses Principip geltend seyn möchte.

Hierzu kommt aber noch (nach der Analogie zu urtheilen) ein neuer Grund, die Urtheilskraft mit einer anderen Ordnung unserer Vorstellungskräfte in Verknüpfung zu bringen, welche von noch größerer Wichtigkeit zu seyn scheint, als die der Verwandtschaft mit der Familie der Erkenntnißvermögen. Denn alle Seelenvermögen, oder Fähigkeiten, können auf die drey zurückgeführt werden, welche sich nicht ferner aus einem gemeinschaftlichen Grunde ableiten lassen: das **Erkenntnißvermögen, das Gefühl der Lust und Unlust, und das Begehrungsvermögen** *). Für

---

*) Es ist von Nutzen: zu Begriffen, welche man als empirische Principien braucht, wenn man Ursache hat zu vermuthen, daß sie mit dem reinen Erkenntnißvermögen a priori in Verwandtschaft stehen, dieser Beziehung wegen, eine transcendentale Definition zu versuchen: nehmlich durch reine Categorien, sofern diese allein schon den Unterschied des vorliegenden Begrifs von anderen hinreichend angeben. Man folgt hierin dem Beyspiel des Mathematikers, der die empirischen Data seiner Aufgabe unbestimmt läßt, und pur ihr Verhältniß in der reinen Synthesis derselben unter die Begriffe der reinen Arithmetik bringt, und sich dadurch die Auflösung derselben verallgemeinert. — Man hat mir aus einem ähnlichen Verfahren (Crit. der pract. V., S. 16 der Vorrede) einen Vorwurf gemacht, und die Definition des Begehrungsvermögens, als Vermögens durch seine Vorstellungen Ursache von der Wirklichkeit der Gegenstände dieser Vorstellungen zu seyn, getadelt: weil

Einleitung.

das Erkenntnißvermögen ist allein der Verstand gesetzgebend, wenn jenes (wie es auch geschehen muß, wenn es bloße Wünsche doch auch Begehrungen wären, von denen sich doch jeder bescheidet, daß er durch dieselben allein ihr Object nicht hervorbringen könne. — Dieses aber beweiset nichts weiter, als daß es auch Begehrungen im Menschen gebe, wodurch derselbe mit sich selbst im Widerspruche steht: indem er durch seine Vorstellung allein zur Hervorbringung des Objects hinwirkt, von der er doch keinen Erfolg erwarten kann, weil er sich bewußt ist, daß seine mechanischen Kräfte (wenn ich die nicht psychologischen so nennen soll), die durch jene Vorstellung bestimmt werden müßten, um das Object (mithin mittelbar) zu bewirken, entweder nicht zulänglich sind, oder gar auf etwas Unmögliches gehen, z. B. das Geschehene ungeschehen zu machen (O mihi praeteritos..etc.), oder in ungeduldigem Harren die Zwischenzeit, bis zum herbeygewünschten Augenblick, vernichten zu können. — Ob wir uns gleich in solchen phantastischen Begehrungen der Unzulänglichkeit unserer Vorstellungen (oder gar ihrer Untauglichkeit), Ursache ihrer Gegenstände zu seyn, bewußt sind; so ist doch die Beziehung derselben, als Ursache, mithin die Vorstellung ihrer Causalität, in jedem Wunsche enthalten, und vornehmlich alsdann sichtbar, wenn dieser ein Affect, nehmlich Sehnsucht, ist. Denn diese beweisen dadurch, daß sie das Herz ausdehnen und welk machen, und so die Kräfte erschöpfen, daß die Kräfte durch Vorstellungen wiederholentlich angespannt werden, aber das Gemüth bey der Rücksicht auf die Unmöglichkeit unaufhörlich wiederum in Ermattung zurück sinken lassen. Selbst die Gebete um Abwendung großer und so viel man einsieht, unvermeidlicher Übel, und manche abergläubische Mittel zur Erreichung natürlicherweise unmöglicher Zwecke, beweisen die Causalbeziehung der Vorstellungen auf ihre

für sich, ohne Vermischung mit dem Begehrungsvermögen, betrachtet wird) als Vermögen eines **theoretischen Erkenntnisses** auf die Natur bezogen wird, in Ansehung deren allein (als Erscheinung) es uns möglich ist, durch Naturbegriffe a priori, welche eigentlich reine Verstandesbegriffe sind, Gesetze zu geben. — Für das Begehrungsvermögen, als ein oberes Vermögen nach dem Freyheitsbegriffe, ist allein die Vernunft (in der allein dieser Begrif Statt hat) a priori gesetzgebend. — Nun ist zwischen dem Erkenntniß- und dem Begehrungsvermögen das Gefühl der Lust, so wie zwischen dem Verstande und der Vernunft die Urtheilskraft, enthalten. Es ist also wenigstens vorläufig zu vermuthen, daß die Urtheilskraft eben sowohl für sich ein Princip a priori enthalte, und, da mit dem Begehrungsvermögen nothwendig Lust oder Unlust verbunden ist (es sey daß sie,

<small>Objecte, die sogar durch das Bewußtseyn ihrer Unzulänglichkeit zum Effect von der Bestrebung dazu nicht abgehalten werden kann. — Warum aber in unsere Natur der Hang zu mit Bewußtseyn leeren Begehrungen gelegt worden, das ist eine anthropologisch-teleologische Frage. Es scheint: daß, sollten wir nicht eher, als bis wir uns von der Zulänglichkeit unseres Vermögens zu Hervorbringung eines Objects versichert hätten, zur Kraftanwendung bestimmt werden, diese großentheils unbenutzt bleiben würde. Denn gemeiniglich lernen wir unsere Kräfte nur dadurch allererst kennen, daß wir sie versuchen. Diese Täuschung in leeren Wünschen ist also nur die Folge von einer wohlthätigen Anordnung in unserer Natur.</small>

Einleitung.

wie beym unteren, vor dem Princip deſſelben vorhergehe, oder wie beym oberen, nur aus der Beſtimmung deſſelben durch das moraliſche Geſetz folge), eben ſo wohl einen Übergang von reinen Erkenntnißvermögen, d. i. vom Gebiete der Naturbegriffe, zum Gebiete des Freyheitsbegrifs bewirken werde, als ſie im logiſchen Gebrauche den Übergang vom Verſtande zur Vernunft möglich macht.

Wenn alſo gleich die Philoſophie nur in zwey Haupttheile, die theoretiſche und practiſche, eingetheilt werden kann; wenn gleich alles, was wir von den eignen Principien der Urtheilskraft zu ſagen haben möchten, in ihr zum theoretiſchen Theile, d. i. dem Vernunfterkenntniß nach Naturbegriffen, gezählt werden müßte; ſo beſteht doch die Critik der reinen Vernunft, die alles dieſes vor der Unternehmung jenes Syſtems, zum Behuf der Möglichkeit deſſelben, ausmachen muß, aus drey Theilen: der Critik des reinen Verſtandes, der reinen Urtheilskraft, und der reinen Vernunft, welche Vermögen darum rein genannt werden, weil ſie a priori geſetzgebend ſind.

IV.

Von der Urtheilskraft, als einem a priori geſetzgebenden Vermögen.

Urtheilskraft überhaupt iſt das Vermögen, das Beſondere als enthalten unter dem Allgemeinen zu denken.

Ist das Allgemeine (die Regel, das Princip, das Gesetz) gegeben, so ist die Urtheilskraft, welche das Besondere darunter subsumirt (auch, wenn sie als transcendentale Urtheilskraft, a priori die Bedingungen angiebt, welchen gemäß allein unter jenem Allgemeinen subsumirt werden kann) bestimmend. Ist aber nur das Besondere gegeben, wozu sie das Allgemeine finden soll, so ist die Urtheilskraft bloß reflectirend.

Die bestimmende Urtheilskraft unter allgemeinen transcendentalen Gesetzen, die der Verstand giebt, ist nur subsumirend; das Gesetz ist ihr a priori vorgezeichnet, und sie hat also nicht nöthig, für sich selbst auf ein Gesetz zu denken, um das Besondere in der Natur dem Allgemeinen unterordnen zu können. — Allein es sind so mannichfaltige Formen der Natur, gleichsam so viele Modificationen der allgemein transcendentalen Naturbegriffe, die durch jene Gesetze, welche der reine Verstand a priori giebt, weil dieselben nur auf die Möglichkeit einer Natur (als Gegenstandes der Sinne) überhaupt gehen, unbestimmt gelassen werden, daß dafür doch auch Gesetze seyn müssen, die zwar, als empirische, nach unserer Verstandeseinsicht zufällig seyn mögen, die aber doch, wenn sie Gesetze heißen sollen, (wie es auch der Begrif einer Natur erfordert) aus einem, wenn gleich uns unbekannten, Princip der Einheit des Mannichfaltigen, als nothwendig angesehen werden müssen. — Die reflectirende Urtheilskraft, die von dem Besondern in der

Einleitung.

Natur zum Allgemeinen aufzusteigen die Obliegenheit hat, bedarf also eines Princips, welches sie nicht von der Erfahrung entlehnen kann, weil es eben die Einheit aller empirischen Principien unter gleichfalls empirischen aber höheren Principien, und also die Möglichkeit der systematischen Unterordnung derselben unter einander, begründen soll. Ein solches transcendentales Princip kann also die reflectirende Urtheilskraft sich nur selbst als Gesetz geben, nicht anderwärts hernehmen (weil sie sonst bestimmende Urtheilskraft seyn würde), noch der Natur vorschreiben; weil die Reflexion über die Gesetze der Natur sich nach der Natur, und die nicht nach den Bedingungen richtet, nach welchen wir einen in Ansehung dieser ganz zufälligen Begrif von ihr zu erwerben trachten.

Nun kann dieses Princip kein anderes seyn, als daß, da allgemeine Naturgesetze ihren Grund in unserm Verstande haben, der sie der Natur (obzwar nur nach dem allgemeinen Begriffe von ihr als Natur) vorschreibt, die besondern empirischen Gesetze in Ansehung dessen, was in ihnen durch jene unbestimmt gelassen ist, nach einer solchen Einheit betrachtet werden müssen, als ob gleichfalls ein Verstand (wenn gleich nicht der unsrige) sie zum Behuf unserer Erkenntnißvermögen, um ein System der Erfahrung nach besonderen Naturgesetzen möglich zu machen, gegeben hätte. Nicht, als wenn auf diese Art wirklich ein solcher Verstand angenommen werden müßte (denn es ist nur die reflectirende Urtheilskraft, der diese

Idee zum Princip dient, zum Reflectiren, nicht zum Bestimmen); sondern dieses Vermögen giebt sich dadurch nur selbst, und nicht der Natur, ein Gesetz.

Weil nun der Begrif von einem Object sofern er zugleich den Grund der Wirklichkeit dieses Objects enthält, der *Zweck,* und die Übereinstimmung eines Dinges mit derjenigen Beschaffenheit der Dinge, die nur nach Zwecken möglich ist, die *Zweckmäßigkeit* der Form derselben heißt: so ist das Princip der Urtheilskraft in Ansehung der Form der Dinge der Natur unter empirischen Gesetzen überhaupt, die *Zweckmäßigkeit der Natur in ihrer Mannichfaltigkeit.* D. i. die Natur wird durch diesen Begrif so vorgestellt, als ob ein Verstand den Grund der Einheit des Mannichfaltigen ihrer empirischen Gesetze enthalte.

Die Zweckmäßigkeit der Natur ist also ein besonderer Begrif a priori, der lediglich in der reflectirenden Urtheilskraft seinen Ursprung hat. Denn den Naturproducten kann man so etwas, als Beziehung der Natur an ihnen auf Zwecke, nicht beylegen, sondern diesen Begrif nur brauchen, um über sie in Ansehung der Verknüpfung der Erscheinungen in ihr, die nach empirischen Gesetzen gegeben ist, zu reflectiren. Auch ist dieser Begrif von der practischen Zweckmäßigkeit (der menschlichen Kunst oder auch der Sitten) ganz unterschieden, ob er zwar nach einer Analogie mit derselben gedacht wird.

V.

Das Princip der formalen Zweckmäßigkeit der Natur ist ein transcendentales Princip der Urtheilskraft.

Ein transcendentales Princip ist dasjenige, durch welches die allgemeine Bedingung a priori vorgestellt wird, unter der allein Dinge Objecte unserer Erkenntniß überhaupt werden können. Dagegen heißt ein Princip metaphysisch, wenn es die Bedingung a priori vorstellt, unter der allein Objecte, deren Begrif empirisch gegeben seyn muß, a priori weiter bestimmet werden können. So ist das Princip der Erkenntniß der Körper, als Substanzen und als veränderlicher Substanzen, transcendental, wenn dadurch gesagt wird, daß ihre Veränderung eine Ursache haben müsse; es ist aber metaphysisch, wenn dadurch gesagt wird, ihre Veränderung müsse eine äußere Ursache haben: weil im ersteren Falle der Körper nur durch ontologische Prädicate (reine Verstandesbegriffe), z. B. als Substanz, gedacht werden darf, um den Satz a priori zu erkennen; im zweyten aber der empirische Begrif eines Körpers (als eines beweglichen Dinges im Raum) diesem Satze zum Grunde gelegt werden muß, alsdann aber, daß dem Körper das letztere Prädicat (der Bewegung nur durch äußere Ursache) zukomme, völlig a priori eingesehen werden kann. — So ist, wie ich sogleich zeigen werde, das Princip der

Zweckmäßigkeit der Natur (in der Mannichfaltigkeit ihrer empirischen Gesetze) ein transcendentales Princip. Denn der Begrif von den Objecten, sofern sie als unter diesem Princip stehend gedacht werden, ist nur der reine Begrif von Gegenständen des möglichen Erfahrungserkenntnisses überhaupt, und enthält nichts Empirisches. Dagegen wäre das Princip der practischen Zweckmäßigkeit, die in der Idee der Bestimmung eines freyen Willens gedacht werden muß, ein metaphysisches Princip; weil der Begrif eines Begehrungsvermögens als eines Willens doch empirisch gegeben werden muß (nicht zu den transcendentalen Prädicaten gehört). Beide Principien aber sind dennoch nicht empirisch, sondern Principien a priori: weil es zur Verbindung des Prädicats mit dem empirischen Begriffe des Subjects ihrer Urtheile keiner weiteren Erfahrung bedarf, sondern jene völlig a priori eingesehen werden kann.

Daß der Begrif einer Zweckmäßigkeit der Natur zu den transcendentalen Principien gehöre, kann man aus den Maximen der Urtheilskraft, die der Nachforschung der Natur a priori zum Grunde gelegt werden, und die dennoch auf nichts, als die Möglichkeit der Erfahrung, mithin der Erkenntniß der Natur, aber nicht bloß als Natur überhaupt, sondern als durch eine Mannichfaltigkeit besonderer Gesetze bestimmten Natur, gehen, hinreichend ersehen. — Sie kommen, als Sentenzen der metaphysischen Weisheit, bey Gelegenheit mancher Re-

Einleitung.

geln, deren Nothwendigkeit man nicht aus Begriffen darthun kann, im Laufe dieser Wissenschaft oft genug, aber nur zerstreut, vor. „Die Natur nimmt den kürzesten Weg (lex parsimoniae); sie thut gleichwohl keinen Sprung, weder in der Folge ihrer Veränderungen, noch der Zusammenstellung specifisch verschiedener Formen (lex continui in natura); ihre große Mannichfaltigkeit in empirischen Gesetzen ist gleichwohl Einheit unter wenigen Principien (principia praeter necessitatem non sunt multiplicanda)"; u. d. gl. m.

Wenn man aber von diesen Grundsätzen den Ursprung anzugeben denkt, und es auf dem psychologischen Wege versucht, so ist dies dem Sinne derselben gänzlich zuwider. Denn sie sagen nicht was geschieht, d. i. nach welcher Regel unsere Erkenntnißkräfte ihr Spiel wirklich treiben, und wie geurtheilt wird, sondern wie geurtheilt werden soll; und da kommt diese logische objective Nothwendigkeit nicht heraus, wenn die Principien bloß empirisch sind. Also ist die Zweckmäßigkeit der Natur für unsere Erkenntnißvermögen und ihren Gebrauch, welche offenbar aus ihnen hervorleuchtet, ein transcendentales Princip der Urtheile, und bedarf also auch einer transcendentalen Deduction, vermittelst deren der Grund so zu urtheilen in den Erkenntnißquellen a priori aufgesucht werden muß.

Wir finden nehmlich in den Gründen der Möglichkeit einer Erfahrung zuerst freylich etwas Nothwendiges, nehmlich die allgemeinen Gesetze, ohne welche Natur überhaupt (als Gegenstand der Sinne) nicht gedacht werden kann; und diese beruhen auf den Categorieen, angewandt auf die formalen Bedingungen aller uns möglichen Anschauung, sofern sie gleichfalls a priori gegeben ist. Unter diesen Gesetzen nun ist die Urtheilskraft bestimmend; denn sie hat nichts zu thun, als unter gegebenen Gesetzen zu subsumiren. Z. B. der Verstand sagt: Alle Veränderung hat ihre Ursache (allgemeines Naturgesetz); die transcendentale Urtheilskraft hat nun nichts weiter zu thun, als die Bedingung der Subsumtion unter dem vorgelegten Verstandesbegrif a priori anzugeben: und das ist die Succession der Bestimmungen eines und desselben Dinges. Für die Natur nun überhaupt (als Gegenstand möglicher Erfahrung) wird jenes Gesetz als schlechterdings nothwendig erkannt. — Nun sind aber die Gegenstände der empirischen Erkenntniß, außer jener formalen Zeitbedingung, noch auf mancherley Art bestimmt, oder, so viel man a priori urtheilen kann, bestimmbar, sodaß specifisch-verschiedene Naturen, außerdem was sie, als zur Natur überhaupt gehörig, gemein haben, noch auf unendlich mannichfaltige Weise Ursachen seyn können; und eine jede dieser Arten muß (nach dem Begriffe einer Ursache überhaupt) ihre Regel haben, die Gesetz ist, mithin Nothwendigkeit bey sich führt: ob wir gleich, nach der Beschaffenheit und den Schranken unserer Erkenntnißvermögen, diese Nothwendigkeit gar

nicht

nicht einsehen. Also müssen wir in der Natur, in Ansehung ihrer bloß empirischen Gesetze, eine Möglichkeit unendlich mannichfaltiger empirischer Gesetze denken, die für unsere Einsicht dennoch zufällig sind (a priori nicht erkannt werden können); und in deren Ansehung beurtheilen wir die Natureinheit nach empirischen Gesetzen, und die Möglichkeit der Einheit der Erfahrung (als Systems nach empirischen Gesetzen), als zufällig. Weil aber doch eine solche Einheit nothwendig vorausgesetzt und angenommen werden muß, da sonst kein durchgängiger Zusammenhang empirischer Erkenntnisse zu einem Ganzen der Erfahrung Statt finden würde, indem die allgemeinen Naturgesetze zwar einen solchen Zusammenhang unter den Dingen ihrer Gattung nach, als Naturdinge überhaupt, aber nicht specifisch, als solche besondere Naturwesen, an die Hand geben: so muß die Urtheilskraft für ihren eigenen Gebrauch es als Princip a priori annehmen, daß das für die menschliche Einsicht Zufällige in den besonderen (empirischen) Naturgesetzen dennoch eine, für uns zwar nicht zu ergründende aber doch denkbare, gesetzliche Einheit in der Verbindung ihres Mannichfaltigen zu einer an sich möglichen Erfahrung, enthalte. Folglich, weil die gesetzliche Einheit in einer Verbindung, die wir zwar einer nothwendigen Absicht (einem Bedürfniß) des Verstandes gemäß, aber zugleich doch als an sich zufällig erkennen, als Zweckmäßigkeit der Objecte (hier der

Natur) vorgestellt wird; so muß die Urtheilskraft, die in Ansehung der Dinge unter möglichen (noch zu entdeckenden) empirischen Gesetzen, bloß reflectirend ist, die Natur in Ansehung der letztern nach einem **Princip der Zweckmäßigkeit** für unser Erkenntnißvermögen denken; welches dann in obigen Maximen der Urtheilskraft ausgedrückt wird. Dieser transscendentale Begrif einer Zweckmäßigkeit der Natur ist nun weder ein Naturbegrif, noch ein Freyheitsbegrif, weil er gar nichts dem Objecte (der Natur) beylegt, sondern nur die einzige Art, wie wir in der Reflection über die Gegenstände der Natur in Absicht auf eine durchgängig zusammenhangende Erfahrung verfahren müssen, vorstellt, folglich ein subjectives Princip (Maxime) der Urtheilskraft; daher wir auch, gleich als ob es ein glücklicher unsre Absicht begünstigender Zufall wäre, erfreuet (eigentlich eines Bedürfnisses entledigt) werden, wenn wir eine solche systematische Einheit unter bloß empirischen Gesetzen antreffen; ob wir gleich nothwendig annehmen mußten, es sey eine solche Einheit, ohne daß wir sie doch einzusehen und zu beweisen vermochten.

Um sich von der Richtigkeit dieser Deduction des vorliegenden Begrifs, und der Nothwendigkeit ihn als transcendentales Erkenntnißprincip anzunehmen, zu überzeugen, bedenke man nur die Größe der Aufgabe: aus gegebenen Wahrnehmungen einer allenfalls unendliche Mannichfaltigkeit empirischer Gesetze enthaltenden

Einleitung.

Natur eine zusammenhangende Erfahrung zu machen, welche Aufgabe a priori in unserm Verstande liegt. Der Verstand ist zwar a priori im Besitze allgemeiner Gesetze der Natur, ohne welche sie gar kein Gegenstand einer Erfahrung seyn könnte; aber er bedarf doch auch überdem noch einer gewissen Ordnung der Natur, in den besondern Regeln derselben, die ihm nur empirisch bekannt werden können, und die in Ansehung seiner zufällig sind. Diese Regeln, ohne welche kein Fortgang von der allgemeinen Analogie einer möglichen Erfahrung überhaupt zur besondern Statt finden würde, muß er sich als Gesetze (d. i. als nothwendig) denken: weil sie sonst keine Naturordnung ausmachen würden, ob er gleich ihre Nothwendigkeit nicht erkennt, oder jemals einsehen könnte. Ob er also gleich in Ansehung derselben (Objecte) a priori nichts bestimmen kann, so muß er doch um diesen empirischen sogenannten Gesetzen nachzugehen, ein Princip a priori, daß nehmlich nach ihnen eine erkennbare Ordnung der Natur möglich sey, aller Reflexion über dieselbe zum Grunde legen, dergleichen Princip nachfolgende Sätze ausdrücken: daß es in ihr eine für uns faßliche Unterordnung von Gattungen und Arten gebe; daß jene sich einander wiederum einem gemeinschaftlichen Princip nähern, damit ein Übergang von einer zu der andern, und dadurch zu einer höheren Gattung möglich sey; daß, da für die specifische Verschiedenheit der Naturwirkungen eben so viel verschiedene Arten der

Caufalität annehmen zu müſſen, unſerem Verſtande anfänglich unvermeidlich ſcheint, ſie dennoch unter einer geringen Zahl von Principien ſtehen mögen, mit deren Aufſuchung wir uns zu beſchäftigen haben, u. ſ. w. Dieſe Zuſammenſtimmung der Natur zu unſerem Erkenntnißvermögen wird von der Urtheilskraft, zum Behuf ihrer Reflexion über dieſelbe, nach ihren empiriſchen Geſetzen, a priori vorausgeſetzt; indem ſie der Verſtand zugleich objectiv als zufällig anerkennt, und bloß die Urtheilskraft ſie der Natur als transſcendentale Zweckmäßigkeit (in Beziehung auf das Erkenntnißvermögen des Subjects) beylegt: weil wir, ohne dieſe vorauszuſetzen, keine Ordnung der Natur nach empiriſchen Geſetzen, mithin keinen Leitfaden für eine mit dieſen nach aller ihrer Mannichfaltigkeit anzuſtellende Erfahrung und Nachforſchung derſelben haben würden.

" Denn es läßt ſich wohl denken: daß, ungeachtet aller der Gleichförmigkeit der Naturdinge nach den allgemeinen Geſetzen, ohne welche die Form eines Erfahrungserkenntniſſes überhaupt gar nicht Statt finden würde, die ſpecifiſche Verſchiedenheit der empiriſchen Geſetze der Natur, ſammt ihren Wirkungen, dennoch ſo groß ſeyn könnte, daß es für unſeren Verſtand unmöglich wäre, in ihr eine faßliche Ordnung zu entdecken, ihre Producte in Gattungen und Arten einzutheilen, um die Principien der Erklärung und des Verſtändniſſes des einen auch zur Erklärung und Begreifung des an-

Einleitung.

dern zu gebrauchen, und aus einem für uns so verworrenen (eigentlich nur unendlich mannichfaltigen, unserer Faſſungskraft nicht angemeſſenen) Stoffe eine zuſammenhangende Erfahrung zu machen.

Die Urtheilskraft hat alſo auch ein Princip a priori für die Möglichkeit der Natur, aber nur in ſubjectiver Rückſicht, in ſich, wodurch ſie, nicht der Natur (als Autonomie), ſondern ihr ſelbſt (als Heautonomie) für die Reflexion über jene, ein Geſetz vorſchreibt, welches man das **Geſetz der Specification der Natur** in Anſehung ihrer empiriſchen Geſetze nennen könnte, das ſie a priori an ihr nicht erkennt, ſondern zum Behuf einer für unſeren Verſtand erkennbaren Ordnung derſelben in der Eintheilung, die ſie von ihren allgemeinen Geſetzen macht, annimmt, wenn ſie dieſen eine Mannichfaltigkeit der beſondern unterordnen will. Wenn man alſo ſagt: die Natur ſpecificirt ihre allgemeinen Geſetze nach dem Princip der Zweckmäßigkeit für unſer Erkenntnißvermögen, d. i. zur Angemeſſenheit mit dem menſchlichen Verſtande in ſeinem nothwendigen Geſchäfte: zum Beſonderen, welches ihm die Wahrnehmung darbietet, das Allgemeine, und zum Verſchiedenen (für jede Species zwar Allgemeinen) wiederum Verknüpfung in der Einheit des Princips zu finden; ſo ſchreibt man dadurch weder der Natur ein Geſetz vor, noch lernt man eines von ihr durch Beobachtung (ob zwar jenes Princip durch dieſe beſtätigt werden kann). Denn es iſt nicht ein Princip der

bestimmenden, sondern bloß der reflectirenden Urtheilskraft; man will nur, daß man, die Natur mag ihren
allgemeinen Gesetzen nach eingerichtet seyn wie sie wolle,
durchaus nach jenem Princip und den sich darauf gründenden Maximen ihren empirischen Gesetzen nachspüren
müsse, weil wir, nur so weit als jenes Statt findet, mit
dem Gebrauche unseres Verstandes in der Erfahrung
fortkommen und Erkenntniß erwerben können.

VI.

Von der Verbindung des Gefühls der Lust mit dem Begriffe der Zweckmäßigkeit der Natur.

Die gedachte Übereinstimmung der Natur in der
Mannichfaltigkeit ihrer besonderen Gesetze zu unserem
Bedürfnisse, Allgemeinheit der Principien für sie aufzufinden, muß nach aller unserer Einsicht, als zufällig
beurtheilt werden, gleichwohl aber doch, für unser Ver-
standesbedürfniß, als unentbehrlich, mithin als Zweckmäßigkeit, wodurch die Natur mit unserer, aber nur auf
Erkenntniß gerichteten, Absicht übereinstimmt. — Die
allgemeinen Gesetze des Verstandes, welche zugleich Gesetze der Natur sind, sind derselben eben so nothwendig
(obgleich aus Spontaneität entsprungen), als die Bewegungsgesetze der Materie; und ihre Erzeugung setzt keine
Absicht mit unseren Erkenntnißvermögen voraus, weil
wir nur durch dieselben von dem, was Erkenntniß der

Einleitung.

Dinge (der Natur) sey, zuerst einen Begrif erhalten, und sie der Natur, als Object unserer Erkenntniß überhaupt, nothwendig zukommen. Allein, daß die Ordnung der Natur nach ihren besonderen Gesetzen, bey aller unsere Fassungskraft übersteigenden wenigstens möglichen Mannichfaltigkeit und Ungleichartigkeit, doch dieser wirklich angemessen sey, ist, so viel wir einsehen können, zufällig; und die Auffindung derselben ist ein Geschäft des Verstandes, welches mit Absicht zu einem nothwendigen Zwecke desselben, nehmlich Einheit der Principien in sie hineinzubringen, geführt wird: welchen Zweck dann die Urtheilskraft der Natur beylegen muß, weil der Verstand ihr hierüber kein Gesetz vorschreiben kann.

Die Erreichung jeder Absicht ist mit dem Gefühle der Lust verbunden; und, ist die Bedingung der erstern eine Vorstellung a priori, wie hier ein Princip für die reflectirende Urtheilskraft überhaupt, so ist das Gefühl der Lust auch durch einen Grund a priori und für jedermann gültig bestimmt: und zwar bloß durch die Beziehung des Objects auf das Erkenntnißvermögen, ohne daß der Begrif der Zweckmäßigkeit hier im Mindesten auf das Begehrungsvermögen Rücksicht nimmt, und sich also von aller practischen Zweckmäßigkeit der Natur gänzlich unterscheidet.

In der That, da wir von dem Zusammentreffen der Wahrnehmungen mit den Gesetzen nach allgemeinen Naturbegriffen (den Categorieen) nicht die mindeste

Einleitung.

Wirkung auf das Gefühl der Lust in uns antreffen, auch nicht antreffen können, weil der Verstand damit unabsichtlich nach seiner Natur nothwendig verfährt: so ist andrerseits die entdeckte Vereinbarkeit zweyer oder mehrerer empirischen heterogenen Naturgesetze unter einem sie beide befassenden Princip der Grund einer sehr merklichen Lust, oft sogar einer Bewunderung, selbst einer solchen, die nicht aufhört, ob man schon mit dem Gegenstande derselben genug bekannt ist. Zwar spüren wir an der Faßlichkeit der Natur, und ihrer Einheit der Abtheilungen in Gattungen und Arten, wodurch allein empirische Begriffe möglich sind, durch welche wir sie nach ihren besonderen Gesetzen erkennen, keine merkliche Lust mehr: aber sie ist gewiß zu ihrer Zeit gewesen, und nur weil die gemeinste Erfahrung ohne sie nicht möglich seyn würde, ist sie allmählich mit dem bloßen Erkenntnisse vermischt, und nicht mehr besonders bemerkt worden. — Es gehört also etwas, das in der Beurtheilung der Natur auf die Zweckmäßigkeit derselben für unsern Verstand aufmerksam macht, ein Studium: ungleichartige Gesetze derselben, wo möglich, unter höhere, obwohl immer noch empirische, zu bringen, dazu, um, wenn es gelingt, an dieser Einstimmung derselben für unser Erkenntnißvermögen, die wir als bloß zufällig ansehen, Lust zu empfinden. Dagegen würde uns eine Vorstellung der Natur durchaus mißfallen, durch welche man uns vorhersagte, daß bey der min-

Einleitung.

besten Nachforschung über die gemeinste Erfahrung hinaus, wir auf eine Heterogeneität ihrer Gesetze stoßen würden, welche die Vereinigung ihrer besonderen Gesetze unter allgemeinen empirischen für unseren Verstand unmöglich machte; weil dies dem Princip der subjectivzweckmäßigen Specification der Natur in ihren Gattungen, und unserer reflectirenden Urtheilskraft in der Absicht der letzteren, widerstreitet.

Diese Voraussetzung der Urtheilskraft ist gleichwohl darüber so unbestimmt: wie weit jene idealische Zweckmäßigkeit der Natur für unser Erkenntnißvermögen ausgedehnt werden solle, daß, wenn man uns sagt, eine tiefere oder ausgebreitetere Kenntniß der Natur durch Beobachtung müsse zuletzt auf eine Mannichfaltigkeit von Gesetzen stoßen, die kein menschlicher Verstand auf ein Princip zurückführen kann, wir es auch zufrieden sind; ob wir es gleich lieber hören, wenn Andere uns Hofnung geben: daß, je mehr wir die Natur im Innern kennen würden, oder mit äußeren uns für jetzt unbekannten Gliedern vergleichen könnten, wir sie in ihren Principien um desto einfacher, und, bei der scheinbaren Heterogeneität ihrer empirischen Gesetze, einhelliger finden würden, je weiter unsere Erfahrung fortschritte. Denn es ist ein Geheiß unserer Urtheilskraft, nach dem Princip der Angemessenheit der Natur zu unserem Erkenntnisvermögen zu verfahren, so weit es reicht, ohne (weil es keine bestimmende Urtheilskraft ist, die uns diese Regel giebt) auszumachen, ob es irgendwo seine Gränzen habe, oder nicht; weil wir zwar in Ansehung des rationalen Gebrauchs unserer Erkenntnißvermögen Gränzen bestimmen können, im empirischen Felde aber keine Gränzbestimmung möglich ist.

VII.

Von der ästhetischen Vorstellung der Zweckmäßigkeit der Natur.

Was an der Vorstellung eines Objects bloß subjectiv ist, d. i. ihre Beziehung auf das Subject, nicht auf den Gegenstand ausmacht, ist die ästhetische Beschaffenheit derselben; was aber an ihr zur Bestimmung des Gegenstandes (zum Erkenntnisse) dient, oder gebraucht werden kann, ist ihre logische Gültigkeit. In dem Erkenntnisse eines Gegenstandes der Sinne kommen beide Beziehungen zusammen vor. In der Sinnenvorstellung der Dinge außer mir ist die Qualität des Raums, worin wir sie anschauen, das bloß Subjective meiner Vorstellung derselben (wodurch, was sie als Object an sich seyn mögen, unausgemacht bleibt), um welcher Beziehung willen der Gegenstand auch dadurch bloß als Erscheinung gedacht wird; der Raum ist aber, seiner bloß subjectiven Qualität ungeachtet, gleichwohl doch ein Erkenntnißstück der Dinge als Erscheinungen. Empfindung (hier die äußere) drückt eben sowohl das bloß Subjective unserer Vorstellun-

Einleitung.

gen der Dinge außer uns aus, aber eigentlich das Materielle (Reale) derselben (wodurch etwas Existirendes gegeben wird), so wie der Raum die bloße Form a priori der Möglichkeit ihrer Anschauung; und gleichwohl wird jene auch zum Erkenntniß der Objecte außer uns gebraucht.

Dasjenige Subjective aber an einer Vorstellung **was gar kein Erkenntnißstück werden kann,** ist die mit ihr verbundene Lust oder Unlust; denn durch sie erkenne ich nichts an dem Gegenstande der Vorstellung, obgleich sie wohl die Wirkung irgend einer Erkenntniß seyn kann. Nun ist die Zweckmäßigkeit eines Dinges, sofern sie in der Wahrnehmung vorgestellt wird, auch keine Beschaffenheit des Objects selbst (denn eine solche kann nicht wahrgenommen werden), ob sie gleich aus einem Erkenntnisse der Dinge gefolgert werden kann. Die Zweckmäßigkeit also, die vor dem Erkenntnisse eines Objects vorhergeht, ja sogar, ohne die Vorstellung desselben zu einem Erkenntniß brauchen zu wollen, gleichwohl mit ihr unmittelbar verbunden wird, ist das Subjective derselben, was gar kein Erkenntnißstück werden kann. Also wird der Gegenstand alsdann nur darum zweckmäßig genannt, weil seine Vorstellung unmittelbar mit dem Gefühle der Lust verbunden ist; und diese Vorstellung selbst ist eine ästhetische Vorstellung der Zweckmäßigkeit. — Es fragt sich nur, ob es überhaupt eine solche Vorstellung der Zweckmäßigkeit gebe.

Wenn mit der bloßen Auffassung (apprehensio) der Form eines Gegenstandes der Anschauung, ohne Beziehung derselben auf einen Begrif zu einem bestimmten Erkenntniß, Lust verbunden ist: so wird die Vorstellung dadurch nicht auf das Object, sondern lediglich auf das Subject bezogen; und die Lust kann nichts anders als die Angemessenheit desselben zu den Erkenntnißvermögen, die in der reflectirenden Urtheilskraft im Spiel sind, und sofern sie darin sind, also bloß eine subjective formale Zweckmäßigkeit des Objects ausdrücken. Denn jene Auffassung der Formen in die Einbildungskraft kann niemals geschehen, ohne daß die reflectirende Urtheilskraft, auch unabsichtlich, sie wenigstens mit ihrem Vermögen, Anschauungen auf Begriffe zu beziehen, vergliche. Wenn nun in dieser Vergleichung die Einbildungskraft (als Vermögen der Anschauungen a priori) zum Verstande, als Vermögen der Begriffe, durch eine gegebene Vorstellung unabsichtlich in Einstimmung versetzt und dadurch ein Gefühl der Lust erweckt wird, so muß der Gegenstand alsdann als zweckmäßig für die reflectirende Urtheilskraft angesehen werden. Ein solches Urtheil ist ein ästhetisches Urtheil über die Zweckmäßigkeit des Objects, welches sich auf keinem vorhandenen Begriffe vom Gegenstande gründet, und keinen von ihm verschaft. Wessen Gegenstandes Form (nicht das

Einleitung.

Materielle seiner Vorstellung, als Empfindung) in der bloßen Reflexion über dieselbe (ohne Absicht auf einen von ihm zu erwerbenden Begrif) als der Grund einer Lust an der Vorstellung eines solchen Objects beurtheilt wird; mit dessen Vorstellung wird diese Lust auch als nothwendig verbunden geurtheilt, folglich als nicht bloß für das Subject, welches diese Form auffaßt, sondern für jeden Urtheilenden überhaupt. Der Gegenstand heißt alsdann schön; und das Vermögen, durch eine solche Lust (folglich auch allgemeingültig) zu urtheilen, der Geschmack. Denn da der Grund der Lust bloß in der Form des Gegenstandes für die Reflexion überhaupt, mithin in keiner Empfindung des Gegenstandes, und auch ohne Beziehung auf einen Begrif, der irgend eine Absicht enthielte, gesetzt wird: so ist es allein die Gesetzmäßigkeit im empirischen Gebrauche der Urtheilskraft überhaupt (Einheit der Einbildungskraft mit dem Verstande) in dem Subjecte, mit der die Vorstellung des Objects in der Reflexion, deren Bedingungen a priori allgemein gelten, zusammen stimmt; und, da diese Zusammenstimmung des Gegenstandes mit den Vermögen des Subjects zufällig ist, so bewirkt sie die Vorstellung einer Zweckmäßigkeit desselben in Ansehung der Erkenntnißvermögen des Subjects.

Hier ist nun eine Lust, die, wie alle Lust oder Unlust, welche nicht durch den Freyheitsbegrif (d. i. durch die vorhergehende Bestimmung des oberen Begehrungsvermögens durch reine Vernunft) gewirkt wird, niemals aus Begriffen, als mit der Vorstellung eines Gegenstandes nothwendig verbunden, eingesehen werden kann, sondern jederzeit nur durch reflectirte Wahrnehmung als mit dieser verknüpft erkannt werden muß, folglich, wie alle empirische Urtheile, keine objective Nothwendigkeit ankündigen und auf Gültigkeit a priori Anspruch machen kann. Aber, das Geschmacksurtheil macht auch nur Anspruch, wie jedes andere empirische Urtheil, für jedermann zu gelten, welches ungeachtet der inneren Zufälligkeit desselben, immer möglich ist. Das Befremdende und Abweichende liegt nur darin: daß es nicht ein empirischer Begrif, sondern ein Gefühl der Lust (folglich gar kein Begrif) ist welches doch durch das Geschmacksurtheil, gleich als ob es ein mit dem Erkentnisse des Objects verbundenes Prädicat wäre, jedermann zugemuthet und mit der Vorstellung desselben verknüpft werden soll.

Ein einzelnes Erfahrungsurtheil, z. B. von dem, der in einem Bergcrystall einen beweglichen Tropfen Wasser wahrnimmt, verlangt mit Recht, daß ein jeder andere es eben so finden müsse, weil er dieses Urtheil, nach den allgemeinen Bedingungen der bestimmenden Urtheilskraft, unter den Gesetzen einer möglichen Erfahrung überhaupt gefället hat. Eben so macht derjenige, welcher in der bloßen Reflexion über die Form eines Gegenstandes, ohne Rücksicht auf einen Begrif, Lust empfindet, ob zwar

Einleitung.

dieses Urtheil empirisch und einzelnes Urtheil ist, mit Recht Anspruch auf Jedermanns Beystimmung: weil der Grund zu dieser Lust in der allgemeinen obzwar subjectiven Bedingung der reflectirenden Urtheile, nehmlich der zweckmäßigen Übereinstimmung eines Gegenstandes (er sey Product der Natur oder der Kunst) mit dem Verhältniß der Erkenntnißvermögen unter sich, die zu jedem empirischen Erkenntniß erfordert wird (der Einbildungskraft und des Verstandes), angetroffen wird. Die Lust ist also im Geschmacksurtheile zwar von einer empirischen Vorstellung abhängig, und kann a priori mit keinem Begriffe verbunden werden (man kann a priori nicht bestimmen, welcher Gegenstand dem Geschmacke gemäß seyn werde oder nicht, man muß ihn versuchen); aber sie ist doch der Bestimmungsgrund dieses Urtheils nur dadurch, daß man sich bewußt ist, sie beruhe bloß auf der Reflexion und den allgemeinen, obwohl nur subjectiven, Bedingungen der Übereinstimmung derselben zum Erkenntniß der Objecte überhaupt, für welche die Form des Objects zweckmäßig ist.

Das ist die Ursache, warum die Urtheile des Geschmacks ihrer Möglichkeit nach, weil diese ein Princip a priori voraussetzt, auch einer Critik unterworfen sind, obgleich dieses Princip weder ein Erkenntnißprincip für den Verstand, noch ein practisches für den Willen, und also a priori gar nicht bestimmend ist.

Die Empfänglichkeit einer Lust aus der Reflexion über die Formen der Sachen (der Natur sowohl als der Kunst) bezeichnet aber nicht allein eine Zweckmäßigkeit der Objecte in Verhältniß auf die reflectirende Urtheilskraft, gemäß dem Naturbegriffe am Subject, sondern auch umgekehrt des Subjects in Ansehung der Gegenstände ihrer Form, ja selbst ihrer Unform nach, zufolge dem Freiheitsbegriffe; und dadurch geschieht es: daß das ästhetische Urtheil, nicht bloß als Geschmacksurtheil, auf das Schöne, sondern auch, als aus einem Geistesgefühl entsprungenes, auf das Erhabene bezogen, und so jene Critik der ästhetischen Urtheilskraft in zwey diesen gemäße Haupttheile zerfallen muß.

VIII.

Von der logischen Vorstellung der Zweckmäßigkeit der Natur.

An einem in der Erfahrung gegebenen Gegenstande kann Zweckmäßigkeit vorgestellt werden: entweder aus einem bloß subjectiven Grunde, als Übereinstimmung seiner Form, in der Auffassung (apprehensio) desselben vor allem Begriffe, mit den Erkenntnißvermögen, um die Anschauung mit Begriffen zu einem Erkenntniß überhaupt zu vereinigen; oder aus einem objectiven, als Übereinstimmung seiner Form mit der Möglichkeit des Dinges selbst, nach einem Begriffe von ihm, der

vor-

vorhergeht und den Grund dieser Form enthält. Wir haben gesehen: daß die Vorstellung der Zweckmäßigkeit der ersteren Art auf der unmittelbaren Lust an der Form des Gegenstandes in der bloßen Reflexion über sie beruhe; die also von der Zweckmäßigkeit der zweyten Art, da sie die Form des Objects nicht auf die Erkenntnißvermögen des Subjects in der Auffassung derselben, sondern auf ein bestimmtes Erkenntniß des Gegenstandes unter einem gegebenen Begriffe bezieht, hat nichts mit einem Gefühle der Lust an den Dingen, sondern mit dem Verstande in Beurtheilung derselben zu thun. Wenn der Begrif von einem Gegenstande gegeben ist, so besteht das Geschäft der Urtheilskraft im Gebrauche desselben zum Erkenntniß in der Darstellung (exhibitio), d. i. darin, dem Begriffe eine correspondirende Anschauung zur Seite zu stellen: es sey, daß dieses durch unsere eigene Einbildungskraft geschehe, wie in der Kunst, wenn wir einen vorhergefaßten Begrif von einem Gegenstande, der für uns Zweck ist, realisiren, oder durch die Natur, in der Technik derselben (wie bey organisirten Körpern), wenn wir ihr unseren Begrif vom Zweck zur Beurtheilung ihres Products unterlegen; in welchem Falle nicht bloß Zweckmäßigkeit der Natur in der Form des Dinges, sondern dieses ihr Product als Naturzweck vorgestellt wird. — Obzwar unser Begrif von einer subjectiven Zweckmäßigkeit der Natur in ihren Formen nach empirischen Gesetzen, gar kein Begrif vom Object ist, sondern nur ein Princip der Urtheilskraft sich in die ihrer übergroßen Mannichfaltigkeit Begriffe zu verschaffen (in ihr orientiren zu können): so legen wir ihr doch hiedurch gleichsam eine Rücksicht auf unser Erkenntnißvermögen nach der Analogie eines Zwecks bey; und so können wir die **Naturschönheit** als Darstellung des Begrifs der formalen (bloß subjectiven), und die **Naturzwecke** als Darstellung des Begrifs einer realen (objectiven) Zweckmäßigkeit ansehen, deren eine wir durch Geschmack (ästhetisch, vermittelst des Gefühls der Lust), die andere durch Verstand und Vernunft (logisch, nach Begriffen) beurtheilen.

Hierauf gründet sich die Eintheilung der Critik der Urtheilskraft in die der **ästhetischen** und der **teleologischen**; indem unter der ersteren das Vermögen, die formale Zweckmäßigkeit (sonst auch subjective genannt) durch das Gefühl der Lust oder Unlust; unter der zweyten das Vermögen, die reale Zweckmäßigkeit (objective) der Natur durch Verstand und Vernunft zu beurtheilen verstanden wird.

In einer Critik der Urtheilskraft ist der Theil, welcher die ästhetische Urtheilskraft enthält, ihr wesentlich angehörig, weil diese allein ein Princip enthält, welches die Urtheilskraft völlig a priori ihrer Reflexion über die Natur zum Grunde legt, nehmlich das einer formalen Zweckmäßigkeit der Natur nach ihren besonderen (empirischen) Gesetzen für unser Erkenntnißvermögen, ohne

Einleitung.

welche sich der Verstand in sie nicht finden könnte: anstatt daß gar kein Grund a priori angegeben werden kann, ja nicht einmal die Möglichkeit davon aus dem Begriffe einer Natur, als Gegenstandes der Erfahrung im Allgemeinen sowohl, als im Besonderen, erhellet, daß es objective Zwecke der Natur, d. i. Dinge die nur als Naturzwecke möglich sind, geben müsse; sondern nur die Urtheilskraft, ohne ein Princip dazu a priori in sich zu enthalten, in vorkommenden Fällen (gewisser Producte), um zum Behuf der Vernunft von dem Begriffe der Zwecke Gebrauch zu machen, die Regel enthalte, nachdem jenes transscendentale Princip schon den Begrif eines Zwecks (wenigstens der Form nach) auf die Natur anzuwenden den Verstand vorbereitet hat.

Der transscendentale Grundsatz aber, sich eine Zweckmäßigkeit der Natur in subjectiver Beziehung auf unser Erkenntnißvermögen an der Form eines Dinges als ein Princip der Beurtheilung derselben vorzustellen, läßt es gänzlich unbestimmt, wo und in welchen Fällen ich die Beurtheilung, als die eines Products nach einem Princip der Zweckmäßigkeit, und nicht vielmehr bloß nach allgemeinen Naturgesetzen anzustellen habe, und überläßt es der ästhetischen Urtheilskraft, im Geschmacke die Angemessenheit desselben (seiner Form) zu unseren Erkenntnißvermögen (sofern diese nicht durch Übereinstimmung mit Begriffen, sondern durch das Gefühl entscheidet) auszumachen. Dagegen giebt die teleologisch gebrauchte

Urtheilskraft die Bedingungen bestimmt an, unter denen etwas (z. B. ein organisirter Körper) nach der Idee eines Zwecks der Natur zu beurtheilen sey; kann aber keinen Grundsatz aus dem Begriffe der Natur, als Gegenstandes der Erfahrung, für die Befugniß anführen, ihr eine Beziehung auf Zwecke a priori beyzulegen, und auch nur unbestimmt dergleichen von der wirklichen Erfahrung an solchen Producten anzunehmen: wovon der Grund ist, daß viele besondere Erfahrungen angestellt und unter der Einheit ihres Princips betrachtet werden müssen, um eine objective Zweckmäßigkeit an einem gewissen Gegenstande nur empirisch erkennen zu können. — Die ästhetische Urtheilskraft ist also ein besonderes Vermögen, Dinge nach einer Regel, aber nicht nach Begriffen, zu beurtheilen. Die teleologische ist kein besonderes Vermögen, sondern nur die reflectirende Urtheilskraft überhaupt, sofern sie, wie überall im theoretischen Erkenntnisse, nach Begriffen, aber in Ansehung gewisser Gegenstände der Natur nach besonderen Principien, nehmlich einer bloß reflectirenden nicht Objecte bestimmenden Urtheilskraft, verfährt, also ihrer Anwendung nach zum theoretischen Theile der Philosophie gehöret, und der besonderen Principien wegen, die nicht, wie es in einer Doctrin seyn muß, bestimmend sind, auch einen besonderen Theil der Critik ausmachen muß; anstatt daß die ästhetische Urtheilskraft zum Erkenntniß ihrer Gegenstände nichts beyträgt, und also nur zur Critik des urtheilenden Subjects und der

Erkenntnißvermögen desselben, sofern sie der Principien a priori fähig sind, von welchem Gebrauche (dem theoretischen oder practischen) diese übrigens auch seyn mögen, gezählt werden muß, welche die Propädevtik aller Philosophie ist.

IX.
Von der Verknüpfung der Gesetzgebungen des Verstandes und der Vernunft durch die Urtheilskraft.

Der Verstand ist a priori gesetzgebend für die Natur als Object der Sinne, zu einem theoretischen Erkenntniß derselben in einer möglichen Erfahrung. Die Vernunft ist a priori gesetzgebend für die Freyheit und ihre eigene Causalität, als das Übersinnliche in dem Subjecte, zu einem unbedingt = practischen Erkenntniß. Das Gebiet des Naturbegrifs, unter der einen, und das des Freyheitsbegrifs unter der andern Gesetzgebung, sind gegen allen wechselseitigen Einfluß, den sie für sich (ein jedes nach seinen Grundgesetzen) auf einander haben können, durch die große Kluft, welche das Übersinnliche von den Erscheinungen trennt, gänzlich abgesondert. Der Freyheitsbegrif bestimmt nichts in Ansehung der theoretischen Erkenntniß der Natur; der Naturbegrif eben sowohl nichts in Ansehung der practischen Gesetze der Freyheit: und es ist in sofern nicht möglich, eine Brücke von einem Gebiete zu dem andern hinüberzuschlagen. — Allein, wenn die Bestimmungsgründe der Causalität, nach dem Freyheitsbegriffe (und der practischen Regel die er enthält) gleich nicht in der Natur belegen sind, und das Sinnliche das Übersinnliche im Subjecte nicht bestimmen kann; so ist dieses doch umgekehrt (zwar nicht in Ansehung des Erkenntnisses der Natur, aber doch der Folgen aus dem ersteren auf die letztere) möglich, und schon in dem Begriffe einer Causalität durch Freyheit enthalten, deren Wirkung diesen ihren formalen Gesetzen gemäß in der Welt geschehen soll, obzwar das Wort Ursache, von dem übersinnlichen gebraucht, nur der Grund bedeutet, die Causalität der Naturdinge zu einer Wirkung, gemäß ihren eigenen Naturgesetzen, zugleich aber doch auch mit dem formalen Princip der Vernunftgesetze einhellig, zu bestimmen, wovon die Möglichkeit zwar nicht eingesehen, aber der Einwurf von einem vorgeblichen Widerspruch, der sich darin fände, hinreichend widerlegt werden kann *). — Die Wirkung nach dem

---

*) Einer von den verschiedenen vermeynten Widersprüchen in dieser gänzlichen Unterscheidung der Naturcausalität von der durch Freyheit ist der, da man ihr den Vorwurf macht: daß, wenn ich von Hindernissen, die die Natur der Causalität nach Freyheitsgesetzen (den moralischen) legt, oder ihrer Beförderung durch dieselbe rede, ich doch der ersteren auf die letztere einen Einfluß einräume. Aber, wenn man das Gesagte nur verstehen will, so ist die Mißdeutung

Einleitung.

Freyheitsbegriffe ist der Endzweck, der (oder dessen Erscheinung in der Sinnenwelt) existiren soll, wozu die Bedingung der Möglichkeit desselben in der Natur (des Subjects als Sinnenwesens, nehmlich als Mensch) vorausgesetzt wird. Das, was diese a priori und ohne Rücksicht auf das Practische voraussetzt, die Urtheilskraft, giebt den vermittelnden Begrif zwischen den Naturbegriffen und dem Freyheitsbegriffe, der den Übergang von der reinen theoretischen zur reinen practischen, von der Gesetzmäßigkeit nach der ersten zum Endzwecke nach dem letzten möglich macht, in dem Begriffe einer **Zweckmäßigkeit** der Natur an die Hand, denn dadurch wird die Möglichkeit des Endzwecks, der allein in der Natur und mit Einstimmung ihrer Gesetze wirklich werden kann, erkannt.

Der Verstand giebt, durch die Möglichkeit seiner Gesetze a priori für die Natur, einen Beweis davon,

---

sehr leicht zu verhüten. Der Widerstand, oder die Beförderung, ist nicht zwischen der Natur und der Freyheit, sondern der ersteren als Erscheinung und den Wirkungen der letztern als Erscheinungen in der Sinnenwelt; und selbst die Causalität der Freyheit (der reinen und practischen Vernunft) ist die Causalität einer jener untergeordneten Naturursache (des Subjects, als Mensch, folglich als Erscheinung betrachtet), von deren Bestimmung das Intelligible, welches unter der Freyheit gedacht wird, auf eine übrigens (eben so wie eben dasselbe, was das übersinnliche Substrat der Natur ausmacht) unerklärliche Art, den Grund enthält.

daß diese von uns nur als Erscheinung erkannt werde, mithin zugleich Anzeige auf ein übersinnliches Substrat derselben; aber läßt dieses gänzlich **unbestimmt.** Die Urtheilskraft verschaft durch ihr Princip a priori der Beurtheilung der Natur, nach möglichen besonderen Gesetzen derselben, ihrem übersinnlichen Substrat (in uns sowohl als außer uns) **Bestimmbarkeit durch das intellectuelle Vermögen.** Die Vernunft aber giebt eben demselben durch ihr practisches Gesetz a priori **die Bestimmung;** und so macht die Urtheilskraft den Übergang vom Gebiete des Naturbegrifs zu dem des Freyheitsbegrifs möglich.

In Ansehung der Seelenvermögen überhaupt, sofern sie als obere, d. i. als solche die eine Autonomie enthalten, betrachtet werden, ist für das **Erkenntnißvermögen** (das theoretische der Natur) der Verstand dasjenige, welches die **constitutiven** Principien a priori enthält; für das **Gefühl der Lust und Unlust** ist es die Urtheilskraft, unabhängig von Begriffen und Empfindungen, die sich auf Bestimmung des Begehrungsvermögens beziehen und dadurch unmittelbar practisch seyn könnten; für das **Begehrungsvermögen,** die Vernunft, welche ohne Vermittelung irgend einer Lust, woher sie auch komme, practisch ist, und demselben, als oberes Vermögen, den Endzweck bestimmt, der zugleich das reine intellectuelle Wohlgefallen am Objecte mit sich führt. — Der Begrif der Urtheilskraft von

Einleitung.

einer Zweckmäßigkeit der Natur ist noch zu den Naturbegriffen gehörig, aber nur als regulatives Princip des Erkenntnißvermögens; obzwar das ästhetische Urtheil über gewisse Gegenstände (der Natur oder der Kunst), welches ihn veranlasset, in Ansehung des Gefühls der Lust oder Unlust ein constitutives Princip ist. Die Spontaneität im Spiele der Erkenntnißvermögen, deren Zusammenstimmung den Grund dieser Lust enthält, macht den gedachten Begrif zur Vermittelung der Verknüpfung der Gebiete des Naturbegrifs mit dem Freyheitsbegriffe in ihren Folgen tauglich, indem diese zugleich die Empfänglichkeit des Gemüths für das moralische Gefühl befördert.

Folgende Tafel kann die Übersicht aller oberen Vermögen ihrer systematischen Einheit nach erleichtern *)

---

*) Man hat es bedenklich gefunden, daß meine Eintheilungen in der reinen Philosophie fast immer dreytheilig ausfallen. Das liegt aber in der Natur der Sache. Soll eine Eintheilung a priori geschehen, so wird sie entweder analytisch seyn, nach dem Satze des Widerspruchs; und da ist sie jederzeit zweytheilig (quodlibet ens est aut A aut non A). Oder sie ist synthetisch; und, wenn sie in diesem Falle aus Begriffen a priori (nicht, wie in der Mathematik, aus der a priori dem Begriffe correspondirenden Anschauung) soll geführt werden, so muß, nach demjenigen was zu der synthetischen Einheit überhaupt erforderlich ist, nehmlich 1) Bedingung, 2) ein Bedingtes, 3) der Begrif der aus der Vereinigung des Bedingten mit seiner Bedingung entspringt, die Eintheilung nothwendig Trichotomie seyn.

Einleitung.

Gesammte Vermögen des Gemüths	Erkenntnißvermögen	Principien a priori	Anwendung auf
Erkenntnißvermögen	Verstand	Gesetzmäßigkeit	Natur
Gefühl der Lust und Unlust	Urtheilskraft	Zweckmäßigkeit	Kunst
Begehrungsvermögen	Vernunft	Endzweck	Freyheit

Eintheilung
des ganzen Werks.

Erster Theil.
Critik der ästhetischen Urtheilskraft.

Erster Abschnitt.
Analytik der ästhetischen Urtheilskraft.

Erstes Buch.
Analytik des Schönen. . . . . Seite 3

Zweytes Buch.
Analytik des Erhabenen. 74

Zweyter Abschnitt.
Dialectik der ästhetischen Urtheilskraft. . 231

Zweyter Theil.
Critik der teleologischen Urtheilskraft. S. 265

Erste Abtheilung.
Analytik der teleologischen Urtheilskraft. . 271

Zweyte Abtheilung.
Dialectik der teleologischen Urtheilskraft. . 311

Anhang.
Methodenlehre der teleologischen Urtheilskraft. 364

Der
Critik der Urtheilskraft
Erster Theil.

Critik

der

ästhetischen Urtheilskraft.

Erster Abschnitt.
Analytik der ästhetischen Urtheilskraft.

Erstes Buch.
Analytik des Schönen.

Erstes Moment
des Geschmacksurtheils*), der Qualität nach.

§. 1.
Das Geschmacksurtheil ist ästhetisch.

Um zu unterscheiden, ob etwas schön sey oder nicht, beziehen wir die Vorstellung nicht durch den Verstand auf das Object zum Erkenntnisse, sondern durch die Einbil-

---

*) Die Definition des Geschmacks, welche hier zum Grunde gelegt wird, ist: daß er das Vermögen der Beurtheilung des Schönen sey. Was aber dazu erfordert wird, um einen Gegenstand schön zu nennen, das muß die Analyse der Urtheile des Geschmacks entdecken. Die Momente, worauf diese Urtheilskraft in ihrer Reflexion Acht hat, habe ich nach

dungskraft (vielleicht mit dem Verstande verbunden) auf das Subject und das Gefühl der Lust oder Unlust desselben. Das Geschmacksurtheil ist also kein Erkenntnißurtheil, mithin nicht logisch, sondern ästhetisch, worunter man dasjenige versteht, dessen Bestimmungsgrund **nicht anders als subjectiv seyn kann.** Alle Beziehung der Vorstellungen, selbst die der Empfindungen, aber kann objectiv seyn (und da bedeutet sie das Reale einer empirischen Vorstellung); nur nicht die auf das Gefühl der Lust und Unlust, wodurch gar nichts im Objecte bezeichnet wird, sondern in der das Subject, wie es durch die Vorstellung afficirt wird, sich selbst fühlt.

Ein regelmäßiges, zweckmäßiges Gebäude mit seinem Erkenntnißvermögen (es sey in deutlicher oder verworrener Vorstellungsart) zu befassen, ist ganz etwas anders, als sich dieser Vorstellung mit der Empfindung des Wohlgefallens bewußt zu seyn. Hier wird die Vorstelluug gänzlich auf das Subject, und zwar auf das Lebensgefühl desselben, unter dem Namen des Gefühls der Lust oder Unlust, bezogen: welches ein ganz besonderes Unterscheidungs- und Beurtheilungsvermögen gründet, das zum Erkenntniß nichts beyträgt, sondern nur

Anleitung der logischen Functionen zu urtheilen, aufgesucht (denn im Geschmacksurtheile ist immer noch eine Beziehung auf den Verstand enthalten). Die der Qualität habe ich zuerst in Betrachtung gezogen, weil das ästhetische Urtheil über das Schöne auf diese zuerst Rücksicht nimmt.

die gegebene Vorstellung im Subjecte gegen das ganze Vermögen der Vorstellungen hält, dessen sich das Gemüth im Gefühl seines Zustandes bewußt wird. Gegebene Vorstellungen in einem Urtheile können empirisch (mithin ästhetisch) seyn; das Urtheil aber, das durch sie gefällt wird, ist logisch, wenn jene nur im Urtheile auf das Object bezogen werden. Umgekehrt aber, wenn die gegebenen Vorstellungen gar rational wären, würden aber in einem Urtheile lediglich auf das Subject (sein Gefühl) bezogen, so sind sie sofern jederzeit ästhetisch.

§. 2.

Das Wohlgefallen, welches das Geschmacksurtheil bestimmt, ist ohne alles Interesse.

Interesse wird das Wohlgefallen genannt, das wir mit der Vorstellung der Existenz eines Gegenstandes verbinden. Ein solches hat daher immer zugleich Beziehung auf das Begehrungsvermögen, entweder als Bestimmungsgrund desselben, oder doch als mit dem Bestimmungsgrunde desselben nothwendig zusammenhängend. Nun will man aber, wenn die Frage ist ob etwas schön sey, nicht wissen, ob uns, oder irgend jemand, an der Existenz der Sache irgend etwas gelegen sey, oder auch nur gelegen seyn könne; sondern, wie wir sie in der bloßen Betrachtung (Anschauung oder Reflexion) beurtheilen. Wenn mich jemand fragt, ob ich den Pallast, den ich

vor mir sehe, schön finde; so mag ich zwar sagen: ich
liebe dergleichen Dinge nicht, die bloß für das Angaffen
gemacht sind, oder, wie jener Irokesische Sachem, ihm
gefalle in Paris nichts besser als die Garküchen; ich
kann noch überdem auf gut Rousseauisch auf die Eitelkeit der Großen schmälen, welche den Schweiß des Volks
auf so entbehrliche Dinge verwenden; ich kann mich endlich gar leicht überzeugen, daß, wenn ich mich auf einem
unbewohnten Eylande, ohne Hofnung jemals wieder zu
Menschen zu kommen, befände, und ich durch meinen
bloßen Wunsch ein solches Prachtgebäude hinzaubern
könnte, ich mir auch nicht einmal diese Mühe darum geben würde, wenn ich schon eine Hütte hätte die mir be-
quem genug wäre. Man kann mir alles dieses einräumen
und gutheißen; nur davon ist jetzt nicht die Rede. Man
will nur wissen, ob die bloße Vorstellung des Gegenstandes in mir mit Wohlgefallen begleitet sey, so gleichgültig
ich auch immer in Ansehung der Existenz des Gegenstandes dieser Vorstellung seyn mag. Man sieht leicht, daß
es auf dem, was ich aus dieser Vorstellung in mir selbst
mache, nicht auf dem, worin ich von der Existenz des
Gegenstandes abhänge, ankomme, um zu sagen, er sey
schön, und zu beweisen, ich habe Geschmack. Ein jeder
muß eingestehen, daß dasjenige Urtheil über Schönheit,
worin sich das mindeste Interesse mengt, sehr parteylich
und kein reines Geschmacksurtheil sey. Man muß nicht
im mindesten für die Existenz der Sache eingenommen,

sondern in diesem Betracht ganz gleichgültig seyn, um in Sachen des Geschmacks den Richter zu spielen.

Wir können aber diesen Satz, der von vorzüglicher Erheblichkeit ist, nicht besser erläutern, als wenn wir dem reinen uninteressirten *) Wohlgefallen im Geschmacksurtheile dasjenige, was mit Interesse verbunden ist, entgegensetzen: vornehmlich wenn wir zugleich gewiß seyn können, daß es nicht mehr Arten des Interesse gebe, als die eben jetzt namhaft gemacht werden sollen.

§. 3.
Das Wohlgefallen am Angenehmen ist mit Interesse verbunden.

Angenehm ist das, was den Sinnen in der Empfindung gefällt. Hier zeigt sich nun sofort die Gelegenheit, eine ganz gewöhnliche Verwechselung der doppelten Bedeutung, die das Wort Empfindung haben kann, zu rügen und darauf aufmerksam zu machen. Alles Wohlgefallen (sagt oder denkt man) ist selbst Empfindung (einer Lust). Mithin ist alles, was

*) Ein Urtheil über einen Gegenstand des Wohlgefallens kann ganz uninteressirt, aber doch sehr interessant seyn, d. i. es gründet sich auf keinem Interesse, aber es bringt ein Interesse hervor; dergleichen sind alle reine moralische Urtheile. Aber die Geschmacksurtheile begründen an sich auch gar kein Interesse. Nur in der Gesellschaft wird es interessant, Geschmack zu haben, wovon der Grund in der Folge angezeigt werden wird.

gefällt, eben hierin, daß es gefällt, angenehm (und nach den verschiedenen Graden oder auch Verhältnissen zu andern angenehmen Empfindungen anmuthig, lieblich, ergötzend, erfreulich u. s. w). Wird aber das eingeräumt, so sind Eindrücke der Sinne, welche die Neigung, oder Grundsätze der Vernunft, welche den Willen, oder bloße reflectirte Formen der Anschauung, welche die Urtheilskraft bestimmen, was die Wirkung auf das Gefühl der Lust betrift, gänzlich einerley. Denn diese wäre die Annehmlichkeit in der Empfindung seines Zustandes; und, da doch endlich alle Bearbeitung unserer Vermögen aufs Practische ausgehen und sich darin als in ihrem Ziele vereinigen muß, so könnte man ihnen keine andere Schätzung der Dinge und ihres Werths zumuthen, als die in dem Vergnügen besteht, welches sie versprechen. Auf die Art, wie sie dazu gelangen, kömmt es am Ende gar nicht an; und da die Wahl der Mittel hierin allein einen Unterschied machen kann, so könnten Menschen einander wohl der Thorheit und des Unverstandes, niemals aber der Niederträchtigkeit und Bosheit beschuldigen: weil sie doch alle, ein jeder nach seiner Art die Sachen zu sehen, nach einem Ziele laufen, welches für jedermann das Vergnügen ist.

Wenn eine Bestimmung des Gefühls der Lust oder Unlust Empfindung genannt wird, so bedeutet dieser Ausdruck etwas ganz anderes, als wenn ich die Vorstellung einer Sache (durch Sinne, als eine zum Erkenntnißvermögen gehörige Receptivität) Empfindung nenne. Denn im letztern Falle wird die Vorstellung auf das Object, im ersten aber lediglich auf das Subject bezogen, und dient zu gar keinem Erkenntnisse, auch nicht zu demjenigen, wodurch sich das Subject selbst erkennt.

Wir verstehen aber in der obigen Erklärung unter dem Worte Empfindung eine objective Vorstellung der Sinne; und, um nicht immer Gefahr zu laufen, mißgedeutet zu werden, wollen wir das, was jederzeit bloß subjectiv bleiben muß und schlechterdings keine Vorstellung eines Gegenstandes ausmachen kann, mit dem sonst üblichen Namen des Gefühls benennen. Die grüne Farbe der Wiesen gehört zur *objectiven* Empfindung, als Wahrnehmung eines Gegenstandes des Sinnes; die Annehmlichkeit derselben aber zur *subjectiven* Empfindung, wodurch kein Gegenstand vorgestellt wird: d. i. zum Gefühl, wodurch der Gegenstand als Object des Wohlgefallens (welches kein Erkenntniß desselben ist) betrachtet wird.

Daß nun mein Urtheil über einen Gegenstand, wodurch ich ihn für angenehm erkläre, ein Interesse an demselben ausdrücke, ist daraus schon klar, daß es durch Empfindung eine Begierde nach dergleichen Gegenständen rege macht, mithin das Wohlgefallen nicht das bloße Urtheil über ihn, sondern die Beziehung seiner Existenz auf meinen Zustand, sofern er durch ein solches Object afficirt wird, voraussetzt. Daher man von dem Ange-

nehmen nicht bloß sagt, es gefällt, sondern es vergnügt. Es ist nicht ein bloßer Beyfall, den ich ihm
widme, sondern Neigung wird dadurch erzeugt; und zu
dem, was auf die lebhafteste Art angenehm ist, gehört
so gar kein Urtheil über die Beschaffenheit des Objekts,
daß diejenigen, welche immer nur auf das Genießen
ausgehen (denn das ist das Wort, womit man das
Innige des Vergnügens bezeichnet), sich gerne alles
Urtheilens überheben.

§. 4.
Das Wohlgefallen am Guten ist mit Interesse verbunden.

Gut ist das, was vermittelst der Vernunft, durch
den bloßen Begriff, gefällt. Wir nennen einiges wozu
gut (das Nützliche), was nur als Mittel gefällt; ein
anderes aber an sich gut, was für sich selbst gefällt.
In beiden ist immer der Begriff eines Zwecks, mithin
das Verhältniß der Vernunft zum (wenigstens möglichen) Wollen, folglich ein Wohlgefallen am Daseyn
eines Objects oder einer Handlung, d. i. irgend ein
Interesse, enthalten.

Um etwas gut zu finden, muß ich jederzeit wissen,
was der Gegenstand für ein Ding seyn solle, d. i. einen
Begrif von demselben haben. Um Schönheit woran zu
finden, habe ich das nicht nöthig. Blumen, freye Zeichnungen, ohne Absicht in einander geschlungene Züge,

Critik der ästhetischen Urtheilskraft.

unter dem Namen des Laubwerks, bedeuten nichts, hängen von keinem bestimmten Begriffe ab, und gefallen doch. Das Wohlgefallen am Schönen muß von der Reflexion über einen Gegenstand, die zu irgend einem Begriffe (unbestimmt welchem) führt, abhangen; und unterscheidet sich dadurch auch vom Angenehmen, welches ganz auf der Empfindung beruht.

Zwar scheint das Angenehme mit dem Guten in vielen Fällen einerley zu seyn. So wird man gemeiniglich sagen: alles (vornemlich dauerhafte) Vergnügen ist an sich selbst gut; welches ungefähr so viel heißt, als dauerhaftangenehm oder gut seyn, ist einerley. Allein man kann bald bemerken, daß dieses bloß eine fehlerhafte Wortvertauschung sey, da die Begriffe, welche diesen Ausdrücken eigenthümlich anhängen, keinesweges gegen einander ausgetauscht werden können. Das Angenehme, das, als ein solches, den Gegenstand lediglich in Beziehung auf den Sinn vorstellt, muß allererst durch den Begriff eines Zwecks unter Principien der Vernunft gebracht werden, um es, als Gegenstand des Willens, gut zu nennen. Daß dieses aber alsdann eine ganz andere Beziehung auf das Wohlgefallen sey, wenn ich das, was vergnügt, zugleich gut nenne, ist daraus zu ersehen, daß beym Guten immer die Frage ist, ob es bloß mittelbar-gut oder unmittelbar-gut (ob nützlich oder an sich gut) sey; da hingegen beym Angenehmen hierüber gar nicht die Frage seyn kann, indem das Wort jederzeit etwas bedeutet, was unmittelbar gefällt. (Eben so ist es auch mit dem, was ich schön nenne, bewandt.)

Selbst in den gemeinsten Reden unterscheidet man das Angenehme vom Guten. Von einem durch Gewürze und andre Zusätze den Geschmack erhebenden Gerichte sagt man ohne Bedenken, es sey angenehm, und gesteht zugleich, daß es nicht gut sey: weil es zwar unmittelbar den Sinnen behagt, mittelbar aber, d. i. durch die Vernunft, die auf die Folgen hinaus sieht, betrachtet, mißfällt. Selbst in der Beurtheilung der Gesundheit kann man noch diesen Unterschied bemerken. Sie ist jedem, der sie besitzt, unmittelbar angenehm (wenigstens negativ, d. i. als Entfernung aller körperlichen Schmerzen). Aber, um zu sagen, daß sie gut sey, muß man sie noch durch die Vernunft auf Zwecke richten, nehmlich daß sie ein Zustand ist, der uns zu allen unsern Geschäften aufgelegt macht. In Absicht der Glückseligkeit glaubt endlich doch jedermann, die größte Summe (der Menge sowohl als Dauer nach) der Annehmlichkeiten des Lebens, ein wahres, ja sogar das höchste Gut nennen zu können. Allein auch dawider sträubt sich die Vernunft. Annehmlichkeit ist Genuß. Ist es aber auf diesen allein angelegt, so wäre es thöricht, scrupulös in Ansehung der Mittel zu seyn, die ihn uns verschaffen, ob er leidend, von der Freygebigkeit der Natur, oder durch Selbstthätigkeit und unser eignes Wirken erlangt wäre. Daß aber eines Menschen Existenz an sich einen Werth habe, welcher bloß lebt (und in dieser Absicht noch so sehr geschäftig ist) um zu **genießen**, sogar wenn er dabey Andern, die alle eben so wohl nur aufs Genießen ausgehen, als Mittel dazu aufs beste beförderlich wäre, und zwar darum, weil er durch Sympathie alles Vergnügen mitgenösse: das wird sich die Vernunft nie überreden lassen. Nur durch das, was er thut, ohne Rücksicht auf Genuß, in voller Freyheit und unabhängig von dem, was ihm die Natur auch leidend verschaffen könnte, giebt er seinem Daseyn als der Existenz einer Person einen absoluten Werth; und die Glückseligkeit ist, mit der ganzen Fülle ihrer Annehmlichkeit, bey weitem nicht ein unbedingtes Gut *).

Aber, ungeachtet aller dieser Verschiedenheit zwischen dem Angenehmen und Guten, kommen beide doch darin überein: daß sie jederzeit mit einem Interesse an ihrem Gegenstande verbunden sind, nicht allein das Angenehme §. 3, und das mittelbar Gute (das Nützliche) welches als Mittel zu irgend einer Annehmlichkeit gefällt, sondern auch das schlechterdings und in aller Absicht Gute, nehmlich das moralische, welches das höchste Interesse bey sich führt. Denn das Gute ist das Object

---

*) Eine Verbindlichkeit zum Genießen ist eine offenbare Ungereimtheit. Eben das muß also auch eine vorgegebene Verbindlichkeit zu allen Handlungen seyn, die zu ihrem Ziele bloß das Genießen haben: dieses mag nun so geistig ausgedacht (oder verbrämt) seyn, wie es wolle, und wenn es auch ein mystischer sogenannter himmlischer Genuß wäre.

des Willens (d. i. eines durch Vernunft bestimmten Begehrungsvermögens). Etwas aber wollen, und an dem Daseyn desselben ein Wohlgefallen haben d. i. daran ein Interesse nehmen, ist identisch.

§. 5.
Vergleichung der drey specifisch verschiedenen Arten des Wohlgefallens.

Das Angenehme und Gute haben beide eine Beziehung auf das Begehrungsvermögen, und führen sofern, jenes ein pathologisch-bedingtes (durch Anreize, Stimulos), dieses ein reines practisches Wohlgefallen bey sich, welches nicht bloß durch die Vorstellung des Gegenstandes, sondern zugleich durch die vorgestellte Verknüpfung des Subjects mit der Existenz desselben bestimmt wird. Nicht bloß der Gegenstand, sondern auch die Existenz desselben gefällt. Daher ist das Geschmacksurtheil bloß contemplativ d. i. ein Urtheil welches, indifferent in Ansehung des Daseyns eines Gegenstandes, nur seine Beschaffenheit mit dem Gefühl der Lust und Unlust zusammenhält. Aber diese Contemplation selbst ist auch nicht auf Begriffe gerichtet; denn das Geschmacksurtheil ist kein Erkenntnißurtheil (weder ein theoretisches noch praktisches), und daher auch nicht auf Begriffe gegründet, oder auch auf solche abgezweckt.

Das Angenehme, das Schöne, das Gute, bezeichnen also drey verschiedene Verhältnisse der Vorstellungen zum Gefühl der Lust und Unlust, in Beziehung auf welches wir Gegenstände, oder Vorstellungsarten, von einander unterscheiden. Auch sind die jedem angemessenen Ausdrücke, womit man die Complacenz in denselben bezeichnet, nicht einerley. Angenehm heißt jemandem das, was ihn **vergnügt**; schön, was ihm bloß **gefällt**; gut, was **geschätzt**, gebilligt, d. i. worin von ihm ein objektiver Werth gesetzt wird. Annehmlichkeit gilt auch für vernunftlose Thiere; Schönheit nur für Menschen d. i. thierische, aber doch vernünftige Wesen, aber auch nicht bloß als solche (z. B. Geister) sondern zugleich als thierische; das Gute aber für jedes vernünftige Wesen überhaupt. Ein Satz, der nur in der Folge seine vollständige Rechtfertigung und Erklärung bekommen kann. Man kann sagen: daß unter allen diesen drey Arten des Wohlgefallens, das des Geschmacks am Schönen einzig und allein ein uninteressirtes und **freyes** Wohlgefallen sey; denn kein Interesse, weder das der Sinne, noch das der Vernunft, zwingt den Beyfall ab. Daher könnte man von dem Wohlgefallen sagen: es beziehe sich in den drey genannten Fällen auf **Neigung**, oder **Gunst**, oder **Achtung**. Denn **Gunst** ist das einzig freye Wohlgefallen. Ein Gegenstand der Neigung, und einer welcher durch ein Vernunftgesetz uns zum Begehren auferlegt wird, lassen uns keine Freyheit, uns selbst irgend woraus einen Gegenstand der Lust zu machen. Alles Interesse setzt Bedürfniß vor-

aus, oder bringt eines hervor; und, als Bestimmungsgrund des Beyfalls, läßt es das Urtheil über den Gegenstand nicht mehr frey seyn.

Was das Interesse der Neigung beym Angenehmen
betrift, so sagt jedermann: Hunger ist der beste Koch,
und Leuten von gesundem Appetit schmeckt alles was
nur eßbar ist; mithin beweiset ein solches Wohlgefallen
keine Wahl nach Geschmack. Nur wenn das Bedürfniß
befriedigt ist, kann man unterscheiden, wer unter Vielen
Geschmack habe, oder nicht. Eben so giebt es Sitten
(Conduite) ohne Tugend, Höflichkeit ohne Wohlwollen,
Anständigkeit ohne Ehrbarkeit u. s. w. Denn wo das
sittliche Gesetz spricht, da giebt es, objectiv, weiter keine
freye Wahl in Ansehung dessen, was zu thun sey; und
Geschmack in seiner Aufführung (oder in Beurtheilung
anderer ihrer) zeigen, ist etwas ganz anderes, als seine
moralische Denkungsart äußern: denn diese enthält ein
Gebot und bringt ein Bedürfniß hervor, da hingegen
der sittliche Geschmack mit den Gegenständen des Wohlgefallens nur spielt, ohne sich an eines zu hängen.

Aus dem ersten Momente gefolgerte Erklä-rung des Schönen.

Geschmack ist das Beurtheilungsvermögen eines
Gegenstandes oder einer Vorstellungsart durch ein Wohl-
gefallen, oder Mißfallen, ohne alles Interesse. Der
Gegenstand eines solchen Wohlgefallens heißt Schön.

Zweytes

Zweytes Moment
des Geschmacksurtheils, nehmlich seiner Quantität nach.

§. 6.
Das Schöne ist das, was ohne Begriffe, als Object eines allgemeinen Wohlgefallens vorgestellt wird.

Diese Erklärung des Schönen kann aus der vorigen Erklärung desselben, als eines Gegenstandes des Wohlgefallens ohne alles Interesse, gefolgert werden. Denn das, wovon jemand sich bewußt ist, daß das Wohlgefallen an demselben bey ihm selbst ohne alles Interesse sey, das kann derselbe nicht anders als so beurtheilen, daß es einen Grund des Wohlgefallens für jedermann enthalten müsse. Denn da es sich nicht auf irgend eine Neigung des Subjects (noch auf irgend ein anderes überlegtes Interesse) gründet, sondern da der Urtheilende sich in Ansehung des Wohlgefallens, welches er dem Gegenstande widmet, völlig frey fühlt: so kann er keine Privatbedingungen als Gründe des Wohlgefallens auffinden, an die sich sein Subject allein hängte, und muß es daher als in demjenigen begründet ansehen, was er auch bey jedem andern voraussetzen kann; folglich muß er glauben Grund zu haben, jedermann ein ähnliches Wohlgefallen zuzumuthen. Er wird daher vom Schönen so sprechen, als ob Schönheit eine Beschaffenheit des Gegenstandes und das Urtheil logisch (durch Begriffe vom Objecte eine Erkenntniß desselben ausmache) wäre; ob es gleich nur ästhetisch ist und bloß eine Beziehung der Vorstellung des Gegenstandes auf das Subject enthält: darum, weil es doch mit dem logischen die Aehnlichkeit hat, daß man die Gültigkeit desselben für jedermann daran voraussetzen kann. Aber aus Begriffen kann diese Allgemeinheit auch nicht entspringen. Denn von Begriffen giebt es keinen Uebergang zum Gefühle der Lust oder Unlust (ausgenommen in reinen practischen Gesetzen, die aber ein Interesse bey sich führen; dergleichen mit dem reinen Geschmacksurtheile nicht verbunden ist). Folglich muß dem Geschmacksurtheile, mit dem Bewußtseyn der Absonderung in demselben von allem Interesse, ein Anspruch auf Gültigkeit für jedermann, ohne auf Objecte gestellte Allgemeinheit anhangen, d. i. es muß damit ein Anspruch auf subjective Allgemeinheit verbunden seyn.

§. 7.

Vergleichung des Schönen mit dem Angenehmen und Guten durch obiges Merkmal.

In Ansehung des Angenehmen bescheidet sich ein jeder: daß sein Urtheil, welches er auf ein Privatgefühl gründet, und wodurch er von einem Gegenstande sagt daß er ihm gefalle, sich auch bloß auf seine Person einschränke.. Daher ist er es gern zufrieden, daß, wenn er sagt: der Canarienfect ist angenehm, ihm ein anderer den Ausdruck verbessere und ihn erinnere, er solle sagen: er ist mir angenehm; und so nicht allein im Geschmack der Zunge, des Gaumens und des Schlundes, sondern auch in dem, was für Augen und Ohren jedem angenehm seyn mag. Dem einen ist die violette Farbe sanft und lieblich, dem andern todt und erstorben. Einer liebt den Ton der Blasinstrumente, der andre den von den Saiteninstrumenten. Darüber in der Absicht zu streiten um das Urtheil anderer, welches von dem unsrigen verschieden ist, gleich als ob es diesem logisch entgegen gesetzt wäre, für unrichtig zu schelten, wäre Thorheit; in Ansehung des Angenehmen gilt also der Grundsatz: ein jeder hat seinen eigenen Geschmack (der Sinne).

Mit dem Schönen ist es ganz anders bewandt. Es wäre (gerade umgekehrt) lächerlich, wenn jemand, der sich auf seinen Geschmack etwas einbildete, sich damit zu rechtfertigen gedächte: dieser Gegenstand (das Gebäude was wir sehen, das Kleid was jener trägt, das Concert was wir hören, das Gedicht welches zur Beurtheilung aufgestellt ist) ist für mich schön. Denn er muß es nicht schön nennen, wenn es bloß ihm gefällt. Reiz und Annehmlichkeit mag für ihn Vieles haben, darum bekümmert sich niemand; wenn er aber etwas für schön ausgiebt, so muthet er andern eben dasselbe Wohlgefallen zu: er urtheilt nicht bloß für sich, sondern für jedermann, und spricht alsdann von der Schönheit, als wäre sie eine Eigenschaft der Dinge. Er sagt daher, die Sache ist schön; und rechnet nicht etwa darum auf Anderer Einstimmung in sein Urtheil des Wohlgefallens, weil er sie mehrmalen mit dem seinigen einstimmig befunden hat, sondern fordert es von ihnen. Er tadelt sie, wenn sie anders urtheilen, und spricht ihnen den Geschmack ab, von dem er doch verlangt daß sie ihn haben sollen; und sofern kann man nicht sagen: ein jeder hat seinen besondern Geschmack. Dieses würde so viel heißen, als: es giebt gar keinen Geschmack, d. i. kein ästhetisches Urtheil, welches auf jedermanns Beystimmung rechtmäßigen Anspruch machen könnte.

Gleichwohl findet man auch in Ansehung des Angenehmen, daß in der Beurtheilung desselben sich Einhelligkeit unter Menschen antreffen lasse, in Absicht auf welche man doch einigen den Geschmack abspricht, andern ihn zugesteht, und zwar nicht in der Bedeutung als Organsinn, sondern als Beurtheilungsvermögen in Ansehung des Angenehmen überhaupt. So sagt man von jemanden, der seine Gäste mit Annehmlichkeiten (des Genusses durch alle Sinne) so zu unterhalten weiß, daß es ihnen insgesammt gefällt: er habe Geschmack. Aber hier wird die Allgemeinheit nur comparativ genommen; und da giebt es nur generale (wie die empirischen alle sind), nicht universale Regeln, welche letzteren das Geschmacksurtheil über das Schöne sich unternimmt oder darauf Anspruch macht. Es ist ein Urtheil in Beziehung auf die Geselligkeit, sofern sie auf empirischen Regeln beruht. In Ansehung des Guten, machen die Urtheile zwar auch mit Recht auf Gültigkeit für jedermann Anspruch; allein das Gute wird nur durch einen Begrif als Object eines allgemeinen Wohlgefallens vorgestellt, welches weder beym Angenehmen noch beym Schönen der Fall ist.

§. 8.
Die Allgemeinheit des Wohlgefallens wird in einem Geschmacksurtheile nur als subjectiv vorgestellt.

Diese besondere Bestimmung der Allgemeinheit eines ästhetischen Urtheils, die sich in einem Geschmacksurtheile antreffen läßt, ist eine Merkwürdigkeit, zwar nicht für den Logiker, aber wohl für den Transscendental-Philosophen, welche seine nicht geringe Bemühung auffordert, um den Ursprung derselben zu entdecken, dafür aber auch eine Eigenschaft unseres Erkenntnißvermögens aufdeckt, welche, ohne diese Zergliederung, uns bekannt geblieben wäre. -

Zuerst muß man sich davon völlig überzeugen: daß man durch das Geschmacksurtheil (über das Schöne) das Wohlgefallen an einem Gegenstande jedermann ansinne, ohne sich doch auf einem Begriffe zu gründen (denn da wäre es das Gute); und daß dieser Anspruch auf Allgemeingültigkeit so wesentlich zu einem Urtheil gehöre wodurch wir etwas für schön erklären, daß, ohne dieselbe dabey zu denken, es niemand in die Gedanken kommen würde, diesen Ausdruck zu gebrauchen, sondern alles, was ohne Begrif gefällt, zum Angenehmen gezählt werden würde, in Ansehung dessen man jeglichen seinen Kopf für sich haben läßt, und keiner dem andern Einstimmung zu seinem Geschmacksurtheile zumuthet, welches doch im Geschmacksurtheile über Schönheit jederzeit geschieht. Ich kann den ersten den Sinnen-Geschmack, den zweyten den Reflexions-Geschmack nennen, sofern der erstere bloß Privaturtheile, der zweyte aber vorgeblich gemeingültige (publike), beiderseits aber ästhetische (nicht practische) Urtheile, über einen Gegenstand, bloß in Ansehung des Verhältnisses seiner Vorstellung zum Gefühl der Lust und Unlust, fället. Nun ist es doch befremdlich, daß, da von dem Sinnengeschmack nicht allein die Erfahrung zeigt, daß sein Urtheil (der Lust oder Unlust an irgend etwas) nicht allgemein gelte, sondern jedermann auch von selbst so bescheiden ist, diese Einstimmung andern nicht eben anzusinnen (ob sich gleich wirklich öfter eine sehr ausgebreitete Einhelligkeit auch in diesen Urtheilen vorfindet); der Reflexions-Geschmack, der doch auch oft genug, mit seinem Anspruche auf die allgemeine Gültigkeit seines Urtheils (über das Schöne) für jedermann, abgewiesen wird, wie die Erfahrung lehrt, gleichwohl es möglich finden könne (welches er auch wirklich thut) sich Urtheile vorzustellen; die diese Einstimmung allgemein fordern könnten, und sie in der That für jedes seiner Geschmacksurtheile jedermann zumuthet, ohne daß die Urtheilenden wegen der Möglichkeit eines solchen Anspruchs in Streite sind, sondern sich nur in besondern Fällen wegen der richtigen Anwendung dieses Vermögens nicht einigen können.

Hier ist nun allererst zu merken, daß eine Allgemeinheit die nicht auf Begriffen vom Objecte (wenn gleich nur empirischen) beruht, gar nicht logisch, sondern ästhetisch sey, d. i. keine objective Quantität des Urtheils, sondern nur eine subjective enthalte; für welche ich auch den Ausdruck Gemeingültigkeit, welcher die Gültigkeit nicht von der Beziehung einer Vorstellung auf das Erkenntnißvermögen, sondern auf das Gefühl der Lust und Unlust für j:des Subject bezeichnet, gebrauche. (Man kann sich aber auch desselben Ausdrucks für die logische Quantität des Urtheils bedienen, wenn man nur dazusetzt objective Allgemeingültigkeit, zum Unterschiede von der bloß subjectiven, welche allemal ästhetisch ist.)

Nun ist ein objectiv allgemeingültiges Urtheil auch jederzeit subjectiv, d. i. wenn das Urtheil für alles, was unter einem gegebenen Begriffe enthalten ist, gilt, so gilt es auch für jedermann, der sich einen Gegenstand durch diesen Begrif vorstellt. Aber von einer subjectiven Allgemeingültigkeit, d. i. der ästhetischen, die auf keinem Begriffe beruht, läßt sich nicht auf die logische schließen; weil jene Art Urtheile gar nicht auf das Object geht. Eben darum aber muß auch die ästhetische Allgemeinheit, die einem Urtheile beygelegt wird, von besonderer Art seyn, weil sich das Prädikat der Schönheit nicht mit dem Begriffe des Objects, in seiner ganzen logischen Sphäre betrachtet, verknüpft, und doch eben dasselbe über die ganze Sphäre der Urtheilenden ausdehnt.

In Ansehung der logischen Quantität sind alle Geschmacksurtheile einzelne Urtheile. Denn weil ich den Gegenstand unmittelbar an mein Gefühl der Lust und Unlust halten muß, und doch nicht durch Begriffe: so können jene nicht die Quantität objectiv-gemeingültiger Urtheile haben; obgleich, wenn die einzelne Vorstellung des Objects des Geschmacksurtheils nach den Bedingungen, die das letztere bestimmen, durch Vergleichung in einen Begrif verwandelt wird, ein logisch allmeines Urtheil daraus werden kann. Z. B. die Rose, die ich anblicke, erkläre ich durch ein Geschmacksurtheil für schön; dagegen ist das Urtheil, welches durch Vergleichung vieler einzelnen entspringt: die Rosen überhaupt sind schön, nunmehr nicht bloß als ästhetisches, sondern als ein auf einem ästhetischen gegründetes logisches Urtheil ausgesagt. Nun ist das Urtheil: die Rose ist (im Gebrauche) angenehm, zwar auch ein ästhetisches und einzelnes, aber kein Geschmacks-, sondern ein Sinnenurtheil. Es unterscheidet sich nehmlich vom ersteren darin: daß das Geschmacksurtheil eine ästhetische Quantität der Allgemeinheit, d. i. der Gültigkeit für jedermann bey sich führt, welche im Urtheile über das Angenehme nicht angetroffen werden kann. Nur allein die Urtheile über das Gute, ob sie gleich auch das Wohlgefallen an einem Gegenstande bestimmen, haben logische, nicht bloß ästhetische Allgemeinheit; denn sie gelten vom Object, als Erkenntnisse desselben, und darum für jedermann.

Wenn man Objecte bloß nach Begriffen beurtheilt, so geht alle Vorstellung der Schönheit verloren. Also kann es auch keine Regel geben, nach der jemand genöthigt werden sollte etwas für schön anzuerkennen. Ob ein Kleid, ein Haus, eine Blume schön sey: dazu läßt man sich sein Urtheil durch keine Gründe oder Grundsätze aufschwatzen. Man will das Object seinen eignen Augen unterwerfen, gleich als ob sein Wohlgefallen von der Empfindung abhinge; und dennoch, wenn man den Gegenstand alsdann schön nennt, glaubt man eine allgemeine Stimme für sich zu haben, und macht Anspruch auf den Beytritt von jedermann, da hingegen jede Privatempfindung nur für den Betrachtenden allein und sein Wohlgefallen entscheiden würde.

Hier ist nun zu sehen, daß in dem Urtheile des Geschmacks nichts postulirt wird, als eine solche allgemeine Stimme, in Ansehung des Wohlgefallens ohne Vermittelung der Begriffe; mithin die Möglichkeit eines ästhetischen Urtheils, welches zugleich als für jedermann gültig angesehen werden könne. Das Geschmacksurtheil selber postulirt nicht jedermanns Einstimmung (denn das kann nur ein logisch allgemeines, weil es Gründe anführen kann, thun); es sinnet nur jedermann diese Einstimmung an, als einen Fall der Regel, in Ansehung dessen es die Bestätigung nicht von Begriffen, sondern von anderer Beytritt erwartet. Die allgemeine Stimme ist also nur eine Idee (worauf sie beruhe, wird hier noch nicht untersucht). Daß der, welcher ein Geschmacksurtheil zu fällen glaubt, in der That dieser Idee gemäß urtheile, kann ungewiß seyn; aber daß er es doch darauf beziehe, mithin daß es ein Geschmacksurtheil seyn solle, kündigt er durch den Ausdruck der Schönheit an. Für sich selbst aber kann er durch das bloße Bewußtseyn der Absonderung alles dessen, was zum Angenehmen und Guten gehört, von dem Wohlgefallen was ihm noch übrig bleibt, davon gewiß werden; und das ist alles, wozu er sich die Beystimmung von jedermann verspricht: ein Anspruch, wozu unter diesen Bedingungen er auch berechtigt seyn würde, wenn er nur wider sie nicht öfter fehlte und darum ein irriges Geschmacksurtheil fällete.

§. 9.

**Unterſuchung der Frage: ob im Geſchmacks-
urtheile das Gefühl der Luſt vor der Beurtheilung des Gegenſtandes, oder dieſe vor
jener vorhergehe.**

Die Auflöſung dieſer Aufgabe iſt der Schlüſſel zur
Critik des Geſchmacks, und daher aller Aufmerkſamkeit
würdig.

Ginge die Luſt an dem gegebenen Gegenſtande vorher, und nur die allgemeine Mittheilbarkeit derſelben
ſollte im Geſchmacksurtheile der Vorſtellung des Gegenſtandes zuerkannt werden, ſo würde ein ſolches Verfahren mit ſich ſelbſt im Widerſpruche ſtehen. Denn dergleichen Luſt würde keine andere, als die bloße Annehmlichkeit in der Sinnenempfindung ſeyn, und daher ihrer
Natur nach nur Privatgültigkeit haben können, weil ſie
von der Vorſtellung, wodurch der Gegenſtand gegeben
wird, unmittelbar abhinge.

Alſo iſt es die allgemeine Mittheilungsfähigkeit des
Gemüthszuſtandes in der gegebenen Vorſtellung, welche
als ſubjective Bedingung des Geſchmacksurtheils, demſelben zum Grunde liegen, und die Luſt an dem Gegenſtande zur Folge haben muß. Es kann aber nichts allgemein mitgetheilt werden, als Erkenntniß, und Vorſtellung ſofern ſie zum Erkenntniß gehört. Denn ſofern
iſt die letztere nur allein objectiv, und hat nur dadurch

einen allgemeinen Beziehungspunct, womit die Vorstellungskraft Aller zusammenzustimmen genöthiget wird. Soll nun der Bestimmungsgrund des Urtheils über diese allgemeine Mittheilbarkeit der Vorstellung bloß subjectiv, nehmlich ohne einen Begrif vom Gegenstande gedacht werden, so kann er kein anderer als der Gemüthszustand seyn, der im Verhältnisse der Vorstellungskräfte zu einander angetroffen wird, sofern sie eine gegebene Vorstellung auf Erkenntniß überhaupt beziehen.

Die Erkenntnißkräfte, die durch diese Vorstellung ins Spiel gesetzt werden, sind hiebey in einem freyen Spiele, weil kein bestimmter Begrif sie auf eine besondere Erkenntnißregel einschränkt. Also muß der Gemüthszustand in dieser Vorstellung der eines Gefühls des freyen Spiels der Vorstellungskräfte in einer gegebenen Vorstellung zu einem Erkenntnisse überhaupt seyn. Nun gehören zu einer Vorstellung, wodurch ein Gegenstand gegeben wird, damit überhaupt daraus Erkenntniß werde, Einbildungskraft für die Zusammensetzung des Mannichfaltigen der Anschauung, und Verstand für die Einheit des Begrifs der die Vorstellungen vereinigt. Dieser Zustand eines freyen Spiels der Erkenntnißvermögen, bey einer Vorstellung wodurch ein Gegenstand gegeben wird, muß sich allgemein mittheilen lassen: weil Erkenntniß, als Bestimmung des Objects, womit gegebene Vorstellungen (in welchem Subjecte es

Critik der ästhetischen Urtheilskraft. 29

auch sey) zusammen stimmen sollen, die einzige Vorstellungsart ist, die für jedermann gilt.

Die subjective allgemeine Mittheilbarkeit der Vorstellungsart in einem Geschmacksurtheile, da sie ohne einen bestimmten Begrif vorauszusetzen, Statt finden soll, kann nichts anders als der Gemüthszustand in dem freyen Spiele der Einbildungskraft und des Verstandes (sofern sie unter einander, wie es zu einem Erkenntnisse überhaupt erforderlich ist, zusammen stimmen) seyn: indem wir uns bewußt sind, daß dieses zum Erkenntniß überhaupt schickliche subjective Verhältniß eben so wohl für jedermann gelten und folglich allgemein mittheilbar seyn müsse, als es eine jede bestimmte Erkenntniß ist, die doch immer auf jenem Verhältniß als subjectiver Bedingung beruht.

Diese bloß subjective (ästhetische) Beurtheilung des Gegenstandes, oder der Vorstellung wodurch er gegeben wird, geht nun vor der Lust an demselben vorher, und ist der Grund dieser Lust an der Harmonie der Erkenntnißvermögen; auf jener Allgemeinheit aber der subjectiven Bedingungen der Beurtheilung der Gegenstände gründet sich allein diese allgemeine subjective Gültigkeit des Wohlgefallens, welches wir mit der Vorstellung des Gegenstandes den wir schön nennen, verbinden.

Daß, seinen Gemüthszustand, selbst auch nur in Ansehung der Erkenntnißvermögen, mittheilen zu können, eine Lust bey sich führe: könnte man aus dem natürlichen Hange des Menschen zur Geselligkeit (empirisch und psychologisch) leichtlich darthun. Das ist aber zu unserer Absicht nicht genug. Die Lust, die wir fühlen, muthen wir jedem andern im Geschmacksurtheile als nothwendig zu, gleich als ob es für eine Beschaffenheit des Gegenstandes, die an ihm nach Begriffen bestimmt ist, anzusehen wäre, wenn wir etwas schön nennen; da doch Schönheit ohne Beziehung auf das Gefühl des Subjects für sich nichts ist. Die Erörterung dieser Frage aber müssen wir uns bis zur Beantwortung derjenigen: ob und wie ästhetische Urtheile a priori möglich sind, vorbehalten.

Jetzt beschäftigen wir uns noch mit der mindern Frage: auf welche Art wir uns einer wechselseitigen subjectiven Uebereinstimmung der Erkenntnißkräfte unter einander im Geschmacksurtheile bewußt werden, ob ästhetisch durch den bloßen innern Sinn und Empfindung, oder intellectuell durch das Bewußtseyn unserer absichtlichen Thätigkeit, womit wir jene ins Spiel setzen.

Wäre die gegebne Vorstellung, welche das Geschmacksurtheil veranlaßt, ein Begriff, welcher Verstand und Einbildungskraft in der Beurtheilung des Gegenstandes zu einem Erkenntnisse des Objects vereinigte, so wäre das Bewußtseyn dieses Verhältnisses intellectuell (wie im objectiven Schematism der Urtheilskraft, wovon die Critik handelt). Aber das Urtheil wäre auch alsdann nicht in Beziehung auf Lust und Unlust gefällt,

Critik der ästhetischen Urtheilskraft.

mithin kein Geschmacksurtheil. Nun bestimmt aber das Geschmacksurtheil, unabhängig von Begriffen, das Object in Ansehung des Wohlgefallens und des Prädikats der Schönheit. Also kann jene subjective Einheit des Verhältnisses sich nur durch Empfindung kenntlich machen. Die Belebung beider Vermögen (der Einbildungskraft und des Verstandes) zu bestimmter, aber doch, vermittelst des Anlasses der gegebenen Vorstellung, einhelliger Thätigkeit, derjenigen nehmlich die zu einem Erkenntniß überhaupt gehört, ist die Empfindung, deren allgemeine Mittheilbarkeit das Geschmacksurtheil postulirt. Ein objectives Verhältniß kann zwar nur gedacht, aber, so fern es seinen Bedingungen nach subjectiv ist, doch in der Wirkung auf das Gemüth empfunden werden; und bey einem Verhältnisse, welches keinen Begrif zum Grunde legt (wie das der Vorstellungskräfte zu einem Erkenntnißvermögen überhaupt) ist auch kein anderes Bewußtseyn desselben, als durch Empfindung der Wirkung, die im erleichterten Spiele beider durch wechselseitige Zusammenstimmung belebten Gemüthskräfte (der Einbildungskraft und des Verstandes) besteht, möglich. Eine Vorstellung, die als einzeln und ohne Vergleichung mit andern, dennoch eine Zusammenstimmung zu den Bedingungen der Allgemeinheit hat, welche das Geschäft des Verstandes überhaupt ausmacht, bringt die Erkenntnißvermögen in die proportionirte Stimmung, die wir zu allem Erkenntnisse fordern, und daher auch für jedermann, der durch Verstand und Sinne in Verbindung zu urtheilen bestimmt ist (für jeden Menschen), gültig halten.

Aus dem zweyten Moment gefolgerte Erklärung des Schönen.

Schön ist das, was ohne Begrif allgemein gefällt.

**Drittes Moment
der Geschmacksurtheile, nach der Relation der Zwecke welche in ihnen in Betrachtung gezogen wird.**

§. 10.

Von der Zweckmäßigkeit überhaupt.

Wenn man, was ein Zweck sey, nach seinen transcendentalen Bestimmungen (ohne etwas Empirisches, dergleichen das Gefühl der Lust ist, vorauszusetzen) erklären will: so ist Zweck der Gegenstand eines Begriffs, sofern dieser als die Ursache von jenem (der reale Grund seiner Möglichkeit) angesehen wird; und die Caussalität eines Begrifs in Ansehung seines Objects, ist die Zweckmäßigkeit (forma finalis). Wo also nicht etwa bloß die Erkenntniß von einem Gegenstande, sondern der Gegenstand selbst (die Form oder Existenz desselben) als Wirkung, nur als durch einen Begrif von der letztern möglich gedacht wird, da denkt man sich einen Zweck.

Die

Die Vorstellung der Wirkung ist hier der Bestimmungsgrund ihrer Ursache, und geht vor der letztern vorher. Das Bewußtseyn der Causalität einer Vorstellung in Absicht auf den Zustand des Subjects, es in demselben zu erhalten, kann hier im Allgemeinen das bezeichnen was man Lust nennt; wogegen Unlust diejenige Vorstellung ist, die den Zustand der Vorstellungen zu ihrem eigenen Gegentheile zu bestimmen (sie abzuhalten oder wegzuschaffen) den Grund enthält.

Das Begehrungsvermögen, sofern es nur durch Begriffe, d. i. der Vorstellung eines Zwecks gemäß zu handeln, bestimmbar ist, würde der Wille seyn. Zweckmäßig aber heißt ein Object, oder Gemüthszustand, oder eine Handlung auch, wenn gleich ihre Möglichkeit die Vorstellung eines Zwecks nicht nothwendig voraussetzt, bloß darum, weil ihre Möglichkeit von uns nur erklärt und begriffen werden kann, sofern wir eine Causalität nach Zwecken, d. i. einen Willen der sie nach der Vorstellung einer gewissen Regel so angeordnet hätte, zum Grunde derselben annehmen. Die Zweckmäßigkeit kann also ohne Zweck seyn, sofern wir die Ursachen dieser Form nicht in einen Willen setzen, aber doch die Erklärung ihrer Möglichkeit nur, indem wir sie von einem Willen ableiten, uns begreiflich machen können. Nun haben wir das, was wir beobachten, nicht immer nöthig durch Vernunft (seiner Möglichkeit nach) einzusehen. Also können wir eine Zweckmäßigkeit der Form nach, auch ohne daß wir ihr einen Zweck (als die Materie des nexus finalis) zum Grunde legen, wenigstens beobachten, und an Gegenständen, wiewohl nicht anders als durch Reflexion, bemerken.

§. 11.

Das Geschmacksurtheil hat nichts als die Form der Zweckmäßigkeit eines Gegenstandes (oder der Vorstellungsart desselben) zum Grunde.

Aller Zweck, wenn er als Grund des Wohlgefallens angesehen wird, führt immer ein Interesse, als Bestimmungsgrund des Urtheils über den Gegenstand der Lust, bey sich. Also kann dem Geschmacksurtheil kein subjectiver Zweck zum Grunde liegen. Aber auch keine Vorstellung eines objectiven Zwecks, d. i. der Möglichkeit des Gegenstandes selbst nach Principien der Zweckverbindung, mithin kein Begrif des Guten, kann das Geschmacksurtheil bestimmen; weil es ein ästhetisches und kein Erkenntnißurtheil ist, welches also keinen Begrif von der Beschaffenheit und innern oder äußern Möglichkeit des Gegenstandes, durch diese oder jene Ursache, sondern bloß das Verhältniß der Vorstellungskräfte zu einander, sofern sie durch eine Vorstellung bestimmt werden, betrifft.

Nun ist dieses Verhältniß in der Bestimmung eines Gegenstandes, als eines schönen, mit dem Gefühle einer Lust verbunden, die durch das Geschmacksurtheil zugleich als für jedermann gültig erklärt wird; folglich kann eben so wenig eine die Vorstellung begleitende Annehmlichkeit, als die Vorstellung von der Vollkommenheit des Gegenstandes und der Begrif des Guten, den Bestimmungsgrund enthalten. Also kann nichts anders als die subjective Zweckmäßigkeit in der Vorstellung eines Gegenstandes, ohne allen (weder objectiven noch subjectiven) Zweck, folglich die bloße Form der Zweckmäßigkeit in der Vorstellung, wodurch uns ein Gegenstand gegeben wird, sofern wir uns ihrer bewußt sind, das Wohlgefallen, welches wir, ohne Begrif, als allgemein mittheilbar beurtheilen, mithin den Bestimmungsgrund des Geschmacksurtheils, ausmachen.

§. 12.

Das Geschmacksurtheil beruht auf Gründen a priori.

Die Verknüpfung des Gefühls einer Lust oder Unlust, als einer Wirkung, mit irgend einer Vorstellung (Empfindung oder Begrif) als ihrer Ursache, a priori auszumachen, ist schlechterdings unmöglich; denn das wäre ein Causalverhältniß, welches (unter Gegenständen der Erfahrung) nur jederzeit a posteriori und vermittelst der Erfahrung selbst erkannt werden kann. Zwar haben wir in der Critik der practischen Vernunft wirklich das Gefühl der Achtung (als eine besondere und eigenthümliche Modification dieses Gefühls, welches weder mit der Lust noch Unlust, die wir von empirischen Gegenständen bekommen, recht übereintreffen will) von allgemeinen sittlichen Begriffen a priori abgeleitet. Aber wir konnten dort auch die Gränzen der Erfahrung überschreiten, und eine Causalität, die auf einer übersinnlichen Beschaffenheit des Subjects beruhete, nehmlich die der Freyheit, herbey rufen. Allein selbst da leiteten wir eigentlich nicht dieses Gefühl von der Idee des Sittlichen als Ursache her, sondern bloß die Willensbestimmung wurde davon abgeleitet. Der Gemüthszustand aber eines irgend wodurch bestimmten Willens ist an sich schon ein Gefühl der Lust und mit ihm identisch, folgt also nicht als Wirkung daraus: welches letztere nur angenommen werden müßte, wenn der Begrif des Sittlichen als eines Guts vor der Willensbestimmung durch das Gesetz vorherginge; da alsdann die Lust, die mit dem Begriffe verbunden wäre, aus diesem als einer bloßen Erkenntniß vergeblich würde abgeleitet werden.

Nun ist es auf ähnliche Weise mit der Lust im ästhetischen Urtheile bewandt: nur daß sie hier bloß contemplativ, und ohne ein Interesse am Object zu bewirken; im moralischen Urtheil hingegen practisch ist. Das Bewußtseyn der bloß formalen Zweckmäßigkeit im Spiele der Erkennt-

Critik der ästhetischen Urtheilskraft.

nißkräfte des Subjects, bey einer Vorstellung wodurch ein Gegenstand gegeben wird, ist die Lust selbst, weil es ein Bestimmungsgrund der Thätigkeit des Subjects in Ansehung der Belebung der Erkenntnißkräfte desselben, also eine innere Causalität (welche zweckmäßig ist) in Ansehung der Erkenntniß überhaupt, aber ohne auf eine bestimmte Erkenntniß eingeschränkt zu seyn, mithin eine bloße Form der subjectiven Zweckmäßigkeit einer Vorstellung in einem ästhetischen Urtheile enthält. Diese Lust ist auch auf keinerley Weise practisch, weder, wie die aus dem pathologischen Grunde der Annehmlichkeit, noch die aus dem intellectuellen des vorgestellten Guten. Sie hat aber doch Causalität in sich, nehmlich den Zustand der Vorstellung selbst und die Beschäftigung der Erkenntnißkräfte ohne weitere Absicht zu erhalten. Wir weilen bey der Betrachtung des Schönen, weil diese Betrachtung sich selbst stärkt und reproducirt: welches derjenigen Verweilung analogisch (aber doch mit ihr nicht einerley) ist, da ein Reiz in der Vorstellung des Gegenstandes die Aufmerksamkeit wiederholentlich erweckt, wobey das Gemüth passiv ist.

§. 13.

Das reine Geschmacksurtheil ist von Reiz und Rührung unabhängig.

Alles Interesse verdirbt das Geschmacksurtheil und nimmt ihm seine Unparteylichkeit, vornehmlich, wenn es nicht, so wie das Interesse der Vernunft, die Zweckmäßigkeit vor dem Gefühle der Lust voranschickt, sondern sie auf diese gründet; welches letztere allemal im ästhetischen Urtheil über etwas, sofern es vergnügt oder schmerzt, geschieht. Daher Urtheile, die so afficirt sind, auf allgemeingültiges Wohlgefallen entweder gar keinen, oder so viel weniger Anspruch machen können, als sich von der gedachten Art Empfindungen unter den Bestimmungsgründen des Geschmacks befinden. Der Geschmack ist jederzeit noch barbarisch, wo er die Beymischung der Reize und Rührungen zum Wohlgefallen bedarf, ja wohl gar diese zum Maaßstabe seines Beyfalls macht.

Indeß werden Reize doch öfter nicht allein zur Schönheit (die doch eigentlich bloß die Form betreffen sollte) als Beytrag zum ästhetischen allgemeinen Wohlgefallen gezählt, sondern sie werden wohl gar an sich selbst für Schönheiten, mithin die Materie des Wohlgefallens für die Form ausgegeben: ein Mißverstand, der sich, so wie mancher andere, welcher doch noch immer etwas Wahres zum Grunde hat, durch sorgfältige Bestimmung dieser Begriffe heben läßt.

Ein Geschmacksurtheil, auf welches Reiz und Rührung keinen Einfluß haben (ob sie sich gleich mit dem Wohlgefallen am Schönen verbinden lassen), welches also bloß die Zweckmäßigkeit der Form zum Bestimmungsgrunde hat, ist ein reines Geschmacksurtheil.

§. 14.

Erläuterung durch Beyspiele.

Aesthetische Urtheile können, eben sowohl als theoretische (logische), in empirische und reine eingetheilt werden. Die ersten sind die, welche Annehmlichkeit oder Unannehmlichkeit, die zweyten die, welche Schönheit von einem Gegenstande, oder von der Vorstellungsart desselben, aussagen; jene sind Sinnenurtheile (materiale ästhetische Urtheile), diese (als formale) allein eigentliche Geschmacksurtheile.

Ein Geschmacksurtheil ist also nur sofern rein, als kein bloß empirisches Wohlgefallen dem Bestimmungsgrunde desselben beygemischt wird. Dieses aber geschieht allemal, wenn Reiz oder Rührung einen Antheil an dem Urtheile haben wodurch etwas für schön erklärt werden soll.

Nun thun sich wieder manche Einwürfe hervor, die zuletzt den Reiz nicht bloß zum nothwendigen Ingrediens der Schönheit, sondern wohl gar als für sich allein hinreichend, um schön genannt zu werden, vorspiegeln. Eine bloße Farbe, z. B. die grüne eines Rasenplatzes, ein bloßer Ton (zum Unterschied vom Schalle und Geräusch), wie etwa der einer Violine, wird von den Meisten an sich für schön erklärt; ob zwar beide bloß die Materie der Vorstellungen, nehmlich lediglich Empfindung, zum Grunde zu haben scheinen, und darum nur angenehmt genannt zu werden verdienen. Allein man wird doch zugleich bemerken, daß die Empfindungen der Farbe sowohl als des Tons sich nur sofern für schön zu gelten berechtigt halten, als beide rein sind: welches eine Bestimmung ist die schon die Form betrift, und auch das einzige, was sich von diesen Vorstellungen mit Gewißheit allgemein mittheilen läßt: weil die Qualität der Empfindungen selbst nicht in allen Subjecten als einstimmig, und die Annehmlichkeit einer Farbe vorzüglich vor der andern, oder des Tons eines musikalischen Instruments vor dem eines andern, sich schwerlich bey jedermann als auf solche Art beurtheilt annehmen läßt.

Nimmt man, mit Eulern, an: daß die Farben gleichzeitig auf einander folgende Schläge (pulsus) des Aethers, so wie Töne der im Schalle erschütterten Luft sind, und, was das vornehmste ist, das Gemüth nicht bloß, durch den Sinn, die Wirkung davon auf die Belebung des Organs, sondern auch, durch die Reflexion, das regelmäßige Spiel der Eindrücke (mithin die Form in der Verbindung verschiedener Vorstellungen) wahrnehme (woran ich doch gar nicht zweifle); so würden Farbe und Ton nicht bloße Empfindungen, sondern schon formale Bestimmung der Einheit eines Mannichfaltigen derselben seyn, und alsdann auch für sich zu Schönheiten gezählt werden können.

Das Reine aber einer einfachen Empfindungsart bedeutet: daß die Gleichförmigkeit derselben durch keine frembartige Empfindung gestört und unterbrochen wird, und gehört bloß zur Form; weil man dabey von der Qualität jener Empfindungsart (ob, und welche Farbe, oder ob, und welcher Ton sie vorstelle) abstrahiren kann. Daher werden alle einfache Farben, sofern sie rein sind, für schön gehalten; die gemischten haben diesen Vorzug nicht: eben darum, weil, da sie nicht einfach sind, man keinen Maaßstab der Beurtheilung hat, ob man sie rein oder unrein nennen solle.

Was aber die dem Gegenstande seiner Form wegen beygelegte Schönheit, sofern sie, wie man meynt, durch Reiz wohl gar könnte erhöht werden, anlangt, so ist dies ein gemeiner und dem ächten unbestochenen gründlichen Geschmacke sehr nachtheiliger Irrthum; ob sich zwar allerdings neben der Schönheit auch noch Reize hinzufügen lassen, um das Gemüth durch die Vorstellung des Gegenstandes, außer dem trockenen Wohlgefallen, noch zu interessiren, und so dem Geschmacke und dessen Cultur zur Anpreisung zu dienen, vornehmlich wenn er noch roh und ungeübt ist. Aber sie thun wirklich dem Geschmacksurtheile Abbruch, wenn sie die Aufmerksamkeit als Beurtheilungsgründe der Schönheit auf sich ziehen. Denn es ist so weit gefehlt, daß sie dazu beytrügen, daß sie vielmehr, als Fremdlinge, nur sofern sie jene schöne Form nicht stören, wenn der Geschmack noch schwach und ungeübt ist, mit Nachsicht müssen aufgenommen werden.

In der Malerey, Bildhauerkunst, ja in allen bildenden Künsten, in der Baukunst, Gartenkunst, sofern sie schöne Künste sind, ist die **Zeichnung** das Wesentliche, in welcher nicht was in der Empfindung vergnügt, sondern bloß was durch seine Form gefällt, den Grund aller Anlage für den Geschmack ausmacht. Die Farben, welche den Abriß illuminiren, gehören zum Reiz; den Gegenstand an sich können sie zwar für die Empfindung belebt, aber nicht anschauungswürdig und schön machen: vielmehr werden sie durch das, was die schöne Form erfordert, mehrentheils gar sehr eingeschränkt, und selbst da, wo der Reiz zugelassen wird, durch die erstere allein veredelt.

Alle Form der Gegenstände der Sinne (des äußern sowohl, als mittelbar auch des innern) ist entweder **Gestalt,** oder **Spiel:** im letztern Falle entweder Spiel der Gestalten (im Raume: die Mimik und der Tanz); oder bloßes Spiel der Empfindungen (in der Zeit). Der Reiz der Farben, oder angenehmer Töne des Instruments, kann hinzukommen, aber die **Zeichnung** in der ersten und die Composition in dem letzten machen den eigentlichen Gegenstand des reinen Geschmacksurtheils aus; und daß die Reinigkeit der Farben sowohl als der Töne, oder auch die Mannichfaltigkeit derselben und ihre Abstechung, zur Schönheit beyzutragen scheint, will nicht so viel sagen, daß sie darum, weil sie für sich angenehm sind, gleichsam einen gleichartigen Zusatz zu dem Wohlgefallen an der Form abgeben, sondern weil sie diese letztere nur genauer, bestimmter und vollständiger anschaulich machen, und überdem durch ihren Reiz die Vorstellung beleben, indem sie die Aufmerksamkeit auf den Gegenstand selbst erwecken und erhalten.

Selbst was man Zierrathen (Parerga) nennt, d. i. dasjenige, was nicht in die ganze Vorstellung des Gegenstandes als Bestandstück innerlich, sondern nur äußerlich als Zuthat, gehört und das Wohlgefallen des Geschmacks vergrößert, thut dieses doch auch nur durch seine Form: wie Einfassungen der Gemälde, oder Gewänder an Statuen, oder Säulengänge um Prachtgebäude. Besteht aber der Zierrath nicht selbst in der schönen Form, ist er, wie der goldene Rahmen, bloß um durch seinen Reiz das Gemälde dem Beyfall zu empfehlen angebracht; so heißt er alsdann Schmuck, und thut der ächten Schönheit Abbruch.

Rührung, eine Empfindung, wo Annehmlichkeit nur vermittelst augenblicklicher Hemmung und darauf erfolgender stärkerer Ergießung der Lebenskraft gewirkt wird, gehört gar nicht zur Schönheit. Erhabenheit (mit welcher das Gefühl der Rührung verbunden ist) aber erfordert einen andern Maaßstab der Beurtheilung, als der Geschmack sich zum Grunde legt; und so hat ein reines Geschmacksurtheil weder Reiz noch Rührung, mit einem Worte keine Empfindung, als Materie des ästhetischen Urtheils, zum Bestimmungsgrunde.

§. 15.

Das Geschmacksurtheil ist von dem Begriffe der Vollkommenheit gänzlich unabhängig.

Die objective Zweckmäßigkeit kann nur vermittelst der Beziehung des Mannichfaltigen auf einen bestimmten Zweck, also nur durch einen Begrif, erkannt werden. Hieraus allein schon erhellet: daß das Schöne, dessen Beurtheilung eine bloß formale Zweckmäßigkeit, d. i. eine Zweckmäßigkeit ohne Zweck, zum Grunde hat, von der Vorstellung des Guten ganz unabhängig sey, weil das letztere eine objective Zweckmäßig⬛ d. i. die Beziehung des Gegenstandes auf einen bestimmten Zweck, voraussetzt.

Die objective Zweckmäßigkeit ist entweder die äußere, d. i. die **Nützlichkeit,** oder die innere, d. i. die **Vollkommenheit** des Gegenstandes. Daß das Wohlgefallen an einem Gegenstande, weßhalb wir ihn schön nennen, nicht auf der Vorstellung seiner Nützlichkeit beruhen könne, ist aus beiden vorigen Hauptstücken hinreichend zu ersehen: weil es alsdann nicht ein unmittelbares Wohlgefallen an dem Gegenstande seyn würde, welches letztere die wesentliche Bedingung des Urtheils über Schönheit ist. Aber eine objective innere Zweckmäßigkeit, d. i. Vollkommenheit, kommt dem Prädikate der Schönheit schon näher, und ist daher auch von namhaften Philosophen, doch mit dem Beysatze, wenn sie verworren gedacht wird, für einerley mit der Schönheit gehalten worden. Es ist von der größten Wichtigkeit, in einer Critik des Geschmacks zu entscheiden, ob sich auch die Schönheit wirklich in den Begrif der Vollkommenheit auflösen lasse.

Die objective Zweckmäßigkeit zu beurtheilen, bedürfen wir jederzeit den Begrif eines Zwecks, und [wenn jene Zweckmäßigkeit nicht eine äußere (Nützlichkeit), sondern eine innere, seyn soll] den Begrif eines innern Zwecks, der den Grund der innern Möglichkeit des Gegenstandes enthalte. So wie nun Zweck überhaupt dasjenige ist, dessen Begrif als der Grund der Möglichkeit des Gegenstandes selbst angesehen werden kann: so wird, um sich eine objective Zweckmäßigkeit an einem Dinge vorzustellen, der Begrif von diesem, was es für ein Ding seyn solle, voran gehen; und die Zusammenstimmung des Mannichfaltigen in demselben zu diesem Begriffe (welcher die Regel der Verbindung desselben an ihm giebt) ist die qualitative Vollkommenheit eines Dinges. Hievon ist die quantitative, als die Vollständigkeit eines jeden Dinges in seiner Art, gänzlich unterschieden, und ein bloßer Größenbegrif (der Allheit); bey welchem, was das Ding seyn solle, schon zum voraus als bestimmt gedacht, und nur ob alles dazu Erforderliche an ihm sey, gefragt wird. Das Formale in der Vorstellung eines Dinges, d. i. die Zusammenstimmung des Mannichfaltigen zu Einem (unbestimmt was es seyn solle) giebt, für sich, ganz und gar keine objective Zweckmäßigkeit zu erkennen; weil, da von diesem Einem als Zweck (was das Ding seyn solle) abstrahirt wird, nichts als die subjective Zweckmäßigkeit der Vorstellungen im Gemüthe des Anschauenden übrig bleibt, welche wohl eine gewisse Zweckmäßigkeit des Vorstellungszustandes im Subject, und in diesem eine Behaglichkeit desselben eine gegebene Form in die Einbildungskraft aufzufassen, aber keine Vollkommenheit irgend eines Objects, das hier durch keinen Begrif eines Zwecks gedacht wird, angiebt. Wie z. B., wenn ich im Walde einen Rasenplatz antreffe, um welchen die Bäume im Cirkel stehen, und ich mir dabey nicht einen Zweck, nehmlich daß er etwa zum ländlichen Tanze dienen solle, vorstelle, nicht der mindeste Begrif von Vollkommenheit durch die bloße Form gegeben wird. Eine formale objective Zweckmäßigkeit aber ohne Zweck, d. i. die bloße Form einer Vollkommenheit (ohne alle Materie und Begrif von dem wozu zusammengestimmt wird, wenn es auch bloß die Idee einer Gesetzmäßigkeit überhaupt wäre) sich vorzustellen, ist ein wahrer Widerspruch.

Nun ist das Geschmacksurtheil ein ästhetisches Urtheil, d. i. ein solches, was auf subjectiven Gründen beruht, und dessen Bestimmungsgrund kein Begrif, mithin auch nicht der eines bestimmten Zwecks seyn kann. Also wird durch die Schönheit, als eine formale subjective Zweckmäßigkeit, keinesweges eine Vollkommen-

Critik der ästhetischen Urtheilskraft.

heit des Gegenstandes, als vorgeblich-formale gleichwohl aber doch objective Zweckmäßigkeit gedacht; und der Unterschied zwischen den Begriffen des Schönen und Guten, als ob beide nur der logischen Form nach unterschieden, die erste bloß ein verworrener, die zweyte ein deutlicher Begrif der Vollkommenheit, sonst aber dem Inhalte und Ursprunge nach einerley wären, ist nichtig: weil alsdann zwischen ihnen kein specifischer Unterschied, sondern ein Geschmacksurtheil eben so wohl ein Erkenntnißurtheil wäre, als das Urtheil wodurch etwas für gut erklärt wird; so wie etwa der gemeine Mann, wenn er sagt: daß der Betrug unrecht sey, sein Urtheil auf verworrene, der Philosoph auf deutliche, im Grunde aber beide auf einerley Vernunft-Principien gründen. Ich habe aber schon angeführt, daß ein ästhetisches Urtheil einzig in seiner Art sey, und schlechterdings kein Erkenntniß (auch nicht ein verworrenes) vom Object gebe, welches letztere nur durch ein logisches Urtheil geschieht; da jenes hingegen die Vorstellung, wodurch ein Object gegeben wird, lediglich auf das Subject bezieht, und keine Beschaffenheit des Gegenstandes, sondern nur die zweckmäßige Form in der Bestimmung der Vorstellungskräfte, die sich mit jenem beschäftigen, zu bemerken giebt. Das Urtheil heißt auch eben darum ästhetisch, weil der Bestimmungsgrund desselben kein Begrif, sondern das Gefühl (des innern Sinnes) jener Einhelligkeit im Spiele der Gemüthskräfte ist, sofern sie nur empfunden werden kann. Dagegen, wenn man verworrene Begriffe, und das objective Urtheil das sie zum Grunde hat, ästhetisch nennen wollte, man einen Verstand haben würde der sinnlich urtheilt oder einen Sinn, der durch Begriffe seine Objecte vorstellt, welches beides sich widerspricht. Das Vermögen der Begriffe, sie mögen verworren oder deutlich seyn, ist der Verstand; und, obgleich zum Geschmacksurtheil, als ästhetischem Urtheile, auch (wie zu allen Urtheilen) Verstand gehört, so gehört er zu demselben doch nicht als Vermögen der Erkenntniß eines Gegenstandes, sondern als Vermögen der Bestimmung des Urtheils und seiner Vorstellung, (ohne Begrif) nach dem Verhältniß derselben auf das Subject und dessen inneres Gefühl, und zwar sofern dieses Urtheil nach einer allgemeinen Regel möglich ist.

§. 16.

Das Geschmacksurtheil, wodurch ein Gegenstand unter der Bedingung eines bestimmten Begrifs für schön erklärt wird, ist nicht rein.

Es giebt zweyerley Arten von Schönheit: freye Schönheit (pulchritudo vaga), oder die bloß anhängende Schönheit (pulchritudo adhaerens). Die erstere setzt keinen Begrif von dem voraus, was der Gegenstand seyn soll; die zweyte setzt einen solchen und die Vollkommenheit des Gegenstandes nach demselben voraus. Die Arten der erstern heißen (für sich bestehende) Schönheiten

dieses

dieses oder jenes Dinges; die andere wird, als einem Begriffe anhängend (bedingte Schönheit), Objecten die unter dem Begriffe eines besondern Zwecks stehen, beygelegt.

Blumen sind freye Naturschönheiten. Was eine Blume für ein Ding seyn soll, weiß, außer dem Botaniker, schwerlich sonst niemand; und selbst dieser, der daran das Befruchtungsorgan der Pflanze erkennt, nimmt, wenn er darüber durch Geschmack urtheilt, auf diesen Naturzweck keine Rücksicht. Es wird also keine Vollkommenheit von irgend einer Art, keine innere Zweckmäßigkeit, auf welche sich die Zusammensetzung des Mannichfaltigen beziehe, diesem Urtheile zum Grunde gelegt. Viele Vögel (der Papagey, der Colibrit, der Paradiesvogel), eine Menge Schaalthiere des Meeres, sind für sich Schönheiten, die gar keinem nach Begriffen in Ansehung seines Zwecks bestimmten Gegenstande zukommen, sondern frey und für sich gefallen. So bedeuten die Zeichnungen à la grecque, das Laubwerk zu Einfassungen, oder auf Papiertapeten u. s. w. für sich nichts: sie stellen nichts vor, kein Object unter einem bestimmten Begriffe, und sind freye Schönheiten. Man kann auch das, was man in der Musik Phantasiren (ohne Thema) nennt, ja die ganze Musik ohne Text, zu derselben Art zählen.

In der Beurtheilung einer freyen Schönheit (der bloßen Form nach) ist das Geschmacksurtheil rein. Es ist kein Begrif von irgend einem Zwecke, wozu das Mannichfaltige dem gegebenen Objecte dienen, und was dieses also vorstellen solle, vorausgesetzt; wodurch die Freyheit der Einbildungskraft, die in Beobachtung der Gestalt gleichsam spielt, nur eingeschränkt werden würde.

Allein die Schönheit eines Menschen (und unter dieser Art die eines Mannes, oder Weibes, oder Kindes), die Schönheit eines Pferdes, eines Gebäudes (als Kirche, Pallast, Arsenal, oder Gartenhaus), setzt einen Begrif vom Zwecke, welcher bestimmt was das Ding seyn soll, mithin einen Begrif seiner Vollkommenheit, voraus; und ist also bloß abhärirende Schönheit. So wie nun die Verbindung des Angenehmen (der Empfindung) mit der Schönheit, die eigentlich nur die Form betrift, die Reinigkeit des Geschmacksurtheils verhinderte; so thut die Verbindung des Guten (wozu nehmlich das Mannichfaltige dem Dinge selbst, nach seinem Zwecke, gut ist) mit der Schönheit, der Reinigkeit desselben Abbruch.

Man würde vieles unmittelbar in der Anschauung Gefallende an einem Gebäude anbringen können, wenn es nur nicht eine Kirche seyn sollte; eine Gestalt mit allerley Schnörkeln und leichten doch regelmäßigen Zügen, wie die Neuseeländer mit ihrem Tettawiren thun, verschönern können, wenn es nur nicht ein Mensch wäre; und dieser könnte viel feinere Züge und einen gefälligeren sanftern Umriß der Gesichtsbildung haben, wenn er nur nicht einen Mann, oder gar einen kriegerischen vorstellen sollte.

Nun ist das Wohlgefallen an dem Mannichfaltigen in einem Dinge, in Beziehung auf den innern Zweck der seine Möglichkeit bestimmt, auf einem Begriffe gegründetes Wohlgefallen; das an der Schönheit aber ist ein solches welches keinen Begrif voraussetzt, sondern mit der Vorstellung, wodurch der Gegenstand gegeben (nicht wodurch er gedacht) wird, unmittelbar verbunden ist. Wenn nun das Geschmacksurtheil, in Ansehung des letzteren, vom Zwecke in dem ersteren, als Vernunfturtheile, abhängig gemacht und dadurch eingeschränkt wird, so ist jenes nicht mehr ein freyes und reines Geschmacksurtheil.

Zwar gewinnt der Geschmack durch diese Verbindung des ästhetischen Wohlgefallens mit dem intellectuellen darin, daß er fixirt wird, und zwar nicht allgemein ist, ihm aber doch in Ansehung gewisser zweckmäßig bestimmten Objecte Regeln vorgeschrieben werden können. Diese sind aber alsdann auch keine Regeln des Geschmacks, sondern bloß der Vereinbarung des Geschmacks mit der Vernunft, d. i. des Schönen mit dem Guten, durch welche jenes zum Instrument der Absicht in Ansehung des letztern brauchbar wird, um diejenige Gemüthsstimmung, die sich selbst erhält und von subjectiver allgemeiner Gültigkeit ist, derjenigen Denkungsart unterzulegen, die nur durch mühsamen Vorsatz erhalten werden kann, aber objectiv allgemeingültig ist. Eigentlich aber gewinnt weder die Vollkommenheit durch die Schönheit, noch die Schönheit durch die Vollkommenheit; sondern weil es nicht vermieden werden kann, wenn wir die Vorstellung wodurch uns ein Gegenstand gegeben wird, mit dem Objecte (in Ansehung dessen was es seyn soll) durch einen Begrif vergleichen, sie zugleich mit der Empfindung im Subjecte zusammen zu halten, so gewinnt das gesammte Vermögen der Vorstellungskraft, wenn beide Gemüthszustände zusammen stimmen.

Ein Geschmacksurtheil würde in Ansehung eines Gegenstandes von bestimmtem innern Zwecke nur alsdann rein seyn, wenn der Urtheilende entweder von diesem Zwecke keinen Begrif hätte, oder in seinem Urtheile davon abstrahirte. Aber alsdann würde dieser, ob er gleich ein richtiges Geschmacksurtheil fällete, indem er den Gegenstand als freye Schönheit beurtheilte, dennoch von dem andern, welcher die Schönheit an ihm nur als anhängende Beschaffenheit betrachtet (auf den Zweck des Gegenstandes sieht) getadelt und eines falschen Geschmacks beschuldigt werden, obgleich beide in ihrer Art richtig urtheilen: der eine nach dem, was er vor den Sinnen; der andere nach dem, was er in Gedanken hat. Durch diese Unterscheidung kann man manchen Zwist der Geschmacksrichter über Schönheit beylegen, indem man ihnen zeigt, daß der eine sich an die freye, der andere an die anhängende Schönheit halte, der erstere ein reines, der zweyte ein angewandtes Geschmacksurtheil fälle.

§. 17.

Vom Ideale der Schönheit.

Es kann keine objective Geschmacksregel, welche durch Begriffe bestimmte was schön sey, geben. Denn alles Urtheil aus dieser Quelle ist ästhetisch; d. i. das Gefühl des Subjects, und kein Begrif eines Objects, ist sein Bestimmungsgrund. Ein Princip des Geschmacks, welches das allgemeine Criterium des Schönen durch bestimmte Begriffe angäbe, zu suchen, ist eine fruchtlose Bemühung, weil, was gesucht wird, unmöglich und an sich selbst widersprechend ist. Die allgemeine Mittheilbarkeit der Empfindung (des Wohlgefallens oder Mißfallens), und zwar eine solche die ohne Begrif Statt findet; die Einhelligkeit, so viel möglich, aller Zeiten und Völker in Ansehung dieses Gefühls in der Vorstellung gewisser Gegenstände: ist das empirische, wiewohl schwache und kaum zur Vermuthung zureichende, Criterium der Abstammung eines so durch Beispiele bewährten Geschmacks von dem tief verborgenen, allen Menschen gemeinschaftlichen, Grunde der Einhelligkeit in Beurtheilung der Formen, unter denen ihnen Gegenstände gegeben werden.

Daher sieht man einige Producte des Geschmacks als exemplarisch an: nicht als ob Geschmack könne erworben werden, indem er anderen nachahmt. Denn der Geschmack muß ein selbst eigenes Vermögen seyn; wer aber ein Muster nachahmt, zeigt sofern als er es trift, zwar Geschicklichkeit, aber nur Geschmack sofern er dieses Muster selbst beurtheilen kann*). Hieraus folgt aber, daß das höchste Muster, das Urbild des Geschmacks, eine bloße Idee sey, die jeder in sich selbst hervorbringen muß, und wonach er alles, was Object des Geschmacks, was Beyspiel der Beurtheilung durch Geschmack sey, und selbst den Geschmack von jedermann, beurtheilen muß. Idee bedeutet eigentlich einen Vernunftbegrif, und Ideal die Vorstellung eines einzelnen als einer Idee adäquaten Wesens. Daher kann jenes Urbild des Geschmacks, welches freylich auf der unbestimmten Idee der Vernunft von einem Maximum beruht, aber doch nicht durch Begriffe, sondern nur in einzelner Darstellung kann vorgestellt werden, besser das Ideal des Schönen genannt werden, dergleichen wir, wenn wir gleich nicht im Besitze desselben sind, doch in uns hervorzubringen streben. Es wird aber bloß ein Ideal der Einbildungskraft seyn, eben darum, weil es nicht auf Begriffen, sondern auf

---

*) Muster des Geschmacks in Ansehung der redenden Künste müssen in einer todten und gelehrten Sprache abgefaßt seyn: das erste, um nicht die Veränderung erdulden zu müssen, welche die lebenden Sprachen unvermeidlicher Weise trift, daß edle Ausdrücke platt, gewöhnliche veraltet, und neugeschaffene in einen nur kurz daurenden Umlauf gebracht werden; das zweyte, damit sie eine Grammatik habe, welche keinem muthwilligen Wechsel der Mode unterworfen sey, sondern ihre unveränderliche Regel behält.

Critik der ästhetischen Urtheilskraft. 55

der Darstellung beruht; das Vermögen der Darstellung aber ist die Einbildungskraft. — Wie gelangen wir nun zu einem solchen Ideale der Schönheit? A priori, oder empirisch? Imgleichen: welche Gattung des Schönen ist eines Ideals fähig?

Zuerst ist wohl zu bemerken, daß die Schönheit, zu welcher ein Ideal gesucht werden soll, keine vage, sondern durch einen Begrif von objectiver Zweckmäßigkeit fixirte Schönheit seyn, folglich keinem Objecte eines ganz reinen, sondern zum Theil intellectuirten Geschmacksurtheils angehören müsse. D. i. in welcher Art von Gründen der Beurtheilung ein Ideal Statt finden soll, da muß irgend eine Idee der Vernunft nach bestimmten Begriffen zum Grunde liegen, die a priori den Zweck bestimmet, worauf die innere Möglichkeit des Gegenstandes beruht. Ein Ideal schöner Blumen, eines schönen Ameublements, einer schönen Aussicht, läßt sich nicht denken. Aber auch von einer bestimmten Zwecken anhängenden Schönheit, z. B. einem schönen Wohnhause, einem schönen Baume, schönen Garten u. s. w., läßt sich kein Ideal vorstellen; vermuthlich weil die Zwecke durch ihren Begrif nicht genug bestimmt und fixirt sind, folglich die Zweckmäßigkeit beynahe so frey ist, als bey der vagen Schönheit. Nur das was den Zweck seiner Existenz in sich selbst hat, der Mensch, der sich durch Vernunft seine Zwecke selbst bestimmen, oder, wo er sie von der äußern Wahrnehmung hernehmen muß, doch mit wesentlichen und allgemeinen

Zwecken zusammenhalten, und die Zusammenstimmung mit jenen alsdann auch ästhetisch beurtheilen kann: dieser **Mensch** ist also eines Ideals der **Schönheit**, so wie die Menschheit in seiner Person, als Intelligenz, des Ideals der **Vollkommenheit**, unter allen Gegenständen in der Welt allein fähig.

Hiezu gehören aber zwey Stücke: erstlich die ästhetische **Normalidee**, welche eine einzelne Anschauung (der Einbildungskraft) ist, die das Richtmaaß seiner Beurtheilung, als eines zu einer besonderen Thierspecies gehörigen Dinges, vorstellt; zweytens die **Vernunftidee**, welche die Zwecke der Menschheit, sofern sie nicht sinnlich vorgestellt werden können, zum Princip der Beurtheilung einer Gestalt macht, durch welche, als ihre Wirkung in der Erscheinung, sich jene offenbaren. Die Normalidee muß ihre Elemente zur Gestalt eines Thiers von besonderer Gattung aus der Erfahrung nehmen; aber die größte Zweckmäßigkeit in der Construction der Gestalt, die zum allgemeinen Richtmaaß der ästhetischen Beurtheilung jedes Einzelnen dieser Species tauglich wäre, das Bild, was gleichsam absichtlich der Technik der Natur zum Grunde gelegen hat, dem nur die Gattung im Ganzen, aber kein Einzelnes abgesondert adäquat ist, liegt doch bloß in der Idee des Beurtheilenden, welche aber, mit ihren Proportionen, als ästhetische Idee, in einem Musterbilde völlig in concreto dargestellt werden kann. Um, wie dieses zugehe, einiger-

Critik der ästhetischen Urtheilskraft.

maßen begreiflich zu machen (denn wer kann der Natur ihr Geheimniß gänzlich ablocken?) wollen wir eine psychologische Erklärung versuchen.

Es ist anzumerken: daß, auf eine uns gänzlich unbegreifliche Art, die Einbildungskraft nicht allein die Zeichen für Begriffe gelegentlich, selbst von langer Zeit her, zurückzurufen; sondern auch das Bild und die Gestalt des Gegenstandes aus einer unaussprechlichen Zahl von Gegenständen verschiedener Arten, oder auch einer und derselben Art, zu reprobuciren; ja auch, wenn das Gemüth es auf Vergleichungen anlegt, allem Vermuthen nach wirklich, wenn gleich nicht hinreichend zum Bewußtseyn, ein Bild gleichsam auf das andere fallen zu lassen, und, durch die Congruenz der mehrern von derselben Art, ein Mittleres herauszubekommen wisse, welches allen zum gemeinschaftlichen Maaße dient. Jemand hat tausend erwachsene Mannspersonen gesehen. Will er nun über die vergleichungsweise zu schätzende Normalgröße urtheilen, so läßt (meiner Meynung nach) die Einbildungskraft eine große Zahl der Bilder (vielleicht alle jene tausend) auf einander fallen; und, wenn es mir erlaubt ist, hiebey die Analogie der optischen Darstellung anzuwenden, in dem Raum wo die meisten sich vereinigen, und innerhalb dem Umriffe wo der Platz mit der am stärksten aufgetragenen Farbe illuminirt ist, da wird die mittlere Größe kenntlich, die sowohl der Höhe als Breite nach von den äußersten Gränzen der größten und kleinsten Staturen gleich weit entfernt ist. Und dies ist die Statur für einen schönen Mann. (Man könnte ebendasselbe mechanisch heraus bekommen, wenn man alle tausend mäße, ihre Höhen unter sich nebst Breiten (und Dicken) für sich zusammen addirte, und die Summe durch tausend dividirte. Allein die Einbildungskraft thut eben dieses durch einen dynamischen Effect, der aus der vielfältigen Auffassung solcher Gestalten auf das Organ des innern Sinnes entspringt.) Wenn nun auf ähnliche Art für diesen mittlern Mann der mittlere Kopf, für diesen die mittlere Nase u. s. w. gesucht wird: so liegt diese Gestalt der Normalidee des schönen Mannes, in dem Lande wo diese Vergleichung angestellt wird, zum Grund; daher ein Neger nothwendig unter diesen empirischen Bedingungen eine andere Normalidee der Schönheit der Gestalt haben muß, als ein Weißer, der Chinese eine andere, als der Europäer. Mit dem Muster eines schönen Pferdes oder Hundes (von gewisser Race) würde es eben so gehen. — Diese Normalidee ist nicht aus von der Erfahrung hergenommenen Proportionen, als bestimmten Regeln, abgeleitet; sondern nach ihr werden allererst Regeln der Beurtheilung möglich. Sie ist das zwischen allen einzelnen, auf mancherley Weise verschiedenen, Anschauungen der Individuen schwebende Bild für die ganze Gattung, welches die Natur zum Urbilde ihrer Erzeugungen in derselben Species unterlegte, aber in keinem Einzelnen völlig erreicht

Critik. der ästhetischen Urtheilskraft.

zu haben scheint. Sie ist keinesweges das ganze Urbild der Schönheit in dieser Gattung, sondern nur die Form, welche die unnachläßliche Bedingung aller Schönheit ausmacht, mithin bloß die Richtigkeit in Darstellung der Gattung. Sie ist, wie man Polyclets berühmten Doryphorus nannte, die Regel (eben dazu konnte auch Myrons Kuh in ihrer Gattung gebraucht werden). Sie kann eben darum auch nichts Specifisch-Characteristisches enthalten; denn sonst wäre sie nicht Normalidee für die Gattung. Ihre Darstellung gefällt auch nicht durch Schönheit, sondern bloß weil sie keiner Bedingung, unter welcher allein ein Ding dieser Gattung schön seyn kann, widerspricht. Die Darstellung ist bloß schulgerecht *).

Von der Normalidee des Schönen ist doch noch das Ideal desselben unterschieden, welches man lediglich an der menschlichen Gestalt aus schon angeführten Gründen erwarten darf. An dieser nun besteht das Ideal in dem Ausdrucke des Sittlichen, ohne welches

*) Man wird finden, daß ein vollkommen regelmäßiges Gesicht, welches der Maler ihm zum Modell zu sitzen bitten möchte, gemeiniglich nichts sagt; weil es nichts Characteristisches enthält, also mehr die Idee der Gattung, als das Specifische einer Person ausdrückt. Das Characteristische von dieser Art, was übertrieben ist, d. i. welches der Normalidee (der Zweckmäßigkeit der Gattung) selbst Abbruch thut, heißt Carricatur. Auch zeigt die Erfahrung: daß jene ganz regelmäßigen Gesichter im Innern gemeiniglich auch nur einen

der Gegenstand nicht allgemein, und dazu positiv (nicht bloß negativ in einer schulgerechten Darstellung), gefallen würde. Der sichtbare Ausdruck sittlicher Ideen, die den Menschen innerlich beherrschen, kann zwar nur aus der Erfahrung genommen werden; aber ihre Verbindung mit allem dem, was unsere Vernunft mit dem Sittlich-Guten in der Idee der höchsten Zweckmäßigkeit verknüpft, die Seelengüte, oder Reinigkeit, oder Stärke, oder Ruhe u. s. w. in körperlicher Äußerung (als Wirkung des Innern) gleichsam sichtbar zu machen: dazu gehören reine Ideen der Vernunft und große Macht der Einbildungskraft in demjenigen vereinigt, welcher sie nur beurtheilen, vielmehr noch wer sie darstellen will. Die Richtigkeit eines solchen Ideals der Schönheit beweiset sich darin: daß es keinem Sinnenreiz sich in das Wohlgefallen an seinem Objecte zu mischen erlaubt, und dennoch ein großes Interesse daran nehmen läßt; welches dann beweiset, daß die Beurtheilung nach einem solchen Maaßstabe niemals rein ästhetisch seyn könne, und die Beur-

mittelmäßigen Menschen verrathen; vermuthlich (wenn angenommen werden darf, daß die Natur im Äußeren die Proportionen des Innern ausdrücke) deswegen: weil, wenn keine von den Gemüthsanlagen über diejenige Proportion hervorstechend ist, die erfordert wird, bloß einen fehlerfreyen Menschen auszumachen, nichts von dem, was man Genie nennt, erwartet werden darf, in welchem die Natur von ihren gewöhnlichen Verhältnissen der Gemüthskräfte zum Vortheil einer einzigen abzugehen scheint.

theilung nach einem Ideale der Schönheit kein bloßes Urtheil des Geschmacks sey.

Aus diesem dritten Momente geschlossene Erklärung des Schönen.

Schönheit ist Form der **Zweckmäßigkeit** eines Gegenstandes, sofern sie, ohne **Vorstellung** eines **Zwecks**, an ihm wahrgenommen wird *).

*) Man könnte wider diese Erklärung als Instanz anführen: daß es Dinge giebt, an denen man eine zweckmäßige Form sieht ohne an ihnen einen Zweck zu erkennen: z. B. die öfter aus alten Grabhügeln gezogenen, mit einem Loche als zu einem Hefte, versehenen steinernen Geräthe; die, ob sie zwar in ihrer Gestalt deutlich eine Zweckmäßigkeit verrathen für die man den Zweck nicht kennt, darum gleichwohl nicht für schön erklärt werden. Allein, daß man sie für ein Kunstwerk ansieht, ist schon genug, um gestehen zu müssen, daß man ihre Figur auf irgend eine Absicht und einen bestimmten Zweck bezieht. Daher auch gar kein unmittelbares Wohlgefallen an ihrer Anschauung. Eine Blume hingegen, z. B. eine Tulpe, wird für schön gehalten, weil eine gewisse Zweckmäßigkeit, die so, wie wir sie beurtheilen, auf gar keinen Zweck bezogen wird, in ihrer Wahrnehmung angetroffen wird.

Viertes Moment

des Geschmacksurtheils, nach der Modalität des Wohlgefallens an den Gegenständen.

§. 18.

Was die Modalität eines Geschmacksurtheils sey.

Von einer jeden Vorstellung kann ich sagen: wenigstens es sey möglich, daß sie (als Erkenntniß) mit einer Lust verbunden sey. Von dem, was ich angenehm nenne, sage ich, daß es in mir wirklich Lust bewirke. Vom Schönen aber denkt man sich, daß es eine nothwendige Beziehung auf das Wohlgefallen habe. Diese Nothwendigkeit nun ist von besonderer Art: nicht eine theoretische objective Nothwendigkeit, wo a priori erkannt werden kann, daß jedermann dieses Wohlgefallen an dem von mir schön genannten Gegenstande fühlen werde; auch nicht eine practische, wo durch Begriffe eines reinen Vernunftwillens, welcher freyhandelnden Wesen zur Regel dient, dieses Wohlgefallen die nothwendige Folge eines objectiven Gesetzes ist, und nichts anders bedeutet, als daß man schlechterdings (ohne weitere Absicht) auf gewisse Art handeln solle. Sondern sie kann als Nothwendigkeit, die in einem ästhetischen Urtheile gedacht wird, nur exemplarisch genannt werden, d. i. eine Nothwendigkeit der Beystimmung Aller zu einem

Critik der ästhetischen Urtheilskraft.   63

Urtheil, was wie Beyspiel einer allgemeinen Regel, die man nicht angeben kann, angesehen wird. Da ein ästhetisches Urtheil kein objectives und Erkenntnißurtheil ist, so kann diese Nothwendigkeit nicht aus bestimmten Begriffen abgeleitet werden, und ist also nicht apodictisch. Viel weniger kann sie aus der Allgemeinheit der Erfahrung (von einer durchgängigen Einhelligkeit der Urtheile über die Schönheit eines gewissen Gegenstandes) geschlossen werden. Denn nicht allein, daß die Erfahrung hiezu schwerlich hinreichend viele Beläge schaffen würde, so läßt sich auf empirische Urtheile kein Begrif der Nothwendigkeit dieser Urtheile gründen.

§. 19.

Die subjective Nothwendigkeit, die wir dem Geschmacksurtheile beylegen, ist bedingt.

Das Geschmacksurtheil sinnet jedermann Beystimmung an; und, wer etwas für schön erklärt, will, daß jedermann dem vorliegenden Gegenstande Beyfall geben und ihn gleichfalls für schön erklären solle. Das Sollen im ästhetischen Urtheile wird also selbst nach allen Datis, die zur Beurtheilung erfordert werden, doch nur bedingt ausgesprochen. Man wirbt um jedes andern Beystimmung, weil man dazu einen Grund hat, der allen gemein ist; auf welche Beystimmung man auch rechnen könnte, wenn man nur immer sicher wäre, daß der Fall unter jenem Grunde als Regel des Beyfalls richtig subsumirt wäre.

§. 20.

Die Bedingung der Nothwendigkeit, die ein Geschmacksurtheil vorgiebt, ist die Idee eines Gemeinsinnes.

Wenn Geschmacksurtheile (gleich den Erkenntnißurtheilen) ein bestimmtes objectives Princip hätten, so würde der, welcher sie nach dem letztern fället, auf unbedingte Nothwendigkeit seines Urtheils Anspruch machen. Wären sie ohne alles Princip, wie die des bloßen Sinnengeschmacks, so würde man sich gar keine Nothwendigkeit derselben in die Gedanken kommen lassen. Also müssen sie ein subjectives Princip haben, welches nur durch Gefühl und nicht durch Begriffe, doch aber allgemeingültig, bestimme, was gefalle oder mißfalle. Ein solches Princip aber könnte nur als ein Gemeinsinn angesehen werden; welcher vom gemeinen Verstande, den man bisweilen auch Gemeinsinn (sensus communis) nennt, wesentlich unterschieden ist: indem letzterer nicht nach Gefühl, sondern jederzeit nach Begriffen, wiewohl gemeiniglich nur als nach dunkel vorgestellten Principien, urtheilt.

Also nur unter der Voraussetzung, daß es einen Gemeinsinn gebe (wodurch wir aber keinen äußern Sinn, sondern die Wirkung aus dem freyen Spiel unserer Erkennt=

kenntnißkräfte, verstehen), nur unter Voraussetzung, sage ich, eines solchen Gemeinsinns, kann das Geschmacksurtheil gefällt werden.

§. 21.
Ob man mit Grunde einen Gemeinsinn voraussetzen könne.

Erkenntnisse und Urtheile müssen sich, sammt der Überzeugung die sie begleitet, allgemein mittheilen lassen; denn sonst käme ihnen keine Übereinstimmung mit dem Object zu: sie wären insgesammt ein bloß subjectives Spiel der Vorstellungskräfte, gerade so wie es der Skepticism verlangt. Sollen sich aber Erkenntnisse mittheilen lassen, so muß sich auch der Gemüthszustand, d. i. die Stimmung der Erkenntnißkräfte zu einer Erkenntniß überhaupt, und zwar diejenige Proportion, welche sich für eine Vorstellung (wodurch uns ein Gegenstand gegeben wird) gebührt um daraus Erkenntniß zu machen, allgemein mittheilen lassen: weil ohne diese, als subjective Bedingung des Erkennens, das Erkenntniß, als Wirkung, nicht entspringen könnte. Dieses geschieht auch wirklich jederzeit, wenn ein gegebener Gegenstand vermittelst der Sinne die Einbildungskraft zur Zusammensetzung des Mannichfaltigen, diese aber den Verstand zur Einheit desselben in Begriffen, in Thätigkeit bringt. Aber diese Stimmung der Erkenntnißkräfte hat, nach Verschiedenheit der Objecte die gegeben werden, eine verschiedene Proportion. Gleichwohl aber muß es eine geben, in welcher dieses innere Verhältniß zur Belebung (einer durch die andere) die zuträglichste für beide Gemüthskräfte in Absicht auf Erkenntniß (gegebener Gegenstände) überhaupt ist; und diese Stimmung kann nicht anders als durch das Gefühl (nicht nach Begriffen) bestimmt werden. Da sich nun diese Stimmung selbst muß allgemein mittheilen lassen, mithin auch das Gefühl derselben (bey einer gegebenen Vorstellung); die allgemeine Mittheilbarkeit eines Gefühls aber einen Gemeinsinn voraussetzt: so wird dieser mit Grunde angenommen werden können, und zwar ohne sich desfalls auf psychologische Beobachtungen zu fußen, sondern als die nothwendige Bedingung der allgemeinen Mittheilbarkeit unserer Erkenntniß, welche in jeder Logik und jedem Princip der Erkenntnisse, das nicht skeptisch ist, vorausgesetzt werden.

§. 22.

Die Nothwendigkeit der allgemeinen Beystimmung, die in einem Geschmacksurtheil gedacht wird, ist eine subjective Nothwendigkeit, die unter der Voraussetzung eines Gemeinsinns als objectiv vorgestellt wird.

In allen Urtheilen wodurch wir etwas für schön erklären, verstatten wir Keinem anderer Meynung zu seyn; ohne gleichwohl unser Urtheil auf Begriffe, sondern nur auf unser Gefühl zu gründen: welches wir also nicht als Privatgefühl, sondern als ein gemeinschaftliches zum Grunde legen. Nun kann dieser Gemeinsinn zu diesem Behuf nicht auf der Erfahrung gegründet werden; denn er will zu Urtheilen berechtigen, die ein Sollen enthalten: er sagt nicht, daß jedermann mit unserm Urtheile übereinstimmen *werde*, sondern damit zusammenstimmen *solle*. Also ist der Gemeinsinn, von dessen Urtheil ich mein Geschmacksurtheil hier als ein Beyspiel angebe und weswegen ich ihm *exemplarische* Gültigkeit beylege, eine bloße idealische Norm, unter deren Voraussetzung man ein Urtheil, welches mit ihr zusammenstimmte und das in demselben ausgedrückte Wohlgefallen an einem Object, für jedermann mit Recht zur Regel machen könnte: weil zwar das Princip nur subjectiv, dennoch aber, für subjectiv-allgemein (eine jedermann nothwendige Idee) angenommen, was die Einhelligkeit verschiedener Urtheilenden betrift, gleich einem objectiven, allgemeine Beystimmung fordern könnte; wenn man nur sicher wäre, darunter richtig subsumirt zu haben.

Diese unbestimmte Norm eines Gemeinsinns wird von uns wirklich vorausgesetzt: das beweiset unsere Anmaßung Geschmacksurtheile zu fällen. Ob es in der That einen solchen Gemeinsinn, als constitutives Princip der Möglichkeit der Erfahrung gebe, oder ein noch höheres Princip der Vernunft es uns nur zum regulativen Princip mache, allererst einen Gemeinsinn zu höhern Zwecken in uns hervorzubringen; ob also Geschmack ein ursprüngliches und natürliches, oder nur die Idee von einem noch zu erwerbenden und künstlichen Vermögen sey, so daß ein Geschmacksurtheil, mit seiner Zumuthung einer allgemeinen Beystimmung, in der That nur eine Vernunftforderung sey eine solche Einhelligkeit der Sinnesart hervorzubringen, und das Sollen, d. i. die objective Nothwendigkeit des Zusammenfließens des Gefühls von jedermann mit jedes seinem besondern, nur die Möglichkeit hierin einträchtig zu werden bedeute, und das Geschmacksurtheil nur von Anwendung dieses Princips ein Beyspiel aufstelle: das wollen und können wir hier noch nicht untersuchen, sondern haben vor jetzt nur das Geschmacksvermögen in seine Elemente aufzulösen, um sie zuletzt in der Idee eines Gemeinsinns zu vereinigen.

Aus dem vierten Moment gefolgerte Erklärung des Schönen.

Schön ist, was ohne Begrif als Gegenstand eines nothwendigen Wohlgefallens erkannt wird.

* * *

Allgemeine Anmerkung zum ersten Abschnitte der Analytik.

Wenn man das Resultat aus den obigen Zergliederungen zieht, so findet sich, daß alles auf den Begrif des Geschmacks herauslaufe: daß er ein Beurtheilungsvermögen eines Gegenstandes in Beziehung auf die freye Gesetzmäsſigkeit der Einbildungskraft sey. Wenn nun im Geschmacksurtheile die Einbildungskraft in ihrer Freyheit betrachtet werden muß, so wird sie erstlich nicht reproductiv, wie sie den Associationsgesetzen unterworfen ist, sondern als productiv und selbstthätig (als Urheberinn willkürlicher Formen möglicher Anschauungen) angenommen; und, ob sie zwar bey der Auffassung eines gegebenen Gegenstandes der Sinne an eine bestimmte Form dieses Objects gebunden ist und sofern kein freyes Spiel (wie im Dichten) hat, so läßt sich doch noch wohl begreifen: daß der Gegenstand ihr gerade eine solche Form an die Hand geben könne, die eine Zusammensetzung des Mannichfaltigen enthält, wie sie die Einbildungskraft, wenn sie sich selbst frey überlassen wäre, in Einstimmung mit der Verstandesgesetzmäßigkeit überhaupt entwerfen würde. Allein daß die Einbildungskraft frey und doch von selbst gesetzmäßig sey, d. i. daß sie eine Autonomie bey sich führe, ist ein Widerspruch. Der Verstand allein giebt das Gesetz. Wenn aber die Einbildungskraft nach einem bestimmten Gesetze zu verfahren genöthigt wird, so wird ihr Product, der Form nach, durch Begriffe bestimmt, wie es seyn soll; aber alsdann ist das Wohlgefallen, wie oben gezeigt, nicht das am Schönen, sondern am Guten (der Vollkommenheit, allenfalls bloß der formalen), und das Urtheil ist kein Urtheil durch Geschmack. Es wird also eine Gesetzmäßigkeit ohne Gesetz, und eine subjective Übereinstimmung der Einbildungskraft zum Verstande, ohne eine objective, da die Vorstellung auf einen bestimmten Begrif von einem Gegenstande bezogen wird, mit der freyen Gesetzmäßigkeit des Verstandes (welche auch Zweckmäßigkeit ohne Zweck genannt worden) und mit der Eigenthümlichkeit eines Geschmacksurtheils allein zusammen bestehen können.

Nun werden geometrisch-regelmäßige Gestalten, eine Cirkelfigur, ein Quadrat, ein Würfel u. s. w. von Critikern des Geschmacks gemeiniglich als die einfachsten und unzweifelhaftesten Beyspiele der Schönheit angeführt; und dennoch werden sie eben darum regelmäßig genannt, weil man sie nicht anders vorstellen kann als so, daß sie für bloße Darstellungen eines bestimmten Begrifs, der jener Gestalt die Regel vorschreibt (nach der sie allein möglich ist), angesehen werden. Eines von beiden muß also irrig seyn: entweder jenes Urtheil der Critiker, gedachten Gestalten Schönheit beyzulegen; oder das unsrige, welches Zweckmäßigkeit ohne Begrif zur Schönheit nöthig findet.

Niemand wird leichtlich einen Menschen von Geschmack dazu nöthig finden, um an einer Cirkelgestalt mehr Wohlgefallen, als an einem kritzlichen Umrisse, an einem gleichseitigen und gleicheckigen Viereck mehr, als an einem schiefen ungleichseitigen, gleichsam verkrüppelten, zu finden; denn dazu gehört nur gemeiner Verstand und gar kein Geschmack. Wo eine Absicht, z. B. die Größe eines Platzes zu beurtheilen, oder das Verhältniß der Theile zu einander und zum Ganzen in einer Eintheilung faßlich zu machen, wahrgenommen wird: da sind regelmäßige Gestalten, und zwar die von der einfachsten Art, nöthig; und das Wohlgefallen ruht nicht unmittelbar auf dem Anblick der Gestalt, sondern der Brauchbarkeit derselben zu allerley möglicher Absicht. Ein Zimmer, dessen Wände schiefe Winkel machen, ein Gartenplatz von solcher Art, selbst alle Verletzung der Symmetrie sowohl in der Gestalt der Thiere (z. B. einäugig zu seyn), als der Gebäude, oder der Blumenstücke, mißfällt, weil es zweckwidrig ist, nicht allein practisch in Ansehung eines bestimmten Gebrauchs dieser Dinge, sondern auch für die Beurtheilung in allerley möglicher Absicht; welches der

Fall im Geschmacksurtheile nicht ist, welches wenn es rein
ist, Wohlgefallen oder Mißfallen, ohne Rücksicht auf den
Gebrauch oder einen Zweck, mit der bloßen Betrachtung
des Gegenstandes unmittelbar verbindet.

Die Regelmäßigkeit, die zum Begriffe von einem Gegenstande führt, ist zwar die unentbehrliche Bedingung
(conditio sine qua non), den Gegenstand in eine einzige
Vorstellung zu fassen und das Mannichfaltige in der Form
desselben zu bestimmen. Diese Bestimmung ist ein Zweck
in Ansehung der Erkenntniß; und in Beziehung auf diese, ist
sie auch jederzeit mit Wohlgefallen (welches die Bewirkung
einer jeden auch bloß problematischen Absicht begleitet) verbunden. Es ist aber alsdann bloß die Billigung der Auflösung
die einer Aufgabe Genüge thut, und nicht eine freye und unbestimmt zweckmäßige Unterhaltung der Gemüthskräfte mit
dem was wir schön nennen, und wobey der Verstand der
Einbildungskraft und nicht diese jenem zu Diensten ist.

An einem Dinge, das nur durch eine Absicht möglich
ist, einem Gebäude, selbst einem Thier, muß die Regelmäßigkeit, die in der Symmetrie besteht, die Einheit der
Anschauung ausdrücken, welche den Begrif des Zwecks begleitet, und gehört mit zum Erkenntnisse. Aber wo nur ein
freyes Spiel der Vorstellungskräfte (doch unter der Bedingung, daß der Verstand dabey keinen Anstoß leide) unterhalten werden soll, in Lustgärten, Stubenverzierung, allerley
geschmackvollem Geräthe u. d. gl., wird die Regelmäßigkeit
die sich als Zwang ankündigt, so viel möglich vermieden;
daher der Englische Geschmack in Gärten, der Barockge-
schmack an Möbeln, die Freyheit der Einbildungskraft
wohl eher bis zur Annäherung zum Grotesken treibt, und
in dieser Absonderung von allem Zwange der Regel eben den

Fall setzt, wo der Geschmack in Entwürfen der Einbildungskraft seine größte Vollkommenheit zeigen kann.

Alles steif-regelmäßige (was der mathematischen Regelmäßigkeit nahe kommt) hat das Geschmackwidrige an sich: daß es keine lange Unterhaltung mit der Betrachtung desselben gewähret, sondern, sofern es nicht ausdrücklich das Erkenntniß, oder einen bestimmten practischen Zweck zur Absicht hat, lange Weile macht. Dagegen ist das, womit Einbildungskraft ungesucht und zweckmäßig spielen kann, uns jederzeit neu, und man wird seines Anblicks nicht überdrüßig. Marsden in seiner Beschreibung von Sumatra macht die Anmerkung, daß die freyen Schönheiten der Natur den Zuschauer daselbst überall umgeben und daher wenig Anziehendes mehr für ihn haben: dagegen ein Pfeffergatten, wo die Stangen an denen sich dieses Gewächs rankt, in Parallellinien Alleen zwischen sich bilden, wenn er ihn mitten in einem Walde antraf, für ihn viel Reiz hatte; und schließt daraus, daß wilde, dem Anscheine nach regellose Schönheit nur dem zur Abwechselung gefalle, der sich an der regelmäßigen satt gesehen hat. Allein er durfte nur den Versuch machen, sich einen Tag bey seinem Pfeffergarten aufzuhalten, um inne zu werden, daß, wenn der Verstand durch die Regelmäßigkeit sich in die Stimmung zur Ordnung, die er allerwärts bedarf, versetzt hat, ihn der Gegenstand nicht länger unterhalte, vielmehr der Einbildungskraft einen lästigen Zwang anthue: wogegen die dort an Mannichfaltigkeiten bis zur Üppigkeit verschwenderische Natur, die keinem Zwange künstlicher Regeln unterworfen ist, seinem Geschmacke für beständig Nahrung geben könne. — Selbst der Gesang der Vögel, den wir unter keine musikalische Regel bringen können, scheint mehr Freyheit und darum mehr für den Geschmack zu enthalten, als selbst ein menschlicher Gesang der nach allen Regeln der Tonkunst geführt wird: weil man des letztern, wenn er oft und lange Zeit wiederholt wird, weit eher überdrüßig wird. Allein hier vertauschen wir vermuthlich unsere Theilnehmung an der Lustigkeit eines kleinen beliebten Thierchens mit der Schönheit seines Gesanges, der wenn er vom Menschen (wie dies mit dem Schlagen der Nachtigall bisweilen geschieht) ganz genau nachgeahmet wird, unserm Ohre ganz geschmacklos zu seyn dünkt.

Noch sind schöne Gegenstände von schönen Aussichten auf Gegenstände (die öfter der Entfernung wegen nicht mehr deutlich erkannt werden können) zu unterscheiden. In den letztern scheint der Geschmack nicht sowohl an dem, was die Einbildungskraft in diesem Felde auffaßt, als vielmehr an dem, was sie hiebey zu dichten Anlaß bekommt, d. i. an den eigentlichen Phantasieen, womit sich das Gemüth unterhält, während es durch die Mannichfaltigkeit, auf die das Auge stößt, continuirlich erweckt wird, zu haften; so wie etwa bey dem Anblick der veränderlichen Gestalten eines Caminfeuers, oder eines rieselnden Baches, welche beide keine Schönheiten sind, aber doch für die Einbildungskraft einen Reiz bey sich führen, weil sie ihr freyes Spiel unterhalten.

Zweytes Buch.
Analytik des Erhabenen.

§. 23.
Übergang von dem Beurtheilungsvermögen des Schönen zu dem des Erhabenen.

Das Schöne kommt darin mit dem Erhabenen überein, daß beides für sich selbst gefällt. Ferner darin, daß beides kein Sinnes- noch ein logisch-bestimmendes, sondern ein Reflexionsurtheil voraussetzt: folglich das Wohlgefallen nicht an einer Empfindung, wie die des Angenehmen, noch an einem bestimmten Begriffe wie das Wohlgefallen am Guten, hängt; gleichwohl aber doch auf Begriffe, ob zwar unbestimmt welche, bezogen wird, mithin das Wohlgefallen an der bloßen Darstellung oder dem Vermögen derselben geknüpft ist, wodurch das Vermögen der Darstellung, oder die Einbildungskraft, bey einer gegebenen Anschauung mit dem Vermögen der Begriffe des Verstandes oder der Vernunft, als Beförderung der letztern, in Einstimmung betrachtet wird. Daher sind auch beiderley Urtheile einzelne, und doch sich für allgemeingültig in Ansehung jedes Subjects ankündigende Urtheile, ob sie zwar bloß auf das Gefühl der Lust und auf kein Erkenntniß des Gegenstandes Anspruch machen.

Allein es sind auch namhafte Unterschiede zwischen beiden in die Augen fallend. Das Schöne der Natur betrift die Form des Gegenstandes, die in der Begränzung besteht; das Erhabene ist dagegen auch an einem formlosen Gegenstande zu finden, sofern Unbegränztheit an ihm, oder durch dessen Veranlassung, vorgestellt und doch Totalität derselben hinzugedacht wird: so daß das Schöne für die Darstellung eines unbestimmten Verstandesbegrifs, das Erhabene aber, eines dergleichen Vernunftbegrifs, genommen zu werden scheint. Also ist das Wohlgefallen dort mit der Vorstellung der Qualität, hier aber der Quantität verbunden. Auch ist das letztere der Art nach von dem ersteren Wohlgefallen gar sehr unterschieden: indem dieses (das Schöne) directe ein Gefühl der Beförderung des Lebens bey sich führt, und daher mit Reizen und einer spielenden Einbildungskraft vereinbar ist; jenes aber (das Gefühl des Erhabenen) eine Lust ist, welche nur indirecte entspringt; nehmlich so daß sie durch das Gefühl einer augenblicklichen Hemmung der Lebenskräfte und darauf sogleich folgenden desto stärkern Ergießung derselben erzeugt wird, mithin als Rührung kein Spiel, sondern Ernst in der Beschäftigung der Einbildungskraft zu seyn scheint. Daher es auch mit Reizen unvereinbar ist; und, indem das Gemüth von dem Gegenstande nicht bloß angezogen, sondern wechselsweise auch immer wieder abgestoßen wird, das Wohlgefallen am Erhabenen nicht sowohl positive

Lust als vielmehr Bewunderung oder Achtung enthält, d. i. negative Lust genannt zu werden verdient.

Der wichtigste und innere Unterschied aber des Erhabenen vom Schönen ist wohl dieser: daß, wenn wir, wie billig, hier zuförderst nur das Erhabene an Naturobjecten in Betrachtung ziehen (das der Kunst wird nehmlich immer auf die Bedingungen der Übereinstimmung mit der Natur eingeschränkt) die Naturschönheit (die selbstständige) eine Zweckmäßigkeit in ihrer Form, wodurch der Gegenstand für unsere Urtheilskraft gleichsam vorherbestimmt zu seyn scheint, bey sich führe, und so an sich einen Gegenstand des Wohlgefallens ausmacht; hingegen das was in uns, ohne zu vernünfteln, bloß in der Auffassung, das Gefühl des Erhabenen erregt, der Form nach zwar zweckwidrig für unsere Urtheilskraft, unangemessen unserm Darstellungsvermögen, und gleichsam gewaltthätig für die Einbildungskraft erscheinen mag, aber dennoch nur um desto erhabener zu seyn geurtheilt wird.

Man sieht aber hieraus sofort, daß wir uns überhaupt unrichtig ausdrücken, wenn wir irgend einen Gegenstand der Natur erhaben nennen, ob wir zwar ganz richtig sehr viele derselben schön nennen können; denn wie kann das mit einem Ausdrucke des Beyfalls bezeichnet werden, was an sich als zweckwidrig aufgefaßt wird? Wir können nicht mehr sagen, als daß der Gegenstand zur Darstellung einer Erhabenheit tauglich sey, die im Gemüthe angetroffen werden kann; denn das eigentliche Erhabene kann in keiner sinnlichen Form enthalten seyn, sondern trift nur Ideen der Vernunft: welche, obgleich keine ihnen angemessene Darstellung möglich ist, eben durch diese Unangemessenheit, welche sich sinnlich darstellen läßt, rege gemacht und ins Gemüth gerufen werden. So kann der weite, durch Stürme empörte Ocean, nicht erhaben genannt werden. Sein Anblick ist gräßlich; und man muß das Gemüth schon mit mancherley Ideen angefüllt haben, wenn es durch eine solche Anschauung zu einem Gefühl gestimmt werden soll, welches selbst erhaben ist, indem das Gemüth die Sinnlichkeit zu verlassen und sich mit Ideen, die höhere Zweckmäßigkeit enthalten, zu beschäftigen angereizt wird.

Die selbstständige Naturschönheit entdeckt uns eine Technik der Natur, welche sie als ein System nach Gesetzen, deren Princip wir in unserm ganzen Verstandesvermögen nicht antreffen, vorstellig macht, nehmlich dem einer Zweckmäßigkeit, respectiv auf den Gebrauch der Urtheilskraft in Ansehung der Erscheinungen, so daß diese nicht bloß als zur Natur in ihrem zwecklosen Mechanism, sondern auch als zur Analogie mit der Kunst gehörig, beurtheilt werden müssen. Sie erweitert also wirklich zwar nicht unsere Erkenntniß der Naturobjecte, aber doch unsern Begrif von der Natur, nehmlich als bloßem Mechanism, zu dem Begrif von eben derselben als Kunst: welches zu tiefen Untersuchungen über die Möglichkeit einer solchen Form einladet. Aber in dem, was wir an ihr erhaben zu nennen pflegen, ist sogar nichts was auf besondere objective Principien und diesen gemäße Formen der Natur führte, daß diese vielmehr in ihrem Chaos oder in ihrer wildesten regellosesten Unordnung und Verwüstung, wenn sich nur Größe und Macht blicken läßt, die Ideen des Erhabenen am meisten erregt. Daraus sehen wir, daß der Begrif des Erhabenen der Natur bey weitem nicht so wichtig und an Folgerungen reichhaltig sey, als der des Schönen in derselben; und daß er überhaupt nichts Zweckmäßiges in der Natur selbst, sondern nur in dem möglichen Gebrauche ihrer Anschauungen, um eine von der Natur ganz unabhängige Zweckmäßigkeit in uns selbst fühlbar zu machen, anzeige. Zum Schönen der Natur müssen wir einen Grund außer uns suchen, zum Erhabenen aber bloß in uns und der Denkungsart, die in die Vorstellung der ersteren Erhabenheit hineinbringt; eine sehr nöthige vorläufige Bemerkung, welche die Ideen des Erhabenen von der einer Zweckmäßigkeit der Natur ganz abtrennt, und aus der Theorie desselben einen bloßen Anhang zur ästhetischen Beurtheilung der Zweckmäßigkeit der Natur macht, weil dadurch keine besondere Form in dieser vorgestellt, sondern nur ein zweckmäßiger Gebrauch, den die Einbildungskraft von ihrer Vorstellung macht, entwickelt wird.

§. 24.
Von der Eintheilung einer Untersuchung des Gefühls des Erhabenen.

Was die Eintheilung der Momente der ästhetischen Beurtheilung der Gegenstände, in Beziehung auf das Gefühl des Erhabenen, betrift, so wird die Analytik nach demselben Princip fortlaufen können, wie in der Zergliederung der Geschmacksurtheile geschehen ist. Denn als Urtheil der ästhetischen reflectirenden Urtheilskraft, muß das Wohlgefallen am Erhabenen eben sowohl, als am Schönen, der Quantität nach allgemeingültig, der Qualität nach ohne Interesse, der Relation nach subjective Zweckmäßigkeit, und der Modalität nach die letztere als nothwendig, vorstellig machen. Hierin wird also die Methode von der im vorigen Abschnitte nicht abweichen: man müßte denn das für etwas rechnen, daß wir dort, wo das ästhetische Urtheil die Form des Objects betraf, von der Untersuchung der Qualität anfingen; hier aber, bey der Formlosigkeit, welche dem was wir erhaben nennen, zukommen kann, von der Quantität, als dem ersten Moment des ästhetischen Urtheils über das Erhabene, anfangen werden: wozu aber der Grund aus dem vorhergehenden §. zu ersehen ist.

Aber eine Eintheilung hat die Analysis des Erhabenen nöthig, welche die des Schönen nicht bedarf, nehmlich die in das mathematisch= und in das dynamisch= Erhabene.

Denn da das Gefühl des Erhabenen eine mit der Beurtheilung des Gegenstandes verbundene **Bewegung des Gemüths**, als seinen Character bey sich führt, anstatt daß der Geschmack am Schönen das Gemüth in ruhiger Contemplation voraussetzt und erhält; diese Bewegung aber als subjectiv zweckmäßig beurtheilt werden soll (weil das Erhabene gefällt): so wird sie durch die Einbildungskraft entweder auf das **Erkenntniß**- oder auf das **Begehrungsvermögen** bezogen; in beiderley Beziehung aber die Zweckmäßigkeit der gegebenen Vorstellung nur in Ansehung dieser **Vermögen** (ohne Zweck oder Interesse) beurtheilt werden: da dann die erste, als eine **mathematische**, die zwepte als **dynamische** Stimmung der Einbildungskraft dem Objecte beygelegt, und daher dieses auf gedachte zwiefache Art als erhaben vorgestellt wird.

A.

Vom Mathematisch=Erhabenen.

§. 25.

Namenerklärung des Erhabenen.

Erhaben nennen wir das, was schlechthin groß ist. Groß=seyn aber, und eine Größe seyn, sind ganz verschiedene Begriffe (magnitudo und quantitas). Imgleichen schlechtweg (simpliciter) sagen, daß etwas groß sey, ist auch ganz etwas anders als sagen,

daß

daß es schlechthin groß (absolute, non comparative magnum) sey. Das letztere ist das, was über alle Vergleichung groß ist. — Was will nun aber der Ausdruck, daß etwas groß, oder klein, oder mittelmäßig sey, sagen? Ein reiner Verstandesbegrif ist es nicht, was dadurch bezeichnet wird; noch weniger eine Sinnenanschauung; und eben so wenig ein Vernunftbegrif, weil er gar kein Princip der Erkenntniß bey sich führt. Es muß also ein Begrif der Urtheilskraft seyn, oder von einem solchen abstammen, und eine subjective Zweckmäßigkeit der Vorstellung in Beziehung auf die Urtheilskraft zum Grunde legen. Daß etwas eine Größe (quantum) sey, läßt sich aus dem Dinge selbst, ohne alle Vergleichung mit andern, erkennen; wenn nehmlich Vielheit des Gleichartigen zusammen Eines ausmacht. Wie groß es aber sey, erfordert jederzeit etwas anders, welches auch Größe ist, zu seinem Maaße. Weil es aber in der Beurtheilung der Größe nicht bloß auf die Vielheit (Zahl), sondern auch auf die Größe der Einheit (des Maaßes) ankommt, und die Größe dieser letztern immer wiederum etwas Anders als Maaß bedarf, womit sie verglichen werden könne; so sehen wir: daß alle Größenbestimmung der Erscheinungen schlechterdings keinen absoluten Begrif von einer Größe, sondern allemal nur einen Vergleichungsbegrif liefern könne.

Wenn ich nun schlechtweg sage, daß etwas groß sey, so scheint es, daß ich gar keine Vergleichung im Sinne habe, wenigstens mit keinem objectiven Maaße, weil dadurch gar nicht bestimmt wird, wie groß der Gegenstand sey. Ob aber gleich der Maaßstab der Vergleichung bloß subjectiv ist, so macht das Urtheil nichts desto weniger auf allgemeine Bestimmung Anspruch; die Urtheile: der Mann ist schön und er ist groß, schränken sich nicht bloß auf das urtheilende Subject ein, sondern verlangen, gleich theoretischen Urtheilen, jedermanns Beystimmung.

Weil aber in einem Urtheile, wodurch etwas schlechtweg als groß bezeichnet wird, nicht bloß gesagt werden will, daß der Gegenstand eine Größe habe, sondern diese ihm zugleich vorzugsweise vor vielen andern gleicher Art beygelegt wird, ohne doch diesen Vorzug bestimmt anzugeben; so wird demselben allerdings ein Maaßstab zum Grunde gelegt, den man für jedermann, als eben denselben, annehmen zu können voraussetzt, der aber zu keiner logischen (mathematisch - bestimmten), sondern nur ästhetischen Beurtheilung der Größe brauchbar ist, weil er ein bloß subjectiv dem über Größe reflectirenden Urtheile zum Grunde liegender Maaßstab ist. Er mag übrigens empirisch seyn, wie etwa die mittlere Größe der uns bekannten Menschen, Thiere von gewisser Art, Bäume, Häuser, Berge, u. d. gl.; oder ein a priori gegebener Maaßstab, der durch die Mängel des beurtheilenden Subjects auf subjective Bedingungen der Darstellung in concreto eingeschränkt ist: als im Practischen, die Größe einer gewissen Tugend, oder der öffentlichen Freyheit und

Gerechtigkeit in einem Lande; oder im Theoretischen: die Größe der Richtigkeit oder Unrichtigkeit einer gemachten Observation oder Messung, u. d. gl.

Hier ist nun merkwürdig: daß, wenn wir gleich am Objecte gar kein Interesse haben, d. i. die Existenz desselben uns gleichgültig ist, doch die bloße Größe desselben, selbst wenn es als formlos betrachtet wird, ein Wohlgefallen bey sich führen könne, das allgemein mittheilbar ist, mithin Bewußtseyn einer subjectiven Zweckmäßigkeit im Gebrauche unsrer Erkenntnißvermögen enthalte; aber nicht etwa ein Wohlgefallen am Objecte, wie beym Schönen (weil es formlos seyn kann), wo die reflectirende Urtheilskraft sich in Beziehung auf das Erkenntniß überhaupt zweckmäßig gestimmt findet: sondern an der Erweiterung der Einbildungskraft an sich selbst.

Wenn wir (unter der obgenannten Einschränkung) von einem Gegenstande schlechtweg sagen, er sey groß; so ist dies kein mathematisch-bestimmendes, sondern ein bloßes Reflexionsurtheil über die Vorstellung desselben, die für einen gewissen Gebrauch unserer Erkenntnißkräfte in der Größenschätzung subjectiv zweckmäßig ist; und wir verbinden alsdann mit der Vorstellung jederzeit eine Art von Achtung, so wie mit dem, was wir schlechtweg klein nennen, eine Verachtung. Übrigens geht die Beurtheilung der Dinge als groß oder klein auf alles, selbst auf alle Beschaffenheiten derselben; daher wir selbst die Schönheit groß oder klein nennen: wovon der Grund darin zu suchen ist, daß, was wir nach Vorschrift der Urtheilskraft in der Anschauung nur immer darstellen (mithin ästhetisch vorstellen) mögen, insgesammt Erscheinung, mithin auch ein Quantum ist.

Wenn wir aber etwas nicht allein groß, sondern schlechthin = absolut = in aller Absicht = (über alle Vergleichung) groß, d. i. Erhaben, nennen, so sieht man bald ein: daß wir für dasselbe keinen ihm angemessenen Maaßstab außer ihm, sondern bloß in ihm, zu suchen verstatten. Es ist eine Größe, die bloß sich selber gleich ist. Daß das Erhabene also nicht in den Dingen der Natur, sondern allein in unsern Ideen zu suchen sey, folgt hieraus; in welchen es aber liege, muß für die Deduction aufbehalten werden.

Die obige Erklärung kann auch so ausgedrückt werden: **Erhaben ist das, mit welchem in Vergleichung alles andere klein ist.** Hier sieht man leicht: daß nichts in der Natur gegeben werden könne, so groß als es auch von uns beurtheilt werde, was nicht in einem andern Verhältnisse betrachtet bis zum Unendlichkleinen abgewürdigt werden könnte: und umgekehrt, nichts so klein, was sich nicht in Vergleichung mit noch kleinern Maaßstäben für unsere Einbildungskraft bis zu einer Weltgröße erweitern ließe. Die Telescope haben uns die erstere, die Microscope die letztere Bemerkung zu machen reichlichen Stoff an die Hand gegeben. Nichts also, was Gegenstand der Sinnen seyn kann ist, auf diesen Fuß betrachtet, erhaben zu nennen. Aber eben darum, daß in unserer Einbildungskraft ein Bestreben zum Fortschritte ins Unendliche, in unserer Vernunft aber ein Anspruch auf absolute Totalität, als auf eine reelle Idee liegt: ist selbst jene Unangemessenheit unseres Vermögens der Größenschätzung der Dinge der Sinnenwelt für diese Idee, die Erweckung des Gefühls eines übersinnlichen Vermögens in uns; und der Gebrauch, den die Urtheilskraft von gewissen Gegenständen zum Behuf des letztern (Gefühls) natürlicher Weise macht, nicht aber der Gegenstand der Sinne, ist schlechthin groß, gegen ihn aber jeder andere Gebrauch klein. Mithin ist die Geistesstimmung durch eine gewisse die reflectirende Urtheilskraft beschäftigende Vorstellung, nicht aber das Object, erhaben zu nennen.

Wir können also zu den vorigen Formeln der Erklärung des Erhabenen noch diese hinzuthun: Erhaben ist, was auch nur denken zu können ein Vermögen des Gemüths beweiset, das jeden Maaßstab der Sinne übertrift.

§. 26.

Von der Größenschätzung der Naturdinge, die zur Idee des Erhabenen erforderlich ist.

Die Größenschätzung durch Zahlbegriffe (oder deren Zeichen in der Algebra) ist mathematisch, die aber in der bloßen Anschauung (nach dem Augenmaaße) ist ästhetisch. Nun können wir zwar bestimmte Begriffe davon, wie groß etwas sey, nur durch Zahlen (allenfalls Annäherungen durch ins Unendliche fortgehende Zahlreihen) bekommen, deren Einheit das Maaß ist; und sofern ist alle logische Größenschätzung mathematisch. Allein da die Größe des Maaßes doch als bekannt angenommen werden muß, so würden, wenn diese nun wiederum nur durch Zahlen, deren Einheit ein anderes Maaß seyn müßte, mithin mathematisch geschätzt werden sollte, wir niemals ein erstes oder Grundmaaß, mithin auch keinen bestimmten Begrif von einer gegebenen Größe haben können. Also muß die Schätzung der Größe des Grundmaaßes bloß darin bestehen, daß man sie in einer Anschauung unmittelbar fassen und durch Einbildungskraft zur Darstellung der Zahlbegriffe brauchen kann: d. i. Alle Größenschätzung der Gegenstände der Natur ist zuletzt ästhetisch (d. i. subjectiv und nicht objectiv bestimmt).

Nun giebt es zwar für die mathematische Größenschätzung kein Größtes (denn die Macht der Zahlen geht ins Unendliche); aber für die ästhetische Größenschätzung giebt es allerdings ein Größtes: und von diesem sage ich: daß, wenn es als absolutes Maaß, über das kein größeres subjectiv (dem beurtheilenden Subject) möglich sey, beurtheilt wird, es die Idee des Erhabenen bey sich führe, und diejenige Rührung, welche keine mathematische Schätzung der Größen durch Zahlen (es sey denn,

Critik der ästhetischen Urtheilskraft. 87

so weit jenes ästhetische Grundmaaß dabei in der Einbildungskraft lebendig erhalten wird) bewirken kann, hervorbringe: weil die letztere immer nur die relative Größe durch Vergleichung mit andern gleicher Art, die erstere aber die Größe schlechthin, so weit das Gemüth sie in einer Anschauung fassen kann, darstellt.

Anschaulich ein Quantum in die Einbildungskraft aufzunehmen, um es zum Maaße, oder als Einheit, zur Größenschätzung durch Zahlen brauchen zu können, dazu gehören zwey Handlungen dieses Vermögens: Auffassung (apprehensio), und Zusammenfassung (comprehensio aesthetica). Mit der Auffassung hat es keine Noth: denn damit kann es ins Unendliche gehen; aber die Zusammenfassung wird immer schwerer, je weiter die Auffassung fortrückt, und gelangt bald zu ihrem Maximum, nehmlich dem ästhetisch-größten Grundmaaße der Größenschätzung. Denn, wenn die Auffassung so weit gelanget ist, daß die zuerst aufgefaßten Theilvorstellungen der Sinnenanschauung in der Einbildungskraft schon zu erlöschen anheben, indeß daß diese zu Auffassung mehrerer fortrückt; so verliert sie auf einer Seite eben so viel, als sie auf der andern gewinnt, und in der Zusammenfassung ist ein Größtes, über welches sie nicht hinauskommen kann.

Daraus läßt sich erklären, was Savary in seinen Nachrichten von Ägypten anmerkt: daß man den Pyramiden nicht sehr nahe kommen, eben so wenig als zu weit davon entfernt seyn müsse, um die ganze Rührung von ihrer Größe zu bekommen. Denn ist das letztere, so sind die Theile, die aufgefaßt werden (die Steine derselben übereinander), nur dunkel vorgestellt, und ihre Vorstellung thut keine Wirkung auf das ästhetische Urtheil des Subjects. Ist aber das erstere, so bedarf das Auge einige Zeit, um die Auffassung von der Grundfläche bis zur Spitze zu vollenden; in dieser aber erlöschen immer zum Theil die ersteren, ehe die Einbildungskraft die letzteren aufgenommen hat, und die Zusammenfassung ist nie vollständig. — Eben dasselbe kann auch hinreichen, die Bestürzung, oder Art von Verlegenheit, die, wie man erzählt, den Zuschauer in der St. Peterskirche in Rom beym ersten Eintritt anwandelt, zu erklären. Denn es ist hier ein Gefühl der Unangemessenheit seiner Einbildungskraft für die Ideen eines Ganzen, um sie darzustellen, worin die Einbildungskraft ihr Maximum erreicht, und, bey der Bestrebung es zu erweitern, in sich selbst zurück sinkt, dadurch aber in ein rührendes Wohlgefallen versetzt wird.

Ich will jetzt noch nichts von dem Grunde dieses Wohlgefallens anführen, welches mit einer Vorstellung, wovon man es am wenigsten erwarten sollte, die nehmlich uns die Unangemessenheit, folglich auch subjective Unzweckmäßigkeit der Vorstellung für die Urtheilskraft in der Größenschätzung merken läßt, verbunden ist; sondern bemerke nur, daß, wenn das ästhetische Urtheil rein (mit keinem teleologischen als Vernunfturtheile vermischt), und daran ein der Critik der ästhetischen Urtheilskraft völlig anpassendes Beyspiel gegeben werden soll, man nicht das Erhabene an Kunstproducten (z. B. Gebäuden, Säulen, u. s. w.), wo ein menschlicher Zweck die Form sowohl als die Größe bestimmt, noch an Naturdingen, deren Begrif schon einen bestimmten Zweck bey sich führt (z. B. Thieren von bekannter Naturbestimmung), sondern an der rohen Natur (und an dieser sogar nur, sofern sie für sich keinen Reiz, oder Nährung aus wirklicher Gefahr, bey sich führt), bloß sofern sie Größe enthält, aufzeigen müsse. Denn in dieser Art der Vorstellung enthält die Natur nichts, was ungeheuer (noch was prächtig oder gräßlich) wäre; die Größe, die aufgefaßt wird, mag so weit angewachsen seyn als man will, wenn sie nur durch Einbildungskraft in ein Ganzes zusammengefaßt werden kann. Ungeheuer ist ein Gegenstand, wenn er durch seine Größe den Zweck, der den Begrif desselben ausmacht, vernichtet. Colossalisch aber wird die bloße Darstellung eines Begrifs genannt, die für alle Darstellung beinahe zu groß ist (an das relativ Ungeheure gränzt); weil der Zweck der Darstellung eines Begrifs dadurch, daß die Anschauung des Gegenstandes für unser Auffassungsvermögen beinahe zu groß ist, erschwert wird. — Ein reines Urtheil über das Erhabene aber muß gar keinen Zweck des Objects zum Beſtimmungsgrunde haben, wenn es äſthetiſch und nicht mit irgend einem Verſtandes = oder Vernunfturtheile vermengt ſeyn ſoll.

* * *

Weil alles, was der bloß reflectirenden Urtheils= kraft ohne Intereſſe gefallen ſoll, in ſeiner Vorſtellung ſubjective, und, als ſolche, allgemein = gültige Zweckmä= ßigkeit bey ſich führen muß, gleichwohl aber hier keine Zweckmäßigkeit der Form des Gegenſtandes (wie beym Schönen) der Beurtheilung zum Grunde liegt; ſo fragt ſich: welches iſt dieſe ſubjective Zweckmäßigkeit? und wodurch wird ſie als Norm vorgeſchrieben, um in der bloßen Größenſchätzung, und zwar der, welche gar bis zur Unangemeſſenheit unſeres Vermögens der Einbil= dungskraft in Darſtellung des Begrifs von einer Größe getrieben worden, einen Grund zum allgemein= gülti= gen Wohlgefallen abzugeben?

Die Einbildungskraft ſchreitet in der Zuſammen= ſetzung, die zur Größenvorſtellung erforderlich iſt, von ſelbſt, ohne daß ihr etwas hinderlich wäre, ins Unend= liche fort; der Verſtand aber leitet ſie durch Zahlbegriffe, wozu jene das Schema hergeben muß: und in dieſem Verfahren, als zur logiſchen Größenſchätzung gehörig, iſt zwar etwas objectiv zweckmäßiges, nach dem Be= griffe von einem Zwecke (dergleichen jede Ausmeſſung iſt), aber nichts für die äſthetiſche Urtheilskraft Zweck= mäßiges und Gefallendes. Es iſt auch in dieſer abſicht=

lichen Zweckmäßigkeit nichts, was die Größe des Maaßes, mithin der Zusammenfassung des Vielen in eine Anschauung, bis zur Gränze des Vermögens der Einbildungskraft, und so weit, wie diese in Darstellungen nur immer reichen mag, zu treiben nöthigte. Denn in der Verstandesschätzung der Größen (der Arithmetik) kommt man eben so weit, ob man die Zusammenfassung der Einheiten bis zur Zahl 10 (in der Decadik), oder nur bis 4 (in der Tetractik) treibt; die weitere Größenerzeugung aber im Zusammensetzen, oder, wenn das Quantum in der Anschauung gegeben ist, im Auffassen, bloß progressiv (nicht comprehensiv) nach einem angenommenen Progressionsprincip verrichtet. Der Verstand wird in dieser mathematischen Größenschätzung eben so gut bedient und befriedigt, ob die Einbildungskraft zur Einheit eine Größe, die man in einem Blick fassen kann, z. B. einen Fuß oder Ruthe, oder ob sie eine deutsche Meile, oder gar einen Erdburchmesser, deren Auffassung zwar, aber nicht die Zusammenfassung in eine Anschauung der Einbildungskraft (nicht durch die comprehensio aesthetica, obzwar gar wohl durch comprehensio logica in einen Zahlbegrif) möglich ist, wähle. In beiden Fällen geht die logische Größenschätzung ungehindert ins Unendliche.

Nun aber hört das Gemüth in sich auf die Stimme der Vernunft, welche zu allen gegebenen Größen, selbst denen, die zwar niemals ganz aufgefaßt werden können, gleichwohl aber (in der sinnlichen Vorstellung) als ganz gegeben beurtheilt werden, Totalität fordert, mithin Zusammenfassung in **eine** Anschauung, und für alle jene Glieder einer fortschreitend-wachsenden Zahlreihe **Darstellung** verlangt, und selbst das Unendliche (Raum und verflossene Zeit) von dieser Förderung nicht ausnimmt, vielmehr es unvermeidlich macht, sich dasselbe (in dem Urtheile der gemeinen Vernunft) als **ganz** (seiner Totalität nach) **gegeben** zu denken.

Das Unendliche aber ist schlechthin (nicht bloß comparativ) groß. Mit diesem verglichen, ist alles andere (von derselben Art Größen) klein. Aber, was das vornehmste ist, es als ein **Ganzes** auch nur denken zu können, zeigt ein Vermögen des **Gemüths** an, welches allen Maaßstab der Sinne übertrift. Denn dazu würde eine Zusammenfassung erfordert werden, welche einen Maaßstab als Einheit lieferte, der zum Unendlichen ein bestimmtes, in Zahlen angebliches Verhältniß hätte: welches unmöglich ist. Das gegebene Unendliche aber dennoch ohne Widerspruch **auch nur denken zu können**, dazu wird ein Vermögen, das selbst übersinnlich ist, im menschlichen Gemüthe erfordert. Denn nur durch dieses und dessen Idee eines Noumenons, welches selbst keine Anschauung verstattet, aber doch der Weltanschauung, als bloßer Erscheinung, zum Substrat untergelegt wird, wird das Unendliche der Sinnenwelt, in der reinen intellectuellen Größenschätzung, **unter**

Critik der ästhetischen Urtheilskraft. 93

einem Begriffe ganz zusammengefaßt, obzwar es in der mathematischen durch Zahlenbegriffe nie ganz gedacht werden kann. Selbst ein Vermögen, sich das Unendliche der übersinnlichen Anschauung, als (in seinem intelligibelen Substrat) gegeben, denken zu können, übertrift allen Maaßstab der Sinnlichkeit, und ist über alle Vergleichung selbst mit dem Vermögen der mathematischen Schätzung groß; freylich wohl nicht in theoretischer Absicht zum Behuf des Erkenntnißvermögens, aber doch als Erweiterung des Gemüths, welches die Schranken der Sinnlichkeit in anderer (der practischen) Absicht zu überschreiten sich vermögend fühlt.

Erhaben ist also die Natur in derjenigen ihrer Erscheinungen, deren Anschauung die Idee ihrer Unendlichkeit bey sich führt. Dieses letztere kann nun nicht anders geschehen, als durch die Unangemessenheit selbst der größten Bestrebung unserer Einbildungskraft in der Größenschätzung eines Gegenstandes. Nun ist aber für die mathematische Größenschätzung die Einbildungskraft jedem Gegenstande gewachsen, um für dieselbe ein hinlängliches Maaß zu geben, weil die Zahlbegriffe des Verstandes, durch Progression, jedes Maaß einer jeden gegebenen Größe angemessen machen können. Also muß es die ästhetische Größenschätzung seyn, in welcher die Bestrebung zur Zusammenfassung das Vermögen der Einbildungskraft überschreitet, die progressive Auffassung in ein Ganzes der Anschauung zu begreifen gefühlt und dabey zugleich die Unangemessenheit dieses im Fortschreiten unbegränzten Vermögens wahrgenommen wird, ein mit dem mindesten Aufwande des Verstandes zur Größenschätzung taugliches Grundmaaß zu fassen und zur Größenschätzung zu gebrauchen. Nun ist das eigentliche unveränderliche Grundmaaß der Natur das absolute Ganze derselben, welches, bey ihr als Erscheinung, zusammengefaßte Unendlichkeit ist. Da aber dieses Grundmaaß ein sich selbst widersprechender Begrif ist (wegen der Unmöglichkeit der absoluten Totalität eines Progressus ohne Ende); so muß diejenige Größe eines Naturobjects, an welcher die Einbildungskraft ihr ganzes Vermögen der Zusammenfassung fruchtlos verwendet, den Begrif der Natur auf ein übersinnliches Substrat (welches ihr und zugleich unserm Vermögen zu denken zum Grunde liegt) führen, welches über allen Maaßstab der Sinne groß ist, und daher nicht sowohl den Gegenstand, als vielmehr die Gemüthsstimmung in Schätzung desselben, als erhaben beurtheilen läßt.

Also, gleichwie die ästhetische Urtheilskraft in Beurtheilung des Schönen die Einbildungskraft in ihrem freyen Spiele auf den Verstand beziehet, um mit dessen Begriffen überhaupt (ohne Bestimmung derselben) zusammenzustimmen; so beziehet sich dasselbe Vermögen in Beurtheilung eines Dinges als Erhabenen auf die Vernunft, um zu deren Ideen (unbestimmt welchen) subjectiv übereinzustimmen, d. i. eine Gemüthsstimmung hervorzubringen, welche derjenigen gemäß und mit ihr verträglich ist, die der Einfluß bestimmter Ideen (practischer) auf das Gefühl bewirken würde.

Man sieht hieraus auch, daß die wahre Erhabenheit nur im Gemüthe des Urtheilenden, nicht in dem Naturobjecte, dessen Beurtheilung diese Stimmung desselben veranlaßt, müsse gesucht werden. Wer wollte auch ungestalte Gebirgsmassen, in wilder Unordnung über einander gethürmt, mit ihren Eispyramiden, oder die düstere tobende See, u. s. w. erhaben nennen? Aber das Gemüth fühlt sich in seiner eigenen Beurtheilung gehoben, wenn, indem es sich in der Betrachtung derselben, ohne Rücksicht auf ihre Form, der Einbildungskraft und einer obschon ganz ohne bestimmten Zweck damit in Verbindung gesetzten, jene bloß erweiternden Vernunft, überläßt, die ganze Macht der Einbildungskraft dennoch ihren Ideen angemessen findet.

Beyspiele vom Mathematisch-Erhabenen der Natur in der bloßen Anschauung liefern uns alle die Fälle, wo uns nicht sowohl ein größerer Zahlbegrif, als vielmehr große Einheit als Maaß (zu Verkürzung der Zahlreihen) für die Einbildungskraft gegeben wird. Ein Baum, den wir nach Mannshöhe schätzen, giebt allenfalls einen Maaßstab für einen Berg; und, wenn dieser etwa eine Meile hoch wäre, kann er zur Einheit für die Zahl, welche den Erdburchmesser ausdrückt, dienen, um den letzteren anschaulich zu machen; der Erddurchmesser, für das uns bekannte Planetensystem, dieses für das der Milchstraße; und die unermeßliche Menge solcher Milchstraßensysteme unter dem Namen der Nebelsterne, welche vermuthlich wiederum ein dergleichen System unter sich ausmachen, lassen uns hier keine Gränzen erwarten. Nun liegt das Erhabene, bey der ästhetischen Beurtheilung eines so unermeßlichen Ganzen, nicht sowohl in der Größe der Zahl, als darin, daß wir im Fortschritte immer auf desto größere Einheiten gelangen; wozu die systematische Abtheilung des Weltgebäudes beyträgt, die uns alles Große in der Natur immer wiederum als klein, eigentlich aber unsere Einbildungskraft in ihrer ganzen Gränzlosigkeit, und mit ihr die Natur als gegen die Ideen der Vernunft, wenn sie eine ihnen angemessene Darstellung verschaffen soll, verschwindend vorstellt.

§. 27.

Von der Qualität des Wohlgefallens in der Beurtheilung des Erhabenen.

Das Gefühl der Unangemessenheit unseres Vermögens zur Erreichung einer Idee, die für uns Gesetz ist, ist Achtung. Nun ist die Idee der Zusammenfassung einer jeden Erscheinung, die uns gegeben werden mag, in die Anschauung eines Ganzen, eine solche, welche uns durch ein Gesetz der Vernunft auferlegt ist, die kein anderes bestimmtes für jedermann gültiges und unverän-

unveränderliches Maaß erkennt, als das absolut-Ganze. Unsere Einbildungskraft aber beweiset, selbst in ihrer größten Anstrengung, in Ansehung der von ihr verlangten Zusammenfassung eines gegebenen Gegenstandes in ein Ganzes der Anschauung (mithin zur Darstellung der Idee der Vernunft) ihre Schranken und Unangemessenheit, doch aber zugleich ihre Bestimmung zur Bewirkung der Angemessenheit mit derselben als einem Gesetze. Also ist das Gefühl des Erhabenen in der Natur Achtung für unsere eigene Bestimmung, die wir einem Objecte der Natur durch eine gewisse Subreption (Verwechselung einer Achtung für das Object, statt der für die Idee der Menschheit in unserm Subjecte) beweisen, welches uns die Überlegenheit der Vernunftbestimmung unserer Erkenntnißvermögen über das größte Vermögen der Sinnlichkeit gleichsam anschaulich macht.

Das Gefühl des Erhabenen ist also ein Gefühl der Unlust, aus der Unangemessenheit der Einbildungskraft in der ästhetischen Größenschätzung, zu der Schätzung durch die Vernunft; und eine dabey zugleich erweckte Lust, aus der Übereinstimmung eben dieses Urtheils der Unangemessenheit des größten sinnlichen Vermögens mit Vernunftideen, sofern die Bestrebung zu denselben doch für uns Gesetz ist. Es ist nehmlich für uns Gesetz (der Vernunft) und gehört zu unserer Bestimmung, alles was die Natur als Gegenstand der Sinne für uns Großes enthält, in Vergleichung mit Ideen der Vernunft für klein zu schätzen; und, was das Gefühl dieser überſinnlichen Beſtimmung in uns rege macht, ſtimmt zu jenem Geſetze zuſammen. Nun iſt die größte Beſtrebung der Einbildungskraft in Darſtellung der Einheit für die Größenſchätzung eine Beziehung auf etwas Abſolut=großes, folglich auch eine Beziehung auf das Geſetz der Vernunft, dieſes allein zum oberſten Maaß der Größen anzunehmen. Alſo iſt die innere Wahrnehmung der Unangemeſſenheit alles ſinnlichen Maaßſtabes zur Größenſchätzung der Vernunft eine übereinſtimmung mit Geſetzen derſelben, und eine Unluſt, welche das Gefühl unſerer überſinnlichen Beſtimmung in uns rege macht, nach welcher es zweckmäßig, mithin Luſt iſt, jeden Maaßſtab der Sinnlichkeit den Ideen des Verſtandes angemeſſen zu finden.

Das Gemüth fühlt ſich in der Vorſtellung des Erhabenen in der Natur bewegt: da es in dem äſthetiſchen Urtheile über das Schöne derſelben in ruhiger Contemplation iſt. Dieſe Bewegung kann (vornehmlich in ihrem Anfange) mit einer Erſchütterung verglichen werden, d. i. mit einem ſchnellwechſelnden Abſtoßen und Anziehen eben deſſelben Objects. Das Ueberſchwengliche für die Einbildungskraft (bis zu welchem ſie in der Auffaſſung der Anſchauung getrieben wird) iſt gleichſam ein Abgrund, worin ſie ſich ſelbſt zu verlieren fürchtet; aber doch auch für die Idee der Vernunft vom überſinnlichen, nicht überſchwenglich, ſondern geſetz=

mäßig, eine solche Bestrebung der Einbildungskraft hervorzubringen: mithin in eben dem Maaße wiederum anziehend, als es für die bloße Sinnlichkeit abstoßend war. Das Urtheil selber bleibt aber hiebey immer nur ästhetisch, weil es, ohne einen bestimmten Begrif vom Objecte zum Grunde zu haben, bloß das subjective Spiel der Gemüthskräfte (Einbildungskraft und Vernunft) selbst durch ihren Contrast als harmonisch vorstellt. Denn so wie Einbildungskraft und Verstand in der Beurtheilung des Schönen durch ihre Einhelligkeit, so bringen Einbildungskraft und Vernunft hier durch ihren Widerstreit, subjective Zweckmäßigkeit der Gemüthskräfte hervor: nehmlich ein Gefühl, daß wir reine selbstständige Vernunft haben, oder ein Vermögen der Größenschätzung, dessen Vorzüglichkeit durch nichts anschaulich gemacht werden kann, als durch die Unzulänglichkeit desjenigen Vermögens, welches in Darstellung der Größen (sinnlicher Gegenstände) selbst unbegränzt ist.

Messung eines Raums (als Auffassung) ist zugleich Beschreibung desselben, mithin objective Bewegung in der Einbildung, und ein Progressus; die Zusammenfassung der Vielheit in die Einheit, nicht des Gedankens, sondern der Anschauung, mithin des successiv-Aufgefaßten in einen Augenblick, ist dagegen ein Regressus, der die Zeitbedingung im Progressus der Einbildungskraft wieder aufhebt, und das Zugleichseyn anschaulich macht. Sie ist also (da die Zeitfolge eine Bedingung des innern Sinnes und einer Anschauung ist) eine subjective Bewegung der Einbildungskraft, wodurch sie dem innern Sinne Gewalt anthut, die desto merklicher seyn muß, je größer das Quantum ist, welches die Einbildungskraft in eine Anschauung zusammenfaßt. Die Bestrebung also, ein Maaß für Größen in eine einzelne Anschauung aufzunehmen, welches aufzufassen merkliche Zeit erfordert, ist eine Vorstellungsart, welche, subjectiv betrachtet, zweckwidrig; objectiv aber, als zur Größenschätzung erforderlich, mithin zweckmäßig ist: wobey aber doch eben dieselbe Gewalt, die dem Subjecte durch die Einbildungskraft widerfährt, für die ganze Bestimmung des Gemüths als zweckmäßig beurtheilt wird.

Die Qualität des Gefühls des Erhabenen ist: daß sie ein Gefühl der Unlust über das ästhetische Beurtheilungsvermögen an einem Gegenstande ist, die darin doch zugleich als zweckmäßig vorgestellt wird; welches dadurch möglich ist, daß das eigne Unvermögen das Bewußtseyn eines unbeschränkten Vermögens desselben Subjects entdeckt, und das Gemüth das letztere nur durch das erstere ästhetisch beurtheilen kann.

In der logischen Größenschätzung ward die Unmöglichkeit, durch den Progressus der Messung der Dinge der Sinnenwelt in Zeit und Raum jemals zur absoluten Totalität zu gelangen, für objectiv, d. i. eine Unmöglichkeit, das Unendliche als bloß gegeben zu denken, und nicht als bloß subjectiv, d. i. als Unvermögen es zu faſſen, erkannt: weil da auf den Grad der Zuſammenfaſſung in eine Anſchauung, als Maaß, gar nicht geſehen wird, ſondern alles auf einen Zahlbegrif ankommt. Allein in einer äſthetiſchen Größenſchätzung muß der Zahlbegrif wegfallen oder verändert werden, und die Comprehenſion der Einbildungskraft zur Einheit des Maaßes (mithin mit Vermeidung der Begriffe von einem Geſetze der ſucceſſiven Erzeugung der Größenbegriffe) iſt allein für ſie zweckmäßig. — Wenn nun eine Größe beynahe das Äußerſte unſeres Vermögens der Zuſammenfaſſung in eine Anſchauung erreicht, und die Einbildungskraft doch durch Zahlgrößen (für die wir uns unſeres Vermögens als unbegränzt bewußt ſind) zur äſthetiſchen Zuſammenfaſſung in eine größere Einheit aufgefordert wird, ſo fühlen wir uns im Gemüth als äſthetiſch in Gränzen eingeſchloſſen; aber die Unluſt wird doch, in Hinſicht auf die nothwendige Erweiterung der Einbildungskraft zur Angemeſſenheit mit dem, was in unſerm Vermögen der Vernunft unbegränzt iſt, nehmlich der Idee des abſoluten Ganzen, mithin die Unzweckmäßigkeit des Vermögens der Einbildungskraft für Vernunftideen und deren Erweckung doch als zweckmäßig vorgeſtellt. Eben dadurch wird aber das äſthetiſche Urtheil ſelbſt ſubjectiv-zweckmäßig für die Vernunft, als Quell der Ideen, d. i. einer ſolchen intellectuellen Zuſammenfaſſung, für die alle äſthetiſche klein iſt; und der Gegenstand wird als erhaben mit einer Luſt aufgenommen, die nur vermittelſt einer Unluſt möglich iſt.

II.
Vom Dynamiſch=Erhabenen der Natur.

§. 28.
Von der Natur als einer Macht.

Macht iſt ein Vermögen, welches großen Hinderniſſen überlegen iſt. Eben dieſelbe heißt eine Gewalt, wenn ſie auch dem Widerſtande deſſen, was ſelbſt Macht beſitzt, überlegen iſt. Die Natur im äſthetiſchen Urtheile als Macht, die über uns keine Gewalt hat, betrachtet, iſt dynamiſch=erhaben.

Wenn von uns die Natur dynamiſch als erhaben beurtheilt werden ſoll, ſo muß ſie als Furcht=erregend vorgeſtellt werden (obgleich nicht umgekehrt, jeder Furcht erregende Gegenſtand in unſerm äſthetiſchen Urtheile erhaben gefunden wird). Denn in der äſthetiſchen Beurtheilung (ohne Begrif) kann die Überlegenheit über Hinderniſſe nur nach der Größe des Widerſtandes beurtheilt werden. Nun iſt aber das welchem wir zu widerſtehen beſtrebt ſind, ein Übel, und, wenn wir unſer Vermögen demſelben nicht gewachſen finden, ein Gegenſtand der Furcht. Alſo kann für die äſthetiſche Urtheilskraft die Natur nur ſofern als Macht, mithin dynamiſch=

erhaben, gelten, sofern sie als Gegenstand der Furcht betrachtet wird.

Man kann aber einen Gegenstand als furchtbar betrachten, ohne sich vor ihm zu fürchten, wenn wir ihn nehmlich so beurtheilen, daß wir uns bloß den Fall denken, da wir ihm etwa Widerstand thun wollten, und daß alsdann aller Widerstand bey weitem vergeblich seyn würde. So fürchtet der Tugendhafte Gott, ohne sich vor ihm zu fürchten, weil er ihm und seinen Geboten widerstehen zu wollen, sich als keinen von ihm besorglichen Fall denkt. Aber auf jeden solchen Fall, den er als an sich nicht unmöglich denkt, erkennt er Ihn als furchtbar.

Wer sich fürchtet, kann über das Erhabene der Natur gar nicht urtheilen, so wenig als der welcher durch Neigung und Appetit eingenommen ist, über das Schöne. Jener fliehet den Anblick eines Gegenstandes, der ihm Scheu einjagt; und es ist unmöglich, an einem Schrecken, der ernstlich gemeynt wäre, Wohlgefallen zu finden. Daher ist die Annehmlichkeit aus dem Aufhören einer Beschwerde das Frohseyn. Dieses aber, wegen der Befreyung von einer Gefahr, ist ein Frohseyn mit dem Vorsatze, sich derselben nie mehr auszusetzen: ja man mag an jene Empfindung nicht einmal gerne zurückdenken, weit gefehlt daß man die Gelegenheit dazu selbst aufsuchen sollte.

Kühne überhangende gleichsam drohende Felsen, am Himmel sich aufthürmende Donnerwolken, mit Blitzen und Krachen einherziehend, Vulcane in ihrer ganzen zerstörenden Gewalt, Orcane mit ihrer zurückgelassenen Verwüstung, der gränzenlose Ocean in Empörung gesetzt, ein hoher Wasserfall eines mächtigen Flusses u. d. gl. machen unser Vermögen zu widerstehen, in Vergleichung mit ihrer Macht, zur unbedeutenden Kleinigkeit. Aber ihr Anblick wird nur um desto anziehender, je furchtbarer er ist, wenn wir uns nur in Sicherheit befinden; und wir nennen diese Gegenstände gern erhaben, weil sie die Seelenstärke über ihr gewöhnliches Mittelmaaß erhöhen, und ein Vermögen zu widerstehen von ganz anderer Art in uns entdecken lassen, welches uns Muth macht, uns mit der scheinbaren Allgewalt der Natur messen zu können.

Denn, so wie wir zwar an der Unermeßlichkeit der Natur, und der Unzulänglichkeit unseres Vermögens einen der ästhetischen Größenschätzung ihres Gebiets proportionirten Maaßstab zu nehmen, unsere eigene Einschränkung, gleichwohl aber doch auch an unserm Vernunftvermögen zugleich einen andern nicht-sinnlichen Maaßstab, welcher jene Unendlichkeit selbst als Einheit unter sich hat, gegen den alles in der Natur klein ist, mithin in unserm Gemüthe eine Überlegenheit über die Natur selbst in ihrer Unermeßlichkeit fanden: so giebt auch die Unwiderstehlichkeit ihrer Macht uns, als Naturwesen betrachtet, zwar unsere physische Ohnmacht zu erkennen, aber entdeckt zugleich ein Vermögen, uns als von ihr unabhängig zu beurtheilen, und eine Überlegenheit über die Natur, worauf sich eine Selbsterhaltung von ganz andrer Art gründet, als diejenige ist, die von der Natur außer uns angefochten und in Gefahr gebracht werden kann, wobey die Menschheit in unserer Person unerniedrigt bleibt, obgleich der Mensch jener Gewalt unterliegen müßte. Auf solche Weise wird die Natur in unserm ästhetischen Urtheile nicht, sofern sie furchterregend ist, als erhaben beurtheilt, sondern weil sie unsere Kraft (die nicht Natur ist) in uns aufruft, um das, wofür wir besorgt sind (Güter, Gesundheit und Leben) als klein, und daher ihre Macht (der wir in Ansehung dieser Stücke allerdings unterworfen sind) für uns und unsere Persönlichkeit dennungeachtet doch für keine solche Gewalt ansehen, unter die wir uns zu beugen hätten, wenn es auf unsere höchsten Grundsätze und deren Behauptung oder Verlassung ankäme. Also heißt die Natur hier erhaben, bloß weil sie die Einbildungskraft zu Darstellung derjenigen Fälle erhebt, in welchen das Gemüth die eigene Erhabenheit seiner Bestimmung, selbst über die Natur, sich fühlbar machen kann.

Diese Selbstschätzung verliert dadurch nichts, daß wir uns sicher sehen müssen, um dieses begeisternde Wohlgefallen zu empfinden; mithin, weil es mit der Gefahr nicht Ernst ist, es auch (wie es scheinen möchte) mit der

Erhabenheit unseres Geistesvermögens eben so wenig Ernst seyn möchte. Denn das Wohlgefallen betrift hier nur die sich in solchem Falle entdeckende Bestimmung unseres Vermögens, so wie die Anlage zu demselben in unserer Natur ist; indessen daß die Entwickelung und Übung desselben uns überlassen und obliegend bleibt. Und hierin ist Wahrheit; so sehr sich auch der Mensch, wenn er seine Reflexion bis dahin erstreckt, seiner gegenwärtigen wirklichen Ohnmacht bewußt seyn mag.

Dieses Princip scheint zwar zu weit hergeholt und vernünftelt, mithin für ein ästhetisches Urtheil überschwenglich zu seyn; allein die Beobachtung des Menschen beweiset das Gegentheil, und daß es den gemeinsten Beurtheilungen zum Grunde liegen kann, ob man sich gleich desselben nicht immer bewußt ist. Denn was ist das, was selbst dem Wilden ein Gegenstand der größten Bewunderung ist? Ein Mensch der nicht erschrickt, der sich nicht fürchtet, also der Gefahr nicht weicht, zugleich aber mit völliger Überlegung rüstig zu Werke geht. Auch im allergesittetsten Zustande bleibt diese vorzügliche Hochachtung für den Krieger; nur daß man noch dazu verlangt, daß er zugleich alle Tugenden des Friedens, Sanftmuth, Mitleid, und selbst geziemende Sorgfalt für seine eigne Person beweise: eben darum, weil daran die Unbezwinglichkeit seines Gemüths durch Gefahr erkannt wird. Daher mag man noch so viel in der Vergleichung des Staatsmanns mit dem Feldherrn über die Vorzüg=

lichkeit der Achtung, die einer vor dem andern verdient, streiten; das ästhetische Urtheil entscheidet für den letztern. Selbst der Krieg, wenn er mit Ordnung und Heiligachtung der bürgerlichen Rechte geführt wird, hat etwas Erhabenes an sich, und macht zugleich die Denkungsart des Volks, welches ihn auf diese Art führt, nur um desto erhabener, je mehreren Gefahren es ausgesetzt war, und sich muthig darunter hat behaupten können: da hingegen ein langer Frieden den bloßen Handelsgeist, mit ihm aber den niedrigen Eigennuz, Feigheit und Weichlichkeit herrschend zu machen, und die Denkungsart des Volks zu erniedrigen pflegt.

Wider diese Auflösung des Begrifs des Erhabenen, sofern dieses der Macht beygelegt wird, scheint zu streiten: daß wir Gott im Ungewitter, im Sturm, im Erdbeben u. d. gl. als im Zorn, zugleich aber auch in seiner Erhabenheit sich darstellend vorstellig zu machen pflegen, wobey doch die Einbildung einer Überlegenheit unseres Gemüths über die Wirkungen, und, wie es scheint, gar über die Absichten einer solchen Macht, Thorheit und Frevel zugleich seyn würde. Hier scheint kein Gefühl der Erhabenheit unserer eigenen Natur, sondern vielmehr Unterwerfung, Niedergeschlagenheit, und Gefühl der gänzlichen Ohnmacht, die Gemüthsstimmung zu seyn die sich für die Erscheinung eines solchen Gegenstandes schickt, und auch gewöhnlichermaaßen mit der Idee desselben bey dergleichen Naturbegebenheit verbunden zu seyn pflegt. In der Religion überhaupt scheint Niederwerfen, Anbetung mit niederhängendem Haupte, mit zerknirschten angstvollen Gebehrden und Stimmen, das einzigschickliche Benehmen in Gegenwart der Gottheit zu seyn, welches daher auch die meisten Völker angenommen haben und noch beobachten. Allein diese Gemüthsstimmung ist auch bey weitem nicht mit der Idee der **Erhabenheit** einer Religion und ihres Gegenstandes an sich und nothwendig verbunden. Der Mensch, der sich wirklich fürchtet, weil er dazu in sich Ursache findet, indem er sich bewußt ist, mit seiner verwerflichen Gesinnung wider eine Macht zu verstoßen deren Wille unwiderstehlich und zugleich gerecht ist, befindet sich gar nicht in der Gemüthsfassung, um die göttliche Größe zu bewundern, wozu eine Stimmung zur ruhigen Contemplation und ganz freyes Urtheil erforderlich ist. Nur alsdann, wenn er sich seiner aufrichtigen gottgefälligen Gesinnung bewußt ist, dienen jene Wirkungen der Macht, in ihm die Idee der Erhabenheit dieses Wesens zu erwecken, sofern er eine dessen Willen gemäße Erhabenheit der Gesinnung bey sich selbst erkennt, und dadurch über die Furcht vor solchen Wirkungen der Natur, die er nicht als Ausbrüche seines Zorns ansieht, erhoben wird. Selbst die Demuth, als unnachsichtliche Beurtheilung seiner Mängel, die sonst, beym Bewußtseyn guter Gesinnungen, leicht mit der Gebrechlichkeit der menschlichen Natur bemäntelt werden könnten, ist eine erhabene Gemüthsstimmung, sich willkürlich dem Schmerze der Selbstverweise zu unterwerfen, um die Ursache dazu nach und nach zu vertilgen. Auf solche Weise allein unterscheidet sich innerlich Religion von Superstition; welche letztere nicht Ehrfurcht für das Erhabene, sondern Furcht und Angst vor dem übermächtigen Wesen, dessen Willen der erschreckte Mensch sich unterworfen sieht ohne ihn doch hochzuschätzen, im Gemüthe gründet; woraus denn freylich nichts als Gunstbewerbung und Einschmeichelung, statt einer Religion des guten Lebenswandels, entspringen kann.

Also ist die Erhabenheit in keinem Dinge der Natur, sondern nur in unserm Gemüthe enthalten, sofern wir der Natur in uns, und dadurch auch der Natur (sofern sie auf uns einfließt) außer uns, überlegen zu seyn uns bewußt werden können. Alles, was dieses Gefühl in uns erregt, wozu die Macht der Natu gehört, welche unsere Kräfte auffordert, heißt alsdenn (obzwar uneigentlich) erhaben; und nur unter der Voraussetzung dieser Idee in uns, und in Beziehung auf sie, sind wir fähig, zur Idee der Erhabenheit desjenigen Wesens zu gelangen, welches nicht bloß durch seine Macht, die es in der Natur beweiset, innige Achtung in uns wirkt, sondern noch mehr durch das Vermögen, welches in uns gelegt ist, jene ohne Furcht zu beurtheilen, und unsere Bestimmung als über dieselbe erhaben zu denken.

§. 29.
Von der Modalität des Urtheils über das Erhabene der Natur.

Es giebt unzählige Dinge der schönen Natur, worüber wir Einstimmigkeit des Urtheils mit dem unsrigen jedermann geradezu ansinnen, und auch, ohne sonderlich zu fehlen, erwarten können; aber mit unserm Uurtheile über das Erhabene in der Natur können wir uns nicht so leicht Eingang bey Andern versprechen. Denn es scheint eine bey weitem größere Cultur, nicht bloß der ästhetischen Urtheilskraft, sondern auch der Erkenntnißvermögen, die ihr zum Grunde liegen, erforderlich zu seyn, um über diese Vorzüglichkeit der Naturgegenstände ein Urtheil fällen zu können.

Die Stimmung des Gemüths zum Gefühl des Erhabenen erfordert eine Empfänglichkeit desselben für Ideen; denn eben in der Unangemessenheit der Natur zu den letztern, mithin nur unter der Voraussetzung derselben, und der Anspannung der Einbildungskraft, die Natur als ein Schema für die letztern zu behandeln, besteht das Abschreckende für die Sinnlichkeit, welches doch zugleich anziehend ist: weil es eine Gewalt ist, welche die Vernunft auf jene ausübt, nur um sie ihrem eigentlichen Gebiete (dem practischen) angemessen zu erweitern, und sie auf das Unendliche hinaussehen zu lassen, welches für jene ein Abgrund ist. In der That wird ohne Ent-

Critik der ästhetischen Urtheilskraft.

wickelung sittlicher Ideen das, was wir, durch Cultur vorbereitet, erhaben nennen, dem rohen Menschen bloß abschreckend vorkommen. Er wird an den Beweisthümern der Gewalt der Natur in ihrer Zerstörung und dem großen Maaßstabe ihrer Macht, wogegen die seinige in Nichts verschwindet, lauter Mühseligkeit, Gefahr und Noth sehen, die den Menschen umgeben würden, der dahin gebannt wäre. So nannte der gute, übrigens verständige Savoyische Bauer (wie Hr v. Saussüre erzählt), alle Liebhaber der Eisgebirge ohne Bedenken Narren. Wer weiß auch, ob er so ganz Unrecht gehabt hätte, wenn jener Beobachter die Gefahren, denen er sich hier aussetzte, bloß, wie die meisten Reisenden pflegen, aus Liebhaberey, oder um bereinst pathetische Beschreibungen davon geben zu können, übernommen hätte? So aber war seine Absicht, Belehrung der Menschen; und die seelenerhebende Empfindung hatte und gab der vortrefliche Mann den Lesern seiner Reisen in ihren Kauf oben ein.

Darum aber, weil das Urtheil über das Erhabene der Natur Cultur bedarf (mehr als das über das Schöne), ist es doch dadurch nicht eben von der Cultur zuerst erzeugt, und etwa bloß conventionsmäßig in der Gesellschaft eingeführt; sondern es hat seine Grundlage in der menschlichen Natur, und zwar demjenigen, was man mit dem gesunden Verstande zugleich jedermann ansinnen und von ihm fordern kann, nehmlich in der Anlage zum Gefühl für (practische) Ideen, d. i. zu dem moralischen.

Hierauf gründet sich nun die Nothwendigkeit der Beystimmung des Urtheils anderer vom Erhabenen zu dem unsrigen, welche wir in diesem zugleich mit einschließen. Denn, so wie wir dem, der in der Beurtheilung eines Gegenstandes der Natur, welchen wir schön finden, gleichgültig ist, Mangel des Geschmacks vorwerfen; so sagen wir von dem, der bey dem, was wir erhaben zu seyn urtheilen, unbewegt bleibt, er habe kein Gefühl. Beides aber fordern wir von jedem Menschen, und setzen es auch, wenn er einige Cultur hat, an ihm voraus: nur mit dem Unterschiede, daß wir das erstere, weil die Urtheilskraft darin die Einbildung bloß auf den Verstand, als Vermögen der Begriffe, beziehet, geradezu von jedermann; das zweyte aber, weil sie darin die Einbildungskraft auf Vernunft, als Vermögen der Ideen, beziehet, nur unter einer subjectiven Voraussetzung (die wir aber jedermann ansinnen zu dürfen uns berechtigt glauben) fordern, nehmlich der des moralischen Gefühls im Menschen, und hiermit auch diesem ästhetischen Urtheile Nothwendigkeit beylegen.

In dieser Modalität der ästhetischen Urtheile, nehmlich der angemaßten Nothwendigkeit derselben, liegt ein Hauptmoment für die Critik der Urtheilskraft. Denn die macht eben an ihnen ein Princip a priori kenntlich, und hebt sie aus der empirischen Psychologie, in

welcher

welcher sie sonst unter den Gefühlen des Vergnügens und Schmerzens (nur mit dem nichtssagenden Beywort eines feinern Gefühls) begraben bleiben würden, um sie, und vermittelst ihrer die Urtheilskraft, in die Classe derer zu stellen, welche Principien a priori zum Grunde haben, als solche aber, sie in die Transcendentalphilosophie hinüberzuziehen.

Allgemeine Anmerkung zur Exposition der ästhetischen reflectirenden Urtheile.

In Beziehung auf das Gefühl der Lust ist ein Gegenstand entweder zum Angenehmen, oder Schönen, oder Erhabenen, oder Guten (schlechthin) zu zählen (jucundum, pulchrum, sublime, honestum).

Das Angenehme ist, als Triebfeder der Begierden, durchgängig von einerley Art, woher es auch kommen, und wie specifisch verschieden auch die Vorstellung (des Sinnes und der Empfindung, objectiv betrachtet) seyn mag. Daher kommt es bey der Beurtheilung des Einflusses desselben auf das Gemüth nur auf die Menge der Reize (zugleich und nach einander), und gleichsam nur auf die Masse der angenehmen Empfindung an; und diese läßt sich also durch nichts als die Quantität verständlich machen. Es cultivirt auch nicht, sondern gehört zum bloßen Genusse. — Das Schöne erfordert dagegen die Vorstellung einer gewissen Qualität des Objects, die sich auch verständlich machen, und auf Begriffe bringen läßt (wiewohl es im ästhetischen Urtheile darauf nicht gebracht wird); und cultivirt, indem es zugleich auf Zweckmäßigkeit im Gefühle der Lust Acht zu haben lehrt. — Das Erhabene besteht bloß in der Relation, worin das Sinnliche in der Vorstellung der Natur für einen möglichen übersinnlichen Gebrauch desselben als tauglich beurtheilt wird. — Das Schlechthin-Gute, subjectiv nach dem Gefühle, welches es einflößt, beurtheilt, (das Object des moralischen Gefühls) als die Bestimmbarkeit der Kräfte des Subjects, durch die Vorstellung eines schlechthin-nöthigenden Gesetzes, unterscheidet sich vornehmlich durch die Modalität einer auf Begriffen a priori beruhenden Nothwendigkeit, die nicht bloß Anspruch, sondern auch Gebot des Beyfalls für jedermann in sich enthält, und gehört an sich zwar nicht für die ästhetische, sondern die reine intellectuelle Urtheilskraft; wird auch nicht in einem bloß reflectirenden, sondern bestimmenden Urtheile, nicht der Natur, sondern der Freyheit beygelegt. Aber die Bestimmbarkeit des Subjects durch diese Idee, und zwar eines Subjects, welches in sich an der Sinnlichkeit Hindernisse, zugleich aber Überlegenheit über dieselbe durch die Überwindung derselben als Modification seines Zustandes empfinden kann, d. i. das moralische Gefühl, ist doch mit der ästhetischen Urtheilskraft und deren formalen Bedingungen sofern verwandt, daß es dazu dienen kann, die Gesetzmäßigkeit der Handlung aus Pflicht zugleich als ästhetisch, d. i. als erhaben, oder auch als schön vorstellig zu machen, ohne an seiner Reinigkeit einzubüßen: welches nicht Statt findet, wenn man es mit dem Gefühl des Angenehmen in natürliche Verbindung setzen wollte.

Wenn man das Resultat aus der bisherigen Exposition beiderley Arten ästhetischer Urtheile zieht, so würden sich daraus folgende kurze Erklärungen ergeben:

Schön ist das, was in der bloßen Beurtheilung (also nicht vermittelst der Empfindung des Sinnes nach einem

Begriffe des Verstandes) gefällt. Hieraus folgt von selbst, daß es ohne alles Interesse gefallen müsse.

Erhaben ist das, was durch seinen Widerstand gegen das Interesse der Sinne unmittelbar gefällt.

Beide, als Erklärungen ästhetischer allgemeingültiger Beurtheilung, beziehen sich auf subjective Gründe, nehmlich einerseits der Sinnlichkeit, so wie sie zu Gunsten des contemplativen Verstandes; andererseits, wie sie wider dieselbe, dagegen für die Zwecke der practischen Vernunft, und doch beide in demselben Subjecte vereinigt, in Beziehung auf das moralische Gefühl zweckmäßig sind. Das Schöne bereitet uns vor, etwas, selbst die Natur, ohne Interesse zu lieben; das Erhabene, es, selbst wider unser (sinnliches) Interesse, hochzuschätzen.

Man kann das Erhabene so beschreiben: es ist ein Gegenstand (der Natur), dessen Vorstellung das Gemüth bestimmt, sich die Unerreichbarkeit der Natur als Darstellung von Ideen zu denken.

Buchstäblich genommen, und logisch betrachtet, können Ideen nicht dargestellt werden. Aber, wenn wir unser empirisches Vorstellungsvermögen (mathematisch, oder dynamisch) für die Anschauung der Natur erweitern; so tritt unausbleiblich die Vernunft hinzu, als Vermögen der Independenz der absoluten Totalität, und bringt die, obzwar vergebliche, Bestrebung des Gemüths hervor, die Vorstellung der Sinne diesen angemessen zu machen. Diese Bestrebung, und das Gefühl der Unerreichbarkeit der Idee durch die Einbildungskraft, ist selbst eine Darstellung der subjectiven Zweckmäßigkeit unseres Gemüths im Gebrauche der Einbildungskraft für dessen übersinnliche Bestimmung, und nöthigt uns, subjectiv die Natur selbst in ihrer Totalität, als Darstellung von etwas Übersinnlichem, zu denken, ohne diese Darstellung objectiv zu Stande bringen zu können.

Denn das werden wir bald inne, daß der Natur im Raume und in der Zeit das Unbedingte, mithin auch die absolute Größe, ganz abgehe, die doch von der gemeinsten Vernunft verlangt wird. Eben dadurch werden wir auch erinnert, daß wir es nur mit einer Natur als Erscheinung zu thun haben, und diese selbst noch als bloße Darstellung einer Natur an sich (welche die Vernunft in der Idee hat) müsse angesehen werden. Diese Idee des Übersinnlichen aber, die wir zwar nicht weiter bestimmen, mithin die Natur als Darstellung derselben nicht erkennen, sondern nur denken können, wird in uns durch einen Gegenstand erweckt, dessen ästhetische Beurtheilung die Einbildungskraft bis zu ihrer Gränze, es sey der Erweiterung (mathematisch), oder ihrer Macht über das Gemüth (dynamisch), anspannt, indem sie sich auf dem Gefühle einer Bestimmung desselben gründet, welche das Gebiet der ersteren gänzlich überschreitet (dem moralischen Gefühl), in Ansehung dessen die Vorstellung des Gegenstandes als subjectiv zweckmäßig beurtheilt wird.

In der That läßt sich ein Gefühl für das Erhabene der Natur nicht wohl denken, ohne eine Stimmung des Gemüths, die der zum moralischen ähnlich ist, damit zu verbinden; und obgleich die unmittelbare Lust am Schönen der Natur gleichfalls eine gewisse Liberalität der Denkungsart, d. i. Unabhängigkeit des Wohlgefallens vom bloßen Sinnengenusse, voraussetzt und cultivirt, so wird dadurch doch mehr die Freyheit im Spiele, als unter einem gesetzlichen Geschäfte vorgestellt: welches die ächte Beschaffenheit der Sittlichkeit des Menschen ist, wo die Vernunft der Sinnlichkeit Gewalt anthun muß; nur daß im ästhetischen Urtheile über das Erhabene diese Gewalt durch die Einbildungskraft selbst, als durch ein Werkzeug der Vernunft, ausgeübt vorgestellet wird. Das Wohlgefallen am Erhabenen der Natur ist daher auch nur negativ (statt dessen das am Schönen positiv ist), nehmlich ein Gefühl der Beraubung der Freyheit der Einbildungskraft durch sie selbst, indem sie nach einem andern Gesetze, als dem des empirischen Gebrauchs, zweckmäßig bestimmt wird. Dadurch bekommt sie eine Erweiterung und Macht, welche größer ist, als die welche sie aufopfert, deren Grund aber ihr selbst verborgen ist, statt dessen sie die Aufopferung oder die Beraubung, und zugleich die Ursache fühlt, der sie unterworfen wird. Die Verwunderung, die an Schreck gränzt, das Grausen und der heilige Schauer, welcher den Zuschauer bey dem Anblicke himmelansteigender Gebirgsmassen, tiefer Schlünde und darin tobender Gewässer, tiefbeschatteter, zum schwermüthigen Nachdenken einladender Einöden u. s. w. ergreift, ist, bey der Sicherheit worin er sich weiß, nicht wirkliche Furcht, sondern nur ein Versuch, uns mit der Einbildungskraft darauf einzulassen, um die Macht ebendesselben Vermögens zu fühlen, die dadurch erregte Bewegung des Gemüths mit dem Ruhestande desselben zu verbinden, und so der Natur in uns selbst, mithin auch der außer uns, sofern sie auf das Gefühl unseres Wohlbefindens Einfluß haben kann, überlegen zu seyn. Denn die Einbildungskraft nach dem Associationsgesetze macht unseren Zustand der Zufriedenheit physisch abhängig; aber eben dieselbe nach Principien des Schematisms der Urtheilskraft (folglich sofern der Freyheit untergeordnet), ist Werkzeug der Vernunft und ihrer Ideen, als solches aber eine Macht, unsere Unabhängigkeit gegen die Natureinflüsse zu behaupten, das, was nach der

letzteren groß ist, als klein abzuwürdigen, und so das
Schlechthin-Große nur in seiner (des Subjects) eigenen
Bestimmung zu setzen. Diese Reflexion der ästhetischen
Urtheilskraft, zur Angemessenheit mit der Vernunft (nur
ohne einen bestimmten Begrif derselben) zu erheben, stellt
den Gegenstand, selbst durch die objective Unangemessenheit
der Einbildungskraft, in ihrer größten Erweiterung für die
Vernunft (als Vermögen der Ideen) dennoch als subjec-
tiv-zweckmäßig vor.

Man muß hier überhaupt darauf Acht haben, was oben
schon erinnert worden ist, daß in der transcendentalen Ästhe-
tik der Urtheilskraft lediglich von reinen ästhetischen Urtheilen
die Rede seyn müsse, folglich die Beyspiele nicht von solchen
schönen oder erhabenen Gegenständen der Natur hergenommen werden dürfen, die den Begrif von einem Zwecke voraussetzen; denn alsdann würde es entweder teleologische,
oder sich auf bloßen Empfindungen eines Gegenstandes (Vergnügen oder Schmerz) gründende, mithin im ersteren Falle
nicht ästhetische, im zweyten nicht bloße formale Zweckmäßigkeit seyn. Wenn man also den Anblick des bestirnten Him-
mels erhaben nennt, so muß man der Beurtheilung desselben nicht Begriffe von Welten, durch vernünftige Wesen be-
wohnt, und nun die hellen Puncte womit wir den Raum
über uns erfüllt sehen; als ihre Sonnen in sehr zweckmäßig
für sie gestellten Kreisen bewegt, zum Grunde legen, sondern bloß, wie man ihn sieht, als ein weites Gewölbe, das
alles befaßt; und bloß unter dieser Vorstellung müssen wir
die Erhabenheit setzen, die ein reines ästhetisches Urtheil diesem Gegenstande beylegt. Eben so den Anblick des Oceans
nicht so, wie wir, mit allerley Kenntnissen (die aber nicht
in der unmittelbaren Anschauung enthalten sind) bereichert,
ihn denken; etwa als ein weites Reich von Wassergeschö-

pfen, als den großen Wasserschatz für die Ausdünstungen welche die Luft mit Wolken zum Behuf der Länder beschwängern, oder auch als ein Element, das zwar Welttheile von einander trennt, gleichwohl aber die größte Gemeinschaft unter ihnen möglich macht: denn das giebt lauter teleologische Urtheile; sondern man muß den Ocean bloß, wie die Dichter es thun, nach dem, was der Augenschein zeigt, etwa, wenn er in Ruhe betrachtet wird, als einen klaren Wasserspiegel, der bloß vom Himmel begränzt ist, aber ist er unruhig, wie einen alles zu verschlingen drohenden Abgrund, dennoch erhaben finden können. Eben das ist von dem Erhabenen und Schönen in der Menschengestalt zu sagen, wo wir nicht auf Begriffe der Zwecke, wozu alle seine Gliedmaßen da sind, als Bestimmungsgründe des Urtheils zurücksehen, und die Zusammenstimmung mit ihnen auf unser (alsdann nicht mehr reines) ästhetisches Urtheil nicht einfließen lassen müssen, obgleich, daß sie jenen nicht widerstreiten, freylich eine nothwendige Bedingung auch des ästhetischen Wohlgefallens ist. Die ästhetische Zweckmäßigkeit ist die Gesetzmäßigkeit der Urtheilskraft in ihrer Freyheit. Das Wohlgefallen an dem Gegenstande hangt von der Beziehung ab, in welcher wir die Einbildungskraft setzen wollen: nur daß sie für sich selbst das Gemüth in freyer Beschäftigung unterhalte. Wenn dagegen etwas anderes, es sey Sinnenempfindung, oder Verstandesbegrif, das Urtheil bestimmt; so ist es zwar gesetzmäßig, aber nicht das Urtheil einer freyen Urtheilskraft.

Wenn man also von intellectueller Schönheit oder Erhabenheit spricht, so sind erstlich diese Ausdrücke nicht ganz richtig, weil es ästhetische Vorstellungsarten sind, die, wenn wir bloß reine Intelligenzen wären (oder uns auch in Gedanken in diese Qualität versetzen), in uns gar nicht anzutreffen seyn würden; zweytens, obgleich beide, als Gegenstände eines intellectuellen (moralischen) Wohlgefallens, zwar sofern mit dem ästhetischen vereinbar sind, als sie auf keinem Interesse beruhen: so sind sie doch darin wiederum mit diesem schwer zu vereinigen, weil sie ein Interesse bewirken sollen, welches, wenn die Darstellung zum Wohlgefallen in der ästhetischen Beurtheilung zusammenstimmen soll, in dieser niemals anders als durch ein Sinneninteresse, welches man damit in der Darstellung verbindet, geschehen würde, wodurch aber der intellectuellen Zweckmäßigkeit Abbruch geschieht, und sie verunreinigt wird.

Der Gegenstand eines reinen und unbedingten intellectuellen Wohlgefallens ist das moralische Gesetz in seiner Macht, die es in uns über alle und jede vor ihm vorhergehende Triebfedern des Gemüths ausübt; und, da diese Macht sich eigentlich nur durch Aufopferungen ästhetisch-kenntlich macht (welches eine Beraubung, obgleich zum Behuf der innern Freyheit, ist, dagegen eine unergründliche Tiefe dieses übersinnlichen Vermögens, mit ihren ins Unabsehliche sich erstreckenden Folgen, in uns aufdeckt): so ist das Wohlgefallen von der ästhetischen Seite (in Beziehung auf Sinnlichkeit) negativ, d. i. wider dieses Interesse, von der intellectuellen aber betrachtet, positiv, und mit einem Interesse verbunden. Hieraus folgt: daß das intellectuelle, an sich selbst zweckmäßige (das Moralisch-) Gute, ästhetisch beurtheilt, nicht sowohl schön, als vielmehr erhaben vorgestellt werden müsse, so daß es mehr das Gefühl der Achtung (welches den Reiz verschmäht), als der Liebe und vertraulichen Zuneigung erwecke; weil die menschliche Natur nicht so von selbst, sondern nur durch Gewalt, welche die Vernunft der Sinnlichkeit anthut, zu jenem Guten zusammenstimmt. Umgekehrt, wird auch das, was wir in der Natur außer uns, oder auch in uns (z. B. gewisse Affekten), erhaben nennen, nur als eine Macht des Gemüths, sich über gewisse Hindernisse der Sinnlichkeit durch moralische Grundsätze zu schwingen, vorgestellt, und dadurch interessant werden.

Ich will bey dem letztern etwas verweilen. Die Idee des Guten mit Affect heißt der Enthusiasm. Dieser Gemüthszustand scheint erhaben zu seyn, dermaßen, daß man gemeiniglich vorgiebt: ohne ihn könne nichts Großes ausgerichtet werden. Nun ist aber jeder Affect *) blind, entweder in der Wahl seines Zwecks, oder wenn dieser auch durch Vernunft gegeben worden, in der Ausführung desselben; denn er ist diejenige Bewegung des Gemüths, welche es unvermögend macht, freye Überlegung der Grundsätze anzustellen, um sich darnach zu bestimmen. Also kann er auf keinerley Weise ein Wohlgefallen der Vernunft verdienen. Ästhetisch gleichwohl ist der Enthusiasm erhaben, weil er eine Anspannung der Kräfte durch Ideen ist, welche dem Gemüthe einen Schwung geben, der weit mächtiger und dauerhafter wirkt, als der Antrieb durch Sinnenvorstellungen. Aber (welches befremdlich scheint) selbst Affectlosigkeit (Apatheia, Phlegma in significatu bono) eines seinen

---

*) Affecten sind von Leidenschaften specifisch unterschieden. Jene beziehen sich bloß auf das Gefühl; diese gehören dem Begehrungsvermögen an, und sind Neigungen, welche alle Bestimmbarkeit der Willkür durch Grundsätze erschweren oder unmöglich machen. Jene sind stürmisch und unvorsätzlich, diese anhaltend und überlegt: so ist der Unwille, als Zorn, ein Affect; aber als Haß (Rachgier), eine Leidenschaft. Die letztere kann niemals und in keinem Verhältniß erhaben genannt werden; weil im Affect die Freyheit des Gemüths zwar gehemmt, in der Leidenschaft aber aufgehoben wird.

unwandelbaren Grundsätzen nachdrücklich nachgehenden Gemüths ist, und zwar auf weit vorzüglichere Art, erhaben, weil sie zugleich das Wohlgefallen der reinen Vernunft auf ihrer Seite hat. Eine dergleichen Gemüthsart heißt allein edel: welcher Ausdruck nachher auch auf Sachen, z. B. Gebäude, ein Kleid, Schreibart, körperlichen Anstand u. d. gl. angewandt wird, wenn diese nicht sowohl Verwunderung (Affect in der Vorstellung der Neuigkeit, welche die Erwartung übersteigt), als Bewunderung (eine Verwunderung, die beym Verlust der Neuigkeit nicht aufhört) erregt, welches geschieht, wenn Ideen in ihrer Darstellung unabsichtlich und ohne Kunst zum ästhetischen Wohlgefallen zusammenstimmen.

Ein jeder Affect von der wackern Art (der nehmlich das Bewußtseyn unserer Kräfte jeden Widerstand zu überwinden (animi strenui) rege macht) ist ästhetisch-erhaben, z. B. der Zorn, sogar die Verzweiflung (nehmlich die entrüstete, nicht aber die verzagte). Der Affect von der schmelzenden Art aber (welcher die Bestrebung zu widerstehen selbst zum Gegenstande der Unlust (animum languidum) macht), hat nichts Edeles an sich, kann aber zum Schönen der Sinnesart gezählt werden. Daher sind die Rührungen, welche bis zum Affect stark werden können, auch sehr verschieden. Man hat muthige, man hat zärtliche Rührungen. Die letztern, wenn sie bis zum Affect steigen, taugen gar nichts; der Hang dazu heißt die Empfindeley. Ein theilnehmender Schmerz, der sich nicht will trösten lassen, oder auf den wir uns, wenn er erdichtete Übel betrift, bis zur Täuschung durch die Phantasie, als ob es wirkliche wären, vorsätzlich einlassen, beweiset und macht eine weiche aber zugleich schwache Seele, die eine schöne Seite zeigt, und zwar phantastisch, aber nicht einmal enthusiastisch genannt werden kann. Romane, weinerliche Schauspiele, schaale Sittenvorschriften, die mit (obzwar fälschlich) sogenannten edlen Gesinnungen tändeln, in der That aber das Herz welk, und für die strenge Vorschrift der Pflicht unempfindlich, aller Achtung für die Würde der Menschheit in unserer Person und das Recht der Menschen (welches ganz etwas anderes als ihre Glückseligkeit ist), und überhaupt aller festen Grundsätze unfähig machen; selbst ein Religionsvortrag, welcher kriechende, niedrige Gunstbewerbung und Einschmeichelung empfiehlt, die alles Vertrauen auf eigenes Vermögen zum Widerstande gegen das Böse in uns aufgiebt, statt der rüstigen Entschlossenheit, die Kräfte, die uns bey aller unserer Gebrechlichkeit doch noch übrig bleiben, zu Überwindung der Neigungen zu versuchen; die falsche Demuth, welche in der Selbstverachtung, in der winselnden erheuchelten Reue, und einer bloß leidenden Gemüthsfassung die Art setzt, wie man allein dem höchsten Wesen gefällig werden könne: vertragen sich nicht einmal mit dem, was zur Schönheit, weit weniger aber noch mit dem, was zur Erhabenheit der Gemüthsart gezählt werden könnte.

Aber auch stürmische Gemüthsbewegungen, sie mögen nun, unter dem Namen der Erbauung, mit Ideen der Religion, oder als bloß zur Cultur gehörig, mit Ideen die ein gesellschaftliches Interesse enthalten, verbunden werden, können, so sehr sie auch die Einbildungskraft spannen, keinesweges auf die Ehre einer erhabenen Darstellung Anspruch machen, wenn sie nicht eine Gemüthsstimmung zurücklassen, die, wenn gleich nur indirect, auf das Bewußtseyn seiner Stärke und Entschlossenheit zu dem, was reine intellectuelle Zweckmäßigkeit bey sich führt (dem Übersinnlichen), Einfluß hat. Denn sonst gehören alle diese Rührungen nur zur Motion, welche man der Gesundheit wegen gerne hat. Die angenehme Mattigkeit, welche auf eine solche Rüttelung durch das Spiel der Affecten folgt, ist ein Genuß des Wohlbefindens aus dem hergestellten Gleichgewichte der mancherley Lebenskräfte in uns: welcher am Ende auf dasselbe hinausläuft, als derjenige, den die Wollüstlinge des Orients so behaglich finden, wenn sie ihren Körper gleichsam durchkneten, und alle ihre Muskeln und Gelenke sanft drücken und biegen lassen; nur daß dort das bewegende Princip größtentheils in uns, hier hingegen gänzlich außer uns ist. Da glaubt sich nun mancher durch eine Predigt erbaut, indem doch nichts aufgebauet (kein System guter Maximen) ist; oder durch ein Trauerspiel gebessert, der bloß über glücklich vertriebne Langeweile froh ist. Also muß das Erhabene jederzeit Beziehung auf die Denkungsart haben, d. i. auf Maximen, dem Intellectuellen und den Vernunftideen über die Sinnlichkeit Obermacht zu verschaffen.

Man darf nicht besorgen, daß das Gefühl des Erhabenen durch eine dergleichen abgezogene Darstellungsart, die in Ansehung des Sinnlichen gänzlich negativ wird, verlieren werde; denn die Einbildungskraft, ob sie zwar über das Sinnliche hinaus nichts findet, woran sie sich halten kann, fühlt sich doch auch eben durch diese Wegschaffung der Schranken derselben unbegränzt: und jene Absonderung ist also eine Darstellung des Unendlichen, welche zwar eben darum niemals anders als bloß negative Darstellung seyn kann, die aber doch die Seele erweitert. Vielleicht giebt es keine erhabenere Stelle im Gesetzbuche der Juden, als das Gebot: Du sollst dir kein Bildniß machen, noch irgend ein Gleichniß, weder dessen was im Himmel, noch auf der Erden, noch unter der Erden ist u. s. w. Dieses Gebot allein kann den Enthusiasm erklären, den das jüdische Volk in seiner gesitteten Periode für seine Religion fühlte, wenn es sich mit andern

Critik der ästhetischen Urtheilskraft. 125

Völkern verglich, oder denjenigen Stolz, den der Mohammedanism einflößt. Eben dasselbe gilt auch von der Vorstellung des moralischen Gesetzes und der Anlage zur Moralität in uns. Es ist eine ganz irrige Besorgniß, daß, wenn man sie alles dessen beraubt was sie den Sinnen empfehlen kann, sie alsdann keine andere als kalte leblose Billigung, und keine bewegende Kraft oder Rührung bey sich führen würde. Es ist gerade umgekehrt; denn da, wo nun die Sinne nichts mehr vor sich sehen, und die unverkennliche und unauslöschliche Idee der Sittlichkeit dennoch übrig bleibt, würde es eher nöthig seyn, den Schwung einer unbegränzten Einbildungskraft zu mäßigen, um ihn nicht bis zum Enthusiasm steigen zu lassen, als, aus Furcht vor Kraftlosigkeit dieser Ideen, für sie in Bildern und kindischem Apparat Hülfe zu suchen. Daher haben auch Regierungen gerne erlaubt, die Religion mit dem letztern Zubehör reichlich versorgen zu lassen, und so dem Unterthan die Mühe, zugleich aber auch das Vermögen zu benehmen gesucht, seine Seelenkräfte über die Schranken auszudehnen, die man ihm willkührlich setzen, und wodurch man ihn, als bloß passiv, leichter behandeln kann.

Diese reine, seelenerhebende, bloß negative Darstellung der Sittlichkeit, bringt dagegen keine Gefahr der Schwärmerey, welche ein Wahn ist, über alle Gränze der Sinnlichkeit hinaus etwas sehen, d. i. nach Grundsätzen träumen (mit Vernunft rasen) zu wollen; eben darum, weil die Darstellung bey jener bloß negativ ist. Denn die Unerforschlichkeit der Idee der Freyheit schneidet aller positiven Darstellung gänzlich den Weg ab; das moralische Gesetz aber ist an sich selbst in uns hinreichend und ursprünglich bestimmend, so daß es nicht einmal erlaubt, uns nach einem Bestimmungsgrunde außer demselben umzusehen.

Wenn der Enthusiasm mit dem Wahnsinn, so ist die Schwärmerey mit dem Wahnwitz zu vergleichen, wovon der letztere sich unter allen am wenigsten mit dem Erhabenen verträgt, weil er grüblerisch lächerlich ist. Im Enthusiasm, als Affect, ist die Einbildungskraft zügellos; in der Schwärmerey, als eingewurzelter brütender Leidenschaft, regellos. Der erstere ist vorübergehender Zufall, der den gesundesten Verstand bisweilen wohl betrifft; der zweyte eine Krankheit, die ihn zerrüttet.

Einfalt (kunstlose Zweckmäßigkeit) ist gleichsam der Stil der Natur im Erhabenen, und so auch der Sittlichkeit, welche eine zweyte (übersinnliche) Natur ist, wovon wir nur die Gesetze kennen, ohne das übersinnliche Vermögen in uns, selbst was den Grund dieser Gesetzgebung enthält, durch Anschauen erreichen zu können.

Noch ist anzumerken, daß, obgleich das Wohlgefallen am Schönen eben sowohl, als das am Erhabenen, nicht allein durch allgemeine Mittheilbarkeit unter den andern ästhetischen Beurtheilungen kenntlich unterschieden ist, sondern auch durch diese Eigenschaft, in Beziehung auf Gesellschaft (in der es sich mittheilen läßt), ein Interesse bekommt, gleichwohl doch auch die Absonderung von aller Gesellschaft als etwas Erhabenes angesehen werde, wenn sie auf Ideen beruht, welche über alles sinnliche Interesse hinweg sehen. Sich selbst genug seyn, mithin Gesellschaft nicht bedürfen, ohne doch ungesellig zu seyn, d. i. sie zu fliehen, ist etwas dem Erhabenen sich Näherndes, so wie jede Überhebung von Bedürfnissen. Dagegen ist Menschen zu fliehen, aus Misanthropie, weil man sie anfeindet, oder aus Anthropophobie (Menschenscheu), weil man sie als seine Feinde fürchtet, theils häßlich, theils verächtlich. Gleichwohl giebt es eine (sehr uneigentlich sogenannte) Misanthropie, wozu die Anlage sich mit dem Alter in vieler wohldenkenden Menschen Gemüth einzufinden pflegt, welche zwar, was das Wohlwollen betrift, philanthropisch genug ist, aber vom Wohlgefallen an Menschen durch eine lange traurige Erfahrung weit abgebracht ist: wovon der Hang zur Eingezogenheit, der phantastische Wunsch auf einem entlegenen Landsitze, oder auch (bey jungen Personen) die erträumte Glückseligkeit auf einem der übrigen Welt unbekannten Eylande, mit einer kleinen Familie, seine Lebenszeit zubringen zu können, welche die Romanschreiber, oder Dichter der Robinsonaden, so gut zu nutzen wissen, Zeugniß giebt. Falschheit, Undankbarkeit, Ungerechtigkeit, das Kindische in den von uns selbst für wichtig und groß gehaltenen Zwecken, in deren Verfolgung sich Menschen selbst unter einander alle erdenkliche Übel anthun, stehen mit der Idee dessen, was sie seyn könnten, wenn sie wollten, so im Widerspruch, und sind dem lebhaften Wunsche, sie besser zu sehen, so sehr entgegen: daß, um sie nicht zu hassen, da man sie nicht lieben kann, die Verzichtthuung auf alle gesellschaftliche Freuden nur ein kleines Opfer zu seyn scheint. Diese Traurigkeit, nicht über die Übel, welche das Schicksal über andere Menschen verhängt (wovon die Sympathie Ursache ist), sondern die sie sich selbst anthun (welche auf der Antipathie in Grundsätzen beruht), ist, weil sie auf Ideen beruht, erhaben, indessen daß die erstere allenfalls nur für schön gelten kann. — Der eben so geistreiche als gründliche Saussüre sagt in der Beschreibung seiner Alpenreisen von Bonhomme, einem der Savoyschen Gebirge: „es herrscht daselbst eine gewisse abgeschmackte Traurigkeit." Er kannte daher doch auch eine interessante Traurigkeit, welche der Anblick einer Einöde einflößt, in die sich Menschen wohl versetzen möchten, um von der Welt nichts weiter zu hören, noch zu erfahren, die denn doch nicht so ganz unwirthbar seyn muß, daß sie nur einen höchst mühseligen Aufenthalt für Menschen darböte. — Ich mache diese Anmerkung nur in der Absicht, um zu erinnern, daß auch Betrübniß (nicht niedergeschlagene Traurigkeit) zu den rüstigen Affecten gezählt werden könne, wenn sie in moralischen Ideen ihren Grund hat; wenn sie aber auf Sympathie gegründet, und, als solche, auch liebenswürdig ist, sie bloß zu den schmelzenden Affecten gehöre: um dadurch auf die Gemüthsstimmung, die nur im ersten Falle erhaben ist, aufmerksam zu machen.

* * *

Man kann mit der jetzt durchgeführten transcendentalen Exposition der ästhetischen Urtheile nun auch die physiologische, wie sie ein Burke und viele scharfsinnige Männer unter uns bearbeitet haben, vergleichen, um zu sehen, wohin eine bloß empirische Exposition des Erhabenen und Schönen führe. Burke *), der in dieser Art der Behandlung als der vornehmste Verfasser genannt zu werden verdient, bringt auf diesem Wege (S. 223 seines Werks) heraus: „daß das Gefühl des Erhabenen sich auf dem Triebe zur Selbsterhaltung und auf Furcht, d. i. einem Schmerze, gründe, der, weil er nicht bis zur wirklichen Zerrüttung der körperlichen Theile geht, Bewegungen hervorbringt, die, da sie die feineren oder gröberen Gefäße von gefährlichen und beschwerlichen Verstopfungen reinigen, im Stande sind, angenehme Empfindungen zu erregen, zwar nicht Lust, sondern eine Art von

---

*) Nach der deutschen Übersetzung seiner Schrift: Philosophische Untersuchungen über den Ursprung unserer Begriffe vom Schönen und Erhabenen. Riga, bey Hartknoch, 1773.

von wohlgefälligem Schauer, eine gewisse Ruhe, die mit Schrecken vermischt ist." Das Schöne, welches er auf Liebe gründet (wovon er doch die Begierde abgesondert wissen will), führt er (S. 251 — 252) auf "die Nachlassung, Losspannung und Erschlaffung der Fibern des Körpers, mithin eine Erweichung, Auflösung, Ermattung, ein Hinsinken, Hinsterben, Wegschmelzen vor Vergnügen," hinaus. Und nun bestätigt er diese Erklärungsart nicht allein durch Fälle, zu denen die Einbildungskraft in Verbindung mit dem Verstande, sondern sogar mit Sinnesempfindung, in uns das Gefühl des Schönen sowohl als des Erhabenen erregen könne. — Als psychologische Bemerkungen sind diese Zergliederungen der Phänomene unsers Gemüths überaus schön, und geben reichen Stoff zu den beliebtesten Nachforschungen der empirischen Anthropologie. Es ist auch nicht zu läugnen, daß alle Vorstellungen in uns, sie mögen objectiv bloß sinnlich, oder ganz intellectuell seyn, doch subjectiv mit Vergnügen oder Schmerz, so unmerklich beides auch seyn mag, verbunden werden können (weil sie insgesammt das Gefühl des Lebens afficiren, und keine derselben, sofern als sie Modification des Subjects ist, indifferent seyn kann); sogar, daß, wie Epikur behauptete, immer Vergnügen und Schmerz zuletzt doch körperlich sey, es mag nun von der Einbildung, oder gar von Verstandesvorstellungen anfangen: weil das Leben ohne Gefühl des körperlichen Organs bloß Bewußtseyn seiner Existenz, aber kein Gefühl des Wohl- oder Übelbefindens, d. i. der Beförderung oder Hemmung der Lebenskräfte, sey; weil das Gemüth für sich allein ganz Leben (das Lebensprincip selbst) ist, und Hindernisse oder Beförderungen außer demselben und doch im Menschen selbst, mithin in der Verbindung mit seinem Körper, gesucht werden müssen.

Setzt man aber das Wohlgefallen am Gegenstande ganz und gar darin, daß dieser durch Reiz oder durch Rührung vergnügt: so muß man auch keinem andern zumuthen, zu dem ästhetischen Urtheile, was wir fällen, beyzustimmen; denn darüber befragt ein jeder mit Recht nur seinen Privatsinn. Alsdann aber hört auch alle Censur des Geschmacks gänzlich auf; man müßte denn das Beyspiel, welches andere, durch die zufällige Übereinstimmung ihrer Urtheile, geben, zum Gebot des Beyfalls für uns machen, wider welches Princip wir uns doch vermuthlich sträuben und auf das natürliche Recht berufen würden, das Urtheil, welches auf dem unmittelbaren Gefühle des eigenen Wohlbefindens beruht, seinem eigenen Sinne, und nicht anderer ihrem, zu unterwerfen.

Wenn also das Geschmacksurtheil nicht für egoistisch, sondern seiner innern Natur nach, d. i. um sein selbst, nicht um der Beyspiele willen, die andere von ihrem Geschmack geben, nothwendig als pluralistisch gelten muß, wenn man es als ein solches würdigt, welches zugleich verlangen darf daß jedermann ihm beypflichten soll; so muß ihm irgend ein (es sey objectives oder subjectives) Princip a priori zum Grunde liegen, zu welchem man durch Aufspähung empirischer Gesetze der Gemüthsveränderungen niemals gelangen kann: weil diese nur zu erkennen geben wie geurtheilt wird, nicht aber gebieten wie geurtheilt werden soll, und zwar gar so, daß das Gebot unbedingt ist; dergleichen die Geschmacksurtheile voraussetzen, indem sie das Wohlgefallen mit einer Vorstellung unmittelbar verknüpft wissen wollen. Also mag die empirische Exposition der ästhetischen Urtheile immer den Anfang machen, um den Stof zu einer höhern Untersuchung herbeyzuschaffen; eine transcendentale Erörterung dieses Vermögens ist doch möglich, und zur Critik des

Geschmacks wesentlich gehörig. Denn, ohne daß derselbe Principien a priori habe, konnte er unmöglich die Urtheile anderer richten, und über sie, auch nur mit einigem Scheine des Rechts, Billigungs- oder Verwerfungsausspüche fällen.

Das Übrige zur Analytik der ästhetischen Urtheilskraft gehörige enthält zuförderst die

Deduction der reinen ästhetischen Urtheile.

§. 30.

Die Deduction der ästhetischen Urtheile über die Gegenstände der Natur darf nicht auf das was wir in dieser Erhaben nennen, sondern nur auf das Schöne, gerichtet werden.

Der Anspruch eines ästhetischen Urtheils auf allgemeine Gültigkeit für jedes Subject bedarf, als ein Urtheil welches sich auf irgend ein Princip a priori fußen muß, einer Deduction (d. i. Legitimation seiner Anmaßung); welche über die Exposition desselben noch hinzukommen muß, wenn es nehmlich ein Wohlgefallen oder Mißfallen an der Form des Objects betrift. Dergleichen sind die Geschmacksurtheile über das Schöne der Natur. Denn die Zweckmäßigkeit hat alsdann doch im Objecte und seiner Gestalt ihren Grund, wenn sie gleich nicht die Beziehung desselben auf andere Gegenstände nach Begriffen (zum Erkenntnißurtheile) anzeigt; sondern bloß die Auffassung dieser Form, sofern sie dem

Vermögen sowohl der Begriffe, als dem der Darstellung derselben (welches mit dem der Auffassung eines und dasselbe ist) im Gemüth sich gemäß zeigt, überhaupt betrift. Man kann daher auch in Ansehung des Schönen der Natur mancherley Fragen aufwerfen, welche die Ursache dieser Zweckmäßigkeit ihrer Formen betreffen; z. B. wie man erklären wolle, warum die Natur so verschwenderisch allerwärts Schönheit verbreitet habe, selbst im Grunde des Oceans, wo nur selten das menschliche Auge (für welches jene doch allein zweckmäßig ist) hingelangt? u. d. gl. m.

Allein das Erhabene der Natur — wenn wir darüber ein reines ästhetisches Urtheil fällen, welches nicht mit Begriffen von Vollkommenheit, als objectiver Zweckmäßigkeit, vermengt ist; in welchem Falle es ein teleologisches Urtheil seyn würde — kann ganz als formlos oder ungestalt, dennoch aber als Gegenstand eines reinen Wohlgefallens betrachtet werden, und subjective Zweckmäßigkeit der gegebenen Vorstellung zeigen; und da fragt es sich nun: ob zu dem ästhetischen Urtheile dieser Art auch, außer der Exposition dessen was in ihm gedacht wird, noch eine Deduction seines Anspruchs auf irgend ein (subjectives) Princip a priori verlangt werden könne.

Hierauf dient zur Antwort: daß das Erhabene der Natur nur uneigentlich so genannt werde, und eigentlich bloß der Denkungsart, oder vielmehr der Grundlage zu derselben in der menschlichen Natur, beygelegt werden müsse. Dieser sich bewußt zu werden, giebt die Auffassung eines sonst formlosen und unzweckmäßigen Gegenstandes bloß die Veranlassung; welcher auf solche Weise subjectiv=zweckmäßig gebraucht, aber nicht als ein solcher für sich und seiner Form wegen beurtheilt wird (gleichsam species finalis accepta, non data). Daher war unsere Exposition der Urtheile über das Erhabene der Natur zugleich ihre Deduction. Denn, wenn wir die Reflexion der Urtheilskraft in denselben zerlegten, so fanden wir in ihnen ein zweckmäßiges Verhältniß der Erkenntnißvermögen, welches dem Vermögen der Zwecke (dem Willen) a priori zum Grunde gelegt werden muß, und daher selbst a priori zweckmäßig ist: welches denn sofort die Deduction, d. i. die Rechtfertigung des Anspruchs eines dergleichen Urtheils auf allgemein=nothwendige Gültigkeit, enthält.

Wir werden also nur die Deduction der Geschmacksurtheile, d. i. der Urtheile über die Schönheit der Naturdinge, zu suchen haben, und so der Aufgabe für die gesammte ästhetische Urtheilskraft im Ganzen ein Genüge thun.

§. 31.

Von der Methode der Deduction der Geschmacksurtheile.

Die Obliegenheit einer Deduction, d. i. der Gewährleistung der Rechtmäßigkeit, einer Art Urtheile tritt nur ein, wenn das Urtheil Anspruch auf Nothwendigkeit macht; welches der Fall auch alsdann ist, wenn es subjective Allgemeinheit, d. i. jedermanns Beystimmung fordert: indeß es doch kein Erkenntnißurtheil, sondern nur der Lust oder Unlust an einem gegebenen Gegenstande, d. i. Anmaßung einer durchgängig für jedermann geltenden subjectiven Zweckmäßigkeit ist, die sich auf keine Begriffe von der Sache gründen soll, weil es Geschmacksurtheil ist.

Da wir im letztern Falle kein Erkenntnißurtheil, weder ein theoretisches, welches den Begrif einer Natur überhaupt durch den Verstand, noch ein (reines) practisches, welches die Idee der Freyheit, als a priori durch die Vernunft gegeben, zum Grunde legt, vor uns haben; und also weder ein Urtheil, welches vorstellt was eine Sache ist, noch daß ich, um sie hervorzubringen, etwas verrichten soll, nach seiner Gültigkeit a priori zu rechtfertigen haben: so wird bloß die allgemeine Gültigkeit eines einzelnen Urtheils, welches die subjective Zweckmäßigkeit einer empirischen Vorstellung der Form eines Gegenstandes ausdrückt, für die Urtheilskraft überhaupt darzuthun seyn, um zu erklären, wie es möglich sey, daß etwas bloß in der Beurtheilung (ohne Sinnenempfindung oder Begrif) gefallen könne, und, so wie die Beurtheilung eines Gegenstandes zum Behuf einer Erkenntniß überhaupt, allgemeine Re-

Critik der ästhetischen Urtheilskraft. 135

grün habe, auch das Wohlgefallen eines Jeden für jeden andern als Regel dürfte angekündigt werden.

Wenn nun diese Allgemeingültigkeit sich nicht auf Stimmensammlung und Herumfragen bey andern, wegen ihrer Art zu empfinden, gründen, sondern gleichsam auf einer Autonomie des über das Gefühl der Lust (an der gegebenen Vorstellung) urtheilenden Subjects, d. i. auf seinem eigenen Geschmacke, beruhen, gleichwohl aber doch auch nicht von Begriffen abgeleitet werden soll; so hat ein solches Urtheil — wie das Geschmacksurtheil in der That ist — eine zwiefache und zwar logische Eigenthümlichkeit: nehmlich erstlich die Allgemeingültigkeit a priori, und doch nicht eine logische Allgemeinheit nach Begriffen, sondern die Allgemeinheit eines einzelnen Urtheils; zweytens eine Nothwendigkeit (die jederzeit auf Gründen a priori beruhen muß), die aber doch von keinen Beweisgründen a priori abhangt, durch deren Vorstellung der Beyfall, den das Geschmacksurtheil jedermann ansinnt, erzwungen werden könnte.

Die Auflösung dieser logischen Eigenthümlichkeiten, worin sich ein Geschmacksurtheil von allen Erkenntnißurtheilen unterscheidet, wenn wir hier anfänglich von allem Inhalte desselben, nehmlich dem Gefühle der Lust abstrahiren, und bloß die ästhetische Form mit der Form der objectiven Urtheile, wie sie die Logik vorschreibt, vergleichen, wird allein zur Deduction dieses sonderbaren Vermögens hinreichend seyn. Wir wollen also diese characteristischen Eigenschaften des Geschmacks zuvor, durch Beyspiele erläutert, vorstellig machen.

§. 32.
Erste Eigenthümlichkeit des Geschmacksurtheils.

Das Geschmacksurtheil bestimmt seinen Gegenstand in Ansehung des Wohlgefallens (als Schönheit) mit einem Anspruche auf jedermanns Beystimmung, als ob es objectiv wäre.

Sagen: diese Blume ist schön, heißt eben so viel, als ihren eigenen Anspruch auf jedermanns Wohlgefallen ihr nur nachsagen. Durch die Annehmlichkeit ihres Geruchs hat sie gar keine Ansprüche. Den Einen ergötzt dieser Geruch, dem Andern benimmt er den Kopf. Was sollte man nun anders daraus vermuthen, als daß die Schönheit für eine Eigenschaft der Blume selbst gehalten werden müsse, die sich nicht nach der Verschiedenheit der Köpfe und so vieler Sinne richtet, sondern wornach sich diese richten müssen, wenn sie darüber urtheilen wollen? Und doch verhält es sich nicht so. Denn darin besteht eben das Geschmacksurtheil, daß es eine Sache nur nach derjenigen Beschaffenheit schön nennt, in welcher sie sich nach unserer Art sie aufzunehmen richtet.

überdies wird von jedem Urtheil, welches den Geschmack des Subjects beweisen soll, verlangt: daß das Subject für sich, ohne nöthig zu haben durch Erfahrung unter den Urtheilen anderer herumzutappen, und sich von ihrem Wohlgefallen oder Mißfallen an demselben Gegenstande vorher zu belehren, urtheilen, mithin sein Urtheil nicht als Nachahmung, weil ein Ding etwa wirklich allgemein gefällt, sondern a priori absprechen solle. Man sollte aber denken, daß ein Urtheil a priori einen Begriff vom Object enthalten müsse, zu dessen Erkenntniß es das Princip enthält; das Geschmacksurtheil aber gründet sich gar nicht auf Begriffe, und ist überall nicht Erkenntniß, sondern nur ein ästhetisches Urtheil.

Daher läßt sich ein junger Dichter von der Überredung, daß sein Gedicht schön sey, nicht durch das Urtheil des Publicums, noch seiner Freunde abbringen; und wenn er ihnen Gehör giebt, so geschieht es nicht darum, weil er es nun anders beurtheilt, sondern weil er, wenn gleich (wenigstens in Absicht seiner) das ganze Publicum einen falschen Geschmack hätte, sich doch (selbst wider sein Urtheil) dem gemeinen Wahne zu bequemen, in seiner Begierde nach Beyfall Ursache findet. Nur späterhin, wenn seine Urtheilskraft durch Ausübung mehr geschärft worden, geht er freywillig von seinem vorigen Urtheile ab; so wie er es auch mit seinen Urtheilen hält, die ganz auf der Vernunft beruhen. Der Geschmack macht bloß auf Autonomie Anspruch. Fremde Urtheile sich zum Bestimmungsgrunde des seinigen zu machen, wäre Heteronomie.

Daß man die Werke der Alten mit Recht zu Mustern anpreiset, und die Verfasser derselben classisch nennt, gleich einem gewissen Adel unter den Schriftstellern, der dem Volke durch seinen Vorgang Gesetze giebt: scheint Quellen des Geschmacks a posteriori anzuzeigen, und die Autonomie desselben in jedem Subjecte zu widerlegen. Allein man könnte eben so gut sagen, daß die alten Mathematiker, die bis jetzt für nicht wohl zu entbehrende Muster der höchsten Gründlichkeit und Eleganz der synthetischen Methode gehalten werden, auch eine nachahmende Vernunft auf unserer Seite bewiesen, und ein Unvermögen derselben, aus sich selbst strenge Beweise mit der größten Intuition, durch Construction der Begriffe, hervorzubringen. Es giebt gar keinen Gebrauch unserer Kräfte, so frey er auch seyn mag, und selbst der Vernunft (die alle ihre Urtheile aus der gemeinschaftlichen Quelle a priori schöpfen muß), welcher, wenn jedes Subject immer gänzlich von der rohen Anlage seines Naturells anfangen sollte, nicht in fehlerhafte Versuche gerathen würde, wenn nicht Andere mit den ihrigen ihm vorgegangen wären, nicht um die Nachfolgenden zu bloßen Nachahmern zu machen, sondern durch ihr Verfahren andere auf die Spur zu bringen, um die Principien in sich selbst zu suchen, und so ihren eigenen, oft besseren, Gang zu nehmen. Selbst in der Religion, wo gewiß ein jeder die Regel seines Verhaltens aus sich selbst hernehmen muß, weil er dafür auch selbst verantwortlich bleibt, und die Schuld seiner Vergehungen nicht auf andre, als Lehrer oder Vorgänger, schieben kann, wird doch nie durch allgemeine Vorschriften, die man entweder von Priestern oder Philosophen bekommen, oder auch aus sich selbst genommen haben mag, so viel ausgerichtet werden, als durch ein Beyspiel der Tugend oder Heiligkeit, welches, in der Geschichte aufgestellt, die Autonomie der Tugend, aus der eigenen und ursprünglichen Idee der Sittlichkeit (a priori) nicht entbehrlich macht, oder diese in einen Mechanism der Nachahmung verwandelt. Nachfolge, die sich auf einen Vorgang bezieht, nicht Nachahmung, ist der rechte Ausdruck für allen Einfluß, welchen Producte eines exemplarischen Urhebers auf Andere haben können; welches nur so viel bedeutet, als: aus denselben Quellen schöpfen, woraus jener selbst schöpfte, und seinem Vorgänger nur die Art, sich dabey zu benehmen, ablernen. Aber unter allen Vermögen und Talenten ist der Geschmack gerade dasjenige, welches, weil sein Urtheil nicht durch Begriffe und Vorschriften bestimmbar ist, am meisten der Beyspiele dessen, was sich im Fortgange der Cultur am längsten in Beyfall erhalten hat, bedürftig ist, um nicht bald wieder ungeschlacht zu werden, und in die Rohigkeit der ersten Versuche zurückzufallen.

§. 33.
Zweyte Eigenthümlichkeit des Geschmacksurtheils.

Das Geschmacksurtheil ist gar nicht durch Beweisgründe bestimmbar, gleich als ob es bloß subjectiv wäre.

Wenn jemand ein Gebäude, eine Aussicht, ein Gedicht nicht schön findet, so läßt er sich erstlich den Beyfall nicht durch hundert Stimmen, die es alle hoch preisen, innerlich aufdringen. Er mag sich zwar stellen, als ob es ihm auch gefalle, um nicht für geschmacklos angesehen zu werden; er kann sogar zu zweifeln anfangen, ob er seinen Geschmack, durch Kenntniß einer genugsamen Menge von Gegenständen einer gewissen Art, auch genug gebildet habe (wie einer, der in der Entfernung etwas für einen Wald zu erkennen glaubt, was alle andere für eine Stadt ansehen, an dem Urtheile seines eigenen Gesichts zweifelt). Das sieht er aber doch klar ein: daß der Beyfall anderer gar keinen für die Beurtheilung der Schönheit gültigen Beweis abgebe; daß andere allenfalls für ihn sehen und beobachten mögen, und was viele auf einerley Art gesehen haben, als ein hinreichender Beweisgrund für ihn, der es anders gesehen zu haben glaubt, zum theoretischen, mithin logischen, niemals aber das, was andern gefallen hat, zum Grunde eines ästhetischen Urtheils dienen könne. Das uns ungünstige Urtheil anderer kann uns zwar mit Recht in Ansehung des unsrigen bedenklich machen, niemals aber von der Unrichtigkeit desselben überzeugen. Also giebt es keinen empirischen **Beweisgrund,** das Geschmacksurtheil jemanden abzunöthigen.

Zweytens kann noch weniger ein Beweis a priori nach bestimmten Regeln das Urtheil über Schönheit bestimmen. Wenn mir jemand sein Gedicht vorliest, oder mich in ein Schauspiel führt, welches am Ende meinem Geschmack nicht behagen will, so mag er den **Batteux** oder **Lessing,** oder noch ältere und berühmtere Critiker des Geschmacks, und alle von ihnen aufgestellte Regeln zum Beweise anführen, daß sein Gedicht schön sey; auch mögen gewisse Stellen, die mir eben mißfallen, mit Regeln der Schönheit (so wie sie dort gegeben und allgemein anerkannt sind) gar wohl zusammenstimmen: ich stopfe mir die Ohren zu, mag keine Gründe und kein Vernünfteln hören, und werde eher annehmen, daß jene Regeln der Critiker falsch seyn, oder wenigstens hier nicht der Fall ihrer Anwendung sey, als daß ich mein Urtheil durch Beweisgründe a priori sollte bestimmen lassen, da es ein Urtheil des Geschmacks und nicht des Verstandes oder der Vernunft seyn soll.

Es scheint, daß dieses eine der Hauptursachen sey, weswegen man dieses ästhetische Beurtheilungsvermögen gerade mit dem Namen des Geschmacks belegt hat. Denn, es mag mir jemand alle Ingredienzen eines

Gerichts erzählen, und von jedem bemerken, daß jedes derselben mir sonst angenehm sey, auch obenein die Gesundheit dieses Essens mit Recht rühmen; so bin ich gegen alle diese Gründe taub, versuche das Gericht an **meiner** Zunge und meinem Gaumen: und darnach (nicht nach allgemeinen Principien) fälle ich mein Urtheil.

In der That wird das Geschmacksurtheil durchaus immer, als ein einzelnes Urtheil vom Object, gefällt. Der Verstand kann durch die Vergleichung des Objects im Puncte des Wohlgefälligen mit dem Urtheile anderer ein allgemeines Urtheil machen: z. B. alle Tulpen sind schön; aber das ist alsdann kein Geschmacks= sondern ein logisches Urtheil, welches die Beziehung eines Objects auf den Geschmack zum Prädicate der Dinge von einer gewissen Art überhaupt macht; dasjenige aber, wodurch ich eine einzelne gegebene Tulpe schön, d. i. mein Wohlgefallen an derselben allgemeingültig finde, ist allein das Geschmacksurtheil. Dessen Eigenthümlichkeit besteht aber darin: daß, ob es gleich bloß subjective Gültigkeit hat, es dennoch alle Subjecte so in Anspruch nimmt, als es nur immer geschehen könnte, wenn es ein objectives Urtheil wäre, das auf Erkenntnißgründen beruht, und durch einen Beweis könnte erzwungen werden.

§. 34.

Es ist kein objectives Princip des Geschmacks möglich.

Unter einem Princip des Geschmacks würde man einen Grundsatz verstehen, unter dessen Bedingung man den Begrif eines Gegenstandes subsumiren, und alsdann durch einen Schluß herausbringen könnte, daß er schön sey. Das ist aber schlechterdings unmöglich. Denn ich muß unmittelbar an der Vorstellung desselben die Lust empfinden, und sie kann mir durch keine Beweisgründe angeschwatzt werden. Obgleich alle Critiker, wie Hume sagt, scheinbarer vernünfteln können als Köche, so haben sie doch mit diesen einerley Schicksal. Den Bestimmungsgrund ihres Urtheils können sie nicht von der Kraft der Beweisgründe, sondern nur von der Reflexion des Subjects über seinen eigenen Zustand (der Lust oder Unlust), mit Abweisung aller Vorschriften und Regeln, erwarten.

Worüber aber Critiker dennoch vernünfteln können und sollen, so daß es zur Berichtigung und Erweiterung unserer Geschmacksurtheile gereiche: das ist nicht, den Bestimmungsgrund dieser Art ästhetischer Urtheile in einer allgemeinen brauchbaren Formel darzulegen, welches unmöglich ist; sondern über die Erkenntnißvermögen und deren Geschäfte in diesen Urtheilen Nachforschung zu thun, und die wechselseitige subjective Zweckmäßigkeit, von welcher oben gezeigt ist, daß ihre Form in einer gegebenen Vorstellung die Schönheit des Gegenstandes derselben sey, in Beyspielen aus einander zu setzen. Also ist die Critik des Geschmacks selbst nur subjectiv, in Ansehung der Vorstellung, wodurch uns ein Object gegeben wird: nehmlich sie ist die Kunst oder Wissenschaft, das wechselseitige Verhältniß des Verstandes und der Einbildungskraft zu einander in der gegebenen Vorstellung (ohne Beziehung auf vorhergehende Empfindung oder Begrif), mithin die Einhelligkeit oder Mißhelligkeit derselben, unter Regeln zu bringen, und sie in Ansehung ihrer Bedingungen zu bestimmen. Sie ist **Kunst**, wenn sie dieses nur an Beyspielen zeigt; sie ist **Wissenschaft**, wenn sie die Möglichkeit einer solchen Beurtheilung von der Natur dieser Vermögen, als Erkenntnißvermögen überhaupt, ableitet. Mit der letzteren, als transscendentalen Critik, haben wir es hier überall allein zu thun. Sie soll das subjective Princip des Geschmacks, als ein Princip a priori der Urtheilskraft, entwickeln und rechtfertigen. Die Critik, als Kunst, sucht bloß die physiologischen (hier psychologischen), mithin empirischen Regeln, nach denen der Geschmack wirklich verfährt (ohne über ihre Möglichkeit nachzudenken) auf die Beurtheilung seiner Gegenstände anzuwenden, und critisirt die Producte der schönen Kunst; so wie jene das Vermögen selbst, sie zu beurtheilen.

§. 35.

§. 35.

Das Princip des Geschmacks ist das subjective Princip der Urtheilskraft überhaupt.

Das Geschmacksurtheil unterscheidet sich darin von dem logischen: daß das letztere eine Vorstellung unter Begriffe vom Object, das erstere aber gar nicht unter einen Begrif subsumirt, weil sonst der nothwendige allgemeine Beyfall durch Beweise würde erzwungen werden können. Gleichwohl aber ist es darin dem letztern ähnlich, daß es eine Allgemeinheit und Nothwendigkeit, aber nicht nach Begriffen vom Object, folglich eine bloß subjective, vorgiebt. Weil nun die Begriffe in einem Urtheile den Inhalt desselben (das zum Erkenntniß des Objects Gehörige) ausmachen, das Geschmacksurtheil aber nicht durch Begriffe bestimmbar ist, so gründet es sich nur auf der subjectiven formalen Bedingung eines Urtheils überhaupt. Die subjective Bedingung aller Urtheile ist das Vermögen zu urtheilen selbst, oder die Urtheilskraft. Diese, in Ansehung einer Vorstellung, wodurch ein Gegenstand gegeben wird, gebraucht, erfordert zweyer Vorstellungskräfte Zusammenstimmung: nehmlich der Einbildungskraft (für die Anschauung und die Zusammensetzung des Mannichfaltigen derselben), und des Verstandes (für den Begrif als Vorstellung der Einheit dieser Zusammensetzung). Weil nun dem Urtheile hier kein Begrif vom Objecte zum Grunde liegt, so kann es nur in der Subsumtion der Einbildungskraft selbst (bey einer Vorstellung, wodurch ein Gegenstand gegeben wird) unter die Bedingungen, daß der Verstand überhaupt von der Anschauung zu Begriffen gelangt, bestehen. D. i. weil eben darin, daß die Einbildungskraft ohne Begrif schematisirt, die Freyheit derselben besteht; so muß das Geschmacksurtheil auf einer bloßen Empfindung der sich wechselseitig belebenden Einbildungskraft in ihrer Freyheit, und des Verstandes mit seiner Gesetzmäßigkeit, also auf einem Gefühle beruhen, das den Gegenstand nach der Zweckmäßigkeit der Vorstellung (wodurch ein Gegenstand gegeben wird) auf die Beförderung des Erkenntnißvermögens in ihrem freyen Spiele beurtheilen läßt; und der Geschmack, als subjective Urtheilskraft, enthält ein Princip der Subsumtion, aber nicht der Anschauungen unter Begriffe, sondern des Vermögens der Anschauungen oder Darstellungen (d. i. der Einbildungskraft) unter das Vermögen der Begriffe (d. i. den Verstand), sofern das erstere in seiner Freyheit zum letzteren in seiner Gesetzmäßigkeit zusammenstimmt.

Um diesen Rechtsgrund nun durch eine Deduction der Geschmacksurtheile ausfindig zu machen, können nur die formalen Eigenthümlichkeiten dieser Art Urtheile, mithin sofern an ihnen bloß die logische Form betrachtet wird, uns zum Leitfaden dienen.

§. 36.

Von der Aufgabe einer Deduction der Geschmacksurtheile.

Mit der Wahrnehmung eines Gegenstandes kann unmittelbar der Begrif von einem Objecte überhaupt, von welchem jene die empirischen Prädicate enthält, zu einem Erkentnißurtheile verbunden, und dadurch ein Erfahrungsurtheil erzeugt werden. Diesem liegen nun Begriffe a priori von der synthetischen Einheit des Mannichfaltigen der Anschauung, um es als Bestimmung eines Objects zu denken, zum Grunde; und diese Begriffe (die Categorieen) erfordern eine Deduction, die auch in der Critik der r. V. gegeben worden, wodurch denn auch die Auflösung der Aufgabe zu Stande kommen konnte: Wie sind synthetische Erkenntnißurtheile a priori möglich? Diese Aufgabe betraf also die Principien a priori des reinen Verstandes, und seiner theoretischen Urtheile.

Mit einer Wahrnehmung kann aber auch unmittelbar ein Gefühl der Lust (oder Unlust) und ein Wohlgefallen verbunden werden, welches die Vorstellung des Objects begleitet und derselben statt Prädicats dient, und so ein ästhetisches Urtheil, welches kein Erkenntnißurtheil ist, entspringen. Einem solchen, wenn es nicht bloßes Empfindungs- sondern ein formales Reflexionsurtheil ist, welches dieses Wohlgefallen jedermann als nothwendig ansinnet, muß etwas als Princip a priori zum Grunde liegen, welches allenfalls ein bloß subjectives seyn mag (wenn ein objectives zu solcher Art Urtheile unmöglich seyn sollte), aber auch als ein solches einer Deduction bedarf, damit begriffen werde, wie ein ästhetisches Urtheil auf Nothwendigkeit Anspruch machen könne. Hierauf gründet sich nun die Aufgabe, mit der wir uns jetzt beschäftigen: Wie sind Geschmacksurtheile möglich? Welche Aufgabe also die Principien a priori der reinen Urtheilskraft in ästhetischen Urtheilen betrift, d. i. in solchen, wo sie nicht (wie in den theoretischen) unter objective Verstandesbegriffe bloß zu subsumiren hat und unter einem Gesetze steht, sondern wo sie sich selbst, subjectiv, Gegenstand sowohl als Gesetz ist.

Diese Aufgabe kann auch so vorgestellt werden: Wie ist ein Urtheil möglich, das bloß aus dem eigenen Gefühl der Lust an einem Gegenstande, unabhängig von dessen Begriffe, diese Lust, als der Vorstellung desselben Objects in jedem andern Subjecte anhängig, a priori, d. i. ohne fremde Beystimmung abwarten zu dürfen, beurtheilte?

Daß Geschmacksurtheile synthetische sind, ist leicht einzusehen, weil sie über den Begrif, und selbst die Anschauung des Objects, hinausgehen, und etwas, das gar nicht einmal Erkenntniß ist, nehmlich Gefühl der Lust (oder Unlust) zu jener als Prädicat hinzuthun. Daß sie aber, obgleich das Prädicat (der mit der Vorstellung verbundenen eigenen Lust) empirisch ist, gleichwohl, was die geforderte Beystimmung von jedermann betrift, Urtheile a priori sind, oder dafür gehalten werden wollen, ist gleichfalls schon in den Ausdrücken ihres Anspruchs enthalten; und so gehört diese Aufgabe der Critik der Urtheilskraft unter das allgemeine Problem der Transscendentalphilosophie: Wie sind synthetische Urtheile a priori möglich?

§. 37.

Was wird eigentlich in einem Geschmacks=urtheile von einem Gegenstande a priori behauptet?

Daß die Vorstellung von einem Gegenstande unmittelbar mit einer Lust verbunden sey, kann nur innerlich wahrgenommen werden, und würde, wenn man nichts weiter als dieses anzeigen wollte, ein bloß empirisches Urtheil geben. Denn a priori kann ich mit keiner Vorstellung ein bestimmtes Gefühl (der Lust oder Unlust) verbinden, außer wo ein den Willen bestimmendes Princip a priori in der Vernunft zum Grunde liegt; da denn die Lust (im moralischen Gefühl) die Folge davon ist, eben darum aber mit der Lust im Geschmacke gar nicht verglichen werden kann, weil sie einen bestimmten Begrif von einem Gesetze erfordert: da hingegen jene unmittelbar mit der bloßen Beurtheilung, vor allem Begriffe, verbunden seyn soll. Daher sind auch alle

Geschmacksurtheile einzelne Urtheile; weil sie ihr Prädicat des Wohlgefallens nicht mit einem Begriffe, sondern mit einer gegebenen einzelnen empirischen Vorstellung verbinden.

Also ist es nicht die Lust, sondern **die Allgemeingültigkeit dieser Lust,** die mit der bloßen Beurtheilung eines Gegenstandes im Gemüthe als verbunden wahrgenommen wird, welche a priori als allgemeine Regel für die Urtheilskraft, für jedermann gültig, in einem Geschmacksurtheile vorgestellt wird. Es ist ein empirisches Urtheil: daß ich einen Gegenstand mit Lust wahrnehme und beurtheile. Es ist aber ein Urtheil a priori: daß ich ihn schön finde, d. i. jenes Wohlgefallen jedermann als nothwendig ansinnen darf.

§. 38.
Deduction der Geschmacksurtheile.

Wenn eingeräumt wird: daß in einem reinen Geschmacksurtheile das Wohlgefallen an dem Gegenstande mit der bloßen Beurtheilung seiner Form verbunden sey; so ist es nichts anders, als die subjective Zweckmäßigkeit derselben für die Urtheilskraft, welche wir mit der Vorstellung des Gegenstandes im Gemüthe verbunden empfinden. Da nun die Urtheilskraft in Ansehung der formalen Regeln der Beurtheilung, ohne alle Materie (weder Sinnenempfindung noch Begrif), nur auf die subjectiven Bedingungen des Gebrauchs der Urtheilskraft überhaupt (die weder auf die besondere Sinnesart, noch einen besondern Verstandesbegrif eingerichtet ist), gerichtet seyn kann; folglich auf dasjenige Subjective welches man in allen Menschen (als zum möglichen Erkenntnisse überhaupt erforderlich) voraussetzen kann: so muß die Übereinstimmung einer Vorstellung mit diesen Bedingungen der Urtheilskraft als für jedermann gültig a priori angenommen werden können. D. i. die Lust oder subjective Zweckmäßigkeit der Vorstellung für das Verhältniß der Erkenntnißvermögen in der Beurtheilung eines sinnlichen Gegenstandes überhaupt, wird jedermann mit Recht angesonnen werden können *).

K 4

*) Um berechtigt zu seyn, auf allgemeine Beystimmung zu einem bloß auf subjectiven Gründen beruhenden Urtheile der ästhetischen Urtheilskraft Anspruch zu machen, ist genug, daß man einräume: 1) Bey allen Menschen seyen die subjectiven Bedingungen dieses Vermögens, was das Verhältniß der darin in Thätigkeit gesetzten Erkenntnißkräfte zu einem Erkenntniß überhaupt betrift, einerley; welches wahr seyn muß, weil sich sonst Menschen ihre Vorstellungen und selbst das Erkenntniß nicht mittheilen könnten. 2) Das Urtheil habe bloß auf dieses Verhältniß (mithin auf die formale Bedingung der Urtheilskraft) Rücksicht genommen, und sey rein, d. i. weder mit Begriffen vom Object noch Empfindungen, als Bestimmungsgründen, vermengt. Wenn in Ansehung dieses letztern auch gefehlt worden, so betrift das nur die unrichtige Anwendung der Befugniß, die ein Gesetz uns giebt, auf einen besondern Fall; wodurch die Befugniß überhaupt nicht aufgehoben wird.

Anmerkung.

Diese Deduction ist darum so leicht, weil sie keine objective Realität eines Begrifs zu rechtfertigen nöthig hat; denn Schönheit ist kein Begrif vom Object, und das Geschmacksurtheil ist kein Erkenntnißurtheil. Es behauptet nur: daß wir berechtigt sind, dieselben subjectiven Bedingungen der Urtheilskraft, allgemein bey jedem Menschen vorauszusetzen, die wir in uns antreffen; und nur noch, daß wir unter diese Bedingungen das gegebene Object richtig subsumirt haben. Obgleich nun dies letztere unvermeidliche, der logischen Urtheilskraft nicht anhangende, Schwierigkeiten hat (weil man in dieser unter Begriffe, in der ästhetischen aber unter ein bloß empfindbares Verhältniß, der an der vorgestellten Form des Objects wechselseitig unter einander stimmenden Einbildungskraft und Verstandes, subsumirt, wo die Subsumtion leicht trügen kann); so wird dadurch doch der Rechtmäßigkeit des Anspruchs der Urtheilskraft, auf allgemeine Beystimmung zu rechnen, nichts benommen, welcher nur darauf hinausläuft: die Richtigkeit des Princips, aus subjectiven Gründen für jedermann gültig zu urtheilen. Denn was die Schwierigkeit und den Zweifel wegen der Richtigkeit der Subsumtion unter jenes Princip betrift, so macht sie die Rechtmäßigkeit des Anspruchs auf diese Gültigkeit eines ästhetischen Urtheils überhaupt, mithin das Princip selber, so wenig zweifelhaft, als die eben sowohl (obgleich nicht so oft und leicht) fehlerhafte Subsumtion der logischen Urtheilskraft unter ihr Princip das letztere, welches objectiv ist, zweifelhaft machen kann. Würde aber die Frage seyn: Wie ist es möglich, die Natur als einen Inbegrif von Gegenständen des Geschmacks a priori anzunehmen? so hat diese Aufgabe Beziehung auf die Teleologie, weil es als ein Zweck der Natur, der ihrem Begriffe wesent-

lich anhinge, angesehen werden müßte, für unsere Urtheils,
kraft zweckmäßige Formen aufzustellen. Aber die Richtigkeit
dieser Annahme ist noch sehr zu bezweifeln, indeß die Wirk,
lichkeit der Naturschönheiten der Erfahrung offen liegt.

§. 39.
Von der Mittheilbarkeit einer Empfindung.

Wenn Empfindung, als das Reale der Wahrneh,
mung, auf Erkenntniß bezogen wird, so heißt sie Sin,
nenempfindung; und das Specifische ihrer Qualität läßt
sich nur als durchgängig auf gleiche Art mittheilbar vor,
stellen, wenn man annimmt, daß jedermann einen glei,
chen Sinn mit dem unsrigen habe: dieses läßt sich aber
von einer Sinnesempfindung schlechterdings nicht vor,
aussetzen. So kann dem, welchem der Sinn des Ge,
ruchs fehlt, diese Art der Empfindung nicht mitgetheilt
werden; und, selbst wenn er ihm nicht mangelt, kann
man doch nicht sicher seyn, ob er gerade die nehmliche
Empfindung von einer Blume habe, die wir davon ha,
ben. Noch mehr unterschieden müssen wir uns aber die
Menschen in Ansehung der Annehmlichkeit oder
Unannehmlichkeit bey der Empfindung eben desselsel,
ben Gegenstandes der Sinne vorstellen; und es ist
schlechterdings nicht zu verlangen, daß die Lust an der,
gleichen Gegenständen von jedermann zugestanden wer,
de. Man kann die Lust von dieser Art, weil sie durch
den Sinn in das Gemüth kommt und wir dabey also
passiv sind, die Lust des Genusses nennen.

Das Wohlgefallen an einer Handlung um ihrer moralischen Beschaffenheit willen ist dagegen keine Lust des Genusses, sondern der Selbstthätigkeit, und deren Gemäßheit mit der Idee seiner Bestimmung. Dieses Gefühl, welches das sittliche heißt, erfordert aber Begriffe; und stellt keine freye, sondern gesetzliche Zweckmäßigkeit dar, läßt sich also auch nicht anders, als vermittelst der Vernunft, und, soll die Lust bey jedermann gleichartig seyn, durch sehr bestimmte practische Vernunftbegriffe, allgemein mittheilen.

Die Lust am Erhabenen der Natur, als Lust der vernünftelnden Contemplation, macht zwar auch auf allgemeine Theilnehmung Anspruch, setzt aber doch schon ein anderes Gefühl, nehmlich das seiner übersinnlichen Bestimmung, voraus: welches, so dunkel es auch seyn mag, eine moralische Grundlage hat. Daß aber andere Menschen darauf Rücksicht nehmen, und in der Betrachtung der rauhen Größe der Natur ein Wohlgefallen finden werden (welches wahrhaftig dem Anblicke derselben, der eher abschreckend ist, nicht zugeschrieben werden kann), bin ich nicht schlechthin vorauszusetzen berechtigt. Dem ungeachtet kann ich doch, in Betracht dessen, daß auf jene moralischen Anlagen bey jeder schicklichen Veranlassung Rücksicht genommen werden sollte, auch jenes Wohlgefallen jedermann ansinnen, aber nur vermittelst des moralischen Gesetzes, welches seiner Seits wiederum auf Begriffen der Vernunft gegründet ist.

Critik der ästhetischen Urtheilskraft.

Dagegen ist die Lust am Schönen weder eine Lust des Genusses, noch einer gesetzlichen Thätigkeit, auch nicht der vernünftelnden Contemplation nach Ideen, sondern der bloßen Reflexion. Ohne irgend einen Zweck oder Grundsatz zur Richtschnur zu haben, begleitet diese Lust die gemeine Auffassung eines Gegenstandes durch die Einbildungskraft, als Vermögen der Anschauung, in Beziehung auf den Verstand, als Vermögen der Begriffe, vermittelst eines Verfahrens der Urtheilskraft, welches sie auch zum Behuf der gemeinsten Erfahrung ausüben muß: nur daß sie es hier, um einen empirischen objectiven Begrif, dort aber (in der ästhetischen Beurtheilung) bloß um die Angemessenheit der Vorstellung zur harmonischen (subjectiv=zweckmäßigen) Beschäftigung beider Erkenntnißvermögen in ihrer Freyheit wahrzunehmen, d. i. den Vorstellungszustand mit Lust zu empfinden, zu thun genöthigt ist. Diese Lust muß nothwendig bey jedermann auf den nehmlichen Bedingungen beruhen, weil sie subjective Bedingungen der Möglichkeit einer Erkenntniß überhaupt sind, und die Proportion dieser Erkenntnißvermögen, welche zum Geschmack erfordert wird, auch zum gemeinen und gesunden Verstande erforderlich ist, den man bey jedermann voraussetzen darf. Eben darum darf auch, der mit Geschmack urtheilende (wenn er nur in diesem Bewußtseyn nicht irrt, und nicht die Materie für die Form, Reiz für Schönheit nimmt) die subjective Zweckmäßigkeit, d. i.

sein Wohlgefallen am Objecte jedem andern ansinnen, und sein Gefühl als allgemein mittheilbar, und zwar ohne Vermittelung der Begriffe, annehmen.

§. 40.
Vom Geschmacke als einer Art von sensus communis.

Man giebt oft der Urtheilskraft, wenn nicht sowohl ihre Reflexion als vielmehr bloß das Resultat derselben bemerklich ist, den Namen eines Sinnes, und redet von einem Wahrheitssinne, von einem Sinne für Anständigkeit, Gerechtigkeit u. s. w.; ob man zwar weiß, wenigstens billig wissen sollte, daß es nicht ein Sinn ist, in welchem diese Begriffe ihren Sitz haben können, noch weniger, daß dieser zu einem Ausspruche allgemeiner Regeln die mindeste Fähigkeit habe: sondern daß uns von Wahrheit, Schicklichkeit, Schönheit oder Gerechtigkeit nie eine Vorstellung dieser Art in Gedanken kommen könnte; wenn wir uns nicht über die Sinne zu höhern Erkenntnißvermögen erheben könnten. Der gemeine Menschenverstand, den man, als bloß gesunden (noch nicht cultivirten) Verstand, für das geringste ansieht, dessen man nur immer sich von dem, welcher auf den Namen eines Menschen Anspruch macht, gewärtigen kann, hat daher auch die kränkende Ehre, mit dem Namen des Gemeinsinnes (sensus communis) belegt zu werden; und zwar so, daß man unter dem Worte gemein (nicht bloß in unserer Sprache, die hierin wirklich eine Zweydeutigkeit enthält, sondern auch in mancher andern) so viel als das vulgare, was man allenthalben antrift, versteht, welches zu besitzen schlechterdings kein Verdienst oder Vorzug ist.

Unter dem sensus communis aber muß man die Idee eines gemeinschaftlichen Sinnes, d. i. eines Beurtheilungsvermögens verstehen, welches in seiner Reflexion auf die Vorstellungsart jedes andern in Gedanken (a priori) Rücksicht nimmt, um gleichsam an die gesammte Menschenvernunft sein Urtheil zu halten, und dadurch der Illusion zu entgehen, die aus subjectiven Privatbedingungen, welche leicht für objectiv gehalten werden könnten, auf das Urtheil nachtheiligen Einfluß haben würde. Dieses geschieht nun dadurch, daß man sein Urtheil an anderer, nicht sowohl wirkliche als vielmehr bloß mögliche, Urtheile hält, und sich in die Stelle jedes andern versetzt, indem man bloß von den Beschränkungen, die unserer eigenen Beurtheilung zufälliger Weise anhangen, abstrahirt: welches wiederum dadurch bewirkt wird, daß man das, was in dem Vorstellungszustande Materie d. i. Empfindung ist, so viel möglich wegläßt, und lediglich auf die formalen Eigenthümlichkeiten seiner Vorstellung, oder seines Vorstellungszustandes, Acht hat. Nun scheint diese Operation der Reflexion vielleicht allzu künstlich zu seyn, um sie dem Vermögen, welches wir den gemeinen Sinn nennen, beyzulegen; allein sie sieht auch nur so aus, wenn man sie in abstracten Formeln ausdrückt; an sich ist nichts natürlicher, als von Reiz und Rührung zu abstrahiren, wenn man ein Urtheil sucht, welches zur allgemeinen Regel dienen soll.

Folgende Maximen des gemeinen Menschenverstandes gehören zwar nicht hieher, als Theile der Geschmackskritik, können aber doch zur Erläuterung ihrer Grundsätze dienen: Es sind folgende: 1. Selbstdenken; 2. An der Stelle jedes andern denken; 3. Jederzeit mit sich selbst einstimmig denken. Die erste ist die Maxime der **vorurtheilfreyen**, die zweite der **erweiterten**, die dritte der **consequenten** Denkungsart. Die erste ist die Maxime einer niemals passiven Vernunft. Der Hang zur letztern, mithin zur Heteronomie der Vernunft, heißt das **Vorurtheil**; und das größte unter allen ist, sich die NaturRegeln, welche der Verstand ihr durch ihr eigenes wesentliches Gesetz zum Grunde legt, als nicht unterworfen vorzustellen: d. i. der **Aberglaube**. Befreyung vom Aberglauben heißt **Aufklärung** *); weil, obschon diese Benennung auch der Befreyung von Vor-

---

*) Man sieht bald, daß Aufklärung zwar in Thesi leicht, in Hypothesi aber eine schwere und langsam auszuführende Sache sey; weil mit seiner Vernunft nicht passiv, sondern jederzeit sich selbst gesetzgebend zu seyn, zwar etwas ganz leichtes für den Menschen ist, der nur seinem wesentlichen Zwecke angemessen seyn will, und das, was über seinen Verstand ist, nicht zu wissen verlangt; aber, da die Bestre-

Critik der ästhetischen Urtheilskraft.   159

urtheilen überhaupt zukommt, jener doch vorzugsweise (in sensu eminenti) ein Vorurtheil genannt zu werden verdient, indem die Blindheit, worin der Aberglaube versetzt, ja sie wohl gar als Obliegenheit fodert, das Bedürfniß von andern geleitet zu werden, mithin den Zustand einer passiven Vernunft vorzüglich kenntlich macht. Was die zweite Maxime der Denkungsart betrift, so sind wir sonst wohl gewohnt, denjenigen eingeschränkt (borniert, das Gegentheil von erweitert) zu nennen, dessen Talente zu keinem großen Gebrauche (vornehmlich dem intensiven) zulangen. Allein hier ist nicht die Rede vom Vermögen des Erkenntnisses, sondern von der Denkungsart, einen zweckmäßigen Gebrauch davon zu machen; welche, so klein auch der Umfang und der Grad sey, wohin die Naturgabe des Menschen reicht, dennoch einen Mann von erweiterter Denkungsart anzeigt, wenn er sich über die subjectiven Privatbedingungen des Urtheils, wozwischen so viele andere wie eingeklammert sind, wegsetzen, und aus einem allgemeinen Standpunkte (den er dadurch nur bestimmen kann, daß er sich in den Standpunkt anderer versetzt) über sein eigenes Urtheil reflectirt. Die dritte

durch zum letzteren kann zu verhüten ist, und vor andern, welche die Wißbegierde befriedigen zu können mit vieler Zuversicht versprechen, nie fehlen wird: so muß das bloß Negative (welches die eigentliche Aufklärung ausmacht) in der Denkungsart (zumal der öffentlichen) zu erhalten, oder herzustellen, sehr schwer seyn.

Maxime, nehmlich die der consequenten Denkungsart, ist am schwersten zu erreichen, und kann auch nur durch die Verbindung beider ersten, und nach einer zur Fertigkeit gewordenen öfteren Befolgung derselben, erreicht werden. Man kann sagen: die erste dieser Maximen ist die Maxime des Verstandes, die zweyte der Urtheilskraft, die dritte der Vernunft. —

Ich nehme den durch diese Episode verlassenen Faden wieder auf, und sage: daß der Geschmack mit mehrerem Rechte sensus communis genannt werden könne, als der gesunde Verstand; und daß die ästhetische Urtheilskraft eher als die intellectuelle den Namen eines gemeinschaftlichen Sinnes *) führen könne, wenn man ja das Wort Sinn von einer Wirkung der bloßen Reflexion auf das Gemüth brauchen will: denn da versteht man unter Sinn das Gefühl der Lust. Man könnte sogar den Geschmack durch das Beurtheilungsvermögen desjenigen, was unser Gefühl an einer gegebenen Vorstellung ohne Vermittelung eines Begriffs allgemein mittheilbar macht, definiren.

Die Geschicklichkeit der Menschen sich ihre Gedanken mitzutheilen, erfordert auch ein Verhältniß der Einbildungskraft und des Verstandes, um den Begriffen

Anschau-

*) Man könnte den Geschmack durch sensus communis aestheticus, den gemeinen Menschenverstand durch sensus communis logicus bezeichnen.

Anschauungen und diesen wiederum Begriffe zuzugesellen, die in ein Erkenntniß zusammenfließen; aber alsdann ist die Zusammenstimmung beider Gemüthskräfte gesetzlich), unter dem Zwange bestimmter Begriffe. Nur da, wo Einbildungskraft in ihrer Freyheit den Verstand erweckt, und dieser ohne Begriffe die Einbildungskraft in ein regelmäßiges Spiel versetzt; da theilt sich die Vorstellung, nicht als Gedanke, sondern als inneres Gefühl eines zweckmäßigen Zustandes des Gemüths, mit.

Der Geschmack ist also das Vermögen, die Mittheilbarkeit der Gefühle, welche mit gegebener Vorstellung (ohne Vermittelung eines Begrifs) verbunden sind, a priori zu beurtheilen.

Wenn man annehmen dürfte, daß die bloße allgemeine Mittheilbarkeit seines Gefühls an sich schon ein Interesse für uns bey sich führen müsse (welches man aber aus der Beschaffenheit einer bloß reflectirenden Urtheilskraft zu schließen nicht berechtigt ist); so würde man sich erklären können, woher das Gefühl im Geschmacksurtheile gleichsam als Pflicht jedermann zugemuthet werde.

§. 41.

Von dem empirischen Interesse am Schönen.

Daß das Geschmacksurtheil, wodurch etwas für schön erklärt wird, kein Interesse zum Bestimmungsgrunde haben müsse, ist oben hinreichend dargethan worden. Aber daraus folgt nicht, daß, nachdem es, als reines ästhetisches Urtheil, gegeben worden, kein Interesse damit verbunden werden könne. Diese Verbindung wird jedoch immer nur indirect seyn können, d. i. der Geschmack muß allererst mit etwas anderm verbunden vorgestellt werden, um mit dem Wohlgefallen der bloßen Reflexion über einen Gegenstand noch eine Lust an der Existenz desselben (als worin alles Interesse besteht) verknüpfen zu können. Denn es gilt hier im ästhetischen Urtheile, was im Erkenntnißurtheile (von Dingen überhaupt) gesagt wird: a posse ad esse non valet consequentia. Dieses Andere kann nun etwas Empirisches seyn, nehmlich eine Neigung, die der menschlichen Natur eigen ist; oder etwas Intellectuelles, als Eigenschaft des Willens, a priori durch Vernunft bestimmt werden zu können: welche beide ein Wohlgefallen am Daseyn eines Objects enthalten, und so den Grund zu einem Interesse an demjenigen legen können, was schon für sich und ohne Rücksicht auf irgend ein Interesse gefallen hat.

Empirisch interessirt das Schöne nur in der Gesellschaft; und, wenn man den Trieb zur Gesellschaft als dem Menschen natürlich, die Tauglichkeit aber und den Hang dazu, d. i. die Geselligkeit, zur Erforderniß des Menschen, als für die Gesellschaft bestimmten Geschöpfs, also als zur Humanität gehörige Eigenschaft einräumt; so kann es nicht fehlen, daß man nicht auch den Geschmack als ein Beurtheilungsvermögen alles dessen, wodurch man sogar sein **Gefühl** jedem andern mittheilen kann, mithin als Beförderungsmittel dessen, was eines jeden natürliche Neigung verlangt, ansehen sollte.

Für sich allein würde ein verlassener Mensch auf einer wüsten Insel weder seine Hütte, noch sich selbst ausputzen, oder Blumen aufsuchen, noch weniger sie pflanzen, um sich damit auszuschmücken; sondern nur in Gesellschaft kömmt es ihm ein, nicht bloß Mensch, sondern auch nach seiner Art ein feiner Mensch zu seyn (der Anfang der Civilisirung): denn als einen solchen beurtheilt man denjenigen, welcher seine Lust andern mitzutheilen geneigt und geschickt ist, und den ein Object nicht befriedigt, wenn er das Wohlgefallen an demselben nicht in Gemeinschaft mit andern fühlen kann. Auch erwartet und fordert ein jeder die Rücksicht auf allgemeine Mittheilung von jedermann, gleichsam als aus einem ursprünglichen Vertrage, der durch die Menschheit selbst dictirt ist; und so werden freylich anfangs nur Reize, z. B. Farben, um sich zu bemalen (Rocou bey den Caraiben und Zinnober bey den Jrokesen), oder Blumen, Muschelschaalen, schönfarbige Vogelfedern, mit der Zeit aber auch schöne Formen (als an Canots, Kleidern, u. s. w.), die gar kein Vergnügen, d. i. Wohlgefallen des Genusses bey sich führen, in der Gesellschaft wichtig und mit grossem Interesse verbunden: bis endlich die auf den höchsten

Punkt gekommene Civilisirung daraus beynahe das Hauptwerk der verfeinerten Neigung macht, und Empfindungen nur so viel werth gehalten werden, als sie sich allgemein mittheilen lassen; wo denn, wenn gleich die Lust, die jeder an einem solchen Gegenstande hat, nur unbeträchtlich und für sich ohne merkliches Interesse ist, doch die Idee von ihrer allgemeinen Mittheilbarkeit ihren Werth beynahe unendlich vergrößert.

Dieses indirect dem Schönen, durch Neigung zur Gesellschaft, angehängte, mithin empirische Interesse, ist aber für uns hier von keiner Wichtigkeit, die wir nur darauf zu sehen haben, was auf das Geschmacksurtheil a priori, wenn gleich nur indirect, Beziehung haben mag. Denn, wenn auch in dieser Form sich ein damit verbundenes Interesse entdecken sollte, so würde Geschmack einen Übergang unseres Beurtheilungsvermögens von dem Sinnengenuß zum Sittengefühl entdecken; und nicht allein, daß man dadurch den Geschmack zweckmäßig zu beschäftigen besser geleitet werden würde, es würde auch ein Mittelglied der Kette der menschlichen Vermögen a priori, von denen alle Gesetzgebung abhangen muß, als ein solches dargestellt werden. So viel kann man von dem empirischen Interesse an Gegenständen des Geschmacks und am Geschmack selbst wohl sagen, daß es, da dieser der Neigung fröhnt, obgleich sie noch so verfeinert seyn mag, sich doch auch mit allen Neigungen und Leidenschaften, die in der Gesellschaft ihre größte Mannichfaltigkeit und höchste Stufe erreichen, gern zusammenschmelzen läßt, und das Interesse am Schönen, wenn es darauf gegründet ist, einen nur sehr zweydeutigen Übergang vom Angenehmen zum Guten abgeben könne. Ob aber dieser nicht etwa doch durch den Geschmack, wenn er in seiner Reinigkeit genommen wird, befördert werden könne, haben wir zu untersuchen Ursache.

§. 42.
Von dem intellectuellen Interesse am Schönen.

Es geschah in gutmüthiger Absicht, daß diejenigen, welche alle Beschäftigungen der Menschen, wozu diese die innere Naturanlage antreibt, gerne auf den letzten Zweck der Menschheit, neymlich das Moralisch-Gute richten wollten, es für ein Zeichen eines guten moralischen Characters hielten, am Schönen überhaupt ein Interesse zu nehmen. Ihnen ist aber nicht ohne Grund von andern widersprochen worden, die sich auf die Erfahrung berufen, daß Virtuosen des Geschmacks, nicht allein oft, sondern wohl gar gewöhnlich, eitel, eigensinnig, und verderblichen Leidenschaften ergeben, vielleicht noch weniger wie andere auf den Vorzug der Anhänglichkeit an sittliche Grundsätze Anspruch machen könnten; und so scheint es, daß das Gefühl für das Schöne nicht allein (wie es auch wirklich ist) vom moralischen Gefühl specifisch unterschieden, sondern auch das Interesse, welches man damit verbinden kann, mit dem moralischen schwer, keinesweges aber durch innere Affinität, vereinbar sey.

Ich räume nun zwar gerne ein, daß das Interesse am **Schönen** der Kunst (wozu ich auch den künstlichen Gebrauch der Naturschönheiten zum Putze, mithin zur Eitelkeit, rechne) gar keinen Beweis einer dem Moralischguten anhänglichen, oder auch nur dazu geneigten Denkungsart abgebe. Dagegen aber behaupte ich, daß ein **unmittelbares Interesse** an der Schönheit der **Natur** zu nehmen (nicht bloß Geschmack haben, um sie zu beurtheilen) jederzeit ein Kennzeichen einer guten Seele sey; und daß, wenn dieses Interesse habituell ist, es wenigstens eine dem moralischen Gefühl günstige Gemüthsstimmung anzeige, wenn es sich mit der **Beschauung** der **Natur** gerne verbindet. Man muß sich aber wohl erinnern, daß ich hier eigentlich die schönen **Formen** der Natur meyne, die **Reize** dagegen, welche sie so reichlich auch mit jenen zu verbinden pflegt, noch zu Seite setze, weil das Interesse daran zwar auch unmittelbar, aber doch empirisch ist.

Der, welcher einsam (und ohne Absicht, seine Bemerkungen andern mittheilen zu wollen) die schöne Gestalt einer wilden Blume, eines Vogels, eines Insects u. s. w. betrachtet, um sie zu bewundern, zu lieben, und sie nicht gerne in der Natur überhaupt vermissen zu wollen, ob ihm gleich dadurch einiger Schaden geschähe, vielweniger ein Nutzen daraus für ihn hervorleuchtete, nimmt ein unmittelbares und zwar intellectuelles Intereſſe an der Schönheit der Natur. D. i. nicht allein ihr Product der Form nach, ſondern auch das Daſeyn deſſelben gefällt ihm, ohne daß ein Sinnenreiz daran Antheil hätte, oder er auch irgend einen Zweck damit verbände.

Es iſt aber hiebey merkwürdig, daß, wenn man dieſen Liebhaber des Schönen insgeheim hintergangen, und künſtliche Blumen (die man den natürlichen ganz ähnlich verfertigen kann) in die Erde geſteckt, oder künſtlich geſchnitzte Vögel auf Zweige von Bäumen geſetzt hätte, und er darauf den Betrug entdeckte, das unmittelbare Intereſſe welches er vorher daran nahm, alsbald verſchwinden, vielleicht aber ein anderes, nehmlich das Intereſſe der Eitelkeit, ſein Zimmer für fremde Augen damit auszuſchmücken, an deſſen Stelle ſich einfinden würde. Daß die Natur jene Schönheit hervorgebracht hat: dieſer Gedanke muß die Anſchauung und Reflexion begleiten; und auf dieſem gründet ſich allein das unmittelbare Intereſſe, das man daran nimmt. Sonſt bleibt entweder ein bloßes Geſchmacksurtheil ohne alles Intereſſe, oder nur ein mit einem mittelbaren, nehmlich auf die Geſellſchaft bezogenen, verbundenes übrig; welches letztere keine ſichere Anzeige auf moraliſch = gute Denkungsart abgiebt.

Dieſer Vorzug der Naturſchönheit vor der Kunſtſchönheit, wenn jene gleich durch dieſe der Form nach sogar übertroffen würde, dennoch allein ein unmittelbares Interesse zu erwecken, stimmt mit der geläuterten und gründlichen Denkungsart aller Menschen überein, die ihr sittliches Gefühl cultivirt haben. Wenn ein Mann der Geschmack genug hat, um über Producte der schönen Kunst mit der größten Richtigkeit und Feinheit zu urtheilen, das Zimmer gern verläßt, in welchem jene, die Eitelkeit und allenfalls gesellschaftliche Freuden unterhaltende, Schönheiten anzutreffen sind, und sich zum Schönen der Natur wendet, um hier gleichsam Wollust für seinen Geist in einem Gedankengange zu finden, den er sich nie völlig entwickeln kann; so werden wir diese seine Wahl selber mit Hochachtung betrachten, und in ihm eine schöne Seele voraussetzen, auf die kein Kunstkenner und Liebhaber, um des Interesse willen, das er an seinen Gegenständen nimmt, Anspruch machen kann. — Was ist nun der Unterschied der so verschiedenen Schätzung zweyerley Objecte, die im Urtheile des bloßen Geschmacks einander kaum den Vorzug streitig machen würden?

Wir haben ein Vermögen der bloß ästhetischen Urtheilskraft, ohne Begriffe über Formen zu urtheilen, und an der bloßen Beurtheilung derselben ein Wohlgefallen zu finden, welches wir zugleich jedermann zur Regel machen, ohne daß dieses Urtheil sich auf einem Interesse gründet, noch ein solches hervorbringt. — Andererseits haben wir auch ein Vermögen einer intellectuellen Urtheilskraft, für bloße Formen practischer Maximen (so-

Critik der ästhetischen Urtheilskraft.

fern sie sich zur allgemeinen Gesetzgebung von selbst qualificiren) ein Wohlgefallen a priori zu bestimmen, welches wir jedermann zum Gesetz machen, ohne daß unser Urtheil sich auf irgend einem Interesse gründet, aber doch ein solches hervorbringt. Die Lust oder Unlust im ersteren Urtheile heißt die des Geschmacks, die zweyte des moralischen Gefühls.

Da es aber die Vernunft auch interessirt, daß die Ideen (für die sie im moralischen Gefühle ein unmittelbares Interesse bewirkt) auch objective Realität haben, d. i. daß die Natur wenigstens eine Spur zeige, oder einen Wink gebe, sie enthalte in sich irgend einen Grund, eine gesetzmäßige Übereinstimmung ihrer Producte zu unserm von allem Interesse unabhängigen Wohlgefallen (welches wir a priori für jedermann als Gesetz erkennen, ohne dieses auf Beweisen gründen zu können) anzunehmen: so muß die Vernunft an jeder Äußerung der Natur von einer dieser ähnlichen Übereinstimmung ein Interesse nehmen; folglich kann das Gemüth über die Schönheit der Natur nicht nachdenken, ohne sich dabei zugleich interessirt zu finden. Dieses Interesse aber ist der Verwandtschaft nach moralisch; und der, welcher es am Schönen der Natur nimmt, kann es nur sofern an demselben nehmen, als er vorher schon sein Interesse am Sittlichguten wohlgegründet hat. Wen also die Schönheit der Natur unmittelbar interessirt, bey dem hat man Ursache, wenigstens eine Anlage zu guter moralischer Gesinnung zu vermuthen.

Man wird sagen: diese Deutung ästhetischer Urtheile auf Verwandtschaft mit dem moralischen Gefühl sehe gar zu studiert aus, um sie für die wahre Auslegung der Chifferschrift zu halten, wodurch die Natur in ihren schönen Formen figürlich zu uns spricht. Allein erstlich ist dieses unmittelbare Interesse am Schönen der Natur wirklich nicht gemein, sondern nur denen eigen, deren Denkungsart entweder zum Guten schon ausgebildet, oder dieser Ausbildung vorzüglich empfänglich ist; und dann führt die Analogie zwischen dem reinen Geschmacksurtheile, welches, ohne von irgend einem Interesse abzuhangen, ein Wohlgefallen fühlen läßt, und es zugleich a priori als der Menschheit überhaupt anständig vorstellt, mit dem moralischen Urtheile, welches eben dasselbe aus Begriffen thut, auch ohne deutliches, subtiles und vorsetzliches Nachdenken, auf ein gleichmäßiges unmittelbares Interesse an dem Gegenstande des ersteren, so wie an dem des letzteren: nur daß jenes ein freyes, dieses ein auf objective Gesetze gegründetes Interesse ist. Dazu kommt noch die Bewunderung der Natur, die sich an ihren schönen Producten als Kunst, nicht bloß durch Zufall, sondern gleichsam absichtlich, nach gesetzmäßiger Anordnung und als Zweckmäßigkeit ohne Zweck, zeigt: welchen letzteren, da wir ihn äußerlich nirgend antreffen, wir natürlicher Weise in uns selbst, und zwar in demjenigen, was den letzten Zweck unseres Daseyns ausmacht, nehmlich der moralischen Bestimmung, suchen (von welcher Nachfrage nach dem Grunde der Möglichkeit einer solchen Naturzweckmäßigkeit aber allererst in der Teleologie die Rede seyn wird).

Daß das Wohlgefallen an der schönen Kunst im reinen Geschmacksurtheile nicht eben so mit einem unmittelbaren Interesse verbunden ist, als das an der schönen Natur, ist auch leicht zu erklären. Denn jene ist entweder eine solche Nachahmung von dieser, die bis zur Täuschung geht: und alsdann thut sie die Wirkung als (dafür gehaltene) Naturschönheit; oder sie ist eine absichtlich auf unser Wohlgefallen sichtbarlich gerichtete Kunst: alsdann aber würde das Wohlgefallen an diesem Producte zwar unmittelbar durch Geschmack Statt finden, aber kein anderes als mittelbares Interesse an der zum Grunde liegenden Ursache, nehmlich einer Kunst, welche nur durch ihren Zweck, niemals an sich selbst, interessiren kann. Man wird vielleicht sagen, daß dieses auch der Fall sey, wenn ein Object der Natur durch seine Schönheit nur in sofern interessirt, als ihr eine moralische Idee beygesellet wird; aber nicht dieses, sondern die Beschaffenheit derselben an sich selbst, daß sie sich zu einer solchen Beygesellung qualificirt, die ihr also innerlich zukommt, interessirt unmittelbar.

Die Reize in der schönen Natur, welche so häufig mit der schönen Form gleichsam zusammenschmelzend angetroffen werden, sind entweder zu den Modificationen des Lichts (in der Farbengebung) oder des Schalles (in Tönen) gehörig. Denn diese sind die einzigen Empfindungen, welche nicht bloß Sinnengefühl, sondern auch Reflexion über die Form dieser Modificationen der Sinne verstatten, und so gleichsam eine Sprache, die die Natur zu uns führt, und die einen höhern Sinn zu haben scheint, in sich enthalten. So scheint die weiße Farbe der Lilie das Gemüth zu Ideen der Unschuld, und nach der Ordnung der sieben Farben, von der rothen an bis zur violetten, 1) zur Idee der Erhabenheit, 2) der Kühnheit, 3) der Freymüthigkeit, 4) der Freundlichkeit, 5) der Bescheidenheit, 6) der Standhaftigkeit, und 7) der Zärtlichkeit zu stimmen. Der Gesang der Vögel verkündigt Fröhlichkeit und Zufriedenheit mit seiner Existenz. Wenigstens so deuten wir die Natur aus, es mag dergleichen ihre Absicht seyn oder nicht. Aber dieses Interesse, welches wir hier an Schönheit nehmen, bedarf durchaus, daß es Schönheit der Natur sey; und es verschwindet ganz, sobald man bemerkt, man sey getäuscht, und es sey nur Kunst: sogar, daß auch der Geschmack alsdann nichts Schönes, oder das Gesicht etwas Reizendes mehr daran finden kann. Was wird von Dichtern höher gepriesen, als der bezaubernd schöne Schlag der Nachtigall, in einsamen Gebüschen, an einem stillen Sommerabende, bey dem sanften Lichte des Mondes? Indeß hat man Beyspiele, daß, wo kein solcher Sänger angetroffen wird, irgend ein luſtiger Wirth ſeine zum Genuß der Landluft bey ihm eingekehrten Gäſte dadurch zu ihrer größten Zufriedenheit hintergangen hatte, daß er einen muthwilligen Burſchen, welcher dieſen Schlag (mit Schilf oder Rohr im Munde) ganz der Natur ähnlich nachzumachen wußte, in einem Gebüſche verbarg. Sobald man aber inne wird, daß es Betrug ſey, ſo wird niemand es lange aushalten, dieſem vorher für ſo reizend gehaltenen Geſange zuzuhören; und ſo iſt es mit jedem anderen Singvogel beſchaffen. Es muß Natur ſeyn, oder von uns dafür gehalten werden, damit wir an dem Schönen als einem ſolchen ein unmittelbares Intereſſe nehmen können; noch mehr aber, wenn wir gar andern zumuthen dürfen, daß ſie es daran nehmen ſollen: welches in der That geſchieht, indem wir die Denkungsart derer für grob und unedel halten, die kein Gefühl für die ſchöne Natur haben (denn ſo nennen wir die Empfänglichkeit eines Intereſſe an ihrer Betrachtnng), und ſich bey der Mahlzeit oder der Bouteille am Genuſſe bloßer Sinneseinpfindungen halten.

§. 43.

Von der Kunſt überhaupt.

1) Kunſt wird von der Natur, wie Thun (facere) vom Handeln oder Wirken überhaupt (agere), und das Product, oder die Folge der erſtern, als

Werf (opus) von der letztern als Wirkung (effectus) unterschieden.

Von Rechtswegen sollte man nur die Hervorbringung durch Freyheit, d. i. durch eine Willkür, die ihren Handlungen Vernunft zum Grunde legt, Kunst nennen. Denn, ob man gleich das Product der Bienen (die regelmäßig gebaueten Wachsscheiben) ein Kunstwerk zu nennen beliebt, so geschieht dieses doch nur wegen der Analogie mit der letztern; sobald man sich nehmlich besinnt, daß sie ihre Arbeit auf keine eigene Vernunftüberlegung gründen, so sagt man alsbald, es ist ein Product ihrer Natur (des Instincts), und als Kunst wird es nur ihrem Schöpfer zugeschrieben.

Wenn man bey Durchsuchung eines Moorbruches, wie es bisweilen geschehen ist, ein Stück behauenes Holz antrift, so sagt man nicht, es ist ein Product der Natur, sondern der Kunst; die hervorbringende Ursache derselben hat sich einen Zweck gedacht, dem dieses seine Form zu danken hat. Sonst sieht man wohl auch an allem eine Kunst, was so beschaffen ist daß eine Vorstellung desselben in ihrer Ursache vor ihrer Wirklichkeit vorhergegangen seyn muß (wie selbst bey Bienen), ohne daß doch die Wirkung von ihr eben gedacht seyn dürfe; wenn man aber etwas schlechthin ein Kunstwerk nennt, um es von einer Naturwirkung zu unterscheiden, so versteht man allemal darunter ein Werk der Menschen.

2) **Kunst** als Geschicklichkeit des Menschen wird auch von der **Wissenschaft** unterschieden (**Können** von **Wissen**), als practisches vom theoretischen Vermögen, als Technik von der Theorie (wie die Feldmeßkunst von der Geometrie). Und da wird auch das, was man kann, sobald man nur weiß was gethan werden soll, und also nur die begehrte Wirkung genugsam kennt, nicht eben Kunst genannt. Nur das was man, wenn man es auch auf das vollständigste kennt, dennoch darum zu machen noch nicht sofort die Geschicklichkeit hat, gehört in so weit zur Kunst. Camper beschreibt sehr genau, wie der beste Schuh beschaffen seyn müßte, aber er konnte gewiß keinen machen *).

3) Wird auch **Kunst** vom **Handwerke** unterschieden; die erste heißt **freye**, die andere kann auch **Lohnkunst** heißen. Man sieht die erste so an, als ob sie nur als Spiel, d. i. Beschäftigung die für sich selbst angenehm ist, zweckmäßig ausfallen (gelingen) könne; die zweyte so, daß sie als Arbeit, d. i. Beschäftigung die für sich selbst unangenehm (beschwerlich), und nur durch ihre Wirkung (z. B. den Lohn) anlockend ist, mithin

*) In meinen Gegenden sagt der gemeine Mann, wenn man ihm etwa eine solche Aufgabe vorlegt, wie Columbus mit seinem Ey: das ist keine Kunst, es ist nur eine Wissenschaft. D. i. wenn man es weiß, so kann man es; und eben dieses sagt er von allen vorgeblichen Künsten des Taschenspielers. Die des Seiltänzers dagegen wird er gar nicht in Abrede seyn, Kunst zu nennen.

zwangsmäßig auferlegt werden kann. Ob in der Rangliste der Zünfte Uhrmacher für Künstler, dagegen Schmiede für Handwerker gelten sollen: das bedarf eines andern Gesichtspuncts der Beurtheilung, als derjenige ist, den wir hier nehmen; nehmlich die Proportion der Talente, die dem einen oder andern dieser Geschäfte zum Grunde liegen müssen. Ob auch unter den sogenannten sieben freyen Künsten nicht einige, die den Wissenschaften beyzuzählen, manche auch die mit Handwerkern zu vergleichen sind, aufgeführt worden seyn möchten: davon will ich hier nicht reden. Daß aber in allen freyen Künsten dennoch etwas Zwangsmäßiges, oder, wie man es nennt, ein Mechanismus erforderlich sey, ohne welchen der Geist, der in der Kunst frey sein muß und allein das Werk belebt, gar keinen Körper haben und gänzlich verdunsten würde: ist nicht unrathsam zu erinnern (z. B. in der Dichtkunst, die Sprachrichtigkeit und der Sprachreichthum, imgleichen die Prosodie und das Sylbenmaaß), da manche neuere Erzieher eine freye Kunst am besten zu befördern glauben, wenn sie allen Zwang von ihr wegnehmen, und sie aus Arbeit in bloßes Spiel verwandeln.

§. 44.
Von der schönen Kunst.

Es giebt weder eine Wissenschaft des Schönen, sondern nur Critik, noch schöne Wissenschaft, sondern nur schöne

schöne Kunst. Denn was die erstere betrift, so würde in ihr wissenschaftlich, d. i. durch Beweisgründe ausgemacht werden sollen, ob etwas für schön zu halten sey oder nicht; das Urtheil über Schönheit würde also, wenn es zur Wissenschaft gehörte, kein Geschmacksurtheil seyn. Was das zweyte anlangt, so ist eine Wissenschaft, die, als solche, schön seyn soll, ein Unding. Denn, wenn man in ihr als Wissenschaft nach Gründen und Beweisen fragte, so würde man durch geschmackvolle Aussprüche (Bon-Mots) abgefertigt. — Was den gewöhnlichen Ausdruck, schöne Wissenschaften, veranlaßt hat, ist ohne Zweifel nichts anders, als daß man ganz richtig bemerkt hat, es werde zur schönen Kunst in ihrer ganzen Vollkommenheit viel Wissenschaft, als z. B. Kenntniß alter Sprachen, Belesenheit der Autoren die für Classiker gelten, Geschichte, Kenntniß der Alterthümer u. s. w. erfordert, und deshalb diese historischen Wissenschaften, weil sie zur schönen Kunst die nothwendige Vorbereitung und Grundlage ausmachen, zum Theil auch weil darunter selbst die Kenntniß der Producte der schönen Kunst (Beredsamkeit und Dichtkunst) begriffen worden, durch eine Wortverwechselung, selbst schöne Wissenschaften genannt hat.

Wenn die Kunst, dem Erkenntnisse eines möglichen Gegenstandes angemessen, bloß ihn wirklich zu machen die dazu erforderlichen Handlungen verrichtet, so ist sie mechanische; hat sie aber das Gefühl der Lust zur unmittelbaren Absicht, so heißt sie ästhetische Kunst. Diese ist entweder angenehme oder schöne Kunst. Das erste ist sie, wenn der Zweck derselben ist, daß die Lust die Vorstellungen als bloße Empfindungen; das zweyte, daß sie dieselben als Erkenntnißarten begleite.

Angenehme Künste sind die, welche bloß zum Genusse abgezweckt werden; dergleichen alle die Reize sind, welche die Gesellschaft an einer Tafel vergnügen können: als unterhaltend zu erzählen, die Gesellschaft in freymüthige und lebhafte Gesprächigkeit zu versetzen, durch Scherz und Lachen sie zu einem gewissen Tone der Lustigkeit zu stimmen, wo, wie man sagt, manches ins Gelag hinein geschwatzt werden kann, und niemand über das, was er spricht, verantwortlich seyn will, weil es nur auf die augenblickliche Unterhaltung, nicht auf einen bleibenden Stof zum Nachdenken oder Nachsagen, angelegt ist. (Hiezu gehört denn auch die Art, wie der Tisch zum Genusse ausgerüstet ist, oder wohl gar bey großen Gelagen die Tafelmusik: ein wunderliches Ding, welches nur als ein angenehmes Geräusch die Stimmung der Gemüther zur Fröhlichkeit unterhalten soll, und, ohne daß jemand auf die Composition derselben die mindeste Aufmerksamkeit verwendet, die freye Gesprächigkeit eines Nachbars mit dem andern begünstigt.) Dazu gehören ferner alle Spiele, die weiter kein Interesse bey sich führen, als die Zeit unvermerkt verlaufen zu machen.

Schöne Kunst dagegen ist eine Vorstellungsart, die für sich selbst zweckmäßig ist, und obgleich ohne Zweck, dennoch die Cultur der Gemüthskräfte zur geselligen Mittheilung befördert.

Die allgemeine Mittheilbarkeit einer Lust führt es schon in ihrem Begriffe mit sich, daß diese nicht eine Lust des Genusses, aus bloßer Empfindung, sondern der Reflexion seyn müsse; und so ist ästhetische Kunst, als schöne Kunst, eine solche, die die reflectirende Urtheilskraft und nicht die Sinnenempfindung zum Richtmaaße hat.

§. 45.

Schöne Kunst ist eine Kunst, sofern sie zugleich Natur zu seyn scheint.

An einem Producte der schönen Kunst muß man sich bewußt werden, daß es Kunst sey, und nicht Natur; aber doch muß die Zweckmäßigkeit in der Form desselben von allem Zwange willkürlicher Regeln so frey scheinen, als ob es ein Product der bloßen Natur sey. Auf diesem Gefühle der Freyheit im Spiele unserer Erkenntnißvermögen, welches doch zugleich zweckmäßig seyn muß, beruht diejenige Lust, welche allein allgemein mittheilbar ist, ohne sich doch auf Begriffe zu gründen. Die Natur war schön, wenn sie zugleich als Kunst aussah; und die Kunst kann nur schön genannt werden, wenn wir uns bewußt sind, sie sey Kunst, und sie uns doch als Natur aussieht.

Denn wir können allgemein sagen, es mag die Natur- oder die Kunstschönheit betreffen: schön ist das, was in der bloßen Beurtheilung (nicht in der Sinnenempfindung, noch durch einen Begrif) gefällt. Nun hat Kunst jederzeit eine bestimmte Absicht etwas hervorzubringen. Wenn dieses aber bloße Empfindung (etwas bloß subjectives) wäre, die mit Lust begleitet seyn sollte, so würde dies Product, in der Beurtheilung, nur vermittelst des Sinnengefühls gefallen. Wäre die Absicht auf die Hervorbringung eines bestimmten Objects gerichtet, so würde, wenn sie durch die Kunst erreicht wird, das Object nur durch Be⬛⬛e gefallen. In beiden Fällen aber würde die Kunst nicht in der bloßen Beurtheilung, d. i. nicht als schöne, sondern mechanische Kunst gefallen.

Also muß die Zweckmäßigkeit im Producte der schönen Kunst, ob sie zwar absichtlich ist, doch nicht absichtlich scheinen; d. i. schöne Kunst muß als Natur anzusehen seyn, ob man sich ihrer zwar als Kunst bewußt ist. Als Natur aber erscheint ein Product der Kunst dadurch, daß zwar alle Pünctlichkeit in der Übereinkunft mit Regeln, nach denen allein das Product das werden kann, was es seyn soll, angetroffen wird; aber ohne Peinlichkeit, ohne daß die Schulform durchblickt, d. i. ohne eine Spur zu zeigen, daß die Regel dem Künstler vor Augen geschwebt, und seinen Gemüthskräften Fesseln angelegt habe.

§. 46.
Schöne Kunst ist Kunst des Genie's.

Genie ist das Talent (Naturgabe), welches der Kunst die Regel giebt. Da das Talent, als angebornes productives Vermögen des Künstlers, selbst zur Natur gehört, so könnte man sich auch so ausdrücken: Genie ist die angeborne Gemüthsanlage (ingenium), durch welche die Natur der Kunst die Regel giebt.

Was es auch mit dieser Definition für eine Bewandniß habe, und ob sie bloß willkürlich, oder dem Begriffe, welchen man mit dem Worte Genie zu verbinden gewohnt ist, angemessen sey, oder nicht (welches in dem folgenden §. erörtert werden soll): so kann man doch schon zum Voraus beweisen, daß, nach der hier angenommenen Bedeutung des Worts, schöne Künste nothwendig als Künste des Genies betrachtet werden müssen.

Denn eine jede Kunst setzt Regeln voraus, durch deren Grundlegung allererst ein Product, wenn es künstlich heißen soll, als möglich vorgestellt wird. Der Begrif der schönen Kunst aber verstattet nicht, daß das Urtheil über die Schönheit ihres Products von irgend einer Regel abgeleitet werde, die einen Begrif zum Bestimmungsgrunde habe, mithin einen Begrif von der Art, wie es möglich sey, zum Grunde lege. Also kann die schöne Kunst sich selbst nicht die Regel ausdenken, nach der sie ihr Product zu Stande bringen soll. Da nun gleichwohl ohne vorhergehende Regel ein Product niemals Kunst heißen kann, so muß die Natur im Subjecte (und durch die Stimmung der Vermögen desselben) der Kunst die Regel geben, d. i. die schöne Kunst ist nur als Product des Genie's möglich.

Man sieht hieraus, daß Genie 1) ein Talent sey, dasjenige, wozu sich keine bestimmte Regel geben läßt, hervorzubringen: nicht Geschicklichkeitsanlage zu dem, was nach irgend einer Regel gelernt werden kann; folglich daß Originalität seine erste Eigenschaft seyn müsse. 2) Daß, da es auch originalen Unsinn geben kann, seine Producte zugleich Muster, d. i. exemplarisch seyn müssen; mithin, selbst nicht durch Nachahmung entsprungen, anderen doch dazu, d. i. zum Richtmaaße oder Regel der Beurtheilung, dienen müssen. 3) Daß es, wie es sein Product zu Stande bringe, selbst nicht beschreiben, oder wissenschaftlich anzeigen könne, sondern daß es als Natur die Regel gebe; und daher der Urheber eines Products, welches er seinem Genie verdankt, selbst nicht weiß, wie sich in ihm die Ideen dazu herbey finden, auch es nicht in seiner Gewalt hat, dergleichen nach Belieben oder planmäßig auszudenken, und anderen in solchen Vorschriften mitzutheilen, die sie in Stand setzen, gleichmäßige Producte hervorzubringen. (Daher denn auch vermuthlich das Wort Genie von genius, dem eigenthümlichen einem Menschen bey der Geburt mitgegebe-

Critik der åsthetischen Urtheilskraft.

gen schützenden und leitenden Geist, von dessen Eingebung jene originale Ideen herrührten, abgeleitet ist.) 4) Daß die Natur durch das Genie nicht der Wissenschaft, sondern der Kunst, die Regel vorschreibe; und auch dieses nur, in sofern diese letztere schöne Kunst seyn soll.

§. 47.
Erläuterung und Bestätigung obiger Erklärung vom Genie.

Darin ist jedermann einig, daß Genie dem Nachahmungsgeiste gänzlich entgegen zu setzen sey. Da nun Lernen nichts als Nachahmen ist, so kann die größte Fähigkeit, Gelehrigkeit (Capacität), als Gelehrigkeit, doch nicht für Genie gelten. Wenn man aber auch selbst denkt oder dichtet, und nicht bloß was andere gedacht haben, auffaßt, ja sogar für Kunst und Wissenschaft manches erfindet; so ist doch dieses auch noch nicht der rechte Grund, um einen solchen (oftmals großen) Kopf (im Gegensatze mit dem, welcher, weil er niemals etwas mehr als bloß lernen und nachahmen kann, ein Pinsel heißt) ein Genie zu nennen: weil eben das auch hätte können gelernt werden, also doch auf dem natürlichen Wege des Forschens und Nachdenkens nach Regeln liegt, und von dem, was durch Fleiß vermittelst der Nachahmung erworben werden kann, nicht specifisch unterschieden ist. So kann man alles, was Newton in seinem unsterblichen Werke der Principien der Naturphilosophie, so ein großer Kopf auch erforderlich war dergleichen zu erfinden, vorgetragen hat, gar wohl lernen; aber man kann nicht geistreich dichten lernen, so ausführlich auch alle Vorschriften für die Dichtkunst, und so vortreflich auch die Muster derselben seyn mögen. Die Ursache ist, daß Newton alle seine Schritte, die er, von den ersten Elementen der Geometrie an, bis zu seinen großen und tiefen Erfindungen, zu thun hatte, nicht allein sich selbst, sondern jedem andern, ganz anschaulich und zur Nachfolge bestimmt vormachen könnte; kein Homer aber oder Wieland anzeigen kann, wie sich seine phantasiereichen und doch zugleich gedankenvollen Ideen in seinem Kopfe hervor und zusammen finden, darum weil er es selbst nicht weiß, und es also auch keinen andern lehren kann. Im Wissenschaftlichen also, ist der größte Erfinder vom mühseligsten Nachahmer und Lehrlinge nur dem Grade nach, dagegen von dem, welchen die Natur für die schöne Kunst begabt hat, specifisch unterschieden. Indeß liegt hierin keine Herabsetzung jener großen Männer, denen das menschliche Geschlecht so viel zu verdanken hat, gegen die Günstlinge der Natur in Ansehung ihres Talents für die schöne Kunst. Eben darin, daß jener Talent zur immer fortschreitenden größeren Vollkommenheit der Erkenntnisse und alles Nutzens, der davon abhängig ist, imgleichen zur Belehrung anderer in eben denselben Kenntnissen gemacht ist, besteht ein großer Vorzug derselben vor denen, welche die Ehre verdienen, Genie's zu heißen: weil für diese die Kunst irgendwo still steht, indem ihr eine Gränze gesetzt ist, über die sie nicht weiter gehen kann, die vermuthlich auch schon seit lange her erreicht ist und nicht mehr erweitert werden kann; und überdem eine solche Geschicklichkeit sich auch nicht mittheilen läßt, sondern jedem unmittelbar von der Hand der Natur ertheilt seyn will, mit ihm also stirbt, bis die Natur einmal einen andern wiederum eben so begabt, der nichts weiter als eines Beyspiels bedarf, um das Talent, dessen er sich bewußt ist, auf ähnliche Art wirken zu lassen.

Da die Naturgabe der Kunst (als schönen Kunst) die Regel geben muß; welcherley Art ist denn diese Regel? Sie kann in keiner Formel abgefaßt zur Vorschrift dienen; denn sonst würde das Urtheil über das Schöne nach Begriffen bestimmbar seyn: sondern die Regel muß von der That d. i. vom Product abstrahirt werden, an welchem andere ihr eigenes Talent prüfen mögen, um sich jenes zum Muster, nicht der Nachmachung, sondern der Nachahmung, dienen zu lassen. Wie dieses möglich sey, ist schwer zu erklären. Die Ideen des Künstlers erregen ähnliche Ideen seines Lehrlings, wenn ihn die Natur mit einer ähnlichen Proportion der Gemüthskräfte versehen hat. Die Muster der schönen Kunst sind daher die einzigen Leitungsmittel, diese auf die Nachkommenschaft zu bringen: welches durch bloße Beschreibungen nicht geschehen könnte (vornehmlich nicht im Fache der redenden Künste); und auch in diesen können nur die in alten, todten, und jetzt nur als gelehrte aufbehaltenen Sprachen classisch werden.

Ob zwar mechanische und schöne Kunst, die erste als bloße Kunst des Fleißes und der Erlernung, die zweyte als die des Genie's, sehr von einander unterschieden sind; so giebt es doch keine schöne Kunst, in welcher nicht etwas Mechanisches, welches nach Regeln gefaßt und befolgt werden kann, und also etwas Schulgerechtes die wesentliche Bedingung der Kunst ausmachte. Denn etwas muß dabey als Zweck gedacht werden, sonst kann man ihr Product gar keiner Kunst zuschreiben; es wäre ein bloßes Product des Zufalls. Um aber einen Zweck ins Werk zu richten, dazu werden bestimmte Regeln erfordert, von denen man sich nicht frey sprechen darf. Da nun die Originalität des Talents ein (aber nicht das einzige) wesentliches Stück vom Charakter des Genie's ausmacht; so glauben seichte Köpfe, daß sie nicht besser zeigen können, sie wären aufblühende Genie's, als wenn sie sich vom Schulzwange aller Regeln losfagen, und glauben, man paradire besser auf einem kollerichten Pferde, als auf einem Schulpferde. — Das Genie kann nur reichen Stof zu Producten der schönen Kunst hergeben; die Verarbeitung desselben und die Form erfordert ein durch die Schule gebildetes Talent, um einen Gebrauch davon zu machen, der vor! der Urtheilskraft bestehen kann. Wenn aber jemand sogar in Sachen der sorgfältigsten Vernunftuntersuchung wie ein Genie spricht und entscheidet, so ist es vollends lächerlich; man weiß nicht recht, ob man mehr über den Gaukler, der um sich so viel Dunst verbreitet, wobey man nichts deutlich beurtheilen, aber desto mehr sich einbilden kann, oder mehr über das Publicum lachen soll, welches sich treuherzig einbildet, daß sein Unvermögen, das Meisterstück der Einsicht deutlich erkennen und fassen zu können, daher komme, weil ihm neue Wahrheiten in ganzen Massen zugeworfen werden, wogegen ihm das Detail (durch abgemessene Erklärungen und schulgerechte Prüfung der Grundsätze) nur Stümperwerk zu seyn scheint.

§. 48.
Vom Verhältnisse des Genie's zum Geschmack.

Zur Beurtheilung schöner Gegenstände, als solcher, wird Geschmack; zur schönen Kunst selbst aber, d. i. zur Hervorbringung solcher Gegenstände, wird Genie erfordert.

Wenn man das Genie als Talent zur schönen Kunst betrachtet (welches die eigenthümliche Bedeutung des Worts mit sich bringt), und es in dieser Absicht in die Vermögen zergliedern will, die ein solches Talent ausjumachen zusammen kommen müssen; so ist nöthig, zuvor den Unterschied zwischen der Naturschönheit, deren Beurtheilung nur Geschmack, und der Kunstschönheit, deren

Möglichkeit (worauf in der Beurtheilung eines dergleichen Gegenstandes auch Rücksicht genommen werden muß) Genie erfordert, genau zu bestimmen.

Eine Naturschönheit ist ein **schönes Ding**; die Kunstschönheit ist eine schöne **Vorstellung** von einem Dinge.

Um eine Naturschönheit als eine solche zu beurtheilen, brauche ich nicht vorher einen Begrif davon zu haben, was der Gegenstand für ein Ding seyn solle; d. i. ich habe nicht nöthig, die materiale Zweckmäßigkeit (den Zweck) zu kennen, sondern die bloße Form ohne Kenntniß des Zwecks gefällt in der Beurtheilung für sich selbst. Wenn aber der Gegenstand für ein Product der Kunst gegeben ist, und als solches für schön erklärt werden soll; so muß, weil Kunst immer einen Zweck in der Ursache (und deren Causalität) voraussetzt, zuerst ein Begrif von dem zum Grunde gelegt werden, was das Ding seyn soll; und, da die Zusammenstimmung des Mannichfaltigen in einem Dinge, zu einer innern Bestimmung desselben als Zweck, die Vollkommenheit des Dinges ist, so wird in der Beurtheilung der Kunstschönheit zugleich die Vollkommenheit des Dinges in Anschlag gebracht werden müssen, wornach in der Beurtheilung einer Naturschönheit (als einer solchen) gar nicht die Frage ist. — Zwar wird in der Beurtheilung, vornehmlich der belebten Gegenstände der Natur, z. B. des Menschen oder eines Pferdes, auch die objective Zweckmäßigkeit gemei-

Critik der ästhetischen Urtheilskraft.

niglich mit in Betracht gezogen, um über die Schönheit derselben zu urtheilen; alsdann ist aber auch das Urtheil nicht mehr rein-ästhetisch, d. i. bloßes Geschmacksurtheil. Die Natur wird nicht mehr beurtheilt, wie sie als Kunst erscheint, sondern sofern sie wirklich (obzwar übermenschliche) Kunst ist; und das teleologische Urtheil dient dem ästhetischen zur Grundlage und Bedingung, worauf dieses Rücksicht nehmen muß. In einem solchen Falle denkt man auch, wenn z. B. gesagt wird: „das ist ein schönes Weib," in der That nichts anders, als: die Natur stellt in ihrer Gestalt die Zwecke im weiblichen Baue schön vor; denn man muß noch über die bloße Form auf einen Begrif hinaussehen, damit der Gegenstand auf solche Art durch ein logisch-bedingtes ästhetisches Urtheil gedacht werde.

Die schöne Kunst zeigt darin eben ihre Vorzüglichkeit, daß sie Dinge, die in der Natur häßlich oder mißfällig seyn würden, schön beschreibt. Die Furien, Krankheiten, Verwüstungen des Krieges, u. d. gl. können, als Schädlichkeiten, sehr schön beschrieben, ja sogar im Gemälde vorgestellt werden; nur eine Art Häßlichkeit kann nicht der Natur gemäß vorgestellt werden, ohne alles ästhetische Wohlgefallen, mithin die Kunstschönheit, zu Grunde zu richten: nehmlich diejenige, welche Ekel erweckt. Denn, weil in dieser sonderbaren, auf lauter Einbildung beruhenden Empfindung, der Gegenstand gleichsam, als ob er sich zum Genusse aufdrängte, wider den wir doch mit Gewalt streben, vorgestellt wird; so wird die künstliche Vorstellung des Gegenstandes von der Natur dieses Gegenstandes selbst in unserer Empfindung nicht mehr unterschieden, und jene kann alsbann unmöglich für schön gehalten werden. Auch hat die Bildhauerkunst, weil an ihren Producten die Kunst mit der Natur beynahe verwechselt wird, die unmittelbare Vorstellung häßlicher Gegenstände von ihren Bildungen ausgeschlossen, und dafür z. B. den Tod (in einem schönen Genius), den Kriegsmuth (am Mars), durch eine Allegorie oder Attribute, die sich gefällig ausnehmen, mithin nur indirect vermittelst einer Auslegung der Vernunft, und nicht für bloß ästhetische Urtheilskraft, vorzustellen erlaubt.

So viel von der schönen Vorstellung eines Gegenstandes, die eigentlich nur die Form der Darstellung eines Begrifs ist, durch welche dieser allgemein mitgetheilt wird. — Diese Form aber dem Producte der schönen Kunst zu geben, dazu wird bloß Geschmack erfordert, an welchem der Künstler, nachdem er ihn durch mancherley Beyspiele der Kunst, oder der Natur, geübt und berichtigt hat, sein Werk hält, und, nach manchen oft mühsamen Versuchen denselben zu befriedigen, diejenige Form findet, die ihm Genüge thut: daher diese nicht gleichsam eine Sache der Eingebung, oder eines freyen Schwunges der Gemüthskräfte, sondern einer langsamen und gar peinlichen Nachbesserung ist, um sie dem Gedanken angemessen und doch der Freyheit im Spiele derselben nicht nachtheilig werden zu lassen.

Geschmack ist aber bloß ein Beurtheilungs- nicht ein productives Vermögen; und, was ihm gemäß ist, ist darum eben nicht ein Werk der schönen Kunst: es kann ein zur nützlichen und mechanischen Kunst, oder gar zur Wissenschaft gehöriges Product nach bestimmten Regeln seyn, die gelernt werden können und genau befolgt werden müssen. Die gefällige Form aber, die man ihm giebt, ist nur das Vehikel der Mittheilung und eine Manier gleichsam des Vortrages, in Ansehung dessen man noch in gewissem Maaße frey bleibt, wenn er doch übrigens an einen bestimmten Zweck gebunden ist. So verlangt man, daß das Tischgeräthe, oder auch eine moralische Abhandlung, sogar eine Predigt, diese Form der schönen Kunst, ohne doch gesucht zu scheinen, an sich haben müsse; man wird sie aber darum nicht Werke der schönen Kunst nennen. Zu der letzteren aber wird ein Gedicht, eine Musik, eine Bildergallerie u. d. gl. gezählt; und da kann man an einem seynsollenden Werke der schönen Kunst oftmals Genie ohne Geschmack, an einem andern Geschmack ohne Genie, wahrnehmen.

§. 49.

Von den Vermögen des Gemüths, welche das Genie ausmachen.

Man sagt von gewissen Producten, von welchen man erwartet, daß sie sich, zum Theil wenigstens, als schöne Kunst zeigen sollten: sie sind ohne Geist; ob man gleich an ihnen, was den Geschmack betrift, nichts zu tadeln findet. Ein Gedicht kann recht nett und elegant seyn, aber es ist ohne Geist. Eine Geschichte ist genau und ordentlich, aber ohne Geist. Eine feyerliche Rede ist gründlich und zugleich zierlich, aber ohne Geist. Manche Conversation ist nicht ohne Unterhaltung, aber doch ohne Geist; selbst von einem Frauenzimmer sagt man wohl, sie ist hübsch, gesprächig und artig, aber ohne Geist. Was ist denn das, was man hier unter Geist versteht?

Geist in ästhetischer Bedeutung, heißt das belebende Princip im Gemüthe. Dasjenige aber, wodurch dieses Princip die Seele belebt, der Stof, den es dazu anwendet, ist das, was die Gemüthskräfte zweckmäßig in Schwung versetzt, d. i. in ein solches Spiel, welches sich von selbst erhält und selbst die Kräfte dazu stärkt.

Nun behaupte ich, dieses Princip sey nichts anders, als das Vermögen der Darstellung ästhetischer Ideen; unter einer ästhetischen Idee aber verstehe ich diejenige Vorstellung der Einbildungskraft, die viel zu

denken

denken veranlaßt, ohne daß ihr doch irgend ein bestimmter Gedanke d. i. Begrif adäquat seyn kann, die folglich keine Sprache völlig erreicht und verständlich machen kann. — Man sieht leicht, daß sie das Gegenstück (Pendant) von einer Vernunftidee sey, welche umgekehrt ein Begrif ist, dem keine Anschauung (Vorstellung der Einbildungskraft) adäquat seyn kann.

Die Einbildungskraft (als productives Erkenntnißvermögen) ist nehmlich sehr mächtig in Schaffung gleichsam einer andern Natur, aus dem Stoffe, den ihr die wirkliche giebt. Wir unterhalten uns mit ihr, wo uns die Erfahrung zu alltäglich vorkommt; bilden diese auch wohl um: zwar noch immer nach analogischen Gesetzen, aber doch auch nach Principien, die höher hinauf in der Vernunft liegen (und die uns eben sowohl natürlich sind, als die, nach welchen der Verstand die empirische Natur auffaßt); wobey wir unsere Freyheit vom Gesetze der Association (welches dem empirischen Gebrauche jenes Vermögens anhangt) fühlen, so daß uns nach demselben von der Natur zwar Stof geliehen, dieser aber von uns zu etwas anderem, nehmlich dem, was die Natur übertrift, verarbeitet werden kann.

Man kann dergleichen Vorstellungen der Einbildungskraft Ideen nennen: eines Theils darum, weil sie zu etwas über die Erfahrungsgränze hinaus liegendem wenigstens streben, und so einer Darstellung der Vernunftbegriffe (der intellectuellen Ideen) nahe zu kommen suchen, welches ihnen den Anschein einer objectiven Realität giebt; andrerseits, und zwar hauptsächlich, weil ihnen, als innern Anschauungen, kein Begrif völlig adäquat seyn kann. Der Dichter wagt es, Vernunftideen von unsichtbaren Wesen, das Reich der Seligen, das Höllenreich, die Ewigkeit, die Schöpfung u. d. gl. zu versinnlichen; oder auch das, was zwar Beyspiele in der Erfahrung findet, z. B. den Tod, den Neid und alle Laster, imgleichen die Liebe, den Ruhm u. d. gl. über die Schranken der Erfahrung hinaus, vermittelst einer Einbildungskraft, die dem Vernunft-Vorspiele in Erreichung eines Größten nacheifert, in einer Vollständigkeit sinnlich zu machen, für die sich in der Natur kein Beyspiel findet; und es ist eigentlich die Dichtkunst, in welcher sich das Vermögen ästhetischer Ideen in seinem ganzen Maaße zeigen kann. Dieses Vermögen aber, für sich allein betrachtet, ist eigentlich nur ein Talent (der Einbildungskraft).

Wenn nun einem Begriffe eine Vorstellung der Einbildungskraft untergelegt wird, die zu seiner Darstellung gehört, aber für sich allein so viel zu denken veranlaßt, als sich niemals in einem bestimmten Begrif zusammenfassen läßt, mithin den Begrif selbst auf unbegränzte Art ästhetisch erweitert; so ist die Einbildungskraft hiebey schöpferisch, und bringt das Vermögen intellectueller Ideen (die Vernunft) in Bewegung, mehr nehmlich bey Veranlassung einer Vorstellung zu denken (was zwar zu dem Begriffe des Gegenstandes gehört), als in ihr aufgefaßt und deutlich gemacht werden kann.

Man nennt diejenigen Formen, welche nicht die Darstellung eines gegebenen Begrifs selber ausmachen, sondern nur, als Nebenvorstellungen der Einbildungskraft, die damit verknüpften Folgen und die Verwandtschaft desselben mit andern ausdrücken, Attribute (ästhetische) eines Gegenstandes, dessen Begrif, als Vernunftidee, nicht adäquat dargestellt werden kann. So ist der Adler Jupiters, mit dem Blitze in den Klauen, ein Attribut des mächtigen Himmelskönigs, und der Pfau der prächtigen Himmelsköniginn. Sie stellen nicht, wie die logischen Attribute, das was in unsern Begriffen von der Erhabenheit und Majestät der Schöpfung liegt, sondern etwas anderes vor, was der Einbildungskraft Anlaß giebt, sich über eine Menge von verwandten Vorstellungen zu verbreiten, die mehr denken lassen, als man in einem durch Worte bestimmten Begrif ausdrücken kann; und geben eine ästhetische Idee, die jener Vernunftidee statt logischer Darstellung dient, eigentlich aber um das Gemüth zu beleben, indem sie ihm die Aussicht in ein unabsehliches Feld verwandter Vorstellungen eröfnet. Die schöne Kunst aber thut dieses nicht allein in der Malerey oder Bildhauerkunst (wo der Namen der Attribute gewöhnlich gebraucht wird); sondern die Dichtkunst und Beredsamkeit nehmen den Geist, der ihre Werke belebt, auch lediglich von den ästhetischen Attributen der

Gegenstände her, welche den logischen zur Seite gehen, und der Einbildungskraft einen Schwung geben, mehr dabey, obzwar auf unentwickelte Art, zu denken, als sich in einem Begriffe, mithin in einem bestimmten Sprachausdrucke, zusammenfassen läßt. — Ich muß mich der Kürze wegen nur auf wenige Beyspiele einschränken.

Wenn der große König sich in einem seiner Gedichte so ausdrückt: „Laßt uns aus dem Leben ohne Murren weichen und ohne etwas zu bedauern, indem wir die Welt noch alsdann mit Wohlthaten überhäuft zurücklassen. So verbreitet die Sonne, nachdem sie ihren Tageslauf vollendet hat, noch ein mildes Licht am Himmel; und die letzten Strahlen, die sie in die Lüfte schickt, sind ihre letzten Seufzer für das Wohl der Welt;" so belebt er seine Vernunftidee, von weltbürgerlicher Gesinnung noch am Ende des Lebens, durch ein Attribut, welches die Einbildungskraft (in der Erinnerung an alle Annehmlichkeiten eines vollbrachten schönen Sommertages, die uns ein heiterer Abend ins Gemüth ruft) jener Vorstellung beygesellt, und welches eine Menge von Empfindungen und Nebenvorstellungen rege macht, für die sich kein Ausdruck findet. Andererseits kann sogar ein intellectueller Begrif umgekehrt zum Attribut einer Vorstellung der Sinne dienen, und so diese letztere durch die Idee des übersinnlichen beleben; aber nur, indem das Ästhetische, welches dem Bewußtseyn des letztern subjectiv anhänglich ist, hiezu gebraucht wird. So sagt z. B. ein gewisser Dichter in der Beschreibung eines schönen Morgens: „Die Sonne quoll hervor, wie Ruh' aus Tugend quillt." Das Bewußtseyn der Tugend, wenn man sich auch nur in Gedanken in die Stelle eines Tugendhaften versetzt, verbreitet im Gemüthe eine Menge erhabener und beruhigender Gefühle, und eine gränzenlose Aussicht in eine frohe Zukunft, die kein Ausdruck, welcher einem bestimmten Begriffe angemessen ist, völlig erreicht *).

Mit einem Worte, die ästhetische Idee ist eine einem gegebenen Begriffe beygesellte Vorstellung der Einbildungskraft, welche mit einer solchen Mannichfaltigkeit von Theilvorstellungen in dem freyen Gebrauche derselben verbunden ist, daß für sie kein Ausdruck, der einen bestimmten Begrif bezeichnet, gefunden werden kann, die also zu einem Begriffe viel Unnennbares hinzu denken läßt, dessen Gefühl die Erkenntnißvermögen belebt, und mit der Sprache, als bloßem Buchstaben, Geist verbindet.

*) Vielleicht ist nie etwas Erhabneres gesagt, oder ein Gedanke erhabener ausgedrückt worden, als in jener Aufschrift über dem Tempel der Isis (der Mutter Natur): „Ich bin alles was da ist, was da war, und was da seyn wird, und meinen Schleyer hat kein Sterblicher aufgedeckt." Segner benutzte diese Idee, durch eine sinnreiche seiner Naturlehre vorgesetzte Vignette, um seinen Lehrling, den er in diesen Tempel zu führen bereit war, vorher mit dem heiligen Schauer zu erfüllen, der das Gemüth zu feierlicher Aufmerksamkeit stimmen soll.

Die Gemüthskräfte also, deren Vereinigung (in gewissem Verhältnisse) das Genie ausmachen, sind Einbildungskraft und Verstand. Nur, da im Gebrauch der Einbildungskraft zum Erkenntnisse, die erstere unter dem Zwange des Verstandes steht, und der Beschränkung unterworfen ist, dem Begriffe desselben angemessen zu seyn; in ästhetischer Absicht sie hingegen frey ist, um noch über jene Einstimmung zum Begriffe, doch ungesucht, reichhaltigen unentwikkelten Stof für den Verstand, worauf dieser in seinem Begriffe nicht Rücksicht nahm, zu liefern, welchen dieser aber, nicht sowohl objectiv zum Erkenntnisse, als subjectiv zur Belebung der Erkenntnißkräfte, indirect also doch auch zu Erkenntnissen, anwendet: so besteht das Genie eigentlich in dem glücklichen Verhältnisse, welches keine Wissenschaft lehren und kein Fleiß erlernen kann, zu einem gegebenen Begriffe Ideen aufzufinden, und andrerseits zu diesen den Ausdruck zu treffen, durch den die dadurch bewirkte subjective Gemüthsstimmung, als Begleitung eines Begrifs, andern mitgetheilt werden kann. Das letztere Talent ist eigentlich dasjenige, was man Geist nennt; denn das Unnennbare in dem Gemüthszustande bey einer gewissen Vorstellung auszudrükken und allgemein mittheilbar zu machen, der Ausdruck mag nun in Sprache, oder Malerey, oder Plastik bestehen: dies erfordert ein Vermögen, das schnell vorübergehende Spiel der Einbildungskraft aufzufassen, und in einen Begrif (der eben darum original ist, und zugleich eine neue Regel eröfnet, die aus keinen vorhergehenden Principien oder Beyspielen hat gefolgert werden können) zu vereinigen, der sich ohne Zwang der Regeln mittheilen läßt.

* * *

Wenn wir nach diesen Zergliederungen auf die oben gegebene Erklärung dessen, was man Genie nennt, zurücksehen, so finden wir: erstlich, daß es ein Talent zur Kunst sey, nicht zur Wissenschaft, in welcher deutlich gekannte Regeln vorangehen und das Verfahren in derselben bestimmen müssen; zweytens, daß es, als Kunsttalent, einen bestimmten Begrif von dem Producte, als Zweck, mithin Verstand, aber auch eine (wenn gleich unbestimmte) Vorstellung von dem Stof, d. i. der Anschauung, zur Darstellung dieses Begrifs, mithin ein Verhältniß der Einbildungskraft zum Verstande voraussetze; daß es sich drittens nicht sowohl in der Ausführung des vorgesetzten Zwecks in Darstellung eines bestimmten Begrifs, als vielmehr im Vortrage, oder dem Ausdrucke ästhetischer Ideen, welche zu jener Absicht reichen Stof enthalten, zeige, mithin die Einbildungskraft, in ihrer Freyheit von aller Anleitung der Regeln, dennoch als zweckmäßig zur Darstellung des gegebenen Begrifs vorstellig mache; daß endlich viertens die ungesuchte unabsichtliche subjective Zweckmäßigteit in der freyen Übereinstimmung der Einbildungskraft zur Gesetzlichkeit des Verstandes eine solche **Proportion** und Stimmung dieser Vermögen, voraus**setze**, als keine Befolgung von Regeln, es sey der **Wissenschaft** oder mechanischen Nachahmung, bewirken, sondern **bloß** die Natur des Subjects hervorbringen kann.

Nach diesen Voraussetzungen ist Genie: die **musterhafte Originalität** der Naturgabe eines Subjects **im freyen Gebrauche seiner Erkenntnißvermögen**. Auf solche Weise ist das Product eines Genie's (nach demjenigen, was in demselben dem Genie, nicht der möglichen Erlernung oder der Schule, zuzuschreiben ist) ein Beyspiel nicht der Nachahmung (denn da würde das, was daran Genie ist und den Geist des Werks ausmacht, verloren gehen), sondern der Nachfolge für ein anderes Genie, welches dadurch zum Gefühl seiner eigenen Originalität aufgeweckt wird, Zwangsfreyheit von Regeln so in der Kunst auszuüben, daß diese dadurch selbst eine neue Regel bekommt, wodurch das Talent sich als musterhaft zeigt. Weil aber das Genie ein Günstling der Natur ist, dergleichen man nur als seltene Erscheinung anzusehen hat; so bringt sein Beyspiel für andere gute Köpfe eine Schule hervor, d. i. eine methodische Unterweisung nach Regeln, soweit man sie aus jenen Geistesproducten und ihrer Eigenthümlichkeit hat ziehen können: und für diese ist die schöne Kunst sofern Nachahmung, der die Natur durch ein Genie die Regel gab.

Aber diese Nachahmung wird Nachäffung, wenn der Schüler alles nachmacht, bis auf das, was das Genie als Mißgestalt nur hat zulassen müssen, weil es sich, ohne die Idee zu schwächen, nicht wohl wegschaffen ließ. Dieser Muth ist an einem Genie allein Verdienst; und eine gewisse Kühnheit im Ausdrucke und überhaupt manche Abweichung von der gemeinen Regel steht demselben wohl an, ist aber keinesweges nachahmungswürdig, sondern bleibt immer an sich ein Fehler, den man wegzuschaffen suchen muß, für welchen aber das Genie gleichsam privilegirt ist, da das Unnachahmliche seines Geistesschwunges durch ängstliche Behutsamkeit leiden würde. Das Manieriren ist eine andere Art von Nachäffung, nehmlich der bloßen Eigenthümlichkeit (Originalität) überhaupt, um sich ja von Nachahmern so weit als möglich zu entfernen, ohne doch das Talent zu besitzen, dabey zugleich musterhaft zu seyn. — Zwar giebt es zweyerley Art (modus) überhaupt der Zusammenstellung seiner Gedanken des Vortrages, deren die eine Manier (modus aestheticus), die andere Methode (modus logicus) heißt, die sich darin von einander unterscheiden: daß die erstere kein anderes Richtmaaß hat, als das Gefühl der Einheit in der Darstellung, die andere aber hierin bestimmte Principien befolgt; für die schöne Kunst gilt also nur die erstere. Allein manierirt heißt ein Kunstproduct nur alsdann, wenn der Vortrag seiner Idee in demselben auf die Sonderbarkeit angelegt und nicht der Idee angemeſſen gemacht wird. Das Prangende (Preciöſe), das Geſchrobene und Affectirte, um ſich nur vom Gemeinen (aber ohne Geiſt) zu unterſcheiden, ſind dem Benehmen desjenigen ähnlich, von dem man ſagt, daß er ſich ſprechen höre, oder welcher ſteht und geht, als ob er auf einer Bühne wäre um angegafft zu werden, welches jederzeit einen Stümper verräth.

§. 50.
Von der Verbindung des Geſchmacks mit Genie in Producten der ſchönen Kunſt.

Wenn die Frage iſt, woran in Sachen der ſchönen Kunſt mehr gelegen ſey, ob daran, daß ſich an ihnen Genie, oder ob daß ſich Geſchmack zeige, ſo iſt das eben ſo viel als wenn gefragt würde, ob es darin mehr auf Einbildung, als auf Urtheilskraft ankomme. Da nun eine Kunſt in Anſehung des erſteren eher eine geiſtreiche, in Anſehung des zweyten aber allein eine ſchöne Kunſt genannt zu werden verdient; ſo iſt das letztere wenigſtens als unumgängliche Bedingung (conditio sine qua non) das vornehmſte, worauf man in Beurtheilung der Kunſt als ſchöne Kunſt zu ſehen hat. Zum Behuf der Schönheit bedarf es nicht ſo nothwendig, reich und original an Ideen zu ſeyn, als vielmehr der Angemeſſenheit jener Einbildungskraft in ihrer Freyheit zu der Geſetzmäßigkeit des Verſtandes. Denn aller Reichthum der ersteren bringt in ihrer gesetzlosen Freyheit nichts als Unsinn hervor; die Urtheilskraft ist hingegen das Vermögen, sie dem Verstande anzupassen.

Der Geschmack ist, so wie die Urtheilskraft überhaupt, die Disciplin (oder Zucht) des Genie's, beschneidet diesem sehr die Flügel und macht es gesittet oder geschliffen; zugleich aber giebt er diesem eine Leitung, worüber und bis wie weit es sich verbreiten soll, um zweckmäßig zu bleiben; und, indem er Klarheit und Ordnung in die Gedankenfülle hineinbringt, macht er die Ideen haltbar, eines daurenden zugleich auch allgemeinen Beyfalls, der Nachfolge anderer, und einer immer fortschreitenden Cultur, fähig. Wenn also im Widerstreite beiderley Eigenschaften an einem Producte etwas aufgeopfert werden soll, so müßte es eher auf der Seite des Genie's geschehen; und die Urtheilskraft, welche in Sachen der schönen Kunst aus eigenen Principien den Ausspruch thut, wird eher der Freyheit und dem Reichthum der Einbildungskraft, als dem Verstande Abbruch zu thun, erlauben.

Zur schönen Kunst würden also Einbildungskraft, Verstand, Geist, und Geschmack erforderlich seyn *).

---

*) Die drey ersteren Vermögen bekommen durch das vierte allererst ihre Vereinigung. Hume giebt in seiner Geschichte den Engländern zu verstehen, daß, obzwar sie in ihren Werken keinem Volk in der Welt in Ansehung der

§. 51.

Von der Eintheilung der schönen Künste.

Man kann überhaupt Schönheit (sie mag Natur- oder Kunstschönheit seyn) beh **Ausdruck** ästhetischer Ideen nennen: nur daß in der schönen Kunst diese Idee durch einen Begrif vom Object veranlaßt werden muß; in der schönen Natur aber die bloße Reflexion über eine gegebene Anschauung, ohne Begrif von dem was der Gegenstand seyn soll, zu Erweckung und Mittheilung der Idee, von welcher jenes Object als der **Ausdruck** betrachtet wird, hinreichend ist.

Wenn wir also die schönen Künste eintheilen wollen: so können wir, wenigstens zum Versuche, kein bequemeres Princip dazu wählen, als die Analogie der Kunst mit der Art des Ausdrucks, dessen sich Menschen im Sprechen bedienen, um sich, so vollkommen als möglich ist, einander, d. i. nicht bloß ihren Begriffen, sondern auch Empfindungen nach, mitzutheilen *). — Dieser besteht in dem **Worte**, der **Gebehrdung**, und dem

---

Beweisthümer der drey ersteren Eigenschaften, abgesondert betrachtet, etwas nachgäben; sie doch in der, welche sie vereinigt, ihren Nachbaren, den Franzosen, nachstehen müßten.

*) Der Leser wird diesen Entwurf zu einer möglichen Eintheilung der schönen Künste nicht als beabsichtigte Theorie beurtheilen. Es ist nur einer von den mancherley Versuchen, die man noch anstellen kann und soll.

Tone (Articulation, Gesticulation, und Modulation). Nur die Verbindung dieser drey Arten des Ausdrucks macht die vollständige Mittheilung des Sprechenden aus. Denn Gedanke, Anschauung, und Empfindung werden dadurch zugleich und vereinigt auf den andern übergetragen.

Es giebt also nur dreyerley Arten schöner Künste: die redende, die bildende, und die Kunst des Spiels der Empfindungen (als äußerer Sinneneindrücke). Man könnte diese Eintheilung auch dichotomisch einrichten, so daß die schöne Kunst in die des Ausdrucks der Gedanken, oder der Anschauungen; und diese wiederum bloß nach ihrer Form, oder ihrer Materie (der Empfindung), eingetheilt würde. Allein sie würde alsdann zu abstract und den gemeinen Begriffen nicht so angemessen aussehen.

1) Die redenden Künste sind Beredsamkeit und Dichtkunst. Beredsamkeit ist die Kunst, ein Geschäft des Verstandes als ein freyes Spiel der Einbildungskraft zu betreiben; Dichtkunst, ein freyes Spiel der Einbildungskraft als ein Geschäft des Verstandes auszuführen.

Der Redner also kündigt ein Geschäft an, und führt es so aus, als ob es bloß ein Spiel mit Ideen sey, um die Zuschauer zu unterhalten. Der Dichter kündigt bloß ein unterhaltendes Spiel mit Ideen an, und es kommt doch so viel für den Verstand heraus, als ob er bloß dessen Geschäft zu treiben die Absicht gehabt hätte. Die Verbindung und Harmonie beider Erkenntnißvermögen, der Sinnlichkeit und des Verstandes, die einander zwar nicht entbehren können, aber doch auch ohne Zwang und wechselseitigen Abbruch sich nicht wohl vereinigen lassen, muß unabsichtlich zu seyn, und sich von selbst so zu fügen scheinen; sonst ist es nicht schöne Kunst. Daher alles Gesuchte und Peinliche darin vermieden werden muß; denn schöne Kunst muß in doppelter Bedeutung freye Kunst seyn: sowohl daß sie nicht als Lohngeschäft, eine Arbeit sey, deren Größe sich nach einem bestimmten Maaßstabe beurtheilen, erzwingen oder bezahlen läßt; sondern auch, daß das Gemüth sich zwar beschäftigt, aber dabey doch, ohne auf einen andern Zweck hinauszusehen, (unabhängig vom Lohne) befriedigt und erweckt fühlt.

Der Redner giebt also zwar etwas, was er nicht verspricht, nehmlich ein unterhaltendes Spiel der Einbildungskraft; aber er bricht auch dem etwas ab, was er verspricht, und was doch sein angekündigtes Geschäft ist, nehmlich den Verstand zweckmäßig zu beschäftigen. Der Dichter dagegen verspricht wenig und kündigt ein bloßes Spiel mit Ideen an, leistet aber etwas, das eines Geschäftes würdig ist, nehmlich dem Verstande spielend Nahrung zu verschaffen, und seinen Begriffen durch Einbildungskraft Leben zu geben: mithin Jener im Grunde weniger, Dieser mehr, als er verspricht.

2) Die **bildenden Künste**, oder die des Ausdrucks für Ideen in der **Sinnenanschauung** (nicht durch Vorstellungen der bloßen Einbildungskraft, die durch Worte aufgeregt werden) sind entweder die der **Sinnenwahrheit** oder des **Sinnenscheins**. Die erste heißt die **Plastik**, die zweyte die **Malerey**. Beide machen Gestalten im Raume zum Ausdrucke für Ideen; jene macht Gestalten für zwey Sinne kennbar, dem Gesichte und Gefühl (obzwar dem letzteren nicht in Absicht auf Schönheit), diese nur für den erstern. Die ästhetische Idee (Archetypon, Urbild) liegt zu beiden in der Einbildungskraft zum Grunde; die Gestalt aber, welche den Ausdruck derselben ausmacht, (Ectypon, Nachbild) wird entweder in ihrer körperlichen Ausdehnung (wie der Gegenstand selbst existirt), oder nach der Art wie diese sich im Auge malt (nach ihrer Apparenz in einer Fläche) gegeben; oder, wenn auch das erstere ist, entweder die Beziehung auf einen wirklichen Zweck, oder nur der Anschein desselben, der Reflexion zur Bedingung gemacht.

Zur **Plastik**, als der ersten Art schöner bildender Künste, gehört die **Bildhauerkunst** und **Baukunst**. Die erste ist diejenige, welche Begriffe von Dingen, so wie sie in der Natur existiren könnten, körperlich darstellt (doch als schöne Kunst mit Rücksicht auf ästhetische Zweckmäßigkeit); die zweyte ist die Kunst, Begriffe von Dingen, die **nur durch Kunst** möglich sind, und deren Form nicht die Natur, sondern einen **willkür**lichen Zweck zum Bestimmungsgrunde hat, zu dieser Absicht, doch auch zugleich ästhetisch-zweckmäßig, darzustellen. Bey der letzteren ist ein gewisser **Gebrauch** des künstlichen Gegenstandes die Hauptsache, worauf als Bedingung, die ästhetischen Ideen eingeschränkt werden. Bey der ersteren ist der bloße **Ausdruck** ästhetischer Ideen die Hauptabsicht. So sind Bildsäulen von Menschen, Göttern, Thieren u. d. gl. zu der erstern Art; aber Tempel, oder Prachtgebäude zum Behuf öffentlicher Versammlungen, oder auch Wohnungen, Ehrenbogen, Säulen, Cenotaphien u. d. gl. zum Ehrengedächtniß errichtet, zur Baukunst gehörig. Ja alles Hausgeräthe (die Arbeit des Tischlers u. d. gl. Dinge zum Gebrauche) können dazu gezählt werden: weil die Angemessenheit des Products zu einem gewissen Gebrauche das Wesentliche eines **Bauwerks** ausmacht; wogegen ein bloßes **Bildwerk**, das lediglich zum Anschauen gemacht ist und für sich selbst gefallen soll, als körperliche Darstellung bloße Nachahmung der Natur ist, doch mit Rücksicht auf ästhetische Ideen: wobey denn die **Sinnenwahrheit** nicht so weit gehen darf, daß es aufhöre als Kunst und Product der Willkür zu erscheinen.

Die **Malerkunst**, als die zweyte Art bildender Künste, welche den **Sinnenschein** künstlich mit Ideen verbunden darstellt, würde ich in die der schönen **Schilderung** der Natur, und in die der schönen **Zusam**menstel-

menstellung ihrer Producte eintheilen. Die erste wäre die eigentliche Malerey, die zweyte die Lustgärtnerey. Denn die erste giebt nur den Schein der körperlichen Ausdehnung; die zweyte zwar diese nach der Wahrheit, aber nur den Schein von Benutzung und Gebrauch zu anderen Zwecken, als bloß für das Spiel der Einbildung in Beschauung ihrer Formen *). Die letztere ist nichts anders, als die Schmückung des Bodens mit derselben Mannichfaltigkeit, (Gräsern, Blumen, Sträuchen und Bäumen, selbst Gewässern, Hügeln und Thälern), womit ihn die Natur dem Anschauen darstellt, nur anders und angemessen gewissen Ideen, zu

*) Daß die Lustgärtnerey als eine Art von Malerkunst betrachtet werden könne, ob sie zwar ihre Formen körperlich darstellt, scheint befremdlich; da sie aber ihre Formen wirklich aus der Natur nimmt (die Bäume, Gesträuche, Gräser und Blumen aus Wald und Feld, wenigstens uranfänglich), und sofern nicht, etwa wie die Plastik, Kunst ist, auch keinen Begrif von dem Gegenstande und seinem Zwecke (wie etwa die Baukunst) zur Bedingung ihrer Zusammenstellung hat, sondern bloß das freye Spiel der Einbildungskraft in der Beschauung: so kommt sie mit der bloß ästhetischen Malerey, die kein bestimmtes Thema hat (Luft, Land und Wasser durch Licht und Schatten unterhaltend zusammen stellt), sofern überein. — Überhaupt wird der Leser dieses nur als einen Versuch, von der Verbindung der schönen Künste unter einem Princip, welches diesmal das des Ausdrucks ästhetischer Ideen (nach der Anlage einer Sprache) seyn soll, beurtheilen, und nicht als für entschieden gehaltene Ableitung derselben ansehen.

sammengestellt. Die schöne Zusammenstellung aber körperlicher Dinge ist auch nur für das Auge gegeben, wie die Malerey; der Sinn des Gefühls kann keine anschauliche Vorstellung von einer solchen Form verschaffen. Zu der Malerey im weiten Sinne würde ich noch die Verzierung der Zimmer durch Tapeten, Aufsätze und alles schöne Amöblement, welches bloß zur Ansicht dient, zählen; imgleichen die Kunst der Kleidung nach Geschmack (Ringe, Dosen, u. s. w.). Denn ein Parterre von allerley Blumen, ein Zimmer mit allerley Zierrathen (selbst den Putz der Damen darunter begriffen), machen an einem Prachtfeste eine Art von Gemälde aus, welches, so wie die eigentlich sogenannten, (die nicht etwa Geschichte, oder Naturkenntniß zu lehren die Absicht haben) bloß zum Ansehen da ist, um die Einbildungskraft im freyen Spiele mit Ideen zu unterhalten, und ohne bestimmten Zweck die ästhetische Urtheilskraft zu beschäftigen. Das Machwerk an allem diesem Schmucke mag immer, mechanisch, sehr unterschieden seyn, und ganz verschiedene Künstler erfordern; das Geschmacksurtheil ist doch über das, was in dieser Kunst schön ist, sofern auf einerley Art bestimmt: nehmlich nur die Formen (ohne Rücksicht auf einen Zweck) so, wie sie sich dem Auge darbieten, einzeln oder in ihrer Zusammensetzung, nach der Wirkung die sie auf die Einbildungskraft thun, zu beurtheilen. — Wie aber bildende Kunst zur Gebehrdung in einer Sprache (der Analogie nach gezählt werden könne, wird dadurch gerechtfertigt, daß der Geist des Künstlers durch diese Gestalten von dem, was und wie er gedacht hat, einen körperlichen Ausdruck giebt, und die Sache selbst gleichsam mimisch sprechen macht: ein sehr gewöhnliches Spiel unserer Phantasie, welche leblosen Dingen, ihrer Form gemäß, einen Geist unterlegt, der aus ihnen spricht.

3) Die Kunst des **schönen Spiels der Empfindungen** (die von außen erzeugt werden), und das sich gleichwohl doch muß allgemein mittheilen lassen, kann nichts anders, als die Proportion der verschiedenen Grade der Stimmung (Spannung) des Sinns, dem die Empfindung angehört, d. i. den Ton desselben, betreffen; und in dieser weitläuftigen Bedeutung des Worts kann sie in das künstliche Spiel der Empfindungen des Gehörs und der des Gesichts, mithin in Musik und Farbenkunst, eingetheilt werden. — Es ist merkwürdig: daß diese zwey Sinne, außer der Empfänglichkeit für Eindrücke, so viel davon erforderlich ist, um von äußern Gegenständen, vermittelst ihrer, Begriffe zu bekommen, noch einer besondern damit verbundenen Empfindung fähig sind, von welcher man nicht recht ausmachen kann, ob sie den Sinn, oder die Reflexion zum Grunde habe; und daß diese Affectibilität doch bisweilen mangeln kann, obgleich der Sinn übrigens, was seinen Gebrauch zum Erkenntniß der Objecte betrift, gar nicht mangelhaft, sondern wohl gar vorzüg-

lich sein ist. Das heißt, man kann nicht mit Gewißheit sagen: ob eine Farbe oder ein Ton (Klang) bloß angenehme Empfindungen, oder an sich schon ein schönes Spiel von Empfindungen seyen, und als ein solches ein Wohlgefallen an der Form in der ästhetischen Beurtheilung bey sich führen. Wenn man die Schnelligkeit der Licht-, oder in der zweyten Art, der Luftbebungen, die alles unser Vermögen, die Proportion der Zeiteintheilung durch dieselbe unmittelbar bey der Wahrnehmung zu beurtheilen, wahrscheinlicherweise bey weitem übertrift, bedenkt; so sollte man glauben, nur die Wirkung dieser Zitterungen auf die elastischen Theile unsers Körpers werde empfunden, die Zeiteintheilung durch dieselbe aber nicht bemerkt und in Beurtheilung gezogen, mithin mit Farben und Tönen nur Annehmlichkeit, nicht Schönheit ihrer Composition, verbunden. Bedenkt man aber dagegen erstlich das Mathematische, welches sich über die Proportion dieser Schwingungen in der Musik und ihre Beurtheilung sagen läßt, und beurtheilt die Farbenabstechung, wie billig, nach der Analogie mit der letztern; zieht man zweytens die, obzwar seltenen, Beyspiele von Menschen, die mit dem besten Gesichte von der Welt nicht haben Farben, und mit dem schärfsten Gehöre nicht Töne unterscheiden können, zu Rath, imgleichen für die, welche dieses können, die Wahrnehmung einer veränderten Qualität (nicht bloß des Grades der Empfindung) bey den verschiedenen Anspannungen

Critik der ästhetischen Urtheilskraft. 213

auf der Farben- oder Tonleiter, ferner daß die Zahl derselben für *begreifliche* Unterschiede bestimmt ist: so möchte man sich genöthigt sehen, die Empfindungen von beiden nicht als bloßen Sinneneindruck, sondern als die Wirkung einer Beurtheilung der Form im Spiele vieler Empfindungen anzusehen. Der Unterschied, den die eine oder die andere Meynung in der Beurtheilung des Grundes der Musik giebt, würde aber nur die Definition dahin verändern, daß man sie entweder, wie wir gethan haben, für das *schöne Spiel der Empfindungen* (durch das Gehör), oder *angenehmer* Empfindungen, erklärte. Nur nach der erstern Erklärungsart wird Musik gänzlich als *schöne*, nach der zweyten aber als *angenehme* Kunst (wenigstens zum Theil) vorgestellt werden.

§. 52.
Von der Verbindung der schönen Künste in einem und demselben Producte.

Die Beredsamkeit kann mit einer malerischen Darstellung, ihrer Subjecte sowohl, als Gegenstände, in einem *Schauspiele*; die Poesie mit Musik, im *Gesange*; dieser aber zugleich mit malerischer (theatralischer) Darstellung, in einer *Oper*; das Spiel der Empfindungen in einer Musik mit dem Spiele der Gestalten, im *Tanz* u. s. w. verbunden werden. Auch kann die Darstellung des Erhabenen, sofern sie zur schönen Kunst gehört, in einem gereimten *Trauerspiele*, einem

Lehrgedichte, einem Oratorium sich mit der Schön=
heit vereinigen; und in diesen Verbindungen ist die schöne
Kunst noch künstlicher; ob aber auch schöner (da sich so
mannichfaltige verschiedene Arten des Wohlgefallens ein=
ander durchkreuzen), kann in einigen dieser Fälle bezwei=
felt werden. Doch in aller schönen Kunst besteht das
Wesentliche in der Form, welche für die Beobachtung
und Beurtheilung zweckmäßig ist, wo die Lust zugleich
Cultur ist und den Geist zu Ideen stimmt, mithin ihn
mehrerer solcher Lust und Unterhaltung empfänglich
macht; nicht in der Materie der Empfindung (bem Reize
oder der Rührung), wo es bloß auf Genuß angelegt ist,
welcher nichts in der Idee zurückläßt, den Geist stumpf,
den Gegenstand nach und nach anekelnd, und das Ge=
müth, durch das Bewußtseyn seiner im Urtheile der
Vernunft zweckwidrigen Stimmung, mit sich selbst un=
zufrieden und launisch macht.

 Wenn die schönen Künste nicht, nahe oder fern, mit
moralischen Ideen in Verbindung gebracht werden, die
allein ein selbstständiges Wohlgefallen bey sich führen, so
ist das letztere ihr endliches Schicksal. Sie dienen als=
dann nur zur Zerstreuung, deren man immer desto mehr
bedürftig wird, als man sich ihrer bedient, um die Unzu=
friedenheit des Gemüths mit sich selbst dadurch zu ver=
treiben, daß man sich immer noch unnützlicher und mit
sich selbst unzufriedener macht. Überhaupt sind die
Schönheiten der Natur zu der ersteren Absicht am zu=

träglichsten, wenn man früh dazu gewöhnt wird, sie zu beobachten, zu beurtheilen, und zu bewundern.

§. 53.
Vergleichung des ästhetischen Werths der schönen Künste untereinander.

Unter allen behauptet die **Dichtkunst** (die fast gänzlich dem Genie ihren Ursprung verdankt, und am wenigsten durch Vorschrift, oder durch Beyspiele geleitet seyn will) den obersten Rang. Sie erweitert das Gemüth dadurch, daß sie die Einbildungskraft in Freyheit setzt, und innerhalb den Schranken eines gegebenen Begrifs, unter der unbegränzten Mannichfaltigkeit möglicher damit zusammenstimmender Formen, diejenige darbietet, welche die Darstellung desselben mit einer Gedankenfülle verknüpft, der kein Sprachausdruck völlig adäquat ist, und sich also ästhetisch zu Ideen erhebt. Sie stärkt das Gemüth, indem sie es sein freyes, selbstthätiges und von der Naturbestimmung unabhängiges Vermögen fühlen läßt, die Natur, als Erscheinung, nach Ansichten zu betrachten und zu beurtheilen, die sie nicht von selbst, weder für den Sinn noch den Verstand in der Erfahrung darbietet, und sie also zum Behuf und gleichsam zum Schema des Übersinnlichen zu gebrauchen. Sie spielt mit dem Schein, den sie nach Belieben bewirkt, ohne doch dadurch zu betrügen; denn sie erklärt ihre Beschäftigung selbst für bloßes Spiel, welches gleichwohl vom Verstande und zu dessen Geschäfte *zweckmäßig* gebraucht werden kann. — Die Beredsamkeit, sofern darunter die Kunst zu überreden, d. i. durch den schönen Schein zu hintergehen (als ars oratoria), und nicht bloße Wohlredenheit (Eloquenz und Stil) verstanden wird, ist eine Dialectik, die von der Dichtkunst nur so viel entlehnt, als nöthig ist, die Gemüther, vor der Beurtheilung, für den Redner zu dessen Vortheil zu gewinnen, und dieser die Freyheit zu benehmen; kann also weder für die Gerichtsschranken, noch für die Kanzeln angerathen werden. Denn wenn es um bürgerliche Gesetze, um das Recht einzelner Personen, oder um dauerhafte Belehrung und Bestimmung der Gemüther zur richtigen Kenntniß und gewissenhaften Beobachtung ihrer Pflicht, zu thun ist: so ist es unter der Würde eines so wichtigen Geschäftes, auch nur eine Spur von Üppigkeit des Witzes und der Einbildungskraft, noch mehr aber von der Kunst zu überreden und zu irgend jemandes Vortheil einzunehmen, blicken zu lassen. Denn, wenn sie gleich bisweilen zu an sich rechtmäßigen und lobenswürdigen Absichten angewandt werden kann, so wird sie doch dadurch verwerflich, daß auf diese Art die Maximen und Gesinnungen subjectiv verderbt werden, wenn gleich die That objectiv gesetzmäßig ist: indem es nicht genug ist, das, was Recht ist, zu thun, sondern es auch aus dem Grunde allein, weil es Recht ist, auszuüben. Auch hat der bloße deutliche Begrif dieser Arten von menschlicher Angelegenheit, mit einer lebhaften Darstellung in Beyspielen verbunden, und ohne Verstoß wider die Regeln des Wohllauts der Sprache, oder der Wohlanständigkeit des Ausdrucks, für Ideen der Vernunft (welches zusammen die Wohlredenheit ausmacht) schon an sich hinreichenden Einfluß auf menschliche Gemüther, als daß es nöthig wäre noch die Maschinen der Überredung hiebey anzulegen; welche, da sie eben sowohl auch zur Beschönigung oder Verdeckung des Lasters und Irrthums gebraucht werden können, den geheimen Verdacht wegen einer künstlichen Überlistung nicht ganz vertilgen können. In der Dichtkunst geht alles ehrlich und aufrichtig zu. Sie erklärt sich: ein bloßes unterhaltendes Spiel mit der Einbildungskraft, und zwar der Form nach, einstimmig mit Verstandesgesetzen treiben zu wollen; und verlangt nicht den Verstand durch sinnliche Darstellung zu überschleichen und zu verstricken *).

*) Ich muß gestehen: daß ein schönes Gedicht mir immer ein reines Vergnügen gemacht hat, anstatt daß die Lesung der besten Rede eines römischen Volks- oder jetzigen Parlaments, oder Kanzelredners jederzeit mit dem unangenehmen Gefühl der Mißbilligung einer hinterlistigen Kunst vermengt war, welche die Menschen als Maschinen in wichtigen Dingen zu einem Urtheile zu bewegen versteht, das im ruhigen Nachdenken alles Gewicht bey ihnen verlieren muß. Beredtheit und Wohlredenheit (zusammen Rhetorik) gehören zur schönen Kunst; aber Rednerkunst (ars oratoria) ist, als Kunst sich der Schwächen der Menschen zu seinen Absichten zu bedienen (diese mögen immer so gut gemeynt,

Nach der Dichtkunſt würde ich, wenn es um Reiz und Bewegung des Gemüths zu thun iſt, diejenige, welche ihr unter den redenden am nächſten kommt und ſich damit auch ſehr natürlich vereinigen läßt, nämlich die Tonkunſt, ſetzen. Denn, ob ſie zwar durch lauter Empfindungen ohne Begriffe ſpricht, mithin nicht, wie die Poeſie, etwas zum Nachdenken übrig bleiben läßt, ſo bewegt ſie doch das Gemüth mannichfaltiger, und, obgleich bloß vorübergehend, doch inniglicher; iſt aber freylich mehr Genuß als Cultur (das Gedankenſpiel, welches nebenbey dadurch erregt wird, iſt bloß die Wirkung einer gleichſam mechaniſchen Aſſociation); und hat, durch Vernunft beurtheilt, weniger Werth, als jede andere der ſchönen Künſte. Daher verlangt ſie, wie jeder Genuß, öftern Wechſel, und hält die mehrmalige Wiederhölung nicht aus, ohne Überdruß zu erzeugen. Der Reiz derſelben, der ſich ſo allge-

oder auch wirklich gut ſeyn, als ſie wollen), gar keiner Achtung würdig. Auch erhob ſie ſich nur, ſowohl in Athen als in Rom, zur höchſten Stufe zu einer Zeit, da der Staat ſeinem Verderben zueilte und wahre patriotiſche Denkungsart erloſchen war. Wer, bey klarer Einſicht in Sachen, die Sprache nach deren Reichthum und Reinigkeit in ſeiner Gewalt hat, und, bey einer fruchtbaren zur Darſtellung ſeiner Ideen tüchtigen Einbildungskraft, lebhaften Herzens, antheil am wahren Guten nimmt, iſt der vir bonus dicendi peritus, der Redner ohne Kunſt, aber voll Nachdruck, wie ihn Cicero haben will, ohne doch dieſem Ideal ſelbſt immer treu geblieben zu ſeyn.

mein mittheilen läßt, scheint darauf zu beruhen: daß jeder Ausdruck der Sprache im Zusammenhange einen Ton hat, der dem Sinne deſſelben angemeſſen iſt; daß dieſer Ton mehr oder weniger einen Affect des Sprechenden bezeichnet und gegenſeitig auch im Hörenden hervorbringt, der denn in dieſem umgekehrt auch die Idee erregt, die in der Sprache mit ſolchem Tone ausgedrückt wird; und daß, ſo wie die Modulation gleichſam eine allgemeine jedem Menſchen verſtändliche Sprache der Empfindungen iſt, die Tonkunſt dieſe für ſich allein in ihrem ganzen Nachdrucke, nehmlich als Sprache der Affecten ausübt, und ſo, nach dem Geſetze der Aſſociation, die damit natürlicher Weiſe verbundenen äſthetiſchen Ideen allgemein mittheilet; daß aber, weil jene äſthetiſchen Ideen keine Begriffe und beſtimmte Gedanken ſind, die Form der Zuſammenſetzung dieſer Empfindungen (Harmonie und Melodie) nur, ſtatt der Form einer Sprache, dazu dienet, vermittelſt einer proportionirten Stimmung derſelben (welche, weil ſie bey Tönen auf dem Verhältniß der Zahl der Luftbebungen in derſelben Zeit, ſofern die Töne zugleich oder auch nach einander verbunden werden, beruht, mathematiſch unter gewiſſe Regeln gebracht werden kann), die äſthetiſche Idee eines zuſammenhangenden Ganzen einer unnennbaren Gedankenfülle, einem gewiſſen Thema gemäß, welches den in dem Stücke herrſchenden Affect ausmacht, auszudrücken. An dieſer mathematiſchen Form, obgleich nicht durch bestimmte Begriffe vorgestellt, hangt allein das Wohlgefallen, welches die bloße Reflexion über eine solche Menge einander begleitender oder folgender Empfindungen mit diesem Spiele derselben als für jedermann gültige Bedingung seiner Schönheit verknüpft; und sie ist es allein, nach welcher der Geschmack sich ein Recht über das Urtheil von jedermann zum voraus auszusprechen anmaßen darf.

Aber an dem Reize und der Gemüthsbewegung, welche die Musik hervorbringt, hat die Mathematik sicherlich nicht den mindesten Antheil; sondern sie ist nur die unumgängliche Bedingung (conditio sine qua non) derjenigen Proportion der Eindrücke, in ihrer Verbindung sowohl als ihrem Wechsel, wodurch es möglich wird sie zusammen zu fassen, und zu verhindern, daß diese einander nicht zerstören, sondern zu einer continuirlichen Bewegung und Belebung des Gemüths durch damit consonirende Affecten und hiemit zu einem behaglichen Selbstgenusse zusammenstimmen.

Wenn man dagegen den Werth der schönen Künste nach der Cultur schätzt, die sie dem Gemüth verschaffen, und die Erweiterung der Vermögen, welche in der Urtheilskraft zum Erkenntnisse zusammen kommen müssen, zum Maaßstabe nimmt; so hat Musik unter den schönen Künsten sofern den untersten (so wie unter denen, die zugleich nach ihrer Annehmlichkeit geschätzt werden, vielleicht den obersten) Platz, weil sie bloß mit Empfinbungen spielt. Die bildenden Künste gehen ihr also in diesem Betracht weit vor; denn, indem sie die Einbildungskraft in ein freyes und doch zugleich dem Verstande angemessenes Spiel versetzen, so treiben sie zugleich ein Geschäft, indem sie ein Product zu Stande bringen, welches den Verstandesbegriffen zu einem dauerhaften und für sich selbst sich empfehlenden Vehikel dient, die Vereinigung derselben mit der Sinnlichkeit und so gleichsam die Urbanität der obern Erkenntnißkräfte zu befördern. Beiderley Art Künste nehmen einen ganz verschiedenen Gang: die erstere von Empfindungen zu unbestimmten Ideen; die zweyte Art aber von bestimmten Ideen zu Empfindungen. Die letztern sind von bleibendem, die erstern nur von transitorischem Eindrucke. Die Einbildungskraft kann jene zurückrufen und sich damit angenehm unterhalten; diese aber erlöschen entweder gänzlich, oder, wenn sie unwillkürlich von der Einbildungskraft wiederholt werden, sind sie uns eher lästig als angenehm. Außerdem hangt der Musik ein gewisser Mangel der Urbanität an, daß sie, vornehmlich nach Beschaffenheit ihrer Instrumente, ihren Einfluß weiter, als man ihn verlangt (auf die Nachbarschaft), ausbreitet, und so sich gleichsam aufdrängt, mithin der Freyheit andrer, außer der musikalischen Gesellschaft, Abbruch thut; welches die Künste, die zu den Augen reden, nicht thun, indem man seine Augen nur wegwenden darf, wenn man ihren Eindruck nicht einlassen will. Es ist hiemit fast so, wie mit der Ergötzung durch einen sich weit ausbreitenden Geruch bewandt. Der, welcher sein parfümirtes Schnupftuch aus der Tasche zieht, traktirt alle um und neben sich wider ihren Willen, und nöthigt sie, wenn sie athmen wollen, zugleich zu genießen; daher es auch aus der Mode gekommen ist *).

Unter den bildenden Künsten würde ich der **Malerey** den Vorzug geben: theils weil sie, als Zeichnungskunst, allen übrigen bildenden zum Grunde liegt; theils weil sie weit mehr in die Region der Ideen eindringen, und auch das Feld der Anschauung, diesen gemäß, mehr erweitern kann, als es den übrigen verstattet ist.

Anmerkung.

Zwischen dem, was bloß in der Beurtheilung gefällt, und dem, was vergnügt (in der Empfindung gefällt), ist, wie wir oft gezeigt haben, ein wesentlicher Unterschied. Das letztere ist etwas, welches man nicht so, wie das erstere, jedermann ansinnen kann. Vergnügen (die Ursache desselben mag immerhin auch in Ideen liegen) scheint jederzeit in einem Gefühl der Beförderung des gesammten Lebens des Menschen, mithin auch des körperlichen Wohlbe-

---

*) Diejenigen, welche zu den häuslichen Andachtsübungen auch das Singen geistlicher Lieder empfohlen haben, bedachten nicht, daß sie dem Publikum durch eine solche lärmende (eben dadurch gemeiniglich pharisäische) Andacht eine große Beschwerde auflegten, indem sie die Nachbarschaft entweder mit zu singen oder ihr Gedankengeschäft niederzulegen abnöthigten.

findens, d. i. der Gesundheit, zu bestehen; so daß Epicur, der alles Vergnügen im Grunde für körperliche Empfindung ausgab, sofern vielleicht nicht Unrecht haben mag, und sich nur selbst mißverstand, wenn er das intellectuelle und selbst practische Wohlgefallen zu den Vergnügen zählte. Wenn man den letztern Unterschied vor Augen hat, so kann man sich erklären, wie ein Vergnügen dem, der es empfindet, selbst mißfallen könne (wie die Freude eines dürftigen aber wohldenkenden Menschen über die Erbschaft von seinem ihn liebenden aber kargen Vater), oder wie ein tiefer Schmerz dem, der ihn leidet, doch gefallen könne (die Traurigkeit einer Wittwe über ihres verdienstvollen Mannes Tod), oder wie ein Vergnügen obenein noch gefallen könne (wie das an Wissenschaften, die wir treiben), oder ein Schmerz (z. B. Haß, Neid und Rachgierde) uns noch dazu mißfallen könne. Das Wohlgefallen oder Mißfallen beruht hier auf der Vernunft, und ist mit der Billigung oder Mißbilligung einerley; Vergnügen und Schmerz aber können nur auf dem Gefühl oder der Aussicht auf ein (aus welchem Grunde es auch sey) mögliches Wohl- oder Übelbefinden beruhen.

Alles wechselnde freye Spiel der Empfindungen (die keine Absicht zum Grunde haben) vergnügt; weil es das Gefühl der Gesundheit befördert: wir mögen nun in der Vernunftbeurtheilung an seinem Gegenstande und selbst an diesem Vergnügen ein Wohlgefallen haben oder nicht; und dieses Vergnügen kann bis zum Affect steigen, obgleich wir an dem Gegenstande selbst kein Interesse, wenigstens kein solches nehmen, das dem Grade des letztern proportionirt wäre. Wir können sie in Glücksspiel, Tonspiel, und Gedankenspiel eintheilen. Das erste fordert ein Interesse, es sey der Eitelkeit oder des Eigennutzes, welches aber bey weitem nicht so groß ist, als das Interesse an der Art, wie wir es uns zu verschaffen suchen; das zweyte bloß den Wechsel der Empfindungen, deren jede ihre Beziehung auf Affect, aber ohne den Grad eines Affects hat, und ästhetische Ideen rege macht; das dritte entspringt bloß aus dem Wechsel der Vorstellungen, in der Urtheilskraft, wodurch zwar kein Gedanke, der irgend ein Interesse bey sich führte, erzeugt, das Gemüth aber doch belebt wird.

Wie vergnügend die Spiele seyn müssen, ohne daß man nöthig hätte interessirte Absicht dabey zum Grunde zu legen, zeigen alle unsere Abendgesellschaften; denn ohne Spiel kann sich beynahe keine unterhalten. Aber die Affecten der Hofnung, der Furcht, der Freude, des Zorns, des Hohns, spielen dabey, indem sie jeden Augenblick ihre Rolle wechseln, und sind so lebhaft, daß dadurch, als eine innere Motion, das ganze Lebensgeschäft im Körper befördert zu seyn scheint, wie eine dadurch erzeugte Munterkeit des Gemüths es beweist, obgleich weder etwas gewonnen noch gelernt worden. Aber da das Glücksspiel kein schönes Spiel ist, so wollen wir es hier bey Seite setzen. Hingegen Musik, und Stof zum Lachen, sind zweyerley Arten des Spiels mit ästhetischen Ideen, oder auch Verstandesvorstellungen, wodurch am Ende nichts gedacht wird, und die bloß durch ihren Wechsel, und dennoch lebhaft vergnügen können; wodurch sie ziemlich klar zu erkennen geben, daß die Belebung in beiden bloß körperlich sey, ob sie gleich von Ideen des Gemüths erregt wird, und daß das Gefühl der Gesundheit, durch eine jenem Spiele correspondirende Bewegung der Eingeweide, das ganze für so fein und geistvoll gepriesene Vergnügen einer aufgeweckten Gesellschaft ausmacht. Nicht die Beurtheilung der Harmonie in Tönen oder Witzeinfällen, die mit ihrer Schönheit nur zum nothwendigen Vehikel dient, sondern das beförderte Lebensgeschäft im Körper, der Affect der

die

die Eingeweide und das Zwerchfell bewegt, mit einem Worte das Gefühl der Gesundheit (welche sich ohne solche Veranlassung sonst nicht fühlen läßt), machen das Vergnügen aus, welches man daran findet, daß man dem Körper auch durch die Seele beykommen und diese zum Arzt von jenem brauchen kann.

In der Musik geht dieses Spiel von der Empfindung des Körpers zu ästhetischen Ideen (der Objecte für Affecten), von diesen alsdann wieder zurück, aber mit vereinigter Kraft, auf den Körper. Im Scherze (der eben sowohl wie jene eher zur angenehmen, als schönen Kunst gezählt zu werden verdient) hebt das Spiel von Gedanken an, die insgesammt, sofern sie sich sinnlich ausdrücken wollen, auch den Körper beschäftigen; und, indem der Verstand in dieser Darstellung, worin er das Erwartete nicht findet, plötzlich nachläßt, so fühlt man die Wirkung dieser Nachlassung im Körper durch die Schwingung der Organen, welche die Herstellung ihres Gleichgewichts befördert und auf die Gesundheit einen wohlthätigen Einfluß hat.

Es muß in allem, was ein lebhaftes erschütterndes Lachen erregen soll, etwas Widersinniges seyn (woran also der Verstand an sich kein Wohlgefallen finden kann). Das Lachen ist ein Affect aus der plötzlichen Verwandlung einer gespannten Erwartung in Nichts. Eben diese Verwandlung, die für den Verstand gewiß nicht erfreulich ist, erfreuet doch indirect auf einen Augenblick sehr lebhaft. Also muß die Ursache in dem Einflusse der Vorstellung auf den Körper und dessen Wechselwirkung auf das Gemüth bestehen; und zwar nicht, sofern die Vorstellung objectiv ein Gegenstand des Vergnügens ist (denn wie kann eine getäuschte Erwartung vergnügen?), sondern lediglich dadurch, daß sie, als bloßes Spiel der Vorstellungen, ein Gleichgewicht der Lebenskräfte im Körper hervorbringt.

Wenn jemand erzählt: daß ein Indianer, der an der Tafel eines Engländers in Sarate eine Bouteille mit Ale öfnen und alles dies Bier, in Schaum verwandelt, herausbringen sah, mit vielen Ausrufungen seine große Verwunderung anzeigte, und auf die Frage des Engländers: was ist denn hier sich so sehr zu verwundern? antwortete: Ich wundere mich auch nicht darüber, daß es herausgeht, sondern wie Ihrs habt herein kriegen können; so lachen wir, und es macht uns eine herzliche Lust: nicht, weil wir uns etwa klüger finden als diesen Unwissenden, oder sonst über etwas, was uns der Verstand hierin Wohlgefälliges bemerken ließe; sondern unsre Erwartung war gespannt, und verschwindet plötzlich in Nichts. Oder wenn der Erbe eines reichen Verwandten diesem sein Leichenbegängniß recht feierlich veranstalten will, aber klagt, daß es ihm hiemit nicht recht gelingen wolle; denn (sagt er): jemehr ich meinen Trauerleuten Geld gebe betrübt auszusehen, desto lustiger sehen sie aus; so lachen wir laut, und der Grund liegt darin, daß eine Erwartung sich plötzlich in Nichts verwandelt. Man muß wohl bemerken: daß sie sich nicht in das positive Gegentheil eines erwarteten Gegenstandes — denn das ist immer Etwas, und kann oft betrüben, — sondern in Nichts verwandeln müsse. Denn wenn jemand uns mit der Erzählung einer Geschichte große Erwartung erregt, und wir beym Schlusse die Unwahrheit derselben sofort einsehen, so macht es uns Mißfallen; wie z. B. die von Leuten, welche vor großem Gram in einer Nacht graue Haare bekommen haben sollen. Dagegen, wenn auf eine dergleichen Erzählung zur Erwiederung, ein anderer Schalk sehr umständlich den Gram eines Kaufmanns erzählt, der aus Indien mit allem seinen

Vermögen in Waaren nach Europa zurückkehrend, in einem schweren Sturm alles über Bord zu werfen genöthigt wurde, und sich dermaßen grämte, daß ihm darüber in derselben Nacht die Perüke grau ward; so lachen wir, und es macht uns Vergnügen, weil wir unsern eignen Mißgriff nach einem für uns übrigens gleichgültigen Gegenstande, oder vielmehr unsere verfolgte Idee, wie einen Ball, noch eine Zeitlang hin- und herschlagen, indem wir bloß gemeynt sind ihn zu greifen und fest zu halten. Es ist hier nicht die Abfertigung eines Lügners oder Dummkopfs, welche das Vergnügen erweckt; denn auch für sich würde die letztere mit angenommenem Ernst erzählte Geschichte eine Gesellschaft in ein helles Lachen versetzen; und jenes wäre gewöhnlichermaßen auch der Aufmerksamkeit nicht werth.

Merkwürdig ist: daß in allen solchen Fällen der Spaß immer etwas in sich enthalten muß, welches auf einen Augenblick täuschen kann; daher, wenn der Schein in Nichts verschwindet, das Gemüth wieder zurücksieht, um es mit ihm noch einmal zu versuchen, und so durch schnell hinter einander folgende Anspannung und Abspannung hin- und zurückgeschnellt und in Schwankung gesetzt wird: die, weil der Absprung von dem, was gleichsam die Saite anzog, plötzlich (nicht durch ein allmähliches Nachlassen) geschah, eine Gemüthsbewegung und mit ihr harmonirende inwendige körperliche Bewegung verursachen muß, die unwillkürlich fortdauert, und Ermüdung, dabei aber auch Aufheiterung, (die Wirkungen einer zur Gesundheit gereichenden Motion) hervorbringt.

Denn, wenn man annimmt, daß mit allen unsern Gedanken zugleich irgend eine Bewegung in den Organen des Körpers harmonisch verbunden sey; so wird man so ziemlich begreifen, wie jener plötzlichen Versetzung des Gemüths

bald in einen bald in den andern Standpunct, um seinen
Gegenstand zu betrachten, eine wechselseitige Anspannung
und Loslassung der elastischen Theile unserer Eingeweide,
die sich dem Zwerchfell mittheilt, correspondiren könne (gleich
derjenigen, welche kitzliche Leute fühlen): wobey die Lunge
die Luft mit schnell einander folgenden Absätzen ausstößt,
und so eine der Gesundheit zuträgliche Bewegung bewirkt;
welche allein und nicht das was im Gemüthe vorgeht, die
eigentliche Ursache des Vergnügens an einem Gedanken ist,
der im Grunde nichts vorstellt. — Voltaire sagte, der Himmel habe uns zum Gegengewicht gegen die vielen Mühselig-
keiten des Lebens zwey Dinge gegeben: die Hofnung, und
den Schlaf. Er hätte noch das Lachen dazu rechnen können; wenn die Mittel es bey Vernünftigen zu erregen, nur
so leicht bey der Hand wären, und der Witz oder die Originalität der Laune, die dazu erforderlich sind, nicht eben so
selten wären, als häufig das Talent ist, kopfbrechend,
wie mystische Grübler, halsbrechend, wie Genies, oder
herzbrechend, wie empfindsame Romanschreiber (auch
wohl dergleichen Moralisten), zu dichten.

Man kann also, wie mich dünkt, dem Epikur wohl einräumen: daß alles Vergnügen, wenn es gleich durch Begriffe veranlaßt wird, welche ästhetische Ideen erwecken,
animalische d. i. körperliche Empfindung, sey; ohne dadurch
dem geistigen Gefühl der Achtung für moralische Ideen,
welches kein Vergnügen ist, sondern eine Selbstschätzung
(der Menschheit in uns), die uns über das Bedürfniß desselben erhebt, ja selbst nicht einmal dem minder edlen des
Geschmacks, im mindesten Abbruch zu thun.

Etwas aus beiden Zusammengesetztes findet sich in der
Naivität, die der Ausbruch der der Menschheit ursprünglich natürlichen Aufrichtigkeit wider die zur andern Natur

gewordenen Verstellungskunst ist. Man lacht über die Einfalt, die es noch nicht versteht sich zu verstellen; und erfreut sich doch auch über die Einfalt der Natur, die jener Kunst hier einen Querstrich spielt. Man erwartete die alltägliche Sitte der gekünstelten und auf den schönen Schein vorsichtig angelegten Äußerung; und siehe! es ist die unverdorbene schuldlose Natur, die man anzutreffen gar nicht gewärtig, und die der, welcher sie blicken ließ, zu entblößen auch nicht gemeynet war. Daß der schöne aber falsche Schein, der gewöhnlich in unserm Urtheile sehr viel bedeutet, hier plötzlich in Nichts verwandelt, daß gleichsam der Schalk in uns selbst bloßgestellt wird, bringt die Bewegung des Gemüths nach zwey entgegengesetzten Richtungen nach einander hervor, die zugleich den Körper heilsam schüttelt. Daß aber etwas, was unendlich besser als alle angenommene Sitte ist, die Lauterkeit der Denkungsart (wenigstens die Anlage dazu) doch nicht ganz in der menschlichen Natur erloschen ist, mischt Ernst und Hochschätzung in dieses Spiel der Urtheilskraft. Weil es aber nur eine auf kurze Zeit sich hervorthuende Erscheinung ist, und die Decke der Verstellungskunst bald wieder vorgezogen wird; so mengt sich zugleich ein Bedauren darunter, welches eine Rührung der Zärtlichkeit ist, die sich als Spiel mit einem solchen gutherzigen Lachen sehr wohl verbinden läßt, und auch wirklich damit gewöhnlich verbindet, zugleich auch demjenigen, der den Stof dazu hergiebt, die Verlegenheit darüber, daß er noch nicht nach Menschenweise gewitzt ist, zu vergüten pflegt. — Eine Kunst, naiv zu seyn, ist daher ein Widerspruch; allein die Naivität in einer erdichteten Person vorzustellen, ist wohl möglich, und schöne obzwar auch seltene Kunst. Mit der Naivität muß offenherzige Einfalt, welche die Natur nur darum nicht verkünstelt, weil sie sich darauf nicht verſteht, was Kunſt des Umganges ſey, nicht verwechſelt werden.

Zu dem, was aufmunternd, mit dem Vergnügen aus dem Lachen nahe verwandt, und zur Originalität des Geiſtes, aber eben nicht zum Talent der ſchönen Kunſt gehörig iſt, kann auch die launige Manier gezählt werden. Laune im guten Verſtande bedeutet nehmlich das Talent, ſich willkürlich in eine gewiſſe Gemüthsdispoſition verſetzen zu können, in der alle Dinge ganz anders als gewöhnlich (ſogar umgekehrt), und doch gewiſſen Vernunftprincipien in einer ſolchen Gemüthsſtimmung gemäß, beurtheilt werden. Wer ſolchen Veränderungen unwillkürlich unterworfen iſt, heißt launiſch; wer ſie aber willkürlich und zweckmäßig (zum Behuf einer lebhaften Darſtellung vermittelſt eines Lachen erregenden Contraſtes) anzunehmen vermag, der und ſein Vortrag heißt launig. Dieſe Manier gehört indeß mehr zur angenehmen als ſchönen Kunſt, weil der Gegenſtand der letztern immer einige Würde an ſich zeigen muß, und daher einen gewiſſen Ernſt in der Darſtellung, ſo wie der Geſchmack in der Beurtheilung, erfordert.

Der Critik der ästhetischen Urtheilskraft
Zweyter Abschnitt.
Die Dialectik
der
ästhetischen Urtheilskraft.

§. 55.

Eine Urtheilskraft, die dialectisch seyn soll muß zuförderst vernünftelnd seyn; d. j. die Urtheile derselben müssen auf Allgemeinheit, und zwar a priori, Anspruch machen *): denn in solcher Urtheile Entgegensetzung besteht die Dialectik. Daher ist die Unvereinbarkeit ästhetischer Sinnesurtheile (über das Angenehme und Unangenehme) nicht dialectisch. Auch der Widerstreit der Geschmacksurtheile, sofern sich ein jeder bloß auf seinen eignen Geschmack beruft, macht keine Dialectik des Ge-

---

*) Ein vernünftelndes Urtheil (judicium ratiocinans) kann ein jedes heißen, das sich als allgemein ankündigt; denn sofern kann es zum Obersatze in einem Vernunftschlusse dienen. Ein Vernunfturtheil (judicium ratiocinatum) kann dagegen nur ein solches genannt werden, welches, als der Schlußsatz von einem Vernunftschlusse, folglich als a priori gegründet, gedacht wird.

schmacks aus; weil niemand sein Urtheil zur allgemeinen Regel zu machen gedenkt. Es bleibt also kein Begrif von einer Dialectik übrig, welche den Geschmack angehen könnte, als der einer Dialectik der Critik des Geschmacks (nicht des Geschmacks selbst) in Ansehung ihrer Principien: da nehmlich über den Grund der Möglichkeit der Geschmacksurtheile überhaupt einander widerstreitende Begriffe natürlicher und unvermeidlicher Weise auftreten. Transcendentale Critik des Geschmacks wird also nur sofern einen Theil enthalten, der den Namen einer Dialectik der ästhetischen Urtheilskraft führen kann, wenn sich eine Antinomie der Principien dieses Vermögens findet, welche die Gesetzmäßigkeit desselben, mithin auch seine innere Möglichkeit, zweifelhaft macht.

§. 56.

Vorstellung der Antinomie des Geschmacks.

Der erste Gemeinort des Geschmacks ist in dem Satze, womit sich jeder Geschmacklose gegen Tadel zu verwahren denkt, enthalten: Ein jeder hat seinen eignen Geschmack. Das heißt so viel, als: der Bestimmungsgrund dieses Urtheils ist bloß subjectiv (Vergnügen oder Schmerz); und das Urtheil hat kein Recht auf die nothwendige Beystimmung anderer.

Der zweyte Gemeinort desselben, der auch von denen sogar gebraucht wird, die dem Geschmacksurtheile das Recht einräumen, für jedermann gültig auszusprechen, ist: über den Geschmack läßt sich nicht disputiren. Das heißt so viel, als: der Bestimmungsgrund eines Geschmacksurtheils mag zwar auch objectiv seyn, aber er läßt sich nicht auf bestimmte Begriffe bringen; mithin kann über das Urtheil selbst durch Beweise nichts entschieden werden, obgleich darüber gar wohl und mit Recht gestritten werden kann. Denn Streiten und Disputiren sind zwar darin einerley, daß sie durch wechselseitigen Widerstand der Urtheile Einhelligkeit derselben hervorzubringen suchen, darin aber verschieden, daß das letztere dieses nach bestimmten Begriffen als Beweisgründen zu bewirken hoft, mithin objective Begriffe als Gründe des Urtheils annimmt. Wo dieses aber als unthunlich betrachtet wird, da wird das Disputiren eben sowohl als unthunlich beurtheilt.

Man sieht leicht, daß zwischen diesen zwey Gemeinörtern ein Satz fehlt, der zwar nicht sprichwörtlich im Umlaufe, aber doch in jedermanns Sinne enthalten ist, nehmlich: über den Geschmack läßt sich streiten (obgleich nicht disputiren). Dieser Satz aber enthält das Gegentheil des obersten Satzes. Denn worüber es erlaubt seyn soll zu streiten, da muß Hofnung seyn unter einander überein zu kommen; mithin muß man auf Gründe des Urtheils, die nicht bloß Privatgültigkeit haben und also nicht bloß subjectiv sind, rechnen können; welchem gleichwohl jener Grundsatz: ein jeder hat seinen eignen Geschmack, gerade entgegen ist.

Es zeigt sich also in Ansehung des Princips des Geschmacks folgende Antinomie:

1) **Thesis.** Das Geschmacksurtheil gründet sich nicht auf Begriffen; denn sonst ließe sich darüber disputiren (durch Beweise entscheiden).

2) **Antithesis.** Das Geschmacksurtheil gründet sich auf Begriffen; denn sonst ließe sich, ungeachtet der Verschiedenheit desselben, darüber auch nicht einmal streiten (auf die nothwendige Einstimmung anderer mit diesem Urtheile Anspruch machen).

§. 57.

Auflösung der Antinomie des Geschmacks.

Es ist keine Möglichkeit, den Widerstreit jener jedem Geschmacksurtheile untergelegten Principien (welche nichts anders sind, als die oben in der Analytik vorgestellten zwey Eigenthümlichkeiten des Geschmacksurtheils) zu heben, als daß man zeigt: der Begrif, worauf man das Object in dieser Art Urtheile bezieht, werde in beiden Maximen der ästhetischen Urtheilskraft nicht in einerley Sinn genommen; dieser zwiefache Sinn, oder Gesichtspunct, der Beurtheilung sey unserer transscendentalen Urtheilskraft nothwendig; aber auch der Schein, in der Vermengung des einen mit dem andern, als natürliche Illusion, unvermeidlich.

Auf irgend einen Begrif muß sich das Geschmacksurtheil beziehen; denn sonst könnte es schlechterdings

Critik der ästhetischen Urtheilskraft. 235

nicht auf nothwendige Gültigkeit für jedermann Anspruch machen. Aber aus einem Begriffe darf es darum eben nicht erweislich seyn, weil ein Begrif entweder bestimmbar, oder auch an sich unbestimmt und zugleich unbestimmbar, seyn kann. Von der erstern Art ist der Verstandesbegrif, der durch Prädicate der sinnlichen Anschauung, die ihm correspondiren kann, bestimmbar ist; von der zweyten aber der transscendentale Vernunftbegrif von dem Übersinnlichen, welches aller jener Anschauung zum Grunde liegt, der also weiter nicht theoretisch bestimmt werden kann.

Nun geht das Geschmacksurtheil auf Gegenstände der Sinne, aber nicht um einen Begrif derselben für den Verstand zu bestimmen; denn es ist kein Erkenntnißurtheil. Es ist daher, als auf das Gefühl der Lust bezogene anschauliche einzelne Vorstellung, nur ein Privaturtheil: und sofern würde es seiner Gültigkeit nach auf das urtheilende Individuum allein beschränkt seyn: der Gegenstand ist für mich ein Gegenstand des Wohlgefallens, für andre mag es sich anders verhalten; — ein jeder hat seinen Geschmack.

Gleichwohl ist ohne Zweifel im Geschmacksurtheile eine erweiterte Beziehung der Vorstellung des Objects (zugleich auch des Subjects) enthalten, worauf wir eine Ausdehnung dieser Art Urtheile, als nothwendig für jedermann, gründen: welcher daher nothwendig irgend ein Begrif zum Grunde liegen muß; aber ein Begrif, der sich gar nicht durch Anschauung bestimmen, durch den sich nichts erkennen, mithin auch **kein Beweis** für das Geschmacksurtheil führen läßt. Ein dergleichen Begrif aber ist der bloße reine Vernunftbegrif von dem Übersinnlichen, das dem Gegenstande (und auch dem urtheilenden Subjecte) als Sinnenobjecte, mithin als Erscheinung, zum Grunde liegt. Denn nähme man eine solche Rücksicht nicht an, so wäre der Anspruch des Geschmacksurtheils auf allgemeine Gültigkeit nicht zu retten; wäre der Begrif, worauf es sich gründet, ein nur bloß verworrener Verstandesbegrif, etwa von Vollkommenheit, dem man correspondirend die sinnliche Anschauung des Schönen beygeben könnte: so würde es wenigstens an sich möglich seyn, das Geschmacksurtheil auf Beweise zu gründen; welches der Thesis widerspricht.

Nun fällt aber aller Widerspruch weg, wenn ich sage: das Geschmacksurtheil gründet sich auf einem Begriffe (eines Grundes überhaupt von der subjectiven Zweckmäßigkeit der Natur für die Urtheilskraft), aus dem aber nichts in Ansehung des Objects erkannt und bewiesen werden kann, weil er an sich unbestimmbar und zum Erkenntniß untauglich ist; es bekommt aber durch eben denselben doch zugleich Gültigkeit für jedermann (bey jedem zwar als einzelnes, die Anschauung unmittelbar begleitendes, Urtheil): weil der Bestimmungsgrund desselben vielleicht im Begriffe von demjenigen

Critik der ästhetischen Urtheilskraft. 237

liegt, was als das überſinnliche Subſtrat der Menſchheit angeſehen werden kann.

Es kommt bey der Auflöſung einer Antinomie nur auf die Möglichkeit an, daß zwey einander dem Scheine nach widerſtreitende Sätze einander in der That nicht widerſprechen, ſondern neben einander beſtehen können, wenn gleich die Erklärung der Möglichkeit ihres Begrifs unſer Erkenntnißvermögen überſteigt. Daß dieſer Schein auch natürlich und der menſchlichen Vernunft unvermeidlich ſey, imgleichen warum er es ſey und bleibe, ob er gleich nach der Auflöſung des Scheinwiderſpruchs nicht betrügt, kann hieraus auch begreiflich gemacht werden.

Wir nehmen nehmlich den Begrif, worauf die Allgemeingültigkeit eines Urtheils ſich gründen muß, in beiden widerſtreitenden Urtheilen in einerley Bedeutung, und ſagen doch von ihm zwey entgegengeſetzte Prädicate aus. In der Theſis ſollte es daher heißen: Das Geſchmacksurtheil gründet ſich nicht auf beſtimmten Begriffen; in der Antitheſis aber: Das Geſchmacksurtheil gründet ſich doch auf einem, obzwar unbeſtimmten, Begriffe (nehmlich vom überſinnlichen Subſtrat der Erſcheinungen); und alsdann wäre zwiſchen ihnen kein Widerſtreit.

Mehr, als dieſen Widerſtreit in den Anſprüchen und Gegenanſprüchen des Geſchmacks zu heben, können wir nicht leiſten. Ein beſtimmtes objectives Princip des Geschmacks, wornach die Urtheile desselben geleitet, geprüft und bewiesen werden könnten, zu geben, ist schlechterdings unmöglich; denn es wäre alsdann kein Geschmacksurtheil. Das subjective Princip, nehmlich die unbestimmte Idee des Übersinnlichen in uns, kann nur als der einzige Schlüssel der Enträthselung dieses uns selbst seinen Quellen nach verborgenen Vermögens angezeigt, aber durch nichts weiter begreiflich gemacht werden.

Der hier aufgestellten und ausgeglichenen Antinomie liegt der richtige Begrif des Geschmacks, nehmlich als einer bloß reflectirenden ästhetischen Urtheilskraft, zum Grunde; und da wurden beide dem Scheine nach widerstreitende Grundsätze mit einander vereinigt, indem **beide wahr seyn können**, welches auch genug ist. Würde dagegen zum Bestimmungsgrunde des Geschmacks (wegen der Einzelnheit der Vorstellung, die dem Geschmacksurtheil zum Grunde liegt), wie von Einigen geschieht, die Annehmlichkeit, oder wie Andere (wegen der Allgemeingültigkeit desselben) wollen, das Princip der Vollkommenheit angenommen, und die Definition des Geschmacks darnach eingerichtet; so entspringt daraus eine Antinomie, die schlechterdings nicht auszugleichen ist, als so, daß man zeigt, daß beide einander (aber nicht bloß contradictorisch) entgegenstehende Sätze falsch sind: welches dann beweiset, daß der Begrif, worauf ein jeder gegründet ist, sich selbst widerspreche. Man sieht also, daß die Hebung der Antinomie der ästhetischen Urtheilskraft einen ähnlichen Gang nehme mit dem, welchen die Critik in Auflösung der Antinomieen der reinen theoretischen Vernunft befolgte; und daß, eben so hier und auch in der Critik der practischen Vernunft, die Antinomieen wider Willen nöthigen, über das Sinnliche hinaus zu sehen, und im Übersinnlichen den Vereinigungspunct aller unserer Vermögen a priori zu suchen: weil kein anderer Ausweg übrig bleibt, die Vernunft mit sich selbst einstimmig zu machen.

Anmerkung I.

Da wir in der Transcendental-Philosophie so oft Veranlassung finden, Ideen von Verstandesbegriffen zu unterscheiden, so kann es von Nutzen seyn, ihrem Unterschiede angemessene Kunstausdrücke einzuführen. Ich glaube, man werde nichts darwider haben, wenn ich einige in Vorschlag bringe. — Ideen in der allgemeinsten Bedeutung sind, nach einem gewissen (subjectiven oder objectiven) Princip, auf einen Gegenstand bezogene Vorstellungen, sofern sie doch nie eine Erkenntniß desselben werden können. Sie sind entweder nach einem bloß subjectiven Princip der Übereinstimmung der Erkenntnißvermögen unter einander (der Einbildungskraft und des Verstandes) auf eine Anschauung bezogen: und heißen alsdann ästhetische; oder nach einem objectiven Princip auf einen Begrif bezogen, können aber doch nie eine Erkenntniß des Gegenstandes abgeben: und heißen Vernunftideen; in welchem Falle der Begrif ein transcendenter Begriff ist, welcher vom Verstandesbegriffe, dem jederzeit eine adäquat correspondirende Erfahrung untergeleget werden kann, und der darum immanent heißt, unterschleben ist.

Eine ästhetische Idee kann keine Erkenntniß werden, weil sie eine Anschauung (der Einbildungskraft) ist, der niemals ein Begrif adäquat gefunden werden kann. Eine Vernunftidee kann nie Erkenntniß werden, weil sie einen Begrif (vom Überfinnlichen) enthält, dem niemals eine Anschauung angemessen gegeben werden kann.

Nun glaube ich, man könne die ästhetische Idee eine inexponible Vorstellung der Einbildungskraft, die Vernunftidee aber einen indemonstrabeln Begrif der Vernunft nennen. Von beiden wird vorausgesetzt, daß sie nicht etwa gar grundlos, sondern (nach der obigen Erklärung einer Idee überhaupt) gewissen Principien der Erkenntnißvermögen, wozu sie gehören (jene den subjectiven, diese objectiven Principien), gemäß erzeugt seyen.

Verstandesbegriffe müssen, als solche, jederzeit demonstrabel seyn (wenn unter demonstriren, wie in der Anatomie, bloß das Darstellen verstanden wird); d. i. der ihnen correspondirende Gegenstand muß jederzeit in der Anschauung (reinen oder empirischen) gegeben werden können: denn dadurch allein können sie Erkenntnisse werden. Der Begrif der Größe kann in der Raumesanschauung a priori, z. B. einer geraden Linie u. f. w., gegeben werden; der Begrif der Ursache, an der Undurchdringlichkeit, dem Stoße der Körper, u. f. w. Mithin können beide durch eine empirische Anschauung belegt, d. i. der Gedanken davon an einem Beyspiele gewiesen (demonstrirt, aufgezeigt) werden; und dieses muß geschehen können: widrigenfalls man nicht gewiß ist, ob der Gedanken nicht leer, d. i. ohne alles Object sey.

Man

Man bedient sich in der Logik der Ausdrücke des Demonstrabeln oder Indemonstrabeln gemeiniglich nur in Ansehung der Sätze; da die ersteren besser durch die Benennung der nur mittelbar, die zweyten der unmittelbar gewissen Sätze könnten bezeichnet werden: denn die reine Philosophie hat auch Sätze von beiden Arten, wenn darunter beweisfähige und beweisunfähige wahre Sätze verstanden werden. Allein aus Gründen a priori kann sie, als Philosophie, zwar beweisen, aber nicht demonstriren; wenn man nicht ganz und gar von der Wortbedeutung abgehen will, nach welcher demonstriren (ostendere, exhibere) so viel heißt, als (es sey in Beweisen oder auch bloß im Definiren) seinen Begrif zugleich in der Anschauung darstellen; welche, wenn sie Anschauung a priori ist, das Construiren desselben heißt, wenn sie aber auch empirisch ist, gleichwohl die Vorzeigung des Objects bleibt, durch welche dem Begriffe die objective Realität gesichert wird. So sagt man von einem Anatomiker? er demonstrire das menschliche Auge, wenn er den Begrif, den er vorher discursiv vorgetragen hat, vermittelst der Zergliederung dieses Organs anschaulich macht.

Diesem zufolge ist der Vernunftbegrif vom übersinnlichen Substrat aller Erscheinungen überhaupt, oder auch von dem, was unserer Willkür in Beziehung auf moralische Gesetze zum Grunde gelegt werden muß, nehmlich von der transcendentalen Freyheit, schon der Species nach ein indemonstrabler Begrif und Vernunftidee. Tugend aber ist dies dem Grade nach: weil dem ersteren an sich gar nichts der Qualität nach in der Erfahrung correspondirendes gegeben werden kann, in der zweyten aber kein Erfahrungsproduct jener Causalität den Grad erreicht, den die Vernunftidee zur Regel vorschreibt.

So wie an einer Vernunftidee die Einbildungskraft, mit ihren Anschauungen, den gegebenen Begrif nicht erreicht; so erreicht bey einer ästhetischen Idee der Verstand, durch seine Begriffe, nie die ganze innere Anschauung der Einbildungskraft, welche sie mit einer gegebenen Vorstellung verbindet. Da nun eine Vorstellung der Einbildungskraft auf Begriffe bringen so viel heißt, als sie exponiren: so kann die ästhetische Idee eine inexponible Vorstellung derselben (in ihrem freyen Spiele) genannt werden. Ich werde von dieser Art Ideen in der Folge noch einiges auszuführen Gelegenheit haben; jetzt bemerke ich nur: daß beide Arten von Ideen, die Vernunftideen sowohl als die ästhetischen, ihre Principien haben müssen; und zwar beide in der Vernunft, jene in den objectiven, diese in den subjectiven Principien ihres Gebrauchs.

Man kann diesem zufolge **Genie** auch durch das Vermögen ästhetischer Ideen erklären: wodurch zugleich der Grund angezeigt wird, warum in Producten des Genie's die Natur (des Subjects), nicht ein überlegter Zweck, der Kunst (der Hervorbringung des Schönen) die Regel giebt. Denn da das Schöne nicht nach Begriffen beurtheilt werden muß, sondern nach der zweckmäßigen Stimmung der Einbildungskraft zur Übereinstimmung mit dem Vermögen der Begriffe überhaupt; so kann nicht Regel und Vorschrift, sondern nur das, was bloß Natur im Subjecte ist, aber nicht unter Regeln oder Begriffe gefaßt werden kann, d. i. das übersinnliche Substrat aller seiner Vermögen (welches kein Verstandesbegrif erreicht), folglich das, in Beziehung auf welches alle unsere Erkenntnißvermögen zusammenstimmend zu machen, der letzte durch das Intelligible unserer Natur gegebene Zweck ist, jener ästhetischen aber unbedingten Zweckmäßigkeit in der schönen Kunst, die jedermann

Critik der ästhetischen Urtheilskraft.

gefallen zu müssen rechtmäßigen Anspruch machen soll, zum subjectiven Richtmaaße dienen. So ist es auch allein möglich, daß dieser, der man kein objectives Princip vorschreiben kann, ein subjectives und doch allgemeingültiges Princip a priori zum Grunde liege.

Anmerkung II.

Folgende wichtige Bemerkung bietet sich hier von selbst dar: daß es nehmlich dreyerley Arten der Antinomie der reinen Vernunft gebe, die aber alle darin übereinkommen, daß sie dieselbe zwingen, von der sonst sehr natürlichen Voraussetzung, die Gegenstände der Sinne für die Dinge an sich selbst zu halten, abzugehen, sie vielmehr bloß für Erscheinungen gelten zu lassen, und ihnen ein intelligibles Substrat (etwas Übersinnliches, wovon der Begrif nur Idee ist und keine eigentliche Erkenntniß zuläßt) unterzulegen. Ohne eine solche Antinomie würde die Vernunft sich niemals zu Annehmung eines solchen das Feld ihrer Speculation so sehr verengenden Princips, und zu Aufopferungen, wobey so viele sonst sehr schimmernde Hofnungen gänzlich verschwinden müssen, entschließen können; denn selbst jetzt, da sich ihr zur Vergütung dieser Einbuße ein um desto größerer Gebrauch in practischer Rücksicht eröfnet, scheint sie sich nicht ohne Schmerz von jenen Hofnungen trennen und von der alten Anhänglichkeit losmachen zu können.

Daß es drey Arten der Antinomie giebt, hat seinen Grund darin, daß es drey Erkenntnißvermögen: Verstand, Urtheilskraft und Vernunft giebt, deren jedes (als oberes Erkenntnißvermögen) seine Principien a priori haben muß; da denn die Vernunft, sofern sie über diese Principien selbst und ihren Gebrauch urtheilt, in Ansehung ihrer aller zu dem gegebenen Bedingten unnachlaßlich das Unbedingte fordert, welches sich doch nie finden läßt, wenn man das Sinnliche, als zu den Dingen an sich selbst gehörig betrachtet, und ihm nicht vielmehr, als bloßer Erscheinung, etwas Übersinnliches (das intelligible Substrat der Natur außer uns und in uns) als Sache an sich selbst unterlegt. Da giebt es dann 1) eine Antinomie der Vernunft in Ansehung des theoretischen Gebrauchs des Verstandes bis zum Unbedingten hinauf für das Erkenntnißvermögen; 2) eine Antinomie der Vernunft in Ansehung des ästhetischen Gebrauchs der Urtheilskraft für das Gefühl der Lust und Unlust; 3) eine Antinomie in Ansehung des practischen Gebrauchs der an sich selbst gesetzgebenden Vernunft für das Begehrungsvermögen: sofern alle diese Vermögen ihre obere Principien a priori haben, und, gemäß einer unumgänglichen Forderung der Vernunft, nach diesen Principien auch unbedingt müssen urtheilen und ihr Object bestimmen können.

In Ansehung zweyer Antinomieen, der des theoretischen und der des practischen Gebrauchs jener obern Erkenntnißvermögen, haben wir die Unvermeidlichkeit derselben, wenn dergleichen Urtheile nicht auf ein übersinnliches Substrat der gegebenen Objecte, als Erscheinungen, zurücksehen, dagegen aber auch die Auflöslichkeit derselben, sobald das letztere geschieht, schon anderwärts gezeigt. Was nun die Antinomie im Gebrauch der Urtheilskraft, gemäß der Forderung der Vernunft, und deren hier gegebene Auflösung betrift: so giebt es kein anderes Mittel, derselben auszuweichen, als entweder zu läugnen, daß dem ästhetischen Geschmacksurtheile irgend ein Princip a priori zum Grunde liege, daß aller Anspruch auf Nothwendigkeit allgemeiner Beystimmung grundloser leerer Wahn sey, und ein Geschmacksurtheil nur sofern für richtig gehalten zu werden verdiene, weil es sich trift, daß viele in Ansehung desselben übereinkommen, und auch dieses eigentlich nicht um deswillen, weil man hinter dieser Einstimmung ein Princip a priori vermuthet, sondern (wie im Gaumengeschmack) weil die Subjecte zufälliger Weise gleichförmig organisirt seyen; oder man müßte annehmen, daß das Geschmacksurtheil eigentlich ein verstecktes Vernunfturtheil über die an einem Dinge und die Beziehung des Mannichfaltigen in ihm zu einem Zwecke entdeckte Vollkommenheit sey, mithin nur um der Verworrenheit willen, die dieser unserer Reflexion anhangt, ästhetisch genannt werde, ob es gleich im Grunde teleologisch sey; in welchem Falle man die Auflösung der Antinomie durch transcendentale Ideen für unnöthig und nichtig erklären, und so mit den Objecten der Sinne nicht als bloßen Erscheinungen, sondern auch als Dingen an sich selbst, jene Geschmacksgesetze vereinigen könnte. Wie wenig aber die eine sowohl als die andere Ausflucht verschlage, ist an mehrern Orten in der Exposition der Geschmacksurtheile gezeigt worden.

Räumt man aber unserer Deduction wenigstens so viel ein, daß sie auf dem rechten Wege geschehe, wenn gleich noch nicht in allen Stücken hell genug gemacht sey, so zeigen sich drey Ideen: erstlich des Übersinnlichen überhaupt, ohne weitere Bestimmung, als Substrats der Natur; zweytens eben desselben, als Princips der subjectiven Zweckmäßigkeit der Natur für unser Erkenntnißvermögen; drittens eben desselben, als Princips der Zwecke der Freyheit und Princips der Übereinstimmung derselben mit jener im Sittlichen.

§. 58.

Vom Idealismus der Zweckmäßigkeit der Natur sowohl als Kunst, als dem alleinigen Princip der ästhetischen Urtheilskraft.

Man kann zuförderst das Princip des Geschmacks entweder darin setzen, daß dieser jederzeit nach empirischen Bestimmungsgründen, und also nach solchen, die nur a posteriori durch Sinne gegeben werden, oder man kann einräumen, daß er aus einem Grunde a priori urtheile. Das erstere wäre der **Empirism** der Critik des Geschmacks, das zweyte der **Rationalism** derselben. Nach dem ersten wäre das Object unseres Wohlgefallens nicht vom **Angenehmen**, nach dem zweyten, wenn das Urtheil auf bestimmten Begriffen beruhete, nicht vom **Guten** unterschieden; und so würde alle **Schönheit** aus der Welt weggeläugnet, und nur ein besonderer Namen, vielleicht für eine gewisse Mischung von beiden vorgenannten Arten des Wohlgefallens, an dessen Statt übrig bleiben. Allein wir haben gezeigt, daß es auch Gründe des Wohlgefallens a priori gebe, die also mit dem Princip des Rationalisms zusammen bestehen können, ungeachtet sie nicht in **bestimmte Begriffe** gefaßt werden können.

Der Rationalism des Princips des Geschmacks ist dagegen entweder der des **Realisms** der Zweckmäßigkeit, oder des **Idealisms** derselben. Weil nun ein Geschmacksurtheil kein Erkenntnißurtheil, und Schönheit keine Beschaffenheit des Objects, für sich betrachtet, ist; so kann der Rationalism des Princips des Geschmacks niemals darin gesetzt werden, daß die Zweckmäßigkeit in diesem Urtheile als objectiv gedacht werde, d. i. daß das Urtheil theoretisch, mithin auch logisch (wenn gleich nur in einer verworrenen Beurtheilung), auf die Vollkommenheit des Objects, sondern nur ästhetisch, auf die Übereinstimmung seiner Vorstellung in der Einbildungskraft mit den wesentlichen Principien der Urtheilskraft überhaupt, im Subjecte gehe. Folglich kann, selbst nach dem Princip des Rationalisms, das Geschmacksurtheil und der Unterschied des Realisms und Idealisms desselben nur darin gesetzt werden, daß entweder jene subjective Zweckmäßigkeit im erstern Falle als wirklicher (absichtlicher) Zweck der Natur (oder der Kunst) mit unserer Urtheilskraft übereinzustimmen, oder im zweiten Falle nur als eine, ohne Zweck, von selbst und zufälliger Weise sich hervorthuende zweckmäßige Übereinstimmung zu dem Bedürfniß der Urtheilskraft, in Ansehung der Natur und ihrer nach besondern Gesetzen erzeugten Formen, angenommen werde.

Dem Realism der ästhetischen Zweckmäßigkeit der Natur, da man nehmlich annehmen möchte: daß der Hervorbringung des Schönen eine Idee desselben in der hervorbringenden Ursache, nehmlich ein Zweck zu Gunsten unserer Einbildungskraft, zum Grunde gelegen habe, reden die schönen Bildungen im Reiche der organisirten Natur gar sehr das Wort. Die Blumen, Blüthen, ja die Gestalten ganzer Gewächse, die für ihren eigenen Gebrauch unnöthige, aber für unsern Geschmack gleichsam ausgewählte Zierlichkeit der thierischen Bildungen von allerley Gattungen; vornehmlich die unsern Augen so wohlgefällige und reizende Mannichfaltigkeit und harmonische Zusammensetzung der Farben (am Fasan, an Schaalthieren, Insecten, bis zu den gemeinsten Blumen), die, indem sie bloß die Oberfläche, und auch an dieser nicht einmal die Figur der Geschöpfe, welche doch noch zu den innern Zwecken derselben erforderlich seyn könnte, betreffen, gänzlich auf äußere Beschauung abgezweckt zu seyn scheinen: geben der Erklärungsart durch Annehmung wirklicher Zwecke der Natur für unsere ästhetische Urtheilskraft ein großes Gewicht.

Dagegen widersetzt sich dieser Annahme nicht allein die Vernunft durch ihre Maximen, allerwärts die unnöthige Vervielfältigung der Principien nach aller Möglichkeit zu verhüten; sondern die Natur zeigt in ihren freyen Bildungen überall so viel mechanischen Hang zu Erzeugung von Formen, die für den ästhetischen Gebrauch unserer Urtheilskraft gleichsam gemacht zu seyn scheinen, ohne den geringsten Grund zur Vermuthung an die Hand zu geben, daß es dazu noch etwas mehr, als ihres Mechanisms, bloß als Natur, bedürfe, wornach sie, auch ohne alle ihnen zum Grunde liegende Idee, für unsere Beurtheilung zweckmäßig seyn können. Ich verstehe aber unter einer **freyen Bildung** der Natur **diejenige,** wodurch aus einem Flüssigen in Ruhe, durch Verflüchtigung oder Absonderung eines Theils desselben (bisweilen bloß der Wärmmaterie) das übrige, bey dem Festwerden eine bestimmte Gestalt, oder Gewebe, (Figur oder Textur) annimmt, die, nach der specifischen Verschiedenheit der Materien, verschieden, in eben derselben aber genau dieselbe ist. Hiezu aber wird, was man unter einer wahren Flüßigkeit jederzeit versteht, nehmlich daß die Materie in ihr völlig aufgelöset, d. i. nicht als ein bloßes Gemenge fester und darin bloß schwebender Theile anzusehen sey, vorausgesetzt.

Die Bildung geschieht alsdann durch **Anschießen,** d. i. durch ein plötzliches Festwerden, nicht durch einen allmählichen Übergang aus dem flüßigen in den festen Zustand, sondern gleichsam durch einen Sprung, welcher Übergang auch das **Crystallisiren** genannt wird. Das gemeinste Beyspiel von dieser Art Bildung ist das gefrierende Wasser, in welchem sich zuerst gerade Eisstrählchen erzeugen, die in Winkeln von 60 Grad sich zusammenfügen, indeß sich andere an jedem Punct derselben eben so ansetzen, bis alles zu Eis geworden ist: so daß während dieser Zeit das Wasser zwischen den Eisstrählchen nicht allmählich zäher wird, sondern so vollkommen flüßig ist, als es bey weit größerer Wärme seyn würde, und doch die völlige Eiskälte hat. Die sich absondernde Materie, die im Augenblicke des Festwerdens plötzlich entwischt, ist ein ansehnliches Quantum von Wärmestof, dessen Abgang, da es bloß zum Flüßigseyn erfordert ward, dieses nunmehrige Eis nicht im mindesten kälter, als das kurz vorher in ihm flüßige Wasser, zurückläßt.

Viele Salze, imgleichen Steine, die eine crystallinische Figur haben, werden eben so von einer im Wasser, wer weiß durch was für Vermittelung, aufgelöseten Erdart erzeugt. Eben so bilden sich die drusichten Configurationen vieler Minern, des würflichten Bleyglanzes, des Rothgüldenerzes, u. d. gl., allem Vermuthen nach auch im Wasser, und durch Anschießen der Theile: indem sie durch irgend eine Ursache genöthigt werden, dieses Vehikel zu verlassen, und sich unter einander in bestimmte äußere Gestalten zu vereinigen.

Aber auch innerlich zeigen alle Materien, welche bloß durch Hitze flüßig waren und durch Erkalten Festigkeit angenommen haben, im Bruche eine bestimmte Textur, und lassen daraus urtheilen, daß, wenn nicht ihr eigenes Gewicht oder die Luftberührung es gehindert hätte, sie auch äußerlich ihre specifisch eigenthümliche Gestalt würden gewiesen haben: dergleichen man an einigen Metallen, die nach der Schmelzung äußerlich erhärtet, inwendig aber noch flüßig waren, durch Abzapfen des innern noch flüßigen Theils und nunmehrigen ruhigen Anschießen des übrigen inwendig zurückgeblie-

Critik der ästhetischen Urtheilskraft.

benen, beobachtet hat. Viele von jenen mineralischen Crystallisationen, als die Spathdrusen, der Glaskopf, die Eisenblüthe, geben oft überaus schöne Gestalten, wie sie die Kunst nur immer ausdenken möchte; und die Glorie in der Höhle von Antiparos ist bloß das Product eines sich durch Gipslager durchsickernden Wassers.

Das Flüßige ist, allem Ansehen nach, überhaupt älter als das Feste, und sowohl die Pflanzen als thierische Körper werden aus flüßiger Nahrungsmaterie gebildet, sofern sie sich in Ruhe formt: freylich zwar in der letztern zuförderst nach einer gewissen ursprünglichen auf Zwecke gerichteten Anlage (die, wie im zweyten Theile gewiesen werden wird, nicht ästhetisch, sondern teleologisch, nach dem Princip des Realisms beurtheilt werden muß); aber nebenbey doch auch vielleicht als, dem allgemeinen Gesetze der Verwandtschaft der Materien gemäß, anschießend und sich in Freyheit bildend. So wie nun die in einer Atmosphäre, welche ein Gemisch verschiedener Luftarten ist, aufgelöseten wäßrigen Flüßigkeiten, wenn sich die letzteren, durch Abgang der Wärme, von jener scheidet, Schneefiguren erzeugen, die nach Verschiedenheit der dermaligen Luftmischung von oft sehr künstlich scheinender und überaus schöner Figur sind; so läßt sich, ohne bem teleologischen Princip der Beurtheilung der Organisation etwas zu entziehen, wohl denken: daß, was die Schönheit der Blumen, der Vogelfedern, der Muscheln, ihrer Gestalt sowohl als Farbe nach, betrift, diese der Natur und ihrem Vermögen, sich in ihrer Freyheit, ohne besondere darauf gerichtete Zwecke, nach chemischen Gesetzen, durch Absetzung der zur Organisation erforderlichen Materie, auch ästhetisch-zweckmäßig zu bilden, zugeschrieben werden könne.

Was aber das Princip der *Idealität* der Zweckmäßigkeit im Schönen der Natur, als dasjenige, welches wir im ästhetischen Urtheile selbst jederzeit zum Grunde legen, und welches uns keinen Realism eines Zwecks derselben für unsere Vorstellungskraft zum Erklärungsgrunde zu brauchen erlaubt, geradezu beweiset: ist, daß wir in der Beurtheilung der Schönheit überhaupt das Richtmaaß derselben a priori in uns selbst suchen, und die ästhetische Urtheilskraft in Ansehung des Urtheils, ob etwas schön sey oder nicht, selbst gesetzgebend ist, welches bey Annehmung des Realisms der Zweckmäßigkeit der Natur nicht Statt finden kann; weil wir da von der Natur lernen müßten, was wir schön zu finden hätten, und das Geschmacksurtheil empirischen Principien unterworfen seyn würde. Denn in einer solchen Beurtheilung kommt es nicht darauf an, was die Natur ist, oder auch für uns als Zweck ist, sondern wie wir sie aufnehmen. Es würde immer eine objective Zweckmäßigkeit der Natur seyn, wenn sie für unser Wohlgefallen ihre Formen gebildet hätte; und nicht eine subjective Zweckmäßigkeit, welche auf dem Spiele der Einbildungskraft in ihrer Freyheit beruhete, wo es Gunst ist womit wir die Natur aufnehmen, nicht Gunst die sie uns erzeigt. Die Eigenschaft der Natur, daß sie für uns Gelegenheit enthält, die innere Zweckmäßigkeit in dem Verhältnisse unserer Gemüthskräfte in Beurtheilung gewisser Producte derselben wahrzunehmen, und zwar als eine solche, die aus einem übersinnlichen Grunde für nothwendig und allgemeingültig erklärt werden soll, kann nicht Naturzweck seyn, oder vielmehr von uns als ein solcher beurtheilt werden; weil sonst das Urtheil, das dadurch bestimmt wurde, Heteronomie, aber nicht, wie es einem Geschmacksurtheile geziemt, frey seyn, und Autonomie zum Grunde haben würde.

In der schönen Kunst ist das Princip des Idealisms der Zweckmäßigkeit noch deutlicher zu erkennen. Denn, daß hier nicht ein ästhetischer Realism derselben, durch Empfindungen (wobey sie statt schöner bloß angenehme Kunst seyn würde), angenommen werden könne: das hat sie mit der schönen Natur gemein. Allein daß das Wohlgefallen durch ästhetische Ideen nicht von der Erreichung bestimmter Zwecke (als mechanisch absichtliche Kunst) abhangen müsse, folglich, selbst im Rationalism des Princips, Idealität der Zwecke, nicht Realität derselben, zum Grunde liege: leuchtet auch schon dadurch ein, daß schöne Kunst, als solche, nicht als ein Product des Verstandes und der Wissenschaft, sondern des Genie's betrachtet werden muß, und also durch ästhetische Ideen, welche von Vernunftideen bestimmter Zwecke wesentlich unterschieden sind, ihre Regel bekomme.

So wie die Idealität der Gegenstände der Sinne als Erscheinungen die einzige Art ist, die Möglichkeit zu erklären, daß ihre Formen a priori bestimmt werden können; so ist auch der Idealism der Zweckmäßigkeit, in Beurtheilung des Schönen der Natur und der Kunst, die einzige Voraussetzung, unter der allein die Critik die Möglichkeit eines Geschmacksurtheils, welches a priori Gültigkeit für jedermann fordert (ohne doch die Zweckmäßigkeit, die am Objecte vorgestellt wird, auf Begriffe zu gründen), erklären kann.

§. 59.

Von der Schönheit als Symbol der Sittlichkeit.

Die Realität unserer Begriffe darzuthun, werden immer Anschauungen erfordert. Sind es empirische Begriffe, so heißen die letzteren Beyspiele. Sind jene reine Verstandesbegriffe, so werden die letzteren Schemate genannt. Verlangt man gar, daß die objective Realität der Vernunftbegriffe, d. i. der Ideen, und zwar zum Behuf des theoretischen Erkenntnisses derselben dargethan werde, so begehrt man etwas Unmögliches, weil ihnen schlechterdings keine Anschauung angemessen gegeben werden kann.

Alle Hypotypose (Darstellung, subjectio sub adspectum) als Versinnlichung, ist zwiefach: entweder schematisch, da einem Begriffe, den der Verstand faßt, die correspondirende Anschauung a priori gegeben wird; oder symbolisch, da einem Begriffe, den nur die Vernunft denken, und dem keine sinnliche Anschauung angemessen seyn kann, eine solche untergelegt wird, mit welcher das Verfahren der Urtheilskraft demjenigen, was sie im Schematisiren beobachtet, bloß analogisch, d. i. mit ihm bloß der Regel dieses Verfahrens, nicht der Anschauung selbst, mithin bloß der Form der Reflexion, nicht dem Inhalte nach, übereinkommt.

Es ist ein von den neuern Logikern zwar angenommener, aber sinnverkehrender, unrechter Gebrauch des Worts symbolisch, wenn man es der intuitiven Vorstellungsart entgegensetzt; denn die symbolische ist nur eine Art der intuitiven. Die letztere (die intuitive) kann nehmlich in die schematische und in die symbolische Vorstellungsart eingetheilt werden. Beide sind Hypotyposen, d. i. Darstellungen (exhibitiones): nicht bloße Characterismen, d. i. Bezeichnungen der Begriffe durch begleitende sinnliche Zeichen, die gar nichts zu der Anschauung des Objects gehöriges enthalten, sondern nur jenen, nach dem Gesetze der Association der Einbildungskraft, mithin in subjectiver Absicht, zum Mittel der Reproduction dienen; dergleichen sind entwe-

Erster Theil.

der Worte, oder sichtbare (algebraische, selbst mimische) Zeichen, als bloße **Ausdrücke** für Begriffe *).

Alle Anschauungen, die man Begriffen a priori unterlegt, sind also entweder **Schemate** oder **Symbole,** wovon die erstern directe, die zweyten indirecte Darstellungen des Begrifs enthalten. Die erstern thun dieses demonstrativ, die zweyten vermittelst einer Analogie (zu welcher man sich auch empirischer Anschauungen bedient), in welcher die Urtheilskraft ein doppeltes Geschäft verrichtet, erstlich den Begrif auf den Gegenstand einer sinnlichen Anschauung, und dann zweytens die bloße Regel der Reflexion über jene Anschauung auf einen ganz andern Gegenstand, von dem der erstere nur das Symbol ist, anzuwenden. So wird ein monarchischer Staat durch einen beseelten Körper, wenn er nach inneren Volksgesetzen, durch eine bloße Maschine aber (wie etwa eine Handmühle) wenn er durch einen einzelnen absoluten Willen beherrscht wird, in beiden Fällen aber nur symbolisch vorgestellt. Denn, zwischen einem despotischen Staate und einer Handmühle ist zwar keine Ähnlichkeit, wohl aber zwischen der Regel, über beide und ihre Causalität zu reflectiren. — Dies Geschäft ist

---

*) Das Intuitive der Erkenntniß muß dem Discursiven (nicht dem Symbolischen) entgegen gesetzt werden. Das erstere ist nun entweder schematisch, durch Demonstration; oder symbolisch, als Vorstellung nach einer bloßen Analogie.

ist bis jetzt noch wenig auseinander gesetzt worden, so sehr es auch eine tiefere Untersuchung verdient; allein hier ist nicht der Ort, sich dabey aufzuhalten. Unsere Sprache ist voll von dergleichen indirecten Darstellungen, nach einer Analogie, wodurch der Ausdruck nicht das eigentliche Schema für den Begrif, sondern bloß ein Symbol für die Reflexion enthält. So sind die Wörter Grund (Stütze, Basis), Abhangen (von oben gehalten werden), woraus fließen (statt folgen), Substanz (wie Locke sich ausdrückt: der Träger der Accidenzen), und unzählige andere nicht schematische, sondern symbolische Hypotyposen, und Ausdrücke für Begriffe nicht vermittelst einer directen Anschauung, sondern nur nach einer Analogie mit derselben, d. i. der Übertragung der Reflexion über einen Gegenstand der Anschauung auf einen ganz andern Begrif, dem vielleicht nie eine Anschauung direct correspondiren kann. Wenn man eine bloße Vorstellungsart schon Erkenntniß nennen darf (welches, wenn sie ein Princip nicht der theoretischen Bestimmung des Gegenstandes ist, was er an sich, sondern der practischen, was die Idee von ihm für uns und den zweckmäßigen Gebrauch derselben werden soll, wohl erlaubt ist): so ist alle unsere Erkenntniß von Gott bloß symbolisch; und der, welcher sie mit den Eigenschaften Verstand, Wille, u. s. w. die allein an Weltwesen ihre objective Realität beweisen, für schematisch nimmt, geräth in den Anthropomorphism, so wie, wenn er alles Intuitive wegläßt, in den Deism, wodurch überall nichts, auch nicht in practischer Absicht, erkannt wird.

Nun sage ich: das Schöne ist das Symbol des Sittlichguten; und auch nur in dieser Rücksicht (einer Beziehung, die jedermann natürlich ist, und die auch jedermann andern als Pflicht zumuthet) gefällt es, mit einem Anspruche auf jedes andern Beystimmung, wobey sich das Gemüth zugleich einer gewissen Veredlung und Erhebung über die bloße Empfänglichkeit einer Lust durch Sinneneindrücke bewußt ist, und anderer Werth auch nach einer ähnlichen Maxime ihrer Urtheilskraft schätzet. Das ist das **Intelligible**, worauf, wie der vorige Paragraph Anzeige that, der Geschmack hinaussieht, wozu nehmlich selbst unsere oberen Erkenntnißvermögen zusammenstimmen, und ohne welches zwischen ihrer Natur, verglichen mit den Ansprüchen, die der Geschmack macht, lauter Widersprüche erwachsen würden. In diesem Vermögen sieht sich die Urtheilskraft nicht, wie sonst in empirischer Beurtheilung, einer Heteronomie der Erfahrungsgesetze unterworfen: sie giebt in Ansehung der Gegenstände eines so reinen Wohlgefallens ihr selbst das Gesetz, so wie die Vernunft es in Ansehung des Begehrungsvermögens thut; und sieht sich, sowohl wegen dieser innern Möglichkeit im Subjecte, als wegen der äußern Möglichkeit einer damit übereinstimmenden Natur, auf etwas im Subjecte selbst und außer ihm, was nicht Natur, auch nicht Freyheit, doch aber mit dem Grunde der letzteren, nehmlich dem Übersinnlichen, verknüpft ist, bezogen, in welchem das theoretische Vermögen mit dem practischen auf gemeinschaftliche und unbekannte Art, zur Einheit verbunden wird. Wir wollen einige Stücke dieser Analogie anführen, indem wir zugleich die Verschiedenheit derselben nicht unbemerkt lassen.

1) Das Schöne gefällt unmittelbar (aber nur in der reflectirenden Anschauung, nicht, wie Sittlichkeit, im Begriffe). 2) Es gefällt ohne alles Interesse (das Sittlichgute zwar nothwendig mit einem Interesse, aber nicht einem solchen, welches vor dem Urtheile über das Wohlgefallen vorhergeht, verbunden, sondern welches dadurch allererst bewirkt wird). 3) Die Freyheit der Einbildungskraft (also der Sinnlichkeit unseres Vermögens) wird in der Beurtheilung des Schönen mit der Gesetzmäßigkeit des Verstandes als einstimmig vorgestellt (im moralischen Urtheile wird die Freyheit des Willens als Zusammenstimmung des letzteren mit sich selbst nach allgemeinen Vernunftgesetzen gedacht). 4) Das subjective Princip der Beurtheilung des Schönen wird als allgemein, d. i. für jedermann gültig, aber durch keinen allgemeinen Begrif kenntlich, vorgestellt (das objective Princip der Moralität wird auch für allgemein, d. i. für alle Subjecte, zugleich auch für alle Handlungen desselben Subjects, und dabey durch einen

allgemeinen Begriff kenntlich, erklärt). Daher ist das moralische Urtheil nicht allein bestimmter constitutiver Principien fähig, sondern ist nur durch Gründung der Maximen auf dieselben und ihre Allgemeinheit möglich.

Die Rücksicht auf diese Analogie ist auch dem gemeinen Verstande gewöhnlich; und wir benennen schöne Gegenstände der Natur, oder der Kunst, oft mit Namen, die eine sittliche Beurtheilung zum Grunde zu legen scheinen. Wir nennen Gebäude oder Bäume majestätisch und prächtig, oder Gefilde lachend und fröhlich; selbst Farben werden unschuldig, bescheiden, zärtlich genannt, weil sie Empfindungen erregen, die etwas mit dem Bewußtseyn eines durch moralische Urtheile bewirkten Gemüthszustandes Analogisches enthalten. Der Geschmack macht gleichsam den Übergang vom Sinnenreiz zum habituellen moralischen Interesse, ohne einen zu gewaltsamen Sprung, möglich, indem er die Einbildungskraft auch in ihrer Freyheit als zweckmäßig für den Verstand bestimmbar vorstellt, und sogar an Gegenständen der Sinne auch ohne Sinnenreiz ein freyes Wohlgefallen finden lehrt.

§. 60.

Anhang.
Von der Methodenlehre des Geschmacks.

Die Eintheilung einer Critik in Elementarlehre und Methodenlehre, welche vor der Wissenschaft vorhergeht, läßt sich auf die Geschmackscritik nicht anwenden: weil es keine Wissenschaft des Schönen giebt noch geben kann, und das Urtheil des Geschmacks nicht durch Principien bestimmbar ist. Denn was das Wissenschaftliche in jeder Kunst anlangt, welches auf Wahrheit in der Darstellung ihres Objects geht, so ist dieses zwar die unumgängliche Bedingung (conditio sine qua non) der schönen Kunst, aber diese nicht selber. Es giebt also für die schöne Kunst nur eine Manier (modus), nicht Lehrart (methodus). Der Meister muß es vormachen, was und wie es der Schüler zu Stande bringen soll; und die allgemeinen Regeln, worunter er zuletzt sein Verfahren bringt, können eher dienen, die Hauptmomente desselben gelegentlich in Erinnerung zu bringen, als sie ihm vorzuschreiben. Hiebey muß dennoch auf ein gewisses Ideal Rücksicht genommen werden, welches die Kunst vor Augen haben muß, ob sie es gleich in ihrer Ausübung nie völlig erreicht. Nur durch die Aufweckung der Einbildungskraft des Schülers zur Angemessenheit mit einem gegebenen Begriffe, durch die angemerkte Unzulänglichkeit des Ausdrucks für die Idee, welche der Begrif selbst nicht erreicht, weil sie ästhetisch ist, und durch scharfe Critik, kann verhütet werden, daß die Beyspiele, die ihm vorgelegt werden, von ihm nicht sofort für Urbilder und etwa keiner noch höhern Norm und eigener Beurtheilung unterworfene Muster der Nachahmung gehalten, und so das Genie, mit ihm aber auch die Freyheit der Einbildungskraft selbst in ihrer Gesetzmäßigkeit erstickt werde, ohne welche keine schöne Kunst, selbst nicht einmal ein richtiger sie beurtheilender eigener Geschmack, möglich ist.

Die Propädevtik zu aller schönen Kunst, sofern es auf den höchsten Grad ihrer Vollkommenheit angelegt ist, scheint nicht in Vorschriften, sondern in der Cultur der Gemüthskräfte durch diejenigen Vorkenntnisse zu liegen, welche man humaniora nennt: vermuthlich, weil Humanität einerseits das allgemeine Theilnehmungsgefühl, andererseits das Vermögen sich innigst und allgemein mittheilen zu können bedeutet; welche Eigenschaften zusammen verbunden die der Menscheit angemessene Glückseligkeit ausmachen, wodurch sie sich von der thierischen Eingeschränktheit unterscheiden. Das Zeitalter sowohl, als die Völker, in welchen der rege Trieb zur gesetzlichen Geselligkeit, wodurch ein Volk ein dauerndes gemeines Wesen ausmacht, mit den großen Schwierigkeiten rang, welche die schwere Aufgabe, Freyheit (und also auch Gleichheit) mit dem Zwange (mehr der Achtung und Unterwerfung aus Pflicht, als Furcht) zu vereinigen, umgeben: ein solches Zeitalter und ein solches Volk mußte die Kunst der wechselseitigen Mittheilung der Ideen des ausgebildetesten Theils mit dem roheren, die Abstimmung der Erweiterung und Verfeinerung der ersteren zur natürlichen Einfalt und Originalität der letzteren, und auf diese Art dasjenige Mittel zwischen der höheren Cultur und der genügsamen Natur zuerst erfinden, welches den richtigen, nach keinen allgemeinen Regeln anzugebenden Maaßstab auch für den Geschmack, als allgemeinen Menschensinn, ausmacht.

Schwerlich wird ein späteres Zeitalter jene Muster entbehrlich machen; weil es der Natur immer weniger nahe seyn wird, und sich zuletzt, ohne bleibende Beyspiele von ihr zu haben, kaum einen Begrif von der glücklichen Vereinigung des gesetzlichen Zwanges der höchsten Cultur mit der Kraft und Richtigkeit der ihren eigenen Werth fühlenden freyen Natur in einem und demselben Volke zu machen im Stande seyn möchte.

Da aber der Geschmack im Grunde ein Beurtheilungsvermögen der Versinnlichung sittlicher Ideen (vermittelst einer gewissen Analogie der Reflexion über beide) ist, wovon auch, und von der darauf zu gründenden größeren Empfänglichkeit für das Gefühl aus dem letzteren (welches das moralische heißt) diejenige Lust sich ableitet, welche der Geschmack, als für die

Menschheit überhaupt, nicht bloß für eines Jeden Privatgefühl, gültig erklärt: so leuchtet ein, daß die wahre Propädeutik zur Gründung des Geschmacks die Entwickelung sittlicher Ideen und die Cultur des moralischen Gefühls sey; da, nur wenn mit diesem die Sinnlichkeit in Einstimmung gebracht wird, der ächte Geschmack eine bestimmte unveränderliche Form annehmen kann.

Der

Critik der Urtheilskraft

Zweyter Theil.

Critik

der

teleologischen Urtheilskraft.

§. 61.
Von der objectiven Zweckmäßigkeit der Natur.

Man hat, nach transcendentalen Principien, guten Grund, eine subjective Zweckmäßigkeit der Natur in ihren besondern Gesetzen, zu der Faßlichkeit für die menschliche Urtheilskraft, und der Möglichkeit der Verknüpfung der besondern Erfahrungen in ein System derselben, anzunehmen; wo dann unter den vielen Producten derselben auch solche als möglich erwartet werden können, die, als ob sie ganz eigentlich für unsere Urtheilskraft angelegt wären, eine solche specifische ihr angemessene Form enthalten, welche durch ihre Mannichfaltigkeit und Einheit die Gemüthskräfte (die im Gebrauche dieses Vermögens im Spiele sind) gleichsam zu stärken und zu unterhalten dienen, und denen man daher den Namen schöner Formen beylegt.

Daß aber Dinge der Natur einander als Mittel zu Zwecken dienen, und ihre Möglichkeit selbst nur durch diese Art von Cahsalität hinreichend verständlich sey, dazu haben wir gar keinen Grund in der allgemeinen Idee der Natur, als Inbegrifs der Gegenstände der

Sinne. Denn im obigen Falle konnte die Vorstellung der Dinge, weil sie etwas in uns ist, als zu der innerlich zweckmäßigen Stimmung unserer Erkenntnißvermögen geschickt und tauglich, ganz wohl auch a priori gedacht werden; wie aber Zwecke, die nicht die unsrigen sind, und die auch der Natur (welche wir nicht als intelligentes Wesen annehmen) nicht zukommen, doch eine besondere Art der Causalität, wenigstens eine ganz eigne Gesetzmäßigkeit derselben ausmachen können oder sollen, läßt sich a priori gar nicht mit einigem Grunde präsumiren. Was aber noch mehr ist, so kann uns selbst die Erfahrung die Wirklichkeit derselben nicht beweisen; es müßte denn eine Vernünfteley vorhergegangen seyn, die nur den Begrif des Zwecks in die Natur der Dinge hineinspielt, aber ihn nicht von den Objecten und ihrer Erfahrungserkenntniß hernimmt, denselben also mehr braucht, die Natur nach der Analogie mit einem subjectiven Grunde der Verknüpfung der Vorstellungen in uns begreiflich zu machen, als sie aus objectiven Gründen zu erkennen.

Überdem ist die objective Zweckmäßigkeit, als Princip der Möglichkeit der Dinge der Natur, so weit davon entfernt, mit dem Begriffe derselben nothwendig zusammenzuhangen; daß sie vielmehr gerade das ist, worauf man sich vorzüglich beruft, um die Zufälligkeit derselben (der Natur) und ihrer Form daraus zu beweisen. Denn wenn man z. B. den Bau eines Vogels,

Critik der teleologischen Urtheilskraft. 269

die Höhlung in seinen Knochen, die Lage seiner Flügel zur Bewegung, und des Schwanzes zum Steuern u. s. w. anführt; so sagt man, daß dieses alles nach dem blossen nexus effectivus in der Natur, ohne noch eine besondere Art der Causalität, nehmlich die der Zwecke: (nexus finalis), zu Hülfe zu nehmen, im höchsten Grade zufällig sey: d. i. daß sich die Natur, als bloßer Mechanism betrachtet, auf tausendfache Art habe anders bilden können, ohne gerade auf die Einheit nach einem solchen Princip zu stoßen, und man also außer dem Begriffe der Natur, nicht in demselben, den mindesten Grund dazu a priori allein anzutreffen hoffen dürfe.

Gleichwohl wird die teleologische Beurtheilung, wenigstens problematisch, mit Recht zur Naturforschung gezogen; aber nur, um sie nach der Analogie mit der Causalität nach Zwecken unter Principien der Beobachtung und Nachforschung zu bringen, ohne sich anzumaßen sie darnach zu erklären. Sie gehört also zur reflectirenden, nicht zu der bestimmenden, Urtheilskraft. Der Begrif von Verbindungen und Formen der Natur nach Zwecken ist doch wenigstens ein Princip mehr, die Erscheinungen derselben unter Regeln zu bringen, wo die Gesetze der Causalität nach dem bloßen Mechanism derselben nicht zulangen. Denn wir führen einen teleologischen Grund an, wo wir einem Begriffe vom Objecte, als ob er in der Natur (nicht in uns) befindlich wäre, Causalität in Ansehung eines Objects zueignen, oder vielmehr nach der Analogie einer solchen Caufalität (dergleichen wir in uns antreffen) uns die Möglichkeit des Gegenstandes vorstellen, mithin die Natur als durch eignes Vermögen technisch denken; wogegen, wenn wir ihr nicht eine solche Wirkungsart beylegen, ihre Caufalität als blinder Mechanism vorgestellt werden müßte. Würden wir dagegen der Natur absichtlich=wirkende Ursachen unterlegen, mithin der Teleologie nicht bloß ein regulatives Princip für die bloße Beurtheilung der Erscheinungen, denen die Natur nach ihren besondern Gesetzen als unterworfen gedacht werden könne, sondern dadurch auch ein constitutives Princip der Ableitung ihrer Producte von ihren Ursachen zum Grunde legen; so würde der Begrif eines Naturzwecks nicht mehr für die reflectirende, sondern die bestimmende Urtheilskraft gehören; alsdann aber in der That gar nicht der Urtheilskraft eigenthümlich angehören (wie der Begrif der Schönheit als formaler subjectiver Zweckmäßigkeit), sondern, als Vernunftbegrif, eine neue Causalität in der Naturwissenschaft einführen, die wir doch nur von uns selbst entlehnen und andern Wesen beylegen, ohne sie gleichwohl mit uns als gleichartig annehmen zu wollen.

Erste Abtheilung.
Analytik der teleologischen Urtheilskraft.

§. 62.

Von der objectiven Zweckmäßigkeit die bloß formal ist, zum Unterschiede von der materialen.

Alle geometrische Figuren, die nach einem Princip gezeichnet werden, zeigen eine mannichfaltige, oft bewunderte, objective Zweckmäßigkeit, nehmlich der Tauglichkeit zur Auflösung vieler Probleme nach einem einzigen Princip, und auch wohl eines jeden derselben auf unendlich verschiedene Art an sich. Die Zweckmäßigkeit ist hier offenbar objectiv und intellectuell, nicht aber bloß subjectiv und ästhetisch. Denn sie drückt die Angemessenheit der Figur zur Erzeugung vieler abgezweckten Gestalten aus, und wird durch Vernunft erkannt. Allein die Zweckmäßigkeit macht doch den Begrif von dem Gegenstande selbst nicht möglich, d. i. er wird nicht bloß in Rücksicht auf diesen Gebrauch als möglich angesehen.

In einer so einfachen Figur, als der Cirkel ist, liegt der Grund zu einer Auflösung einer Menge von Problemen, deren jedes für sich mancherley Zurüstung erfordern würde, und die als eine von den unendlich vielen vortreflichen Eigenschaften dieser Figur sich gleichsam von selbst ergiebt. Ist es z. B. darum zu thun, aus der gegebenen Grundlinie und dem ihr gegenüberstehenden Winkel einen Triangel zu construiren, so ist die Aufgabe unbestimmt, d. i. sie läßt sich auf unendlich mannichfaltige Art auflösen. Allein der Cirkel befaßt sie doch alle insgesammt, als der geometrische Ort für alle Dreyecke, die dieser Bedingung gemäß sind. Oder zwey Linien sollen sich einander so schneiden, daß das Rechteck aus den zwey Theilen der einen dem Rechteck aus den zwey Theilen der andern gleich sey: so hat die Auflösung der Aufgabe dem Ansehen nach viele Schwierigkeit. Aber alle Linien, die sich innerhalb dem Cirkel, dessen Umkreis jede derselben begränzt, schneiden, theilen sich von selbst in dieser Proportion. Die andern krummen Linien geben wiederum andere zweckmäßige Auflösungen an die Hand, an die in der Regel, die ihre Construction ausmacht, gar nicht gedacht war. Alle Kegelschnitte für sich, und in Vergleichnng mit einander, sind fruchtbar an Principien zur Auflösung einer Menge möglicher Probleme, so einfach auch ihre Erklärung ist, welche ihren Begrif bestimmt. — Es ist eine wahre Freude, den Eifer der alten Geometer anzusehen, mit dem sie diesen Eigenschaften

der

der Linien dieser Art nachforschten, ohne sich durch die Frage eingeschränkter Köpfe irre machen zu lassen: wozu denn diese Kenntniß nützen sollte? z. B. die der Parabel, ohne das Gesetz der Schwere auf der Erde zu kennen, welches ihnen die Anwendung derselben auf die Wurfs-linie schwerer Körper (deren Richtung der Schwere in ihrer Bewegung als parallel angesehen werden kann) würde an die Hand gegeben haben; oder der Ellipse, ohne zu ahnen, daß auch eine Schwere an Himmels-körpern zu finden sey, und ohne ihr Gesetz in verschiede-nen Entfernungen vom Anziehungspunkte zu kennen, welches macht, daß sie diese Linie in freyer Bewegung beschreiben. Während dessen, daß sie hierin, ihnen selbst unbewußt, für die Nachkommenschaft arbeiteten, ergötz-ten sie sich an einer Zweckmäßigkeit in dem Wesen der Dinge, die sie doch völlig a priori in ihrer Nothwendig-keit darstellen konnten. Plato, selbst Meister in dieser Wissenschaft, gerieth über eine solche ursprüngliche Be-schaffenheit der Dinge, welche zu entdecken wir aller Er-fahrung entbehren können, und über das Vermögen des Gemüths, die Harmonie der Wesen aus ihrem übersinn-lichen Princip schöpfen zu können (wozu noch die Eigen-schaften der Zahlen kommen, mit denen das Gemüth in der Musik spielt), in die Begeisterung, welche ihn über die Erfahrungsbegriffe zu Ideen erhob, die ihm nur durch eine intellectuelle Gemeinschaft mit dem Ursprunge aller Wesen erklärlich zu seyn schienen. Kein Wunder, daß er den der Meßkunst Unkundigen aus seiner Schule verwies, indem er das, was Anaxagoras aus Erfahrungsgegenständen und ihrer Zweckverbindung schloß, aus der reinen, dem menschlichen Geiste innerlich beywohnenden, Anschauung abzuleiten dachte. Denn in der Nothwendigkeit dessen was zweckmäßig ist, und so beschaffen ist, als ob es für unsern Gebrauch absichtlich so eingerichtet wäre, gleichwohl aber dem Wesen der Dinge ursprünglich zuzukommen scheint, ohne auf unsern Gebrauch Rücksicht zu nehmen, liegt eben der Grund der großen Bewunderung der Natur, nicht sowohl außer uns, als in unserer eigenen Vernunft; wobey es wohl verzeihlich ist, daß diese Bewunderung durch Mißverstand nach und nach bis zur Schwärmerey steigen mochte.

Diese intellectuelle Zweckmäßigkeit aber, ob sie gleich objectiv ist (nicht wie die ästhetische, subjectiv), läßt sich gleichwohl ihrer Möglichkeit nach als bloß formale (nicht reale), d. i. als Zweckmäßigkeit, ohne daß doch ein Zweck ihr zum Grunde zu legen, mithin Teleologie dazu nöthig wäre, gar wohl, aber nur im Allgemeinen, begreifen. Die Cirkelfigur ist eine Anschauung, die durch den Verstand nach einem Princip bestimmt worden; die Einheit dieses Princips, welches ich willkürlich annehme und als Begrif zum Grunde lege, angewandt auf eine Form der Anschauung (den Raum), die gleichfalls bloß als Vorstellung und zwar a priori in mir angetroffen wird, macht die Einheit vieler sich aus der Construction

Critik der teleologischen Urtheilskraft.

jenes Begrifs ergebenden Regeln, die in mancherley möglicher Absicht zweckmäßig sind, begreiflich, ohne dieser Zweckmäßigkeit einen Zweck, oder irgend einen andern Grund derselben, unterlegen zu dürfen. Es ist hiemit nicht so bewandt, als wenn ich in einem, in gewisse Gränzen eingeschlossenen, Inbegriffe von Dingen außer mir, z. B. einem Garten, Ordnung und Regelmäßigkeit der Bäume, Blumenbeeten, Gänge u. s. w. anträfe, welche ich a priori aus meiner nach einer beliebigen Regel gemachten Umgränzung eines Raums zu folgern nicht hoffen kann: weil es existirende Dinge sind, die empirisch gegeben seyn müssen, um erkannt werden zu können, und nicht eine bloße nach einem Princip a priori bestimmte Vorstellung in mir. Daher die letztere (empirische) Zweckmäßigkeit, als real, von dem Begriffe eines Zwecks abhängig ist.

Aber auch der Grund der Bewunderung einer, obzwar in dem Wesen der Dinge (sofern ihre Begriffe construirt werden können) wahrgenommenen, Zweckmäßigkeit läßt sich sehr wohl und zwar als rechtmäßig einsehen. Die mannichfaltigen Regeln, deren Einheit (aus einem Princip) diese Bewunderung erregt, sind insgesamt synthetisch, und folgen nicht aus einem Begriffe des Objects, z. B. des Cirkels, sondern bedürfen es, daß dieses Object in der Anschauung gegeben sey. Dadurch aber bekommt diese Einheit das Ansehen, als ob sie empirisch einen von unserer Vorstellungskraft unterschiedenen äuſseyn Grund der Regeln habe, und also die Übereinstimmung des Objects zu dem Bedürfniß der Regeln, welches dem Verstande eigen ist, an sich zufällig, mithin nur durch einen ausdrücklich darauf gerichteten Zweck möglich sey. Nun sollte uns zwar eben diese Harmonie, weil sie, aller dieser Zweckmäßigkeit ungeachtet, dennoch nicht empirisch, sondern a priori erkannt wird, von selbst darauf bringen, daß der Raum, durch dessen Bestimmung (vermittelst der Einbildungskraft, gemäß einem Begriffe) das Object allein möglich war, nicht eine Beschaffenheit der Dinge außer mir, sondern eine bloße Vorstellungsart in mir sey, und ich also in die Figur, die ich *einem Begriffe angemessen* zeichne, d. i. in meine eigene Vorstellungsart von dem, was mir äußerlich, es sey an sich was es wolle, gegeben wird, die *Zweckmäßigkeit hineinbringe,* nicht von diesem über dieselbe empirisch belehrt werde, folglich zu jener keinen besondern Zweck außer mir am Objecte bedürfe. Weil aber diese Überlegung schon einen critischen Gebrauch der Vernunft erfordert, mithin in der Beurtheilung des Gegenstandes nach seinen Eigenschaften nicht sofort mit enthalten seyn kann; so giebt mir die letztere unmittelbar nichts als Vereinigung heterogener Regeln (sogar nach dem, was sie ungleichartiges an sich haben) in einem Princip an die Hand, welches, ohne einen außer meinem Begriffe und überhaupt meiner Vorstellung a priori liegenden besondern Grund dazu zu fordern, dennoch von mir a priori als wahrhaft erkannt wird. Nun ist die **Verwunderung** ein Anstoß des Gemüths an der Unvereinbarkeit einer Vorstellung und der durch sie gegebenen Regel mit den schon in ihm zum Grunde liegenden Principien, welcher also einen Zweifel, ob man auch recht gesehen oder geurtheilt habe, hervorbringt; **Bewunderung** aber eine immer wiederkommende Verwunderung, ungeachtet der Verschwindung dieses Zweifels. Folglich ist die letzte eine ganz natürliche Wirkung jener beobachteten Zweckmäßigkeit in den Wesen der Dinge (als Erscheinungen), die auch sofern nicht getadelt werden kann, indem die Vereinbarung jener Form der sinnlichen Anschauung (welche der Raum heißt) mit dem Vermögen der Begriffe (dem Verstande) nicht allein deswegen, daß sie gerade diese und keine andere ist, uns unerklärlich, sondern überdem noch für das Gemüth erweiternd ist, noch etwas über jene sinnliche Vorstellungen Hinausliegendes gleichsam zu ahnen, worin, obzwar uns unbekannt, der letzte Grund jener Einstimmung angetroffen werden mag. Diesen zu kennen, haben wir zwar auch nicht nöthig, wenn es bloß um formale Zweckmäßigkeit unserer Vorstellungen a priori zu thun ist; aber, auch nur da hinaussehen zu müssen, flößt für den Gegenstand, der uns dazu nöthigt, zugleich Bewunderung ein.

Man ist gewohnt, die erwähnten Eigenschaften, sowohl der geometrischen Gestalten, als auch wohl der

Zahlen, wegen einer gewissen, aus der Einfachheit ihrer Construction nicht erwarteten, Zweckmäßigkeit derselben a priori zu allerley Erkenntnißgebrauch, *Schönheit* zu nennen; und spricht z. B. von dieser oder jener *schönen* Eigenschaft des Cirkels, welche auf diese oder jene Art entdeckt wäre. Allein es ist keine ästhetische Beurtheilung, durch die wir sie zweckmäßig finden; keine Beurtheilung ohne Begrif, die eine bloße *subjective* Zweckmäßigkeit im freyen Spiele unserer Erkenntnißvermögen bemerklich macht; sondern eine intellectuelle nach Begriffen, welche eine objective Zweckmäßigkeit, d. i. Tauglichkeit zu allerley (ins Unendliche mannichfaltigen) Zwecken deutlich zu erkennen giebt. Man müßte sie eher eine *relative* Vollkommenheit, als eine Schönheit, der mathematischen Figur nennen. Diese Benennung einer *intellectuellen Schönheit* kann auch überhaupt nicht füglich erlaubt werden; weil sonst das Wort Schönheit alle bestimmte Bedeutung, oder das intellectuelle Wohlgefallen allen Vorzug vor dem sinnlichen verlieren müßte. Eher würde man eine *Demonstration* solcher Eigenschaften, weil durch diese der Verstand als Vermögen der Begriffe, und die Einbildungskraft, als Vermögen der Darstellung derselben, a priori sich gestärkt fühlen (welches mit der Präcision, die die Vernunft hineinbringt, zusammen, die *Eleganz* derselben genannt wird), schön nennen können: indem hier doch wenigstens das Wohlgefallen, obgleich der Grund desselben in Begriffen liegt, subjectiv ist, da die Vollkommenheit ein objectives Wohlgefallen bey sich führt.

§. 56.
Von der relativen Zweckmäßigkeit der Natur, zum Unterschiede von der innern.

Die Erfahrung leitet unsere Urtheilskraft auf den Begrif einer objectiven und materialen Zweckmäßigkeit, d. i. auf den Begrif eines Zwecks der Natur nur alsdann, wenn ein Verhältniß der Ursache zur Wirkung zu beurtheilen ist *), welches wir als gesetzlich einzusehen uns nur dadurch vermögend finden, daß wir die Idee der Wirkung, der Causalität ihrer Ursache, als die dieser selbst zum Grunde liegende Bedingung der Möglichkeit der ersteren, unterlegen. Dieses kann aber auf zwiefache Weise geschehen: entweder indem wir die Wirkung unmittelbar als Kunstproduct, oder nur als Material für die Kunst anderer möglicher Naturwesen, also entweder als Zweck, oder als Mittel zum zweckmäßigen Gebrauche anderer Ursachen, ansehen. Die letztere Zweckmäßigkeit heißt die Nutzbarkeit (für Menschen),

---

*) Weil in der reinen Mathematik nicht von der Existenz, sondern nur der Möglichkeit der Dinge, nehmlich einer ihrem Begriffe correspondirenden Anschauung, mithin gar nicht von Ursache und Wirkung die Rede seyn kann; so muß folglich alle daselbst angemerkte Zweckmäßigkeit bloß als formal, niemals als Naturzweck, betrachtet werden.

ober auch Zuträglichkeit (für jedes andere Geschöpf), und ist bloß relativ; indeß die erstere eine innere Zweckmäßigkeit des Naturwesens ist.

Die Flüsse führen z. B. allerley zum Wachsthum der Pflanzen bienliche Erde mit sich fort, die sie bisweilen mitten im Lande, oft auch an ihren Mündungen, absetzen. Die Fluth führt diesen Schlich an manchen Küsten über das Land, oder setzt ihn an dessen Ufer ab; und, wenn vornehmlich Menschen dazu helfen, damit die Ebbe ihn nicht wieder wegführe, so nimmt das fruchtbare Land zu, und das Gewächsreich gewinnt da Platz, wo vorher Fische und Schaalthiere ihren Aufenthalt gehabt hatten. Die meisten Landeserweiterungen auf diese Art hat wohl die Natur selbst verrichtet, und fährt damit auch noch, obzwar langsam, fort. — Nun fragt sich, ob dies als ein Zweck der Natur zu beurtheilen sey, weil es eine Nutzbarkeit für Menschen enthält; denn die für das Gewächsreich selber kann man nicht in Anschlag bringen, weil dagegen eben so viel den Meergeschöpfen entzogen wird, als dem Lande Vortheil zuwächst.

Oder, um ein Beyspiel von der Zuträglichkeit gewisser Naturdinge als Mittel für andere Geschöpfe (wenn man sie als Mittel voraussetzt) zu geben: so ist kein Boden den Fichten gedeihlicher, als ein Sandboden. Nun hat das alte Meer, ehe es sich vom Lande zurückzog, so viele Sandstriche in unsern nordlichen Gegenden zurückgelassen, daß auf diesem für alle Cultur sonst so unbrauchbaren Boden weitläuftige Fichtenwälder haben aufschlagen können, wegen deren unvernünftiger Ausrottung wir häufig unsere Vorfahren anklagen; und da kann man fragen, ob diese uralte Absetzung der Sandschichten ein Zweck der Natur war, zum Behuf der darauf möglichen Fichtenwälder. So viel ist klar: daß, wenn man diese als Zweck der Natur annimmt, man jenen Sand auch, aber nur als relativen, Zweck einräumen müsse, wozu wiederum der alte Meeresstrand und dessen Zurückziehen das Mittel war; denn in der Reihe der einander subordinirten Glieder einer Zweckverbindung muß ein jedes Mittelglied als Zweck (obgleich eben nicht als Endzweck) betrachtet werden, wozu seine nächste Ursache das Mittel ist. Eben so, wenn einmal Rindvieh, Schaafe, Pferde u. s. w. in der Welt seyn sollten, so mußte Gras auf Erden, aber es mußten auch Salzkräuter in Sandwüsten wachsen, wenn Cameele gedeihen sollten, oder auch diese und andere grasfressende Thierarten in Menge anzutreffen seyn, wenn es Wölfe, Tiger und Löwen geben sollte. Mithin ist die objective Zweckmäßigkeit, die sich auf Zuträglichkeit gründet, nicht eine objective Zweckmäßigkeit der Dinge an sich selbst, als ob der Sand für sich, als Wirkung, aus seiner Ursache, dem Meere, nicht könnte begriffen werden, ohne dem letztern einen Zweck unterzulegen, und ohne die Wirkung, nehmlich den Sand, als Kunstwerk zu betrachten. Sie ist eine bloß relative, dem Dinge selbst, dem sie beygelegt wird, bloß zufällige Zweckmäßigkeit; und, obgleich unter den angeführten Beyspielen, die Grasarten für sich, als organisirte Producte der Natur, mithin als kunstreich zu beurtheilen sind, so werden sie doch in Beziehung auf Thiere, die sich davon nähren, als bloße rohe Materie angesehen.

Wenn aber vollends der Mensch, durch Freyheit seiner Causalität, die Naturdinge seinen oft thörichten Absichten (die bunten Vogelfedern zum Putzwerk seiner Bekleidung, farbige Erden oder Pflanzensäfte zur Schminke), manchmal auch aus vernünftiger Absicht, das Pferd zum Reiten, den Stier und in Minorca sogar den Esel und das Schwein zum Pflügen, zuträglicher findet; so kann man hier auch nicht einmal einen relativen Naturzweck (auf diesen Gebrauch) annehmen. Denn seine Vernunft weiß den Dingen eine Übereinstimmung mit seinen willkürlichen Einfällen, wozu er selbst nicht einmal von der Natur prädestinirt war, zu geben. Nur wenn man annimmt, Menschen haben auf Erden leben sollen, so müssen doch wenigstens die Mittel, ohne die sie als Thiere und selbst als vernünftige Thiere (in wie niedrigem Grade es auch sey) nicht bestehen konnten, auch nicht fehlen; alsdann aber würden diejenigen Naturdinge, die zu diesem Behuf unentbehrlich sind, auch als Naturzwecke angesehen werden müssen.

Man sieht hieraus leicht ein, daß die äußere Zweckmäßigkeit (Zuträglichkeit eines Dinges für andere) nur unter der Bedingung, daß die Existenz desjenigen, dem es zunächst oder auf entfernte Weise zuträglich ist, für sich selbst Zweck der Natur sey, für einen äußern Naturzweck angesehen werden könne. Da jenes aber, durch bloße Naturbetrachtung, nimmermehr auszumachen ist; so folgt, daß die relative Zweckmäßigkeit, ob sie gleich hypothetisch auf Naturzwecke Anzeige giebt, dennoch zu keinem absoluten teleologischen Urtheile berechtige.

Der Schnee sichert die Staaten in kalten Ländern wider den Frost; er erleichtert die Gemeinschaft der Menschen (durch Schlitten); der Lappländer findet dort Thiere, die diese Gemeinschaft bewirken (Rennthiere), die an einem dürren Moose, welches sie sich selbst unter dem Schnee hervorscharren müssen, hinreichende Nahrung finden, und gleichwohl sich leicht zähmen, und der Freyheit, in der sie sich gar wohl erhalten könnten, willig berauben lassen. Für andere Völker in derselben Eiszone enthält das Meer reichen Vorrath an Thieren, die, außer der Nahrung und Kleidung, die sie liefern, und dem Holze, welches ihnen das Meer zu Wohnungen gleichsam hinflößet, ihnen noch Brennmaterien zur Erwärmung ihrer Hütten liefern. Hier ist nun eine bewundernswürdige Zusammenkunft von so viel Beziehungen der Natur auf einen Zweck; und dieser ist der Grönländer, der Lappe, der Samojede, der Jakute, u. s. w. Aber man sieht nicht, warum überhaupt Menschen dort leben müssen. Also sagen: daß darum Dünste aus der

Luft in der Form des Schnees herunterfallen, das Meer seine Ströme habe, welche das in wärmern Ländern gewachsene Holz dahinschwemmen, und große mit Öl angefüllte Seethiere da sind, weil der Ursache, die alle die Naturproducte herbeyschaft, die Idee eines Vortheils für gewisse armselige Geschöpfe zum Grunde liege: wäre ein sehr gewagtes und willkürliches Urtheil. Denn, wenn alle diese Naturnützlichkeit auch nicht wäre, so würden wir nichts an der Zulänglichkeit der Naturursachen zu dieser Beschaffenheit vermissen; vielmehr eine solche Anlage auch nur zu verlangen und der Natur einen solchen Zweck zuzumuthen (da ohnedas nur die größte Unverträglichkeit der Menschen unter einander sie bis in so unwirthbare Gegenden hat versprengen können), würde uns selbst vermessen und unüberlegt zu seyn dünken.

§. 64.
Von dem eigenthümlichen Character der Dinge als Naturzwecke.

Um einzusehen, daß ein Ding nur als Zweck möglich sey, d. h. die Causalität seines Ursprungs nicht im Mechanism der Natur, sondern in einer Ursache, deren Vermögen zu wirken durch Begriffe bestimmt wird, suchen zu müssen, dazu wird erfordert: daß seine Form nicht nach bloßen Naturgesetzen möglich sey, d. i. solchen, welche von uns durch den Verstand allein, auf Gegenstände der Sinne angewandt, erkannt werden können;

sondern daß selbst ihr empirisches Erkenntniß, ihrer Ursache und Wirkung nach, Begriffe der Vernunft voraussetze. Diese Zufälligkeit seiner Form bey allen empirischen Naturgesetzen in Beziehung auf die Vernunft, da die Vernunft, welche an einer jeden Form eines Naturproducts auch die Nothwendigkeit derselben erkennen muß, wenn sie auch nur die mit seiner Erzeugung verknüpften Bedingungen einsehen will, gleichwohl aber an jener gegebenen Form diese Nothwendigkeit nicht annehmen kann, ist selbst ein Grund, die Causalität desselben so anzunehmen, als ob sie eben darum nur durch Vernunft möglich sey: diese aber ist alsdann das Vermögen, nach Zwecken zu handeln (ein Wille); und das Object, welches nur als aus diesem möglich vorgestellt wird, würde nur als Zweck für möglich vorgestellt werden.

Wenn jemand in einem ihm unbewohnt scheinenden Lande eine geometrische Figur, allenfalls ein reguläres Sechseck, im Sande gezeichnet wahrnähme; so würde seine Reflexion, indem sie an einem Begriffe derselben arbeitet, der Einheit des Princips der Erzeugung desselben, wenn gleich dunkel, vermittelst der Vernunft inne werden, und so, dieser gemäß, den Sand, das benachbarte Meer, die Winde, oder auch Thiere mit ihren Fußtritten, die er kennt, oder jede andere vernunftlose Ursache nicht als einen Grund der Möglichkeit einer solchen Gestalt beurtheilen: weil ihm die Zufälligkeit, mit einem solchen Begriffe, der nur in der Vernunft möglich ist, zusammen zu treffen, so unendlich groß scheinen würde, daß es eben so gut wäre, als ob es dazu gar kein Naturgesetz gebe, daß folglich auch keine Ursache in der bloß mechanisch wirkenden Natur, sondern nur der Begrif von einem solchen Object, als Begrif, den nur Vernunft geben und mit demselben den Gegenstand vergleichen kann, auch die Causalität zu einer solchen Wirkung enthalten, folglich diese durchaus als Zweck, aber nicht Naturzweck, d. i. als Product der Kunst, angesehen werden könne (vestigium hominis video).

Um aber etwas, das man als Naturproduct erkennt, gleichwohl doch auch als Zweck, mithin als Naturzweck, zu beurtheilen; dazu, wenn nicht etwa hierin gar ein Widerspruch liegt, wird schon mehr erfodert. Ich würde vorläufig sagen: ein Ding existirt als Naturzweck, wenn es sich von selbst (obgleich in zwiefachem Sinne) Ursache und Wirkung ist; denn hierin liegt eine Causalität, dergleichen mit dem bloßen Begriffe einer Natur, ohne ihr einen Zweck unterzulegen, nicht verbunden, aber auch alsdann, zwar ohne Widerspruch gedacht aber nicht begriffen werden kann. Wir wollen die Bestimmung dieser Idee von einem Naturzwecke zuförderst durch ein Beyspiel erläutern, ehe wir sie völlig auseinandersetzen.

Ein Baum zeugt erstlich einen andern Baum nach einem bekannten Naturgesetze. Der Baum aber, den er erzeugt, ist von derselben Gattung; und so erzeugt er sich selbst der **Gattung** nach, in der er einerseits als Wirkung, andrerseits als Ursache, von sich selbst unaufhörlich hervorgebracht, und eben so, sich selbst oft hervorbirngend, sich, als Gattung, beständig erhält.

Zweytens erzeugt ein Baum sich auch selbst als **Individuum**. Diese Art von Wirkung nennen wir zwar nur das Wachsthum; aber dieses ist in solchem Sinne zu nehmen, daß es von jeder andern Größenzunahme nach mechanischen Gesetzen gänzlich unterschieden, und einer Zeugung, wiewohl unter einem andern Namen, gleich zu achten ist. Die Materie, die er zu sich hinzusetzt, verarbeitet dieses Gewächs vorher zu specifischeigenthümlicher Qualität, welche der Naturmechanism außer ihr nicht liefern kann, und bildet sich selbst weiter aus, vermittelst eines Stoffes, der, seiner Mischung nach, sein eignes Product ist. Denn, ob er zwar, was die Bestandtheile betrift, die er von der Natur außer ihm erhält, nur als Educt angesehen werden muß; so ist doch in der Scheidung und neuen Zusammensetzung dieses rohen Stofs eine solche Originalität des Scheidungs- und Bildungsvermögens dieser Art Naturwesen anzutreffen, daß alle Kunst davon unendlich weit entfernt bleibt, wenn sie es versucht, aus den Elementen, die sie durch Zergliederung derselben erhält, oder auch dem Stof, den die Natur zur Nahrung derselben liefert, jene Producte des Gewächsreichs wieder herzustellen.

Drittens erzeugt ein Theil dieses Geschöpfs auch sich selbst so: daß die Erhaltung des einen von der Erhaltung der andern wechselsweise abhängt. Das Auge an einem Baumblatt, dem Zweige eines andern eingeimpft, bringt an einem fremdartigen Stocke ein Gewächs von seiner eignen Art hervor, und eben so das Pfropfreis auf einem andern Stamme. Daher kann man auch an demselben Baume jeden Zweig oder Blatt als bloß auf diesen gepfropft oder oculirt, mithin als einen für sich selbst bestehenden Baum, der sich nur an einen andern anhängt und parasitisch nährt, ansehen. Zugleich sind die Blätter zwar Producte des Baums, erhalten aber diesen doch auch gegenseitig; denn die wiederholte Entblätterung würde ihn tödten, und sein Wachsthum hängt von ihrer Wirkung auf den Stamm ab. Der Selbsthülfe der Natur in diesen Geschöpfen bey ihrer Verletzung, wo der Mangel eines Theils, der zur Erhaltung der benachbarten gehörte, von den übrigen ergänzt wird; der Mißgeburten oder Mißgestalten im Wachsthum, da gewisse Theile, wegen vorkommender Mängel oder Hindernisse, sich auf ganz neue Art formen, um das, was da ist, zu erhalten, und ein anomalisches Geschöpf hervorzubringen: will ich hier nur im Vorbeygehen erwähnen, ungeachtet sie unter die wundersamsten Eigenschaften organisirter Geschöpfe gehören.

§. 65.

§. 65.
Dinge, als Naturzwecke, sind organisirte Wesen.

Nach dem im vorigen §. angeführten Character, muß ein Ding, welches, als Naturproduct, doch zugleich nur als Naturzweck möglich erkannt werden soll, sich zu sich selbst wechselseitig als Ursache und Wirkung verhalten, welches ein etwas uneigentlicher und unbestimmter Ausdruck ist, der einer Ableitung von einem bestimmten Begriffe bedarf.

Die Causalverbindung, sofern sie bloß durch den Verstand gedacht wird, ist eine Verknüpfung die eine Reihe (von Ursachen und Wirkungen) ausmacht, welche immer abwärts geht; und die Dinge selbst, welche als Wirkungen andere als Ursache voraussetzen, können von diesen nicht gegenseitig zugleich Ursache seyn. Diese Causalverbindung nennt man die der wirkenden Ursachen (nexus effectivus). Dagegen aber kann doch auch eine Causalverbindung nach einem Vernunftbegriffe (von Zwecken) gedacht werden, welche, wenn man sie als Reihe betrachtete, sowohl abwärts als aufwärts Abhängigkeit bey sich führen würde, in der das Ding, welches einmal als Wirkung bezeichnet ist, dennoch aufwärts den Namen einer Ursache desjenigen Dinges verdient, wovon es die Wirkung ist. Im practischen (nehmlich der Kunst) findet man leicht dergleichen Verknüpfung wie z. B. das Haus zwar die Ursache der Gelder ist, die für Miethe eingenommen werden, aber doch auch umgekehrt die Vorstellung von diesem möglichen Einkommen die Ursache der Erbauung des Hauses war. Eine solche Causalverknüpfung wird die der Endursachen (nexus finalis) genannt. Man könnte die erstere vielleicht schicklicher die Verknüpfung der realen, die zweyte der idealen Ursachen nennen, weil bey dieser Benennung zugleich begriffen wird, daß es nicht mehr als diese zwey Arten der Causalität geben könne.

Zu einem Dinge als Naturzwecke wird nun **erstlich** erfordert, daß die Theile (ihrem Daseyn und der Form nach) nur durch ihre Beziehung auf das Ganze möglich sind. Denn das Ding selbst ist ein Zweck, folglich unter einem Begriffe oder einer Idee befaßt, die alles was in ihm enthalten seyn soll, a priori bestimmen muß. Sofern aber ein Ding nur auf diese Art als möglich gedacht wird, ist es bloß ein Kunstwerk, d. i. das Product einer von der Materie (den Theilen) desselben unterschiedenen vernünftigen Ursache, deren Causalität (in Herbeyschaffung und Verbindung der Theile) durch ihre Idee von einem dadurch möglichen Ganzen (mithin nicht durch die Natur außer ihm) bestimmt wird.

Soll aber ein Ding, als Naturproduct, in sich selbst und seiner innern Möglichkeit doch eine Beziehung auf Zwecke enthalten, d. i. nur als Naturzweck und ohne die Causalität der Begriffe von vernünftigen Wesen außer ihm möglich seyn; so wird **zweytens** dazu erfordert: daß die Theile deſſelben ſich dadurch zur Einheit eines Ganzen verbinden, daß ſie von einander wechſelſeitig Urſache und Wirkung ihrer Form ſind. Denn auf ſolche Weiſe iſt es allein möglich, daß umgekehrt (wechſelſeitig) die Idee des Ganzen wiederum die Form und Verbindung aller Theile beſtimme: nicht als Urſache — denn da wäre es ein Kunſtproduct — ſondern als Erkenntnißgrund der ſyſtematiſchen Einheit der Form und Verbindung alles Mannichfaltigen, was in der gegebenen Materie enthalten iſt, für den, der es beurtheilt.

Zu einem Körper alſo, der an ſich und ſeiner innern Möglichkeit nach als Naturzweck beurtheilt werden ſoll, wird erfordert, daß die Theile deſſelben einander insgeſammt, ihrer Form ſowohl als Verbindung nach, wechſelſeitig, und ſo ein Ganzes aus eigener Cauſalität hervorbringen, deſſen Begrif wiederum umgekehrt (in einem Weſen, welches die einem ſolchen Product angemeſſene Cauſalität nach Begriffen beſäße) Urſache von demſelben nach einem Princip, folglich die Verknüpfung der **wirkenden Urſachen** zugleich als **Wirkung durch Endurſachen** beurtheilt werden könnte.

In einem ſolchen Producte der Natur wird ein jeder Theil, ſo, wie er nur **durch** alle übrige da iſt, auch als **um der andern und des Ganzen willen** exiſtirend, d. i. als Werkzeug (Organ) gedacht: welches aber nicht genug iſt (denn er könnte auch Werkzeug der Kunſt ſeyn, und so nur als Zweck überhaupt möglich vorgestellt werden); sondern als ein die andern Theile (folglich jeder den andern wechselseitig) hervorbringendes Organ, dergleichen kein Werkzeug der Kunst, sondern nur der allen Stoff zu Werkzeugen (selbst denen der Kunst) liefernden Natur seyn kann: und nur dann und darum wird ein solches Product, als organisirtes und sich selbst organisirendes Wesen, ein Naturzweck genannt werden können.

In einer Uhr ist ein Theil das Werkzeug der Bewegung der andern, aber nicht ein Rad die wirkende Ursache der Hervorbringung der andern; ein Theil ist zwar um des andern Willen, aber nicht durch denselben da. Daher ist auch die hervorbringende Ursache derselben und ihrer Form nicht in der Natur (dieser Materie), sondern außer ihr in einem Wesen, welches nach Ideen eines durch seine Causalität möglichen Ganzen wirken kann, enthalten. Daher bringt auch so wenig wie ein Rad in der Uhr das andere, noch weniger eine Uhr andere Uhren hervor, so daß sie andere Materie dazu benutzte (sie organisirte); daher ersetzt sie auch nicht von selbst die ihr entwandten Theile, oder vergütet ihren Mangel in der ersten Bildung durch den Beytritt der übrigen, oder bessert sich etwa selbst aus, wenn sie in Unordnung gerathen ist: welches alles wir dagegen von der organisirten Natur erwarten können. — Ein organisirtes Wesen ist also nicht bloß Maschine: denn die hat lediglich bewegende Kraft; sondern es besitzt in sich bildende Kraft, und zwar eine solche, die es den Materien mittheilt, welche sie nicht haben (sie organisirt): also eine sich fortpflanzende bildende Kraft, welche durch das Bewegungsvermögen allein (den Mechanism) nicht erklärt werden kann.

Man sagt von der Natur und ihrem Vermögen in organisirten Producten bey weitem zu wenig, wenn man dieses ein Analogon der Kunst nennt; denn da denkt man sich den Künstler (ein vernünftiges Wesen) außer ihr. Sie organisirt sich vielmehr selbst, und in jeder Species ihrer organisirten Producte, zwar nach einerley Exemplar im Ganzen, aber doch auch mit schicklichen Abweichungen, die die Selbsterhaltung nach den Umständen erfordert. Näher tritt man vielleicht dieser unerforschlichen Eigenschaft, wenn man sie ein Analogon des Lebens nennt: aber da muß man entweder die Materie als bloße Materie mit einer Eigenschaft (Hylozoism) begaben, die ihrem Wesen widerstreitet; oder ihr ein fremdartiges mit ihr in Gemeinschaft stehendes Princip (eine Seele) beygesellen: wozu man aber, wenn ein solches Product ein Naturproduct seyn soll, organisirte Materie als Werkzeug jener Seele entweder schon voraussetzt, und jene also nicht im mindesten begreiflicher macht, oder die Seele zur Künstlerin dieses Bauwerks machen, und so das Product der Natur (der körperlichen) entziehen muß. Genau zu reden, hat also die Organisation der Natur nichts Analogisches mit irgend einer Causalität die wir kennen *). Schönheit der Natur, weil sie den Gegenständen nur in Beziehung auf die Reflexion über die äußere Anschauung derselben, mithin nur der Form der Oberfläche wegen beygelegt wird, kann mit Recht ein Analogon der Kunst genannt werden. Aber innere Naturvollkommenheit, wie sie diejenigen Dinge besitzen, welche nur als Naturzwecke möglich sind und darum organisirte Wesen heißen, ist nach keiner Analogie irgend eines uns bekannten physischen d. i. Naturvermögens, ja da wir selbst zur Natur im weitesten Verstande gehören, selbst nicht einmal durch eine genau angemessene Analogie mit menschlicher Kunst denkbar und erklärlich.

Der Begrif eines Dinges, als an sich Naturzwecks, ist also kein constitutiver Begrif des Verstandes oder der Vernunft, kann aber doch ein regulativer Begrif für die

*) Man kann umgekehrt einer gewissen Verbindung, die aber auch mehr in der Idee als in der Wirklichkeit angetroffen wird, durch eine Analogie mit den genannten unmittelbaren Naturzwecken Licht geben. So hat man sich, bey einer neuerlich unternommenen gänzlichen Umbildung eines großen Volks zu einem Staat, des Worts Organisation häufig für Einrichtung der Magistraturen u. s. w. und selbst des ganzen Staatskörpers sehr schicklich bedient. Denn jedes Glied soll freylich in einem solchen Ganzen nicht bloß Mittel, sondern zugleich auch Zweck; und, indem es zu der Möglichkeit des Ganzen mitwirkt, durch die Idee des Ganzen wiederum, seiner Stelle und Function nach, bestimmt seyn.

reflectirende Urtheilskraft seyn, nach einer entfernten Analogie mit unserer Caufalität nach Zwecken überhaupt die Nachforschung über Gegenstände dieser Art zu leiten und über ihren obersten Grund nachzudenken; das letztere zwar nicht zum Behuf der Kenntniß der Natur, oder jenes Urgrundes derselben, sondern vielmehr eben desselben practischen Vernunftvermögens in uns, mit welchem wir die Ursache jener Zweckmäßigkeit in Analogie betrachteten.

Organisirte Wesen sind also die einzigen in der Natur, welche, wenn man sie auch für sich und ohne ein Verhältniß auf andere Dinge betrachtet, doch nur als Zwecke derselben möglich gedacht werden müssen, und die also zuerst dem Begriffe eines Zwecks, der nicht ein practischer sondern Zweck der Natur ist, objective Realität, und dadurch für die Naturwissenschaft den Grund zu einer Teleologie, d. i. einer Beurtheilungsart ihrer Objecte nach einem besondern Princip, verschaffen, dergleichen man in sie einzuführen (weil man die Möglichkeit einer solchen Art Caufalität gar nicht a priori einsehen kann) sonst schlechterdings nicht berechtigt seyn würde.

§. 66.

Vom Princip der Beurtheilung der innern Zweckmäßigkeit in organisirten Wesen.

Dieses Princip, zugleich die Definition derselben, heißt: Ein organisirtes Product der Natur ist das, in welchem alles Zweck und wechselseitig auch Mittel ist. Nichts in ihm ist umsonst, zwecklos, oder einem blinden Naturmechanism zuzuschreiben.

Dieses Princip ist zwar, seiner Veranlassung nach, von Erfahrung abzuleiten, nehmlich derjenigen, welche methodisch angestellt wird und Beobachtung heißt; der Allgemeinheit und Nothwendigkeit wegen aber, die es von einer solchen Zweckmäßigkeit aussagt, kann es nicht bloß auf Erfahrungsgründen beruhen, sondern muß irgend ein Princip a priori, wenn es gleich bloß regulativ wäre, und jene Zwecke allein in der Idee des Beurtheilenden und nirgend in einer wirkenden Ursache lägen, zum Grunde haben. Man kann daher obgenanntes Princip eine Maxime der Beurtheilung der innern Zweckmäßigkeit organisirter Wesen nennen.

Daß die Zergliederer der Gewächse und Thiere, um ihre Structur zu erforschen und die Gründe einsehen zu können, warum und zu welchem Ende solche Theile, warum eine solche Lage und Verbindung der Theile und gerade diese innere Form ihnen gegeben worden; jene Maxime: daß nichts in einem solchen Geschöpf umsonst sey, als unumgänglich nothwendig annehmen, und sie eben so, als den Grundsatz der allgemeinen Naturlehre: daß nichts von ungefähr geschehe, geltend machen, ist bekannt. In der That können sie sich auch von diesem teleologischen Grundsatze eben so wenig lossagen, als von dem allgemeinen physischen, weil, so wie bey Verlassung des letzteren gar keine Erfahrung überhaupt, so bey der des ersteren Grundsatzes kein Leitfaden für die Beobachtung einer Art von Naturdingen, die wir einmal teleologisch unter dem Begriffe der Naturzwecke gedacht haben, übrig bleiben würde.

Denn dieser Begrif führt die Vernunft in eine ganz andere Ordnung der Dinge, als die eines bloßen Mechanisms der Natur, der uns hier nicht mehr genugthun will. Eine Idee soll der Möglichkeit des Naturproducts zum Grunde liegen. Weil diese aber eine absolute Einheit der Vorstellung ist, statt daß die Materie eine Vielheit der Dinge ist, die für sich keine bestimmte Einheit der Zusammensetzung an die Hand geben kann; so muß, wenn jene Einheit der Idee sogar als Bestimmungsgrund a priori eines Naturgesetzes der Causalität einer solchen Form des Zusammengesetzten dienen soll, der Zweck der Natur auf Alles, was in ihrem Producte liegt, erstreckt werden. Denn, wenn wir einmal dergleichen Wirkung im Ganzen auf einen übersinnlichen Bestimmungsgrund über den blinden Mechanism der Natur hinaus, beziehen, müssen wir sie auch ganz nach diesem Princip beurtheilen; und es ist kein Grund da, die Form eines solchen Dinges noch zum Theil vom letzteren als abhängig anzunehmen, da alsdann, bey der Vermischung ungleichartiger Principien, gar keine sichere Regel der Beurtheilung übrig bleiben würde.

Es mag immer seyn, daß z. B. in einem thierischen Körper manche Theile als Concretionen nach bloß mechanischen Gesetzen begriffen werden könnten (als Häute, Knochen, Haare). Doch muß die Ursache, welche die dazu schickliche Materie herbeyschaft, diese so modificirt, formt, und an ihren gehörigen Stellen absetzt, immer teleologisch beurtheilt werden, so, daß alles in ihm als organisirt betrachtet werden muß, und alles auch in gewisser Beziehung auf das Ding selbst wiederum Organ ist.

§. 67.
Vom Princip der teleologischen Beurtheilung über Natur überhaupt als System der Zwecke.

Wir haben oben von der äußeren Zweckmäßigkeit der Naturdinge gesagt: daß sie keine hinreichende Berechtigung gebe, sie zugleich als Zwecke der Natur, zu Erklärungsgründen ihres Daseyns, und die zufällig-zweckmäßigen Wirkungen derselben in der Idee, zu Gründen ihres Daseyns nach dem Princip der Endursachen zu brauchen. So kann man die Flüsse, weil sie die Gemeinschaft im Innern der Länder unter Völkern befördern, die Gebirge, weil sie zu diesen die Quellen und zur Erhaltung derselben den Schneevorrath für regenlose Zeiten enthalten, imgleichen den Abhang der Länder, der diese Gewässer abführt und das Land trocken werden läßt, darum nicht sofort für Naturzwecke hatten; weil, obzwar diese Gestalt der Oberfläche der Erde zur Entstehung und Erhaltung des Gewächs= und Thierreichs sehr nöthig war, sie doch nichts an sich hat, zu dessen Möglichkeit man sich genöthigt sähe eine Causalität nach Zwecken anzunehmen. Eben das gilt von Gewächsen, die der Mensch zu seiner Nothdurft oder Ergötzlichkeit nutzt: von Thieren, dem Cameele, dem Rinde, dem Pferde, Hunde u. s. w., die er theils zu seiner Nahrung, theils seinem Dienste so vielfältig gebrauchen und großentheils gar nicht entbehren kann. Von Dingen, deren keines für sich als Zweck anzusehen man Ursache hat, kann das äußere Verhältniß nur hypothetisch für zweckmäßig beurtheilt werden.

Ein Ding seiner innern Form halber, als Naturzweck beurtheilen, ist ganz etwas anderes, als die Existenz dieses Dinges für Zweck der Natur halten. Zu der letztern Behauptung bedürfen wir nicht bloß den Begrif von einem möglichen Zweck, sondern die Erkenntniß des Endzwecks (scopus) der Natur, welches eine Beziehung derselben auf etwas übersinnliches bedarf, die alle unsere teleologische Naturerkenntniß weit übersteigt; denn der Zweck der Existenz der Natur selbst muß über die Natur hinaus gesucht werden. Die innere Form eines bloßen Grashalms kann seinen bloß nach der Regel der Zwecke möglichen Ursprung, für unser menschliches Beurtheilungsvermögen hinreichend, beweisen. Geht man aber davon ab, und sieht nur auf den Gebrauch, den andere Naturweſen davon machen, verläßt alſo die Betrachtung der innern Organiſation und ſieht nur auf äußere zweckmäßige Beziehungen, wie das Gras dem Vieh, wie dieſes dem Menſchen als Mittel zu ſeiner Exiſtenz nöthig ſey; und man ſieht nicht, warum es denn nöthig ſey, daß Menſchen exiſtiren (welches, wenn man etwa die Neuholländer oder Feuerländer in Gedanken hat, ſo leicht nicht zu beantworten ſeyn möchte): ſo gelangt man zu keinem categoriſchen Zwecke, ſondern alle dieſe zweckmäßige Beziehung beruht auf einer immer weiter hinauszuſetzenden Bedingung, die als unbedingt (das Daſeyn eines Dinges als Endzweck) ganz außerhalb der phyſiſch-teleologiſchen Weltbetrachtung liegt. Alsdann aber iſt ein ſolches Ding auch nicht Naturzweck; denn es iſt (oder ſeine ganze Gattung) nicht als Naturproduct anzuſehen.

Es iſt alſo nur die Materie, ſofern ſie organiſirt iſt, welche den Begrif von ihr als einem Naturzwecke nothwendig bey ſich führt, weil dieſe ihre ſpecifiſche Form zugleich Product der Natur iſt. Aber dieſer Begrif führt nun nothwendig auf die Idee der geſammten Natur als eines Syſtems nach der Regel der Zwecke; welcher Idee nun aller Mechaniſm der Natur nach Principien der Vernunft (wenigſtens um daran die Naturerſcheinung zu verſuchen) untergeordnet werden muß. Das Princip der Vernunft iſt ihr als nur ſubjectiv, d. i. als Maxime zuſtändig: Alles in der Welt iſt irgend wozu gut; Nichts ist in ihr umsonst; und man ist durch das Beyspiel, daß die Natur an ihren organischen Producten giebt, berechtigt, ja berufen, von ihr und ihren Gesetzen nichts, als was im Ganzen zweckmäßig ist, zu erwarten.

Es versteht sich, daß dieses nicht ein Princip für die bestimmende, sondern nur für die reflectirende Urtheilskraft sey, daß es regulativ und nicht constitutiv sey, und wir dadurch nur einen Leitfaden bekommen, die Naturdinge in Beziehung auf einen Bestimmungsgrund, der schon gegeben ist, nach einer neuen gesetzlichen Ordnung zu betrachten, und die Naturkunde nach einem andern Princip, nehmlich dem der Endursachen, doch unbeschadet dem des Mechanisms ihrer Causalität, zu erweitern. Übrigens wird dadurch keinesweges ausgemacht, ob irgend etwas, das wir nach diesem Princip beurtheilen, absichtlich Zweck der Natur sey: ob die Gräser für das Rind oder Schaaf, und ob dieses und die übrigen Naturdinge für den Menschen da sind. Es ist gut, selbst die uns unangenehmen und in besondern Beziehungen zweckwidrigen Dinge auch von dieser Seite zu betrachten. So könnte man z. B. sagen: das Ungeziefer, welches die Menschen in ihren Kleidern, Haaren, oder Bettstellen plagt, sey nach einer weisen Naturanstalt ein Antrieb zur Reinlichkeit, die für sich schon ein wichtiges Mittel der Erhaltung der Gesundheit ist. Oder die Moskitomücken und andere stechende Insecten, welche die Wüsten von Amerika den Wilden so beschwerlich machen, seyen so viel Stacheln der Thätigkeit für diese angehenden Menschen, um die Moräste abzuleiten, und die dichten den Luftzug abhaltenden Wälder licht zu machen, und dadurch, imgleichen durch den Anbau des Bodens, ihren Aufenthalt zugleich gesünder zu machen. Selbst was dem Menschen in seiner innern Organisation widernatürlich zu seyn scheint, wenn es auf diese Weise behandelt wird, giebt eine unterhaltende, bisweilen auch belehrende Aussicht in eine teleologische Ordnung der Dinge, auf die uns, ohne ein solches Princip, die bloß physische Betrachtung allein nicht führen würde. So wie einige den Bandwurm dem Menschen oder Thiere, dem er beywohnt, gleichsam zum Ersatz eines gewissen Mangels seiner Lebensorganen beygegeben zu seyn urtheilen: so würde ich fragen, ob nicht die Träume (ohne die niemals der Schlaf ist, ob man sich gleich nur selten derselben erinnert) eine zweckmäßige Anordnung der Natur seyn mögen, indem sie nehmlich bey dem Abspannen aller körperlichen bewegenden Kräfte, dazu dienen, vermittelst der Einbildungskraft und der großen Geschäftigkeit derselben (die in diesem Zustande mehrentheils bis zum Affecte steigt) die Lebensorganen innigst zu bewegen; so wie sie auch bey überfülletem Magen, wo diese Bewegung um desto nöthiger ist, im Nachtschlafe gemeiniglich mit desto mehr Lebhaftigkeit spielt; daß folglich ohne diese innerlich bewegende Kraft und ermüdende Unruhe, worüber wir die Träume anklagen (die doch in der That vielleicht Heilmittel sind), der Schlaf, selbst im gesunden Zustande, wohl gar ein völliges Erlöschen des Lebens seyn würde.

Auch Schönheit der Natur, d. i. ihre Zusammenstimmung mit dem freyen Spiele unserer Erkenntnißvermögen in der Auffassung und Beurtheilung ihrer Erscheinung, kann auf die Art als objective Zweckmäßigkeit der Natur in ihrem Ganzen, als System, worin der Mensch ein Glied ist, betrachtet werden; wenn einmal die teleologische Beurtheilung derselben durch die Naturzwecke, welche uns die organisirten Wesen an die Hand geben, zu der Idee eines großen Systems der Zwecke der Natur uns berechtigt hat. Wir können sie als eine Gunst *), die die Natur für uns gehabt hat, betrachten, daß sie über das Nützliche noch Schönheit und Reize so reichlich austheilete, und sie deshalb lieben, so wie, ihrer Unermeßlichkeit wegen, mit Achtung betrachten,

---

*) In dem ästhetischen Theile wurde gesagt: wir sähen die schöne Natur mit Gunst an, indem wir an ihrer Form ein ganz freyes (uninteressirtes) Wohlgefallen haben. Denn in diesem bloßen Geschmacksurtheile wird gar nicht darauf Rücksicht genommen, zu welchem Zwecke diese Naturschönheiten existiren; ob um uns eine Lust zu erwecken, oder ohne alle Beziehung auf uns als Zwecke. In einem teleologischen Urtheile aber geben wir auch auf diese Beziehung Acht; und da können wir es als Gunst der Natur ansehen, daß sie uns, durch Aufstellung so vieler schönen Gestalten, zur Cultur hat beförderlich seyn wollen.

und uns selbst in dieser Betrachtung veredelt fühlen: gerade als ob die Natur ganz eigentlich in dieser Absicht ihre herrliche Bühne aufgeschlagen und ausgeschmückt habe.

Wir wollen in diesem §. nichts anders sagen, als daß, wenn wir einmal an der Natur ein Vermögen entdeckt haben, Producte hervorzubringen, die nur nach dem Begriffe der Endursachen von uns gedacht werden können, wir weiter gehen, und auch die, welche (oder ihr, obgleich zweckmäßiges, Verhältniß) es eben nicht nothwendig machen, über den Mechanism der blind wirkenden Ursachen hinaus ein ander Princip für ihre Möglichkeit aufzusuchen, dennoch als zu einem System der Zwecke gehörig beurtheilen dürfen; weil uns die erstere Idee schon, was ihren Grund betrift, über die Sinnenwelt hinausführt: da denn die Einheit des übersinnlichen Princips nicht bloß für gewisse Species der Naturwesen, sondern für das Naturganze, als System, auf dieselbe Art als gültig betrachtet werden muß.

§. 68.
Von dem Princip der Teleologie als innerem Princip der Naturwissenschaft.

Die Principien einer Wissenschaft sind derselben entweder innerlich, und werden einheimisch genannt (principia domestica); oder sie sind auf Begriffe, die nur außer ihr Platz finden können, gegründet, und sind auswärtige Principien (peregrina). Wissenschaften, welche

welche die letzteren enthalten, legen ihren Lehren Lehnsätze (Lemmata) zum Grunde; d. i. sie borgen irgend einen Begrif, und mit ihm einen Grund der Anordnung, von einer anderen Wissenschaft.

Eine jede Wissenschaft ist für sich ein System; und es ist nicht genug in ihr nach Principien zu bauen und also technisch zu verfahren, sondern man muß mit ihr, als einem für sich bestehenden Gebäude, auch architectonisch zu Werke gehen, und sie nicht, wie einen Anbau und als einen Theil eines andern Gebäudes, sondern als ein Ganzes für sich behandeln, ob man gleich nachher einen Übergang aus diesem in jenes oder wechselseitig errichten kann.

Wenn man also für die Naturwissenschaft und in ihren Context den Begrif von Gott hineinbringt, um sich die Zweckmäßigkeit in der Natur erklärlich zu machen, und hernach diese Zweckmäßigkeit wiederum braucht, um zu beweisen, daß ein Gott sey: so ist in keiner von beiden Wissenschaften innerer Bestand; und ein täuschendes Diallele bringt jede in Unsicherheit, dadurch, daß sie ihre Gränzen in einander laufen lassen.

Der Ausdruck eines Zwecks der Natur beugt dieser Verwirrung schon genugsam vor, um Naturwissenschaft und die Veranlassung, die sie zur teleologischen Beurtheilung ihrer Gegenstände giebt, nicht mit der Gottesbetrachtung und also einer theologischen Ableitung zu vermengen; und man muß es nicht als unbedeutend ansehen, ob man jenen Ausdruck mit dem eines göttlichen Zwecks in der Anordnung der Natur verwechsele, oder wohl gar den letztern für schicklicher und einer frommen Seele angemessener ausgebe, weil es doch am Ende dahin kommen müsse, jene zweckmäßigen Formen in der Natur von einem weisen Welturheber abzuleiten; sondern sich sorgfältig und bescheiden auf den Ausdruck, der gerade nur so viel sagt, als wir wissen, nehmlich eines Zwecks der Natur, einschränken. Denn ehe wir noch nach der Ursache der Natur selbst fragen, finden wir in der Natur und dem Laufe ihrer Erzeugung dergleichen Producte die nach bekannten Erfahrungsgesetzen in ihr erzeugt werden, nach welchen die Naturwissenschaft ihre Gegenstände beurtheilen, mithin auch deren Causalität nach der Regel der Zwecke in ihr selbst suchen muß. Daher muß sie ihre Gränze nicht überspringen, um das, dessen Begriffe gar keine Erfahrung angemessen seyn kann, und woran man sich allererst nach Vollendung der Naturwissenschaft zu wagen befugt ist, in sie selbst als einheimisches Princip hinein zu ziehen.

Naturbeschaffenheiten, die sich a priori demonstriren, und also ihrer Möglichkeit nach aus allgemeinen Principien ohne allen Beytritt der Erfahrung einsehen lassen, können, ob sie gleich eine technische Zweckmäßigkeit bey sich führen, dennoch, weil sie schlechterdings nothwendig sind, gar nicht zur Teleologie der Natur, als einer in die Physik gehörigen Methode die Fragen derselben aufzulösen, gezählt werden. Arithmetische, geometrische Analogieen, imgleichen allgemeine mechanische Gesetze, so sehr uns auch die Vereinigung verschiedener dem Anschein nach von einander ganz unabhängiger Regeln in einem Princip an ihnen befremdend und bewundernswürdig vorkommen mag, enthalten deswegen keinen Anspruch darauf, teleologische Erklärungsgründe in der Physik zu seyn; und, wenn sie gleich in der allgemeinen Theorie der Zweckmäßigkeit der Dinge der Natur überhaupt mit in Betrachtung gezogen zu werden verdienen, so würde diese doch anderwärts hin, nehmlich in die Metaphysik gehören, und kein inneres Princip der Naturwissenschaft ausmachen: wie es wohl mit den empirischen Gesetzen der Naturzwecke an organisirten Wesen nicht allein erlaubt, sondern auch unvermeidlich ist, die teleologische Beurtheilungsart zum Princip der Naturlehre in Ansehung einer eigenen Classe ihrer Gegenstände zu gebrauchen.

Damit nun Physik sich genau in ihren Gränzen halte, so abstrahirt sie von der Frage, ob die Naturzwecke es absichtlich oder unabsichtlich sind, gänzlich; denn das würde Einmengung in ein fremdes Geschäft (nehmlich das der Metaphysik) seyn. Genug es sind nach Naturgesetzen, die wir uns nur unter der Idee der Zwecke als Princip denken können, einzig und allein erklärbare, und bloß auf diese Weise ihrer innern

Form nach, sogar auch nur innerlich erkennbare Gegenstände. Um sich also auch nicht der mindesten Anmaßung, als wollte man etwas, was gar nicht in die Physik gehört, nehmlich eine übernatürliche Ursache, unter unsere Erkenntnißgründe mischen, verdächtig zu machen; spricht man in der Teleologie zwar von der Natur, als ob die Zweckmäßigkeit in ihr absichtlich sey, aber doch zugleich so, daß man der Natur, d. i. der Materie, diese Absicht beylegt; wodurch man (weil hierüber kein Mißverstand Statt finden kann, indem von selbst schon keiner einem leblosen Stoffe Absicht in eigentlicher Bedeutung des Worts beilegen wird) anzeigen will, daß dieses Wort hier nur ein Princip der reflectirenden nicht der bestimmenden Urtheilskraft bedeute, und also keinen besondern Grund der Causalität einführen solle, sondern auch nur zum Gebrauche der Vernunft eine andere Art der Nachforschung, als die nach mechanischen Gesetzen ist, hinzufüge, um die Unzulänglichkeit der letzteren, selbst zur empirischen Aufsuchung aller besondern Gesetze der Natur, zu ergänzen. Daher spricht man in der Teleologie, sofern sie zur Physik gezogen wird, ganz recht von der Weisheit, der Sparsamkeit, der Vorsorge, der Wohlthätigkeit der Natur, ohne dadurch aus ihr ein verständiges Wesen zu machen (weil das ungereimt wäre); aber auch ohne sich zu erkühnen, ein anderes verständiges Wesen über sie, als Werkmeister, setzen zu wollen, weil dieses vermessen *) seyn würde: sondern es soll dadurch nur eine Art der Causalität der Natur, nach einer Analogie mit der unsrigen im technischen Gebrauche der Vernunft, bezeichnet werden, um die Regel, wornach gewissen Producten der Natur nachgeforscht werden muß, vor Augen zu haben.

Warum aber macht doch die Teleologie gewöhnlich keinen eigenen Theil der theoretischen Naturwissenschaft aus, sondern wird zur Theologie als Propädevtik oder Übergang gezogen? Dieses geschieht, um das Studium der Natur nach ihrem Mechanism an demjenigen fest zu halten, was wir unserer Beobachtung oder den Experimenten so unterwerfen können, daß wir es gleich der Natur, wenigstens der Ähnlichkeit der Gesetze nach, selbst hervorbringen könnten; denn nur so viel sieht man vollständig ein, als man nach Begriffen selbst machen und zu Stande bringen kann. Organisation aber, als innerer Zweck der Natur, übersteigt unendlich alles Ver-

*) Das deutsche Wort vermessen ist ein gutes bedeutungsvolles Wort. Ein Urtheil, bey welchem man das Längenmaaß seiner Kräfte (des Verstandes) zu überschlagen vergißt, kann bisweilen sehr demüthig klingen, und macht doch große Ansprüche, und ist doch sehr vermessen. Von der Art sind die meisten, wodurch man die göttliche Weisheit zu erheben vorgiebt, indem man ihr in den Werken der Schöpfung und der Erhaltung Absichten unterlegt, die eigentlich der eigenen Weisheit des Vernünftlers Ehre machen sollen.

mögen einer ähnlichen Darstellung durch Kunst: und was äußere für zweckmäßig gehaltene Natureinrichtungen betrift (z. B. Winde, Regen u. d. gl.) so betrachtet die Physik wohl den Mechanism derselben, aber ihre Beziehung auf Zwecke, sofern diese eine zur Ursache nothwendig gehörige Bedingung seyn soll, kann sie gar nicht darstellen, weil diese Nothwendigkeit der Verknüpfung gänzlich die Verbindung unserer Begriffe, und nicht die Beschaffenheit der Dinge, angeht.

Zweyte Abtheilung.

Dialectik
der
teleologischen Urtheilskraft.

§. 69.

Was eine Antinomie der Urtheilskraft sey?

Die bestimmende Urtheilskraft hat für sich keine Principien, welche Begriffe von Objecten gründen. Sie ist keine Autonomie; denn sie subsumirt nur unter gegebenen Gesetzen, oder Begriffen, als Principien. Eben darum ist sie auch keiner Gefahr ihrer eigenen Antinomie und einem Widerstreit ihrer Principien ausgesetzt. So war die transscendentale Urtheilskraft, welche die Bedingungen unter Categorieen zu subsumiren enthielt, für sich nicht nomothetisch; sondern nannte nur die Bedingungen der sinnlichen Anschauung, unter welchen einem gegebenen Begriffe, als Gesetze des Verstandes, Realität (Anwendung) gegeben werden kann: worüber sie niemals mit sich selbst in Uneinigkeit (wenigstens den Principien nach) gerathen konnte.

Allein die reflectirende Urtheilskraft soll unter einem Gesetze subsumiren, welches noch nicht gegeben und also in der That nur ein Princip der Reflexion über Gegenstände ist, für die es uns objectiv gänzlich an einem Gesetze mangelt, oder an einem Begriffe vom Object, der zum Princip für vorkommende Fälle hinreichend wäre. Da nun kein Gebrauch der Erkenntnißvermögen ohne Principien verstattet werden darf, so wird die reflectirende Urtheilskraft in solchen Fällen ihr selbst zum Princip dienen müssen: welches, weil es nicht objectiv ist, und keinen für die Absicht hinreichenden Erkenntnißgrund des Objects unterlegen kann, als bloß subjectives Princip, zum zweckmäßigen Gebrauche der Erkenntnißvermögen, nehmlich über eine Art Gegenstände zu reflectiren, dienen soll. Also hat in Beziehung auf solche Fälle die reflectirende Urtheilskraft ihre Maximen, und zwar nothwendige, zum Behuf der Erkenntniß der Naturgesetze in der Erfahrung, um vermittelst derselben zu Begriffen zu gelangen, sollten diese auch Vernunftbegriffe seyn; wenn sie solcher durchaus bedarf, um die Natur nach ihren empirischen Gesetzen bloß kennen zu lernen. — Zwischen diesen nothwendigen Maximen der reflectirenden Urtheilskraft kann nun ein Widerstreit, mithin eine Antinomie, Statt finden; worauf sich eine Dialectik gründet, die, wenn jede von zwey einander widerstreitenden Maximen in der Natur der Erkenntnißvermögen ihren Grund hat, eine natürliche

Dialectik genannt werden kann, und ein unvermeidlicher Schein; den man in der Critik entblößen und auflösen muß, damit er nicht betrüge.

§. 70.

Vorstellung dieser Antinomie.

So fern die Vernunft es mit der Natur, als Inbegrif der Gegenstände äußerer Sinne, zu thun hat, kann sie sich auf Gesetze gründen, die der Verstand theils selbst a priori der Natur vorschreibt, theils durch die in der Erfahrung vorkommenden empirischen Bestimmungen, ins Unabsehliche erweitern kann. Zur Anwendung der erstern Art von Gesetzen, nehmlich der **allgemeinen** Gesetze der materiellen Natur überhaupt, braucht die Urtheilskraft kein besonderes Princip der Reflexion; denn da ist sie bestimmend, weil ihr ein objectives Princip durch den Verstand gegeben ist. Aber, was die besondern Gesetze betrift, die uns nur durch Erfahrung kund werden können, so kann unter ihnen eine so große Mannichfaltigkeit und Ungleichartigkeit seyn, daß die Urtheilskraft sich selbst zum Princip dienen muß, um auch nur in den Erscheinungen der Natur nach einem Gesetze zu forschen und es auszuspähen, indem sie ein solches zum Leitfaden bedarf, wenn sie ein zusammenhangendes Erfahrungserkenntniß nach einer durchgängigen Gesetzmäßigkeit der Natur, die Einheit derselben nach empirischen Gesetzen, auch nur hoffen soll. Bey dieser zufälligen Einheit der besonderen Gesetze kann es sich nun zutragen: daß die Urtheilskraft in ihrer Reflexion von zwei Maximen ausgeht, deren eine ihr der bloße Verstand a priori an die Hand giebt; die andere aber durch besondere Erfahrungen veranlaßt wird, welche die Vernunft ins Spiel bringen, um nach einem besondern Princip die Beurtheilung der körperlichen Natur und ihrer Gesetze anzustellen. Da trift es sich dann, daß diese zweyerley Maximen nicht wohl neben einander bestehen zu können den Anschein haben, mithin sich eine Dialectik hervorthut, welche die Urtheilskraft in dem Princip ihrer Reflexion irre macht.

Die erste Maxime derselben ist der Satz: Alle Erzeugung materieller Dinge und ihrer Formen muß, als nach bloß mechanischen Gesetzen möglich, beurtheilt werden.

Die zweyte Maxime ist der Gegensatz: Einige Producte der materiellen Natur können nicht, als nach bloß mechanischen Gesetzen möglich, beurtheilt werden (ihre Beurtheilung erfordert ein ganz anderes Gesetz der Causalität, nehmlich das der Endursachen).

Wenn man diese regulativen Grundsätze für die Nachforschung nun in constitutive, der Möglichkeit der Objecte selbst, verwandelte, so würden sie so lauten:

Satz: Alle Erzeugung materieller Dinge ist nach bloß mechanischen Gesetzen möglich.

Gegensatz: Einige Erzeugung derselben ist nach bloß mechanischen Gesetzen nicht möglich.

In dieser letzteren Qualität, als objective Principien für die bestimmende Urtheilskraft, würden sie einander widersprechen, mithin einer von beiden Sätzen nothwendig falsch seyn; aber das wäre alsdann zwar eine Antinomie, doch nicht der Urtheilskraft, sondern ein Widerstreit in der Gesetzgebung der Vernunft. Die Vernunft kann aber weder den einen noch den andern dieser Grundsätze beweisen; weil wir von Möglichkeit der Dinge nach bloß empirischen Gesetzen der Natur kein bestimmendes Princip a priori haben können.

Was dagegen die zuerst vorgetragene Maxime einer reflectirenden Urtheilskraft betrift, so enthält sie in der That gar keinen Widerspruch. Denn wenn ich sage: ich muß alle Ereignisse in der materiellen Natur, mithin auch alle Formen, als Producte derselben, ihrer Möglichkeit nach, nach bloß mechanischen Gesetzen **beurtheilen**; so sage ich damit nicht: sie **sind darnach allein** (ausschließungsweise von jeder andern Art Causalität) **möglich**; sondern das will nur anzeigen, **ich soll** jederzeit über dieselben **nach dem Princip des bloßen Mechanisms der Natur** reflectiren, und mithin diesem, so weit ich kann, nachforschen, weil, ohne ihn zum Grunde der Nachforschung zu legen, es gar keine eigentliche Naturerkenntniß geben kann. Dieses hindert nun die zweyte Maxime, bey gelegentlicher Veranlasfung, nicht, nehmlich bey einigen Naturformen (und auf deren Veranlassung sogar der ganzen Natur) nach einem Princip zu spühren, und über sie zu reflectiren, welches von der Erklärung nach dem Mechanism der Natur ganz verschieden ist, nehmlich dem Princip der Endursachen. Denn die Reflexion nach der ersten Maxime wird dadurch nicht aufgehoben, vielmehr wird es geboten, sie, so weit man kann, zu verfolgen; auch wird dadurch nicht gesagt, daß, nach dem Mechanism der Natur, jene Formen nicht möglich wären. Nur wird behauptet, daß die menschliche Vernunft, in Befolgung derselben und auf diese Art, niemals von dem, was das Specifische eines Naturzwecks ausmacht, den mindesten Grund, wohl aber andere Erkenntnisse von Naturgesetzen wird auffinden können; wobey es als unausgemacht dahin gestellt wird, ob nicht in dem uns unbekannten inneren Grunde der Natur selbst die physisch=mechanische und die Zweckverbindung an denselben Dingen in einem Princip zusammenhangen mögen: nur daß unsere Vernunft sie in einem solchen nicht zu vereinigen im Stande ist, und die Urtheilskraft also, als (aus einem subjectiven Grunde) reflectirende, nicht als (einem objectiven Princip der Möglichkeit der Dinge an sich zufolge) bestimmende Urtheilskraft, genöthigt ist, für gewisse Formen in der Natur ein anderes Princip, als das des Naturmechanisms zum Grunde ihrer Möglichkeit zu denken.

§. 71.

Vorbereitung zur Auflösung obiger Antinomie.

Wir können die Unmöglichkeit der Erzeugung der organisirten Naturproducte durch den bloßen Mechanism der Natur keinesweges beweisen, weil wir die unendliche Mannichfaltigkeit der besondern Naturgesetze, die für uns zufällig sind, da sie nur empirisch erkannt werden, ihrem ersten innern Grunde nach nicht einsehen, und so das innere durchgängig zureichende Princip der Möglichkeit einer Natur (welches im Übersinnlichen liegt) schlechterdings nicht erreichen können. Ob also das productive Vermögen der Natur auch für dasjenige, was wir, als nach der Idee von Zwecken geformt oder verbunden, beurtheilen, nicht eben so gut, als für das, wozu wir bloß ein Maschinenwesen der Natur zu bedürfen glauben, zulange; und ob in der That für Dinge als eigentliche Naturzwecke (wie wir sie nothwendig beurtheilen müssen) eine ganz andere Art von ursprünglicher Causalität, die gar nicht in der materiellen Natur oder ihrem intelligiblen Substrat enthalten seyn kann, nehmlich ein architectonischer Verstand zum Grunde liege: darüber kann unsere in Ansehung des Begrifs der Causalität, wenn er a priori specificirt werden soll, sehr enge eingeschränkte Vernunft schlechterdings keine Auskunft geben. — Aber daß, respectiv auf unser Erkenntnißvermögen, der bloße Mechanism der Natur für die Erzeugung organisirter Wesen auch keinen Erklärungsgrund abgeben könne, ist eben so ungezweifelt gewiß. Für die reflectirende Urtheilskraft ist also das ein ganz richtiger Grundsatz: daß für die so offenbare Verknüpfung der Dinge nach Endursachen eine vom Mechanism unterschiedene Causalität, nehmlich einer nach Zwecken handelnden (verständigen) Welturfache gedacht werden müsse; so übereilt und unerweislich er auch für die bestimmende seyn würde. In dem ersteren Falle ist er bloße Maxime der Urtheilskraft, wobey der Begrif jener Causalität eine bloße Idee ist, der man keinesweges Realität zuzugestehen unternimmt, sondern sie nur zum Leitfaden der Reflexion braucht, die dabey für alle mechanische Erklärungsgründe immer offen bleibt, und sich nicht aus der Sinnenwelt verliert; im zweyten Falle würde der Grundsatz ein objectives Princip seyn, das die Vernunft vorschriebe und dem die Urtheilskraft sich bestimmend unterwerfen müßte, wobey sie aber über die Sinnenwelt hinaus sich ins Überschwengliche verliert, und vielleicht irre geführt wird.

Aller Anschein einer Antinomie zwischen den Maximen der eigentlich physischen (mechanischen) und der teleologischen (technischen) Erklärungsart beruht also darauf; daß man einen Grundsatz der reflectirenden Urtheilskraft mit dem der bestimmenden, und die Autonomie der ersteren (die bloß subjectiv für unsern Ver-

nunftgebrauch in Ansehung der besonderen Erfahrungsgesetze gilt) mit der Heteronomie der anderen, welche
sich nach den von dem Verstande gegebenen (allgemeinen
oder besondern) Gesetzen richten muß, verwechselt.

§. 72.
Von den mancherley Systemen über die Zweckmäßigkeit der Natur.

Die Richtigkeit des Grundsatzes: daß über gewisse
Dinge der Natur (organisirte Wesen) und ihre Möglichkeit
nach dem Begriffe von Endursachen geurtheilt werden
müsse, selbst auch nur wenn man, um ihre Beschaffenheit durch Beobachtung kennen zu lernen, einen
Leitfaden verlangt, ohne sich bis zur Untersuchung
über ihren ersten Ursprung zu versteigen, hat noch niemand bezweifelt. Die Frage kann also nur seyn: ob
dieser Grundsatz bloß subjectiv gültig, d. i. bloß Maxime
unserer Urtheilskraft oder ein objectives Princip der
Natur sey, nach welchem ihr, außer ihrem Mechanism
(nach bloßen Bewegungsgesetzen), noch eine andere Art
von Causalität zukomme, nehmlich die der Endursachen,
unter denen jene (der bewegenden Kräfte) nur als
Mittelursachen ständen.

Nun könnte man diese Frage, oder Aufgabe für die
Speculation, gänzlich unausgemacht und unaufgelöset
lassen; weil, wenn wir uns mit der letzteren innerhalb
den Gränzen der bloßen Naturerkenntniß begnügen, wir

an jenen Maximen genug haben, um die Natur, so weit als menschliche Kräfte reichen, zu studiren und ihren verborgensten Geheimnissen nachzuspühren. Es ist also wohl eine gewisse Ahnung unserer Vernunft, oder ein von der Natur uns gleichsam gegebener Wink, daß wir vermittelst jenes Begrifs von Endursachen wohl gar über die Natur hinauslangen und sie selbst an den höchsten Punct in der Reihe der Ursachen knüpfen könnten, wenn wir die Nachforschung der Natur (ob wir gleich darin noch nicht weit gekommen sind) verließen, oder wenigstens einige Zeit aussetzten, und vorher, worauf jener Frembling in der Naturwissenschaft, nehmlich der Begrif der Naturzwecke, führe, zu erkunden versuchten.

Hier müßte nun freylich jene unbestrittene Maxime in die ein weites Feld zu Streitigkeiten eröfnende Aufgabe übergehen: Ob die Zweckverknüpfung in der Natur eine besondere Art der Causalität für dieselbe beweise; oder ob sie, an sich und nach objectiven Principien betrachtet, nicht vielmehr mit dem Mechanism der Natur einerley sey, oder auf einem und demselben Grunde beruhe: nur daß wir, da dieser für unsere Nachforschung in manchen Naturproducten oft zu tief versteckt ist, es mit einem subjectiven Princip, nehmlich dem der Kunst, d. i. der Causalität nach Ideen versuchen, um sie der Natur der Analogie nach unterzulegen; welche Nothhülfe uns auch in vielen Fällen gelingt, in einigen zwar zu mißlingen scheint, auf alle Fälle aber nicht berechtigt, eine

besondere

besondere, von der Causalität nach bloß mechanischen Gesetzen der Natur selbst unterschiedene, Wirkungsart in die Naturwissenschaft einzuführen. Wir wollen, indem wir das Verfahren (die Causalität) der Natur, wegen des Zweckähnlichen, welches wir in ihren Producten finden, Technik nennen, diese in die **absichtliche** (technica intentionalis), und in die **unabsichtliche** (technica naturalis), eintheilen. Die erste soll bedeuten: daß das productive Vermögen der Natur nach Endursachen für eine besondere Art von Causalität gehalten werden müsse; die zweyte: daß sie mit dem Mechanism der Natur im Grunde ganz einerley sey, und das zufällige Zusammentreffen mit unseren Kunstbegriffen und ihren Regeln, als bloß subjective Bedingung sie zu beurtheilen, fälschlich für eine besondere Art der Naturerzeugung ausgebeutet werde.

Wenn wir jetzt von den Systemen der Naturerklärung in Ansehung der Endursachen reden, so muß man wohl bemerken: daß sie insgesammt dogmatisch, d. i. über objective Principien der Möglichkeit der Dinge, es sey durch absichtlich oder lauter unabsichtlich wirkende Ursachen, unter einander streitig sind, nicht aber etwa über die subjective Maxime, über die Ursache solcher zweckmäßigen Producte bloß zu urtheilen: in welchem letztern Falle disparate Principien noch wohl vereinigt werden könnten, anstatt daß im ersteren contradictorisch=entgegengesetzte einander aufheben und neben sich nicht bestehen können.

Die Systeme in Ansehung der Technik der Natur, d. i. ihrer productiven Kraft nach der Regel der Zwecke, sind zwiefach: des Idealismus, oder des Realismus der Naturzwecke. Der erstere ist die Behauptung; daß alle Zweckmäßigkeit der Natur unabsichtlich; der zweyte: daß einige derselben (in organisirten Wesen) absichtlich sey; woraus denn auch die als Hypothese gegründete Folge gezogen werden könnte, daß die Technik der Natur, auch, was alle andere Producte derselben in Beziehung auf das Naturganze betrift, absichtlich, d. i. Zweck, sey.

1) Der Idealism der Zweckmäßigkeit (ich verstehe hier immer die objective) ist nun entweder der der Casualität, oder der Fatalität der Naturbestimmung in der zweckmäßigen Form ihrer Producte. Das erstere Princip betrift die Beziehung der Materie auf den physischen Grund ihrer Form, nehmlich die Bewegungsgesetze; das zweyte, auf ihren und der ganzen Natur hyperphysischen Grund. Das System der Casualität, welches dem Epicur oder Democritus beygelegt wird, ist, nach dem Buchstaben genommen so offenbar ungereimt, daß es uns nicht aufhalten darf; dagegen ist das System der Fatalität (wovon man den Spinoza zum Urheber macht, ob es gleich allem Ansehen nach viel älter ist), welches sich auf etwas übersinnliches

Critik der teleologischen Urtheilskraft.

beruft, wohin also unsere Einsicht nicht reicht, so leicht nicht zu widerlegen: darum, weil sein Begrif von dem Urwesen gar nicht zu verstehen ist. So viel ist aber klar: daß die Zweckverbindung in der Welt in demselben als unabsichtlich angenommen werden muß (weil sie von einem Urwesen, aber nicht von seinem Verstande, mithin keiner Absicht desselben, sondern aus der Nothwendigkeit seiner Natur und der davon abstammenden Welteinheit abgeleitet wird), mithin der Fatalismus der Zweckmäßigkeit zugleich ein Idealism derselben ist.

2) Der **Realism** der Zweckmäßigkeit der Natur ist auch entweder physisch oder hyperphysisch. Der erste gründet die Zwecke in der Natur auf dem Analogon eines nach Absicht handelnden Vermögens, dem **Leben der Materie** (in ihr, oder auch durch ein belebendes inneres Princip, eine Weltseele); und heißt der **Hylozoism**. Der zweyte leitet sie von dem Urgrunde des Weltalls, als einem mit Absicht hervorbringenden (ursprünglich lebenden) verständigen Wesen ab; und ist der **Theism** *).

---

*) Man sieht hieraus: daß in den meisten speculativen Dingen der reinen Vernunft, was die dogmatischen Behauptungen betrift, die philosophischen Schulen gemeiniglich alle Auflösungen, die über eine gewisse Frage möglich sind, versucht haben. So hat man über die Zweckmäßigkeit der Natur bald entweder die leblose Materie, oder einen leblosen Gott, bald eine lebende Materie, oder auch einen lebendigen Gott zu diesem Behufe versucht. Für uns bleibt

Zweyter Theil.

§. 73.
Keines der obigen Systeme leistet das was es vorgiebt.

Was wollen alle jene Systeme? Sie wollen unsere teleologischen Urtheile über die Natur erklären, und gehen damit so zu Werke, daß ein Theil die Wahrheit derselben läugnet, mithin sie für einen Idealism der Natur (als Kunst vorgestellt) erklärt; der andere Theil sie als wahr anerkennt, und die Möglichkeit einer Natur nach der Idee der Endursachen darzuthun verspricht.

1) Die für den Idealism der Endursachen in der Natur streitenden Systeme lassen nun einerseits zwar an dem Princip derselben eine Causalität nach Bewegungsgesetzen zu (durch welche die Naturdinge zweckmäßig existiren); aber sie läugnen an ihr die **Intentionalität**, d. i. daß sie absichtlich zu dieser ihrer zweckmäßigen Hervorbringung bestimmt, oder, mit anderen Worten, ein Zweck die Ursache sey. Dieses ist die Erklärungsart Epicurs, nach welcher der Unterschied einer Technik der Natur von der bloßen Mechanik gänzlich abgeläugnet wird, und nicht allein für die Übereinstimmung der er-

nichts übrig, als, wenn es Noth thun sollte, von allen diesen objectiven Behauptungen abzugehen, und unser Urtheil bloß in Beziehung auf unsere Erkenntnißvermögen critisch zu erwägen, um ihrem Princip eine, wo nicht dogmatische, doch zum sichern Vernunftgebrauch hinreichende Gültigkeit einer Maxime zu verschaffen.

Critik der teleologischen Urtheilskraft. 325

zeugten Producte mit unsern Begriffen vom Zwecke, mithin für die Technik, sondern selbst für die Bestimmung der Ursachen dieser Erzeugung nach Bewegungsgesetzen, mithin ihre Mechanik, der blinde Zufall zum Erklärungsgrunde angenommen, also nichts, auch nicht einmal der Schein in unserm teleologischen Urtheile erklärt, mithin der vorgebliche Idealism in demselben keinesweges dargethan wird.

Andererseits, will Spinoza uns aller Nachfrage nach dem Grunde der Möglichkeit der Zwecke der Natur dadurch überheben, und dieser Idee alle Realität nehmen, daß er sie überhaupt nicht für Producte, sondern für einem Urwesen inhärirende Accidenzen gelten läßt, und diesem Wesen, als Substrat jener Naturdinge, in Ansehung derselben nicht Causalität, sondern bloß Subsistenz beylegt, und (wegen der unbedingten Nothwendigkeit desselben, sammt allen Naturdingen, als ihm inhärirenden Accidenzen) den Naturformen zwar die Einheit des Grundes, die zu aller Zweckmäßigkeit erforderlich ist, sichert, aber zugleich die Zufälligkeit derselben, ohne die keine Zweckeinheit gedacht werden kann, entreißt, und mit ihr alles Absichtliche, so wie dem Urgrunde der Naturdinge allen Verstand, wegnimmt.

Der Spinozism leistet aber das nicht, was er will. Er will einen Erklärungsgrund der Zweckverknüpfung (die er nicht läugnet) der Dinge der Natur angeben, und nennt bloß die Einheit des Subjects, dem sie alle inhä-

X 3

riren. Aber, wenn man ihm auch diese Art zu existiren für die Weltwesen einräumt, so ist doch jene ontologische Einheit darum noch nicht sofort Zweckeinheit, und macht diese keinesweges begreiflich. Die letztere ist nehmlich eine ganz besondere Art derselben, die aus der Verknüpfung der Dinge (Weltwesen) in einem Subjecte (dem Urwesen) gar nicht folgt, sondern durchaus die Beziehung auf eine Ursache, die Verstand hat, bey sich führt und selbst, wenn man alle diese Dinge in einem einfachen Subjecte vereinigte, doch niemals eine Zweckbeziehung darstellt: wofern man unter ihnen nicht erstlich innere Wirkungen der Substanz, als einer Ursache; zweytens eben derselben, als Ursache durch ihren Verstand, denkt. Ohne diese formalen Bedingungen ist alle Einheit bloße Naturnothwendigkeit; und, wird sie gleichwohl Dingen beygelegt, die wir als außer einander vorstellen, blinde Nothwendigkeit. Will man aber das, was die Schule die transcendentale Vollkommenheit der Dinge (in Beziehung auf ihr eigenes Wesen) nennt, nach welcher alle Dinge alles an sich haben, was erfordert wird, um so ein Ding und kein anderes zu seyn, Zweckmäßigkeit der Natur nennen: so ist das ein kindisches Spielwerk mit Worten statt Begriffen. Denn, wenn alle Dinge als Zwecke gedacht werden müssen, also ein Ding seyn und Zweck seyn einerley ist, so giebt es im Grunde nichts, was besonders als Zweck vorgestellt zu werden verdiente.

Man sieht hieraus wohl: daß Spinoza dadurch, daß er unsere Begriffe von dem Zweckmäßigen in der Natur auf das Bewußtseyn unser selbst in einem allbefassenden (doch zugleich einfachen) Wesen zurückführte, und jene Form bloß in der Einheit der letztern suchte, nicht den Realism, sondern bloß den Idealism der Zweckmäßigkeit derselben zu behaupten die Absicht haben mußte, diese aber selbst doch nicht bewerkstelligen konnte, weil die bloße Vorstellung der Einheit des Substrats auch nicht einmal die Idee von einer, auch nur unabsichtlichen, Zweckmäßigkeit bewirken kann.

2) Die, welche den **Realism** der Naturzwecke nicht bloß behaupten, sondern ihn auch zu erklären vermeynen, glauben eine besondere Art der Causalität, nehmlich absichtlich wirkender Ursachen, wenigstens ihrer Möglichkeit nach einsehen zu können; sonst könnten sie es nicht unternehmen jene erklären zu wollen. Denn zur Befugniß selbst der gewagtesten Hypothese, muß wenigstens die **Möglichkeit** dessen, was man als Grund annimmt, gewiß seyn, und man muß dem Begriffe desselben seine objective Realität sichern können.

Aber die Möglichkeit einer lebenden Materie (deren Begrif einen Widerspruch enthält, weil Leblosigkeit, inertia, den wesentlichen Character derselben ausmacht) läßt sich nicht einmal denken; die einer belebten Materie und der gesammten Natur, als eines Thiers, kann nur sofern (zum Behuf einer Hypothese der Zweckmäßigkeit im Großen der Natur) dürftiger Weise gebraucht werden, als sie uns an der Organisation derselben, im Kleinen, in der Erfahrung offenbart wird, keinesweges aber a priori ihrer Möglichkeit nach eingesehen werden. Es muß also ein Cirkel im Erklären begangen werden, wenn man die Zweckmäßigkeit der Natur an organisirten Wesen aus dem Leben der Materie ableiten will, und dieses Leben wiederum nicht anders als in organisirten Wesen kennt, also ohne dergleichen Erfahrung sich keinen Begrif von der Möglichkeit derselben machen kann. Der Hylozoism leistet also das nicht, was er verspricht.

Der **Theism** kann endlich die Möglichkeit der Naturzwecke als einen Schlüssel zur Teleologie eben so wenig dogmatisch begründen; ob er zwar vor allen Erklärungsgründen derselben darin den Vorzug hat, daß er durch einen Verstand, den er dem Urwesen beylegt, die Zweckmäßigkeit der Natur dem Idealism am besten entreißt, und eine absichtliche Causalität für die Erzeugung derselben einführt.

Denn da müßte allererst, für die bestimmende Urtheilskraft hinreichend, die Unmöglichkeit der Zweckeinheit in der Materie durch den bloßen Mechanism derselben bewiesen werden, um berechtigt zu seyn den Grund derselben über die Natur hinaus auf bestimmte Weise zu setzen. Wir können aber nichts weiter herausbringen, als daß nach der Beschaffenheit und den Schranken unserer Erkenntnißvermögen (indem wir den ersten inneren

Grund selbst dieses Mechanisms nicht einsehen) wir auf keinerley Weise in der Materie ein Princip bestimmter Zweckbeziehungen suchen müssen, sondern für uns keine andere Beurtheilungsart der Erzeugung ihrer Producte, als Naturzwecke, übrig bleibe, als die durch einen obersten Verstand als Welturfache. Das ist aber nur ein Grund für die reflectirende, nicht für die bestimmende Urtheilskraft, und kann schlechterdings zu keiner objectiven Behauptung berechtigen.

§. 74.

Die Ursache der Unmöglichkeit, den Begriff einer Technik der Natur dogmatisch zu behandeln, ist die Unerklärlichkeit eines Naturzwecks.

Wir verfahren mit einem Begriffe (wenn er gleich empirisch bedingt seyn sollte) dogmatisch, wenn wir ihn als unter einem anderen Begriffe des Objects, der ein Princip der Vernunft ausmacht, enthalten betrachten, und ihn diesem gemäß bestimmen. Wir verfahren aber mit ihm bloß critisch, wenn wir ihn nur in Beziehung auf unser Erkenntnißvermögen, mithin auf die subjectiven Bedingungen ihn zu denken, betrachten, ohne es zu unternehmen über sein Object etwas zu entscheiden. Das dogmatische Verfahren mit einem Begriffe ist also dasjenige, welches für die bestimmende, das critische das, welches bloß für die reflectirende Urtheilskraft gesetzmäßig ist.

Nun ist der Begrif von einem Dinge als Naturzwecke ein Begrif, der die Natur unter einer Causalität, die nur durch Vernunft denkbar ist, subsumirt, um nach diesem Princip über das, was vom Objecte in der Erfahrung gegeben ist, zu urtheilen. Um ihn aber dogmatisch für die bestimmende Urtheilskraft zu gebrauchen, mußten wir der objectiven Realität dieses Begrifs zuvor versichert seyn, weil wir sonst kein Naturding unter ihm subsumiren könnten. Der Begrif eines Dinges als Naturzwecks ist aber zwar ein empirisch bedingter, d. i. nur unter gewissen in der Erfahrung gegebenen Bedingungen möglicher, aber doch von derselben nicht zu abstrahirender, sondern nur nach einem Vernunftprincip in der Beurtheilung des Gegenstandes möglicher Begrif. Er kann also als ein solches Princip seiner objectiven Realität nach (d. i. daß ihm gemäß ein Object möglich sey) gar nicht eingesehen und dogmatisch begründet werden; und wir wissen nicht, ob er bloß ein vernünftelnder und objectiv leerer (conceptus ratiocinans), oder ein Vernunftbegrif, ein Erkenntniß gründender, von der Vernunft bestätigter (conceptus ratiocinatus) sey. Also kann er nicht dogmatisch für die bestimmende Urtheilskraft behandelt werden: d. i. es kann nicht allein nicht ausgemacht werden, ob Dinge der Natur, als Naturzwecke betrachtet, für ihre Erzeugung eine Causalität von ganz besonderer Art (die nach Absichten) erfordern, oder nicht; sondern es kann auch nicht einmal darnach gefragt werden, weil der Begrif eines Naturzwecks seiner objectiven Realität nach durch die Vernunft gar nicht erweislich ist (d. i. er ist nicht für die bestimmende Urtheilskraft constitutiv, sondern für die reflectirende bloß regulativ).

Daß er es aber nicht sey, ist daraus klar, weil er, als Begrif von einem Naturproduct, Naturnothwendigkeit und doch zugleich eine Zufälligkeit der Form des Objects (in Beziehung auf bloße Gesetze der Natur) an eben demselben Dinge, als Zweck in sich faßt; folglich, wenn hierin kein Widerspruch seyn soll, einen Grund für die Möglichkeit des Dinges in der Natur, und doch auch einen Grund der Möglichkeit dieser Natur selbst und ihrer Beziehung auf etwas, das nicht empirisch erkennbare Natur (übersinnlich) mithin für uns gar nicht erkennbar ist, enthalten muß, um nach einer andern Art Causalität als der des Naturmechanisms beurtheilt zu werden, wenn man seine Möglichkeit ausmachen will. Da also der Begrif eines Dinges, als Naturzwecks, für die bestimmende Urtheilskraft überschwenglich ist, wenn man das Object durch die Vernunft betrachtet (ob er zwar für die reflectirende Urtheilskraft in Ansehung der Gegenstände der Erfahrung immanent seyn mag), mithin ihm für bestimmende Urtheile die objective Realität nicht verschaft werden kann: so ist hieraus begreiflich, wie alle Systeme, die man für die dogmatische Behandlung des Begrifs der Naturzwecke und der Natur, als eines durch Endursachen zusammenhangenden Ganzen, nur immer entwerfen mag, weder objectiv bejahend, noch objectiv verneinend, irgend etwas entscheiden können; weil, wenn Dinge unter einem Begriffe, der bloß problematisch ist, subsumirt werden, die synthetischen Prädicate desselben (z. B. hier: ob der Zweck der Natur, den wir uns zu der Erzeugung der Dinge denken, absichtlich oder unabsichtlich sey) eben solche (problematische) Urtheile, sie mögen nun bejahend oder verneinend seyn, vom Object abgeben müssen, indem man nicht weiß, ob man über Etwas oder Nichts urtheilt. Der Begrif einer Causalität durch Zwecke (der Kunst) hat allerdings objective Realität; der einer Causalität nach dem Mechanism der Natur eben sowohl. Aber der Begrif einer Causalität der Natur nach der Regel der Zwecke, noch mehr aber eines Wesens, dergleichen uns gar nicht in der Erfahrung gegeben werden kann, nehmlich eines solchen, als Urgrundes der Natur: kann zwar ohne Widerspruch gedacht werden, aber zu dogmatischen Bestimmungen doch nicht taugen; weil ihm, da er nicht aus der Erfahrung gezogen werden kann, auch zur Möglichkeit derselben nicht erforderlich ist, seine objective Realität durch nichts gesichert werden kann. Geschähe dieses aber auch; wie kann ich Dinge, die für Producte göttlicher Kunst bestimmt angegeben werden, noch unter Producte der Natur zählen, deren

Unfähigkeit, dergleichen nach ihren Gesetzen hervorzubringen, eben die Berufung auf eine von ihr unterschiedene Ursache nothwendig machte?

§. 75.

Der Begrif einer objectiven Zweckmäßigkeit der Natur ist ein critisches Princip der Vernunft für die reflectirende Urtheilskraft.

Es ist doch etwas ganz Anderes, ob ich sage: die Erzeugung gewisser Dinge der Natur, oder auch der gesammten Natur, ist nur durch eine Ursache, die sich nach Absichten zum Handeln bestimmt, möglich; oder: ich kann nach der eigenthümlichen Beschaffenheit meiner Erkenntnißvermögen über die Möglichkeit jener Dinge und ihre Erzeugung nicht anders urtheilen, als wenn ich mir zu dieser eine Ursache, die nach Absichten wirkt, mithin ein Wesen denke, welches nach der Analogie mit der Causalität eines Verstandes, producktiv ist. Im ersteren Falle will ich etwas über das Object ausmachen, und bin verbunden, die objective Realität eines angenommenen Begrifs darzuthun; im zweyten bestimmt die Vernunft nur den Gebrauch meiner Erkenntnißvermögen, angemessen ihrer Eigenthümlichkeit, und den wesentlichen Bedingungen, ihres Umfanges sowohl, als ihrer Schranken. Also ist das erste Princip ein objectiver Grundsatz für die bestimmende, das zweyte ein subjectiver Grundsatz bloß für die reflectirenbe Urtheilskraft, mithin eine Maxime derselben, die ihr die Vernunft auferlegt.

Wir haben nehmlich unentbehrlich nöthig, der Natur den Begrif einer Absicht unterzulegen, wenn wir ihr auch nur in ihren organisirten Producten durch fortgesetzte Beobachtung nachforschen wollen: und dieser Begrif ist also schon für den Erfahrungsgebrauch unserer Vernunft eine schlechterdings nothwendige Maxime. Es ist offenbar: daß, da einmal ein solcher Leitfaden die Natur zu studiren aufgenommen und bewährt gefunden ist, wir die gedachte Maxime der Urtheilskraft auch am Ganzen der Natur wenigstens versuchen müssen, weil sich nach derselben noch manche Gesetze derselben dürften auffinden lassen, die uns, nach der Beschränkung unserer Einsichten in das Innere des Mechanisms derselben, sonst verborgen bleiben würden. Aber in Ansehung des letztern Gebrauchs ist jene Maxime der Urtheilskraft zwar nützlich, aber nicht unentbehrlich, weil uns die Natur im Ganzen als organisirt (in der oben angeführten engsten Bedeutung des Worts) nicht gegeben ist. Hingegen in Ansehung der Producte derselben, welche nur als absichtlich so und nicht anders geformt müssen beurtheilt werden, um auch nur eine Erfahrungserkenntniß ihrer innern Beschaffenheit zu bekommen, ist jene Maxime der reflectirenden Urtheilskraft wesentlich nothwendig: weil selbst der Gedanke von ihnen, als organisirten Dingen, ohne den Gedanfen einer Erzeugung mit Abſicht damit zu verbinden, unmöglich iſt.

Nun iſt der Begrif eines Dinges, deſſen Exiſtenz oder Form wir uns unter der Bedingung eines Zwecks als möglich vorſtellen, mit dem Begriffe einer Zufälligkeit deſſelben (nach Naturgeſetzen) unzertrennlich verbunden. Daher machen auch die Naturdinge, welche wir nur als Zwecke möglich finden, den vornehmſten Beweis für die Zufälligkeit des Weltganzen aus, und ſind der einzige für den gemeinen Verſtand eben ſowohl als den Philoſophen geltende Beweisgrund der Abhängigkeit und des Urſprungs deſſelben von einem auſſer der Welt exiſtirenden, und zwar (um jener zweckmäſſigen Form willen) verſtändigen, Weſens; daß alſo die Teleologie keine Vollendung des Aufſchluſſes für ihre Nachforſchungen, als in einer Theologie, findet.

Was beweiſet nun aber am Ende auch die allervollſtändigſte Teleologie? Beweiſet ſie etwa, daß ein ſolches verſtändiges Weſen da ſey? Nein; nichts weiter, als daß wir nach Beſchaffenheit unſerer Erkenntnißvermögen, alſo in Verbindung der Erfahrung mit den oberſten Principien der Vernunft, uns ſchlechterdings keinen Begrif von der Möglichkeit einer ſolchen Welt machen können, als ſo, daß wir uns eine abſichtlich = wirkende oberſte Urſache derſelben denken. Objectiv können wir alſo nicht den Satz darthun: es iſt ein verſtändiges Urweſen; ſondern nur ſubjectiv für den Gebrauch unſerer

Urtheilskraft, in ihrer Reflexion über die Zwecke in der Natur, die nach keinem andern Princip als dem einer absichtlichen Causalität einer höchsten Ursache gedacht werden können.

Wollten wir den obersten Satz dogmatisch, aus teleologischen Gründen, darthun; so würden wir von Schwierigkeiten befangen werden, aus denen wir uns nicht herauswickeln könnten. Denn da würde diesen Schlüssen der Satz zum Grunde gelegt werden müssen: die organisirten Wesen in der Welt sind nicht anders, als durch eine absichtlich-wirkende Ursache möglich. Daß aber, weil wir diese Dinge nur unter der Idee der Zwecke in ihrer Causalverbindung verfolgen und diese nach ihrer Gesetzmäßigkeit erkennen können, wir auch berechtigt wären, eben dieses auch für jedes denkende und erkennende Wesen als nothwendige, mithin dem Objecte und nicht bloß unserm Subjecte anhangende Bedingung, vorauszusetzen: das müßten wir hiebey unvermeidlich behaupten wollen. Aber mit einer solchen Behauptung kommen wir nicht durch. Denn, da wir die Zwecke in der Natur als absichtliche eigentlich nicht beobachten, sondern nur, in der Reflexion über ihre Producte, diesen Begrif als einen Leitfaden der Urtheilskraft hinzu denken; so sind sie uns nicht durch das Object gegeben. A priori ist es sogar für uns unmöglich, einen solchen Begrif, seiner objectiven Realität nach, als annehmungsfähig zu rechtfertigen. Es bleibt also schlechterdings

dings ein nur auf subjectiven Bedingungen, nehmlich der unseren Erkenntnißvermögen angemessen reflectirenden Urtheilskraft, beruhender Satz, der, wenn man ihn als objectiv=dogmatisch geltend ausdrückte, heissen würde: Es ist ein Gott; nun aber, für uns Menschen, nur die eingeschränkte Formel erlaubt: Wir können uns die Zweckmäßigkeit, die selbst unserer Erkenntniß der inneren Möglichkeit vieler Naturdinge zum Grunde gelegt werden muß, gar nicht anders denken und begreiflich machen, als indem wir sie und überhaupt die Welt uns als ein Product einer verständigen Ursache (eines Gottes) vorstellen.

Wenn nun dieser auf einer unumgänglich nothwendigen Maxime unserer Urtheilskraft gegründete Satz allem sowohl speculativen als practischen Gebrauche unserer Vernunft in jeder menschlichen Absicht vollkommen genugthuend ist; so möchte ich wohl wissen, was uns dann darunter abgehe, daß wir ihn nicht auch für höhere Wesen gültig, nehmlich aus reinen objectiven Gründen (die leider unser Vermögen übersteigen) beweisen können. Es ist nehmlich ganz gewiß, daß wir die organisirten Wesen und deren innere Möglichkeit nach bloß mechanischen Principien der Natur nicht einmal zureichend kennen lernen, viel weniger uns erklären können; und zwar so gewiß, daß man dreist sagen kann, es ist für Menschen ungereimt, auch nur einen solchen

Anschlag zu fassen, oder zu hoffen, daß noch etwa der= einst ein Newton aufstehen könne, der auch nur die Er= zeugung eines Grashalms nach Naturgesetzen, die keine Absicht geordnet hat, begreiflich machen werde: sondern man muß diese Einsicht den Menschen schlechterdings absprechen. Daß dann aber auch in der Natur, wenn wir bis zum Princip derselben in der Specification ihrer allgemeinen uns bekannten Gesetze durchdringen könn= ten, ein hinreichender Grund der Möglichkeit organisir= ter Wesen, ohne ihrer Erzeugung eine Absicht unterzu= legen, (also im bloßen Mechanism derselben) gar nicht verborgen liegen könne, das wäre wiederum von uns zu vermessen geurtheilt; denn woher wollen wir das wiſ= sen? Wahrscheinlichkeiten fallen hier gar weg, wo es auf Urtheile der reinen Vernunft ankommt. — Also können wir über den Satz: ob ein nach Absichten han= delndes Wesen als Welturſache (mithin als Urheber) dem, was wir mit Recht Naturzwecke nennen, zum Grunde liege, objectiv gar nicht, weder bejahend noch verneinend, urtheilen; nur so viel ist sicher, daß, wenn wir doch wenigstens nach dem, was uns einzusehen durch unsere eigene Natur vergönnt ist, (nach den Bedingungen und Schranken unserer Vernunft) ur= theilen sollen, wir schlechterdings nichts anders als ein verständiges Wesen der Möglichkeit jener Natur= zwecke zum Grunde legen können: welches der Maxime unserer reflectirenden Urtheilskraft, folglich einem sub=

jectiven, aber dem menschlichen Geschlecht unnachläß-
lich anhangenden, Grunde allein gemäß ist.

§. 76.
Anmerkung.

Diese Betrachtung, welche es gar sehr verdient in der Transcendentalphilosophie umständlich ausgeführt zu werden, mag hier nur episodisch, zur Erläuterung (nicht zum Beweise des hier Vorgetragenen), eintreten.

Die Vernunft ist ein Vermögen der Principien, und geht in ihrer äussersten Forderung auf das Unbedingte; da hingegen der Verstand ihr immer nur unter einer gewissen Bedingung, die gegeben werden muß, zu Diensten steht. Ohne Begriffe des Verstandes aber, welchen objective Realität gegeben werden muß, kann die Vernunft gar nicht objectiv (synthetisch) urtheilen, und enthält, als theoretische Vernunft, für sich schlechterdings keine constitutive, sondern bloß regulative Principien. Man wird bald inne: daß, wo der Verstand nicht folgen kann, die Vernunft überschwenglich wird, und in zuvor gegründeten Ideen (als regulativen Principien), aber nicht objectiv gültigen Begriffen sich hervorthut; der Verstand aber, der mit ihr nicht Schritt halten kann, aber doch zur Gültigkeit für Objecte nöthig seyn würde, die Gültigkeit jener Ideen der Vernunft nur auf das Subject, aber doch allgemein für alle von dieser Gattung, d. i. auf die Bedingung einschränkt, daß nach der Natur unseres (menschlichen) Erkenntnißvermögens oder gar überhaupt nach dem Begriffe, den wir uns von dem Vermögen eines endlichen vernünftigen Wesens überhaupt machen können, nicht anders als so könne und müsse gedacht werden: ohne doch zu behaupten, daß der Grund eines solchen Urtheils im Objecte liegt. Wir wollen Beyspiele anführen, die zwar zu viel Wichtigkeit und auch Schwierigkeit haben, um sie hier so fort als erwiesene Sätze dem Leser aufzubringen, die ihm aber Stoff zum Nachdenken geben, und dem, was hier unser eigenthümliches Geschäft ist, zur Erläuterung dienen können.

Es ist dem menschlichen Verstande unumgänglich nothwendig, Möglichkeit und Wirklichkeit der Dinge zu unterscheiden. Der Grund davon lieget im Subjecte und der Natur seiner Erkenntnißvermögen. Denn, wären zu dieser ihrer Ausübung nicht zwey ganz heterogene Stücke, Verstand für Begriffe, und sinnliche Anschauung für Objecte, die ihnen correspondiren, erforderlich; so würde es keine solche Unterscheidung (zwischen dem Möglichen und Wirklichen) geben. Wäre nehmlich unser Verstand anschauend, so hätte er keine Gegenstände als das Wirkliche. Begriffe (die bloß auf die Möglichkeit eines Gegenstandes gehen), und sinnliche Anschauungen (welche uns etwas geben, ohne es dadurch doch als Gegenstand erkennen zu lassen), würden beide wegfallen. Nun beruht aber alle unsere Unterscheidung des bloß Möglichen vom Wirklichen darauf, daß das erstere nur die Position der Vorstellung eines Dinges respectiv auf unsern Begrif und überhaupt das Vermögen zu denken das letztere aber die Setzung des Dinges an sich selbst (außer diesem Begriffe) bedeutet. Also ist die Unterscheidung möglicher Dinge von wirklichen eine solche, die bloß subjectiv für den menschlichen Verstand gilt, da wir nehmlich etwas immer noch in Gedanken haben können, ob es gleich nicht ist, oder etwas als gegeben uns vorstellen, ob wir gleich noch keinen Begrif davon haben. Die Sätze also: daß Dinge möglich seyn können ohne wirklich zu seyn, daß also aus der bloßen Möglichkeit auf die Wirklichkeit gar nicht geschlossen werden könne.

gelten ganz richtig für die menschliche Vernunft, ohne darum zu beweisen daß dieser Unterschied in den Dingen selbst liege. Denn, daß dieses nicht daraus gefolgert werden könne, mithin jene Sätze zwar allerdings auch von Objecten gelten, so fern unser Erkenntnißvermögen, als sinnlich = bedingt, sich auch mit Objecten der Sinne beschäftigt, aber nicht von Dingen überhaupt: leuchtet aus der unablaßlichen Forderung der Vernunft ein, irgend ein Etwas (den Urgrund) als unbedingt nothwendig existirend anzunehmen, an welchem Möglichkeit und Wirklichkeit gar nicht mehr unterschieden werden sollen, und für welche Idee unser Verstand schlechterdings keinen Begrif hat, d. i. keine Art ausfinden kann, wie er ein solches Ding und seine Art zu existiren sich vorstellen solle. Denn, wenn er es denkt (er mag es denken wie er will), so ist es bloß als möglich vorgestellt. Ist er sich dessen, als in der Anschauung gegeben bewußt, so ist es wirklich, ohne sich hiebey irgend etwas von Möglichkeit zu denken. Daher ist der Begrif eines absolutnothwendigen Wesens zwar eine unentbehrliche Vernunftidee, aber ein für den menschlichen Verstand unerreichbarer problematischer Begrif. Er gilt aber doch für den Gebrauch unserer Erkenntnißvermögen, nach der eigenthümlichen Beschaffenheit derselben, mithin nicht vom Objecte und hiemit für jedes erkennende Wesen: weil ich nicht bei jedem das Denken und die Anschauung, als zwey verschiedene Bedingungen der Ausübung ihrer Erkenntnißvermögen, mithin der Möglichkeit und Wirklichkeit der Dinge, voraussetzen kann. Für einen Verstand, bey dem dieser Unterschied nicht einträte, würde es heissen: alle Objecte, die ich erkenne, sind (existiren); und die Möglichkeit einiger, die doch nicht existirten, d. i. Zufälligkeit derselben wenn sie existiren, also auch die davon zu unterscheidende Nothwendigkeit, würde in die Vorstellung eines ſolchen Weſens gar nicht kommen können. Was unſerm Verſtande aber ſo beſchwerlich fällt, der Vernunft hier mit ſeinen Begriffen es gleich zu thun, iſt bloß: daß für ihn, als menſchlichen Verſtand, dasjenige überſchwenglich (d. i. den ſubjectiven Bedingungen ſeines Erkenntniſſes unmöglich) iſt, was doch die Vernunft als zum Object gehörig zum Princip macht. — Hierbey gilt nun immer die Maxime, daß wir alle Objecte, da wo ihr Erkenntniß das Vermögen des Verſtandes überſteigt, nach den ſubjectiven, unſerer (d. i. der menſchlichen) Natur nothwendig anhangenden, Bedingungen der Ausübung ihrer Vermögen denken; und, wenn die auf dieſe Art gefällten Urtheile (wie es auch in Anſehung der überſchwenglichen Begriffe nicht anders ſeyn kann) nicht conſtitutive Principien, die das Object, wie es beſchaffen iſt, beſtimmen, ſeyn können, ſo werden es doch regulative, in der Ausübung immanente und ſichere, der menſchlichen Abſicht angemeſſene, Principien bleiben.

So wie die Vernunft, in theoretiſcher Betrachtung der Natur, die Idee einer unbedingten Nothwendigkeit ihres Urgrundes annehmen muß; ſo ſetzt ſie auch, in practiſcher, ihre eigene (in Anſehung der Natur) unbedingte Cauſalität, d. i. Freiheit voraus, indem ſie ſich ihres moraliſchen Gebots bewußt iſt. Weil nun aber hier die objective Nothwendigkeit der Handlung, als Pflicht derjenigen, die ſie, als Begebenheit haben würde, wenn ihr Grund in der Natur und nicht in der Freyheit (d. i. in der Vernunftcauſalität) läge, entgegengeſetzt, und die moraliſch-ſchlechthin-nothwendige Handlung phyſiſch als ganz zufällig angeſehen wird (d. i. daß das was nothwendig geſchehen ſollte, doch öfter nicht geſchicht;) ſo iſt klar, daß es nur von der ſubjectiven Beſchaffenheit unſers practiſchen Vermögens herrührt, daß die moraliſchen Geſetze als Gebote (und die ihnen gemäßen

Handlungen als Pflichten) vorgestellt werden müssen, und die Vernunft diese Nothwendigkeit nicht durch ein Seyn (Geschehen), sondern Seyn-Sollen ausdrückt: welches nicht Statt finden würde, wenn die Vernunft ohne Sinnlichkeit (als subjective Bedingung ihrer Anwendung auf Gegenstände der Natur), ihrer Caufalität nach, mithin als Ursache in einer intelligibelen, mit dem moralischen Gesetze durchgängig übereinstimmenden, Welt betrachtet würde, wo zwischen Sollen und Thun, zwischen einem practischen Gesetze von dem was durch uns möglich ist, und dem theoretischen von dem was durch uns wirklich ist, kein Unterschied seyn würde. Ob nun aber gleich eine intelligibele Welt, in welcher alles darum wirklich seyn würde, bloß nur weil es (als etwas Gutes) möglich ist, und selbst die Freyheit, als formale Bedingung derselben, für uns ein überschwenglicher Begrif ist, der zu keinem constitutiven Princip, ein Object und dessen objective Realität zu bestimmen, tauglich ist; so dient die letztere doch, nach der Beschaffenheit unserer (zum Theil sinnlichen) Natur und Vermögens, für uns und alle vernünftige mit der Sinnenwelt in Verbindung stehende Wesen, so weit wir sie uns nach der Beschaffenheit unserer Vernunft vorstellen können, zu einem allgemeinen regulativen Princip, welches die Beschaffenheit der Freiheit, als Form der Caufalität, nicht objectiv bestimmt, sondern, und zwar nicht mit minderer Gültigkeit, als ob dieses geschähe, die Regel der Handlungen nach jener Idee für jedermann zu Geboten macht.

Eben so kann man auch, was unsern vorliegenden Fall betrift, einräumen: wir würden zwischen Naturmechanism und Technik der Natur, d. i. Zweckverknüpfung in derselben, keinen Unterschied finden, wäre unser Verstand nicht von der Art, daß er vom Allgemeinen zum Besondern gehen muß, und die Urtheilskraft also in Ansehung des Besondern keine Zweckmäßigkeit erkennen, mithin keine bestimmende Urtheile fällen kann ohne ein allgemeines Gesetz zu haben, worunter sie jenes subsumiren könne. Da nun aber das Besondere, als ein solches, in Ansehung des Allgemeinen etwas Zufälliges enthält, gleichwohl aber die Vernunft in der Verbindung besonderer Gesetze der Natur doch auch Einheit, mithin Gesetzlichkeit, erfordert (welche Gesetzlichkeit des Zufälligen Zweckmäßigkeit heißt), und die Ableitung der besonderen Gesetze aus den allgemeinen, in Ansehung dessen was jene Zufälliges in sich enthalten, a priori durch Bestimmung des Begrifs vom Objecte unmöglich ist; so wird der Begrif der Zweckmäßigkeit der Natur in ihren Producten ein für die menschliche Urtheilskraft in Ansehung der Natur nothwendiger, aber nicht die Bestimmung der Objecte selbst angehender, Begrif seyn, also ein subjectives Princip der Vernunft für die Urtheilskraft, welches als regulativ (nicht constitutiv) für unsere menschliche Urtheilskraft eben so nothwendig gilt, als ob es ein objectives Princip wäre.

§. 77.

Von der Eigenthümlichkeit des menschlichen Verstandes, wodurch uns der Begrif eines Naturzwecks möglich wird.

Wir haben in der Anmerkung Eigenthümlichkeiten unseres (selbst des oberen) Erkenntnißvermögens, welche wir leichtlich als objective Prädikate auf die Sachen selbst überzutragen verleitet werden, angeführt; aber sie betreffen Ideen, denen angemessen kein Gegenstand in der Erfahrung gegeben werden kann, und die alsdann nur zu regulativen Principien in Verfolgung der letzteren dienen konnten. Mit dem Begriffe eines Naturzwecks verhält es sich zwar eben so, was die Ursache der Möglichkeit eines solchen Prädikats betrift, die nur in der Idee liegen kann: aber die ihr gemäße Folge (das Product selbst) ist doch in der Natur gegeben, und der Begrif einer Causalität der letzteren, als eines nach Zwecken handelnden Wesens, scheint die Idee eines Naturzwecks zu einem constitutiven Princip desselben zu machen: und darin hat sie etwas von allen andern Ideen Unterscheidendes.

Dieses Unterscheidende besteht aber darin: daß gedachte Idee nicht ein Vernunftprincip für den Verstand, sondern für die Urtheilskraft, mithin lediglich die Anwendung eines Verstandes überhaupt auf mögliche Gegenstände der Erfahrung ist; und zwar da, wo das Urtheil nicht bestimmend, sondern bloß reflectirend seyn kann, mithin der Gegenstand zwar in der Erfahrung gegeben, aber darüber der Idee gemäß gar nicht einmal bestimmt (geschweige völlig angemessen) geurtheilt, sondern nur über ihn reflectirt werden kann.

Es betrift also eine Eigenthümlichkeit unseres (menschlichen) Verstandes in Ansehung der Urtheilskraft, in der Reflexion derselben über Dinge der Natur. Wenn das aber ist, so muß hier die Idee von einem andern möglichen Verstande, als dem menschlichen, zum Grunde liegen (so wie wir in der Critik der r. V. eine andere mögliche Anschauung in Gedanken haben mußten, wenn die unsrige als eine besondere Art, nehmlich der, für welche Gegenstände nur als Erscheinungen gelten, gehalten werden sollte), damit man sagen könne: gewisse Naturproducte müssen, nach der besondern Beschaffenheit unseres Verstandes, von uns ihrer Möglichkeit nach absichtlich und als Zwecke erzeugt, betrachtet werden, ohne doch darum zu verlangen, daß es wirklich eine besondere Ursache, welche die Vorstellung eines Zwecks zu ihrem Bestimmungsgrunde hat, gebe, mithin ohne in Abrede zu stehen, daß nicht ein anderer (höherer) Verstand, als der menschliche, auch im Mechanism der Natur d. i. einer Causalverbindung, zu der nicht ausschließungsweise ein Verstand als Ursache angenommen wird, den Grund der Möglichkeit solcher Producte der Natur antreffen könne.

Es kommt hier also auf das Verhalten unseres Verstandes zur Urtheilskraft an, daß wir nehmlich darin eine gewisse Zufälligkeit der Beschaffenheit des unsrigen aufsuchen, um die als Eigenthümlichkeit unseres Verstandes, zum Unterschiede von anderen möglichen, anzumerken.

Diese Zufälligkeit findet sich ganz natürlich in dem Besondern, welches die Urtheilskraft unter das Allgemeine der Verstandesbegriffe bringen soll; denn durch das Allgemeine unseres (menschlichen) Verstandes ist das Besondere nicht bestimmt; und es ist zufällig, auf wie vielerley Art unterschiedene Dinge, die doch in einem gemeinsamen Merkmale übereinkommen, unserer Wahrnehmung vorkommen können. Unser Verstand ist ein Vermögen der Begriffe, d. i. ein discursiver Verstand, für den es freylich zufällig seyn muß, welcherley und wie sehr verschieden das Besondere seyn mag, das ihm in der Natur gegeben werden, und das unter seine Begriffe gebracht werden kann. Weil aber zum Erkenntniß doch auch Anschauung gehört, und ein Vermögen einer **völligen Spontaneität der Anschauung** ein von der Sinnlichkeit unterschiedenes und davon ganz unabhängiges Erkenntnißvermögen, mithin Verstand in der allgemeinsten Bedeutung seyn würde: so kann man sich auch einen **intuitiven** Verstand (negativ, nehmlich bloß als nicht discursiven) denken, welcher nicht vom Allgemeinen zum Besonderen und so zum Einzelnen (durch Begriffe) geht, und für welchen jene Zufälligkeit der Zusammenstimmung der Natur in ihren Producten nach **besondern** Gesetzen zum Verstande nicht angetroffen wird, welche dem unsrigen es so schwer macht, das Mannichfaltige derselben zur Einheit des Erkenntnisses zu bringen; ein Geschäft, das der unsrige nur durch Übereinstimmung der Naturmerkmale zu unserm Vermögen der Begriffe, welche sehr zufällig ist, zu Stande bringen kann, dessen ein anschauender Verstand aber nicht bedarf.

Unser Verstand hat also das Eigene für die Urtheilskraft, daß im Erkenntniß durch denselben, durch das Allgemeine das Besondere nicht bestimmt wird, und dieses also von jenem allein nicht abgeleitet werden kann; gleichwohl aber dieses Besondere in der Mannichfaltigkeit der Natur zum Allgemeinen (durch Begriffe und Gesetze) zusammenstimmen soll, um darunter subsumirt werden zu können, welche Zusammenstimmung unter solchen Umständen sehr zufällig und für die Urtheilskraft ohne bestimmtes Princip seyn muß.

Um nun gleichwohl die Möglichkeit einer solchen Zusammenstimmung der Dinge der Natur zur Urtheilskraft (welche wir als zufällig, mithin nur durch einen darauf gerichteten Zweck als möglich vorstellen) wenigstens denken zu können, müssen wir uns zugleich einen andern Verstand denken, in Beziehung auf welchen, und zwar vor allem ihm beygelegten Zweck, wir jene Zusammenstimmung der Naturgesetze mit unserer Urtheilskraft, die für unsern Verstand nur durch das Verbindungsmittel der Zwecke denkbar ist, als nothwendig vorstellen können.

Unser Verstand nehmlich hat die Eigenschaft, daß er in seinem Erkenntnisse, z. B. der Ursache eines Products, vom Analytisch-Allgemeinen (von Begriffen) zum Besondern (der gegebenen empirischen Anschauung) gehen muß; wobey er also in Ansehung der Mannichfaltigkeit des letztern nichts bestimmt, sondern diese Bestimmung für die Urtheilskraft von der Subsumtion der empirischen Anschauung (wenn der Gegenstand ein Naturproduct ist) unter dem Begrif erwarten muß. Nun können wir uns aber auch einen Verstand denken, der, weil er nicht wie der unsrige discursiv, sondern intuitiv ist, vom Synthetisch-Allgemeinen (der Anschauung eines Ganzen, als eines solchen) zum Besondern geht, d. i. vom Ganzen zu den Theilen; der also und dessen Vorstellung des Ganzen die Zufälligkeit der Verbindung der Theile nicht in sich enthält, um eine bestimmte Form des Ganzen möglich zu machen, die unser Verstand bedarf, welcher von den Theilen, als allgemeingedachten Gründen, zu verschiedenen darunter zu subsumirenden möglichen Formen, als Folgen, fortgehen muß. Nach der Beschaffenheit unseres Verstandes ist hingegen ein reales Ganze der Natur nur als Wirkung der concurrirenden bewegenden Kräfte der Theile anzusehen. Wollen wir uns also nicht die Möglichkeit des Ganzen als von den Theilen, wie es unserm discursiven Verstande gemäß ist, sondern, nach Maaßgabe des intuitiven (urbildlichen), die Möglichkeit der Theile (ihrer Beschaffenheit und Verbindung nach) als vom Ganzen abhangend vorstellen; so kann dieses, nach eben derselben Eigenthümlichkeit unseres Verstandes, nicht so geschehen, daß das Ganze den Grund der Möglichkeit der Verknüpfung der Theile (welches in der discursiven Erkenntnißart Widerspruch seyn würde), sondern nur daß die

Vorstellung eines Ganzen den Grund der Möglichkeit der Form desselben und der dazu gehörigen Verknüpfung der Theile enthalte. Da das Ganze nun aber alsdann eine Wirkung (Product) seyn würde, dessen Vorstellung als die Ursache seiner Möglichkeit angesehen wird, das Product aber einer Ursache, deren Bestimmungsgrund bloß die Vorstellung seiner Wirkung ist, ein Zweck heißt; so folgt daraus: daß es bloß eine Folge aus der besondern Beschaffenheit unseres Verstandes sey, wenn wir Producte der Natur nach einer andern Art der Causalität, als der der Naturgesetze der Materie, nehmlich nur nach der der Zwecke und Endursachen uns als möglich vorstellen, und daß dieses Princip nicht die Möglichkeit solcher Dinge selbst (selbst als Phänomene betrachtet) nach dieser Erzeugungsart, sondern nur der unserem Verstande möglichen Beurtheilung derselben angehe. Wobey wir zugleich einsehen, warum wir in der Naturkunde mit einer Erklärung der Producte der Natur durch Causalität nach Zwecken lange nicht zufrieden sind, weil wir nehmlich in derselben die Naturerzeugung bloß unserm Vermögen sie zu beurtheilen, d. i. der reflectirenden Urtheilskraft, und nicht den Dingen selbst zum Behuf der bestimmenden Urtheilskraft angemessen zu beurtheilen verlangen. Es ist hiebey auch gar nicht nöthig zu beweisen, daß ein solcher intellectus archetypus möglich sey, sondern nur daß wir in der Dagegenhaltung unseres discursiven, der Bilder bedürftigen, Verstandes (intellectus ectypus) und der Zufälligkeit einer solchen Beschaffenheit, auf jene Idee (eines intellectus archetypus) geführet werden, diese auch keinen Widerspruch enthalte.

Wenn wir nun ein Ganzes der Materie, seiner Form nach, als ein Product der Theile und ihrer Kräfte und Vermögen sich von selbst zu verbinden (andere Materien, die diese einander zuführen, hinzugedacht) betrachten; so stellen wir uns eine mechanische Erzeugungsart desselben vor. Aber es kommt auf solche Art kein Begrif von einem Ganzen als Zweck heraus, dessen innere Möglichkeit durchaus die Idee von einem Ganzen voraussetzt, von der selbst die Beschaffenheit und Wirkungsart der Theile abhängt, wie wir uns doch einen organisirten Körper vorstellen müssen. Hieraus folgt aber, wie eben gewiesen worden, nicht, daß die mechanische Erzeugung eines solchen Körpers unmöglich sey; denn das würde soviel sagen, als, es sey eine solche Einheit in der Verknüpfung des Mannichfaltigen für jeden Verstand unmöglich (d. i. widersprechend) sich vorzustellen, ohne daß die Idee derselben zugleich die erzeugende Ursache derselben sey, d. i. ohne absichtliche Hervorbringung. Gleichwohl würde dieses in der That folgen, wenn wir materielle Wesen, als Dinge an sich selbst, anzusehen berechtigt wären. Denn alsdann würde die Einheit, welche den Grund der Möglichkeit der Naturbildungen ausmacht, lediglich die Einheit des

Raums seyn, welcher aber kein Realgrund der Erzeugungen, sondern nur die formale Bedingung derselben ist; obwohl er mit dem Realgrunde, welchen wir suchen, darin einige Ähnlichkeit hat, daß in ihm kein Theil ohne in Verhältniß auf das Ganze (dessen Vorstellung also der Möglichkeit der Theile zum Grunde liegt) bestimmt werden kann. Da es aber doch wenigstens möglich ist, die materielle Welt als bloße Erscheinung zu betrachten, und etwas als Ding an sich selbst (welches nicht Erscheinung ist) als Substrat zu denken, diesem aber eine correspondirende intellectuelle Anschauung (wenn sie gleich nicht die unsrige ist) unterzulegen; so würde ein, obzwar für uns unerkennbarer, übersinnlicher Realgrund für die Natur Statt finden, zu der wir selbst mitgehören, in welcher wir also das, was in ihr als Gegenstand der Sinne nothwendig ist, nach mechanischen Gesetzen, die Zusammenstimmung und Einheit aber der besonderen Gesetze und der Formen nach denselben, die wir in Ansehung jener als zufällig beurtheilen müssen, in ihr als Gegenstande der Vernunft (ja das Naturganze als System) zugleich nach teleologischen Gesetzen betrachten, und sie nach zweyerley Principien beurtheilen würden, ohne daß die mechanische Erklärungsart durch die teleologische, als ob sie einander widersprächen, ausgeschlossen wird.

Hieraus läßt sich auch das, was man sonst zwar leicht vermuthen, aber schwerlich mit Gewißheit behaupten

ten und beweisen konnte, einsehen, daß zwar das Princip einer mechanischen Ableitung zweckmäßiger Naturproducte neben dem teleologischen bestehen, dieses letztere aber keinesweges entbehrlich machen könnte: b. i. man kann an einem Dinge, welches wir als Naturzweck beurtheilen müssen (einem organisirten Wesen), zwar alle bekannte und noch zu entdeckende Gesetze der mechanischen Erzeugung versuchen, und auch hoffen dürfen damit guten Fortgang zu haben, niemals aber der Berufung auf einen davon ganz unterschiedenen Erzeugungsgrund, nehmlich der Causalität durch Zwecke, für die Möglichkeit eines solchen Products überhoben seyn; und schlechterdings kann keine menschliche Vernunft (auch keine endliche, die der Qualität nach der unsrigen ähnlich wäre, sie aber dem Grade nach noch so sehr überstiege) die Erzeugung auch nur eines Gräschens aus bloß mechanischen Ursachen zu verstehen hoffen. Denn, wenn die teleologische Verknüpfung der Ursachen und Wirkungen zur Möglichkeit eines solchen Gegenstandes für die Urtheilskraft ganz unentbehrlich ist, selbst um diese nur am Leitfaden der Erfahrung zu studiren; wenn für äußere Gegenstände, als Erscheinungen, ein sich auf Zwecke beziehender hinreichender Grund gar nicht angetroffen werden kann, sondern dieser, der auch in der Natur liegt, doch nur im übersinnlichen Substrat derselben gesucht werden muß, von welchem uns aber alle mögliche Einsicht abgeschnitten ist: so ist es uns schlechterdings unmöglich, aus der Natur selbst hergenommene Erklärungsgründe für Zweckverbindungen zu schöpfen, und es ist nach der Beschaffenheit des menschlichen Erkenntnißvermögens nothwendig, den obersten Grund dazu in einem ursprünglichen Verstande als Welturſache zu ſuchen.

§. 78.

Von der Vereinigung des Princips des allgemeinen Mechanismus der Materie mit dem teleologiſchen in der Technik der Natur.

Es liegt der Vernunft unendlich viel daran, den Mechanism der Natur in ihren Erzeugungen nicht fallen zu laſſen und in der Erklärung derſelben nicht vorbey zu gehen; weil ohne dieſen keine Einſicht in der Natur der Dinge erlangt werden kann. Wenn man uns gleich einräumt: daß ein höchſter Architect die Formen der Natur, ſo wie ſie von je her da ſind, unmittelbar geſchaffen, oder die, welche ſich in ihrem Laufe continuirlich nach eben demſelben Muſter bilden, prädeterminirt habe: ſo iſt doch dadurch unſere Erkenntniß der Natur nicht im mindeſten gefördert; weil wir jenes Weſens Handlungsart und die Ideen deſſelben, welche die Principien der Möglichkeit der Naturweſen enthalten ſollen, gar nicht kennen, und von demſelben als von oben herab (a priori) die Natur nicht erklären können. Wollen wir aber von den Formen der Gegenſtände der Erfahrung, alſo von unten hinauf (a poſteriori), weil wir in dieſen Zweckmäßigkeit anzutreffen glauben, um diese zu erklären, uns auf eine nach Zwecken wirkende Ursache berufen; so würden wir ganz tautologisch erklären, und die Vernunft mit Worten täuschen, ohne noch zu erwähnen: daß da, wo wir uns mit dieser Erklärungsart ins Überschwengliche verlieren, wohin uns die Naturerkenntniß nicht folgen kann, die Vernunft dichterisch zu schwärmen verleitet wird, welches zu verhüten eben ihre vorzüglichste Bestimmung ist.

Von der andern Seite ist es eine eben sowohl nothwendige Maxime der Vernunft, das Princip der Zwecke an den Producten der Natur nicht vorbey zu gehen; weil es, wenn es gleich die Entstehungsart derselben uns eben nicht begreiflicher macht, doch ein heuristisches Princip ist, den besondern Gesetzen der Natur nachzuforschen; gesetzt auch, daß man davon keinen Gebrauch machen wollte, um die Natur selbst darnach zu erklären, indem man sie so lange, ob sie gleich absichtliche Zweckeinheit augenscheinlich darlegt, noch immer nur Naturzwecke nennt, d. i. ohne über die Natur hinaus den Grund der Möglichkeit derselben zu suchen. Weil es aber doch am Ende zur Frage wegen der letzteren kommen muß: so ist es eben so nothwendig für sie, eine besondere Art der Causalität, die sich nicht in der Natur vorfindet, zu denken, als die Mechanik der Naturursachen die ihrige hat, indem zu der Receptivität mehrerer und anderer Formen, als deren die Materie nach der letzteren fähig ist, noch eine Spontaneität einer Ursache (die also nicht Materie seyn kann) hinzukommen muß, ohne welche von jenen Formen kein Grund angegeben werden kann. Zwar muß die Vernunft, ehe sie diesen Schritt thut, behutsam verfahren, und nicht jede Technik der Natur, d. i. ein productives Vermögen derselben, welches Zweckmäßigkeit der Gestalt für unsere bloße Apprehension an sich zeigt, (wie bey regulären Körpern) für teleologisch zu erklären suchen, sondern immer so lange für bloß mechanisch-möglich ansehen; allein darüber das teleologische Princip gar ausschließen, und, wo die Zweckmäßigkeit, für die Vernunftuntersuchung der Möglichkeit der Naturformen, durch ihre Ursachen, sich ganz unläugbar als Beziehung auf eine andere Art der Causalität zeigt, doch immer den bloßen Mechanism befolgen wollen, muß die Vernunft eben so phantastisch und unter Hirngespinsten von Naturvermögen, die sich gar nicht denken lassen, herumschweifend machen, als eine bloß teleologische Erklärungsart, die gar keine Rücksicht auf den Naturmechanism nimmt, sie schwärmerisch machte.

An einem und eben demselben Dinge der Natur lassen sich nicht beide Principien, als Grundsätze der Erklärung (Deduction) eines von dem andern, verknüpfen, d. i. als dpgmatische und constitutive Principien der Natureinsicht für die bestimmende Urtheilskraft, vereinigen. Wenn ich z. B. von einer Made annehme, sie sey als Product des bloßen Mechanismus der Ma-

terie (der neuen Bildung, die sie für sich selbst bewerk⸗
stelligt, wenn ihre Elemente durch Fäulniß in Freyheit
gesetzt werden) anzusehen; so kann ich nun nicht von
eben derselben Materie, als einer Caussalität nach Zwe⸗
cken zu handeln, eben dasselbe Product ableiten. Um⸗
gekehrt, wenn ich dasselbe Product als Naturzweck an⸗
nehme, kann ich nicht auf eine mechanische Erzeugungs⸗
art desselben rechnen, und solche als constitutives Princip
zur Beurtheilung desselben seiner Möglichkeit nach anneh⸗
men, und so beide Principien vereinigen. Denn eine
Erklärungsart schließt die andere aus; gesetzt auch, daß
objectiv beide Gründe der Möglichkeit eines solchen Pro⸗
ducts auf einem einzigen beruheten, wir aber auf diesen
nicht Rücksicht nähmen. Das Princip, welches die
Vereinbarkeit beider in Beurtheilung der Natur nach
denselben möglich machen soll, muß in das was außer⸗
halb beiden (mithin auch außer der möglichen empiri⸗
schen Naturvorstellung) liegt, von dieser aber doch den
Grund enthält, d. i. ins Übersinnliche, gesetzt, und eine
jede beider Erklärungsarten darauf bezogen werden.
Da wir nun von diesem nichts als den unbestimmten
Begrif eines Grundes haben können, der die Beurthei⸗
lung der Natur nach empirischen Gesetzen möglich macht,
übrigens aber ihn durch kein Prädicat näher bestimmen
können; so folgt, daß die Vereinigung beider Principien
nicht auf einem Grunde der Erklärung (Explication)
der Möglichkeit eines Products nach gegebenen Gesetzen

für die bestimmende, sondern nur auf einem Grunde der Erörterung (Exposition) derselben für die reflectirende Urtheilskraft beruhen könne. — Denn Erklären heißt von einem Princip ableiten, welches man also deutlich muß erkennen und angeben können. Nun müssen zwar das Princip des Mechanisms der Natur und das der Causalität derselben an einem und eben demselben Naturproducte in einem einzigen oberen Princip zusammenhangen und daraus gemeinschaftlich abfließen, weil sie sonst in der Naturbetrachtung nicht neben einander bestehen könnten. Wenn aber dieses objectiv-gemeinschaftliche, und also auch die Gemeinschaft der davon abhangenden Maxime der Naturforschung berechtigende, Princip von der Art ist, daß es zwar angezeigt, nie aber bestimmt erkannt und für den Gebrauch in vorkommenden Fällen deutlich angegeben werden kann; so läßt sich aus einem solchen Princip keine Erklärung d. i. deutliche und bestimmte Ableitung der Möglichkeit eines nach jenen zwey heterogenen Principien möglichen Naturproducts ziehen. Nun ist aber das gemeinschaftliche Princip der mechanischen einerseits und der teleologischen Ableitung andrerseits das Übersinnliche, welches wir der Natur als Phänomen unterlegen müssen. Von diesem aber können wir uns in theoretischer Absicht nicht den mindesten bejahend bestimmten Begrif machen. Wie also nach demselben, als Princip, die Natur (nach ihren besondern Gesetzen) für uns ein System ausmacht, welches

Critik der teleologischen Urtheilskraft. 359

sowohl nach dem Princip der Erzeugung von physischen als dem der Endursachen als möglich erkannt werden könne: läßt sich keinesweges erklären; sondern nur, wenn es sich zuträgt, daß Gegenstände der Natur vorkommen, die nach dem Princip des Mechanisms (welches jederzeit an ein Naturwesen Anspruch hat) ihrer Möglichkeit nach, ohne uns auf teleologische Grundsätze zu stützen, von uns nicht können gedacht werden, voraussetzen, daß man nur getrost beiden gemäß den Naturgesetzen nachforschen dürfe (nachdem die Möglichkeit ihres Products, aus einem oder dem andern Princip, unserm Verstande erkennbar ist), ohne sich an den scheinbaren Widerstreit zu stoßen, der sich zwischen den Principien der Beurtheilung desselben hervorthut; weil wenigstens die Möglichkeit, daß beide auch objectiv in einem Princip vereinbar seyn möchten (da sie Erscheinungen betreffen, die einen übersinnlichen Grund voraussetzen), gesichert ist.

Ob also gleich sowohl der Mechanism als der teleologische (absichtliche) Technicism der Natur, in Ansehung ebendesselben Products und seiner Möglichkeit, unter einem gemeinschaftlichen obern Princip der Natur nach besondern Gesetzen stehen mögen; so können wir doch, da dieses Princip transcendent ist, nach der Eingeschränktheit unseres Verstandes beide Principien in der Erklärung eben derselben Naturerzeugung alsdann nicht vereinigen, wenn selbst die innere Möglichkeit dieses Products nur durch eine Causalität nach

Z 4

Zwecken verständlich ist (wie organisirte Materien von der Art sind). Es bleibt also bey dem obigen Grundsaße der Teleologie: daß, nach der Beschaffenheit des menschlichen Verstandes, für die Möglichkeit organischer Wesen in der Natur keine andere als absichtlich wirkende Ursache könne angenommen werden, und der bloße Mechanism der Natur zur Erklärung dieser ihrer Producte gar nicht hinlänglich seyn könne; ohne doch dadurch in Ansehung der Möglichkeit solcher Dinge selbst durch diesen Grundsaß entscheiden zu wollen.

Da nehmlich dieser nur eine Maxime der reflectirenden, nicht der bestimmenden Urtheilskraft, daher nur subjectiv für uns, nicht objectiv für die Möglichkeit dieser Art Dinge selbst, gilt (wo beiderley Erzeugungsarten wohl in einem und demselben Grunde zusammenhangen könnten); da ferner, ohne allen zu der teleologisch-gedachten Erzeugungsart hinzukommenden Begrif von einem dabey zugleich anzutreffenden Mechanism der Natur, dergleichen Erzeugung gar nicht als Naturproduct beurtheilt werden könnte: so führt obige Maxime zugleich die Nothwendigkeit einer Vereinigung beider Principien in der Beurtheilung der Dinge als Naturzwecke bey sich, aber nicht um eine ganz, oder in gewissen Stücken, an die Stelle der andern zu sezen. Denn an die Stelle dessen, was (von uns wenigstens) nur als nach Absicht möglich gedacht wird, läßt sich kein Mechanism; und an die Stelle dessen, was nach diesem als nothwendig erkannt wird, läßt sich keine Zufälligkeit, die eines Zwecks zum Bestimmungsgrunde bedürfe, annehmen: sondern nur die eine (der Mechanism) der andern (dem absichtlichen Technicism) unterordnen, welches nach dem transcendentalen Princip der Zweckmäßigkeit der Natur, ganz wohl geschehen darf.

Denn, wo Zwecke als Gründe der Möglichkeit gewisser Dinge gedacht werden, da muß man auch Mittel annehmen, deren Wirkungsgesetz für sich nichts einen Zweck voraussetzendes bedarf, mithin mechanisch und doch eine untergeordnete Ursache absichtlicher Wirkungen seyn kann. Daher läßt sich selbst in organischen Producten der Natur, noch mehr aber, wenn wir, durch die unendliche Menge derselben veranlaßt, das Absichtliche in der Verbindung der Natururfachen nach besondern Gesetzen nun auch (wenigstens durch erlaubte Hypothese) zum allgemeinen Princip der reflectirenden Urtheilskraft für das Naturganze (die Welt) annehmen, eine große und sogar allgemeine Verbindung der mechanischen Gesetze mit den teleologischen in den Erzeugungen der Natur denken, ohne die Principien der Beurtheilung derselben zu verwechseln und eines an die Stelle des andern zu setzen; weil in einer teleologischen Beurtheilung die Materie, selbst, wenn die Form, welche sie annimmt, nur als nach Absicht möglich beurtheilt wird, doch, ihrer Natur nach mechanischen Gesetzen gemäß, jenem vorgestellten Zwecke auch zum Mittel untergeordnet seyn kann: wiewohl, da der Grund dieser Vereinbarkeit in demjenigen liegt, was weder das eine noch das andere (weder Mechanism, noch Zweckverbindung), sondern das übersinnliche Substrat der Natur ist, von dem wir nichts erkennen, für unsere (die menschliche) Vernunft beide Vorstellungsarten der Möglichkeit solcher Objecte nicht zusammenzuschmelzen sind, sondern wir sie nicht anders, als nach der Verknüpfung der Endursachen, auf einem obersten Verstande gegründet, beurtheilen können, wodurch also der teleologischen Erklärungsart nichts benommen wird.

Weil nun aber ganz unbestimmt, und für unsere Vernunft auch auf immer unbestimmbar ist, wieviel der Mechanism der Natur als Mittel zu jeder Endabsicht in derselben thue; und, wegen des oberwähnten intelligibelen Princips der Möglichkeit einer Natur überhaupt, gar angenommen werden kann, daß sie durchgängig nach beiderley allgemein zusammenstimmenden Gesetzen (den physischen und den der Endursachen) möglich sey, wiewohl wir die Art, wie dieses zugehe, gar nicht einsehen können: so wissen wir auch nicht, wie weit die für uns mögliche mechanische Erklärungsart gehe, sondern nur so viel gewiß: daß, so weit wir nur immer darin kommen mögen, sie doch allemal für Dinge, die wir einmal als Naturzwecke anerkennen, unzureichend seyn, und wir also, nach der Beschaffenheit unseres Verſtandes, jene Gründe insgeſammt einem teleologiſchen Princip unterordnen müſſen.

Hierauf gründet ſich nun die Befugniß, und, wegen der Wichtigkeit, welche das Naturſtudium nach dem Princip des Mechanism für unſern theoretiſchen Vernunftgebrauch hat, auch der Beruf: alle Producte und Ereigniſſe der Natur, ſelbſt die zweckmäßigſten, ſo weit mechaniſch zu erklären, als es immer in unſerm Vermögen (deſſen Schranken wir innerhalb dieſer Unterſuchungsart nicht angeben können) ſteht; dabey aber niemals aus den Augen zu verlieren, daß wir die, welche wir allein unter dem Begriffe vom Zwecke der Vernunft zur Unterſuchung ſelbſt auch nur aufſtellen können, der weſentlichen Beſchaffenheit unſerer Vernunft gemäß, jene mechaniſchen Urſachen ungeachtet, doch zuletzt der Cauſalität nach Zwecken unterordnen müſſen.

Anhang.
Methodenlehre der teleologischen Urtheilskraft.

§. 79.
Ob die Teleologie, als zur Naturlehre gehörend, abgehandelt werden müsse.

Eine jede Wissenschaft muß in der Encyclopädie aller Wissenschaften ihre bestimmte Stelle haben. Ist es eine philosophische Wissenschaft, so muß ihr ihre Stelle in dem theoretischen oder practischen Theil derselben, und, hat sie ihren Platz im ersteren, entweder in der Naturlehre, sofern sie das, was Gegenstand der Erfahrung seyn kann, erwägt (folglich der Körperlehre, der Seelenlehre, und allgemeinen Weltwissenschaft), oder in der Gotteslehre (von dem Urgrunde der Welt als Inbegrif aller Gegenstände der Erfahrung) angewiesen werden.

Nun fragt sich: welche Stelle gebührt der Teleologie? Gehört sie zur (eigentlich sogenannten) Naturwissenschaft, oder zur Theologie? Eins von beiden muß seyn; denn zum Übergange aus einer in die andere kann gar keine Wissenschaft gehören, weil dieser nur die Articulation oder Organisation des Systems und keinen Platz in demselben bedeutet.

Daß sie in die Theologie als ein Theil derselben nicht gehöre, ob gleich in derselben von ihr der wichtigste Gebrauch gemacht werden kann, ist für sich selbst klar. Denn sie hat Naturerzeugungen und die Ursache derselben zu ihrem Gegenstande; und, ob sie gleich auf die letztere, als einen ausser und über die Natur belegenen Grund (göttlichen Urheber), hinausweiset, so thut sie dieses doch nicht für die bestimmende, sondern nur (um die Beurtheilung der Dinge in der Welt durch eine solche Idee, dem menschlichen Verstande angemessen, als regulatives Princip zu leiten), bloß für die reflectirende Urtheilskraft in der Naturbetrachtung.

Eben so wenig scheint sie aber auch in die Naturwissenschaft zu gehören, welche bestimmender und nicht bloß reflectirender Principien bedarf, um von Naturwirkungen objective Gründe anzugeben. In der That ist auch für die Theorie der Natur, oder die mechanische Erklärung der Phänomene derselben, durch ihre wirkenden Ursachen, dadurch nichts gewonnen, daß man sie nach dem Verhältnisse der Zwecke zu einander betrachtet. Die Aufstellung der Zwecke der Natur an ihren Producten, so fern sie ein System nach teleologischen Begriffen ausmachen, ist eigentlich nur zur Naturbeschreibung gehörig, welche nach einem besondern Leitfaden abgefasset ist: wo die Vernunft zwar ein herrliches unterrichtendes und practisch in mancherley Absicht zweckmäßiges Geschäft verrichtet, aber über das Entstehen und die innere Möglichkeit dieser Formen gar keinen Aufschluß giebt, worum es doch der theoretischen Naturwissenschaft eigentlich zu thun ist.

Die Teleologie, als Wissenschaft, gehört also zu gar keiner Doctrin, sondern nur zur Critik, und zwar eines besondern Erkenntnißvermögens, nehmlich der Urtheilskraft. Aber, so fern sie Principien a priori enthält, kann und muß sie die Methode, wie über die Natur nach dem Princip der Endursachen geurtheilt werden müsse, angeben; und so hat ihre Methodenlehre wenigstens negativen Einfluß auf das Verfahren in der theoretischen Naturwissenschaft, und auch auf das Verhältniß, welches diese in der Metaphysik zur Theologie, als Propädevtik derselben, haben kann.

§. 80.

Von der nothwendigen Unterordnung des Princips des Mechanisms unter dem teleologischen in Erklärung eines Dinges als Naturzwecks.

Die Befugniß auf eine bloß mechanische Erklärungsart aller Naturproducte auszugehen, ist an sich ganz unbeschränkt; aber das Vermögen damit allein auszulangen ist, nach der Beschaffenheit unseres Verstandes, sofern er es mit Dingen als Naturzwecken zu thun hat, nicht allein sehr beschränkt, sondern auch deutlich begränzt: nehmlich so, daß, nach einem Princip der Urtheilskraft, durch das erstere Verfahren allein zur Erklärung der letzteren gar nichts ausgerichtet werden könne, mithin die Beurtheilung solcher Producte jederzeit von uns zugleich einem teleologischen Princip untergeordnet werden müsse.

Es ist daher vernünftig, ja verdienstlich, dem Naturmechanism, zum Behuf einer Erklärung der Naturproducte, soweit nachzugehen, als es mit Wahrscheinlichkeit geschehen kann, ja diesen Versuch nicht darum aufzugeben, weil es an sich unmöglich sey auf seinem Wege mit der Zweckmäßigkeit der Natur zusammenzutreffen, sondern nur darum, weil es für uns als Menschen unmöglich ist; indem dazu eine andere als sinnliche Anschauung und ein bestimmtes Erkenntniß des intelligibelen Substrats der Natur, woraus selbst von dem Mechanism der Erscheinungen nach besondern Gesetzen Grund angegeben werden könne, erforderlich seyn würde, welches alles unser Vermögen gänzlich übersteigt.

Damit also der Naturforscher nicht auf reinen Verlust arbeite, so muß er in Beurtheilung der Dinge, deren Begrif als Naturzwecke unbezweifelt gegründet ist (organisirter Wesen), immer irgend eine ursprüngliche Organisation zum Grunde legen, welche jenen Mechanism selbst benutzt, um andere organisirte Formen hervorzubringen, oder die seinige zu neuen Gestalten (die doch aber immer aus jenem Zwecke und ihm gemäß erfolgen) zu entwickeln.

Es ist rühmlich, vermittelst einer comparativen Anatomie die große Schöpfung organisirter Naturen durchzugehen, um zu sehen: ob sich daran nicht etwas einem System ähnliches, und zwar dem Erzeugungsprincip nach, vorfinde; ohne daß wir nöthig haben, beym bloßen Beurtheilungsprincip (welches für die Einsicht ihrer Erzeugung keinen Aufschluß giebt) stehen zu bleiben, und muthlos allen Anspruch auf Natureinsicht in diesem Felde aufzugeben. Die Übereinkunft so vieler Thiergattungen in einem gewissen gemeinsamen Schema, das nicht allein in ihrem Knochenbau, sondern auch in der Anordnung der übrigen Theile zum Grunde zu liegen scheint, wo bewundrungswürdige Einfalt des Grundrisses durch Verkürzung einer und Verlängerung anderer, durch Einwickelung dieser und Auswickelung jener Theile, eine so große Mannichfaltigkeit von Species hat hervorbringen können, läßt einen obgleich schwachen Strahl von Hofnung in das Gemüth fallen, daß hier wohl etwas mit dem Princip des Mechanismus der Natur, ohne welches es überhaupt keine Naturwissenschaft geben kann, auszurichten seyn möchte. Diese Analogie der Formen, sofern sie bey aller Verschiedenheit einem gemeinschaftlichen Urbilde gemäß erzeugt zu seyn scheinen, verstärkt die Vermuthung einer wirklichen Verwandtschaft derselben in der Erzeugung von einer gemein-

schaftli-

schaftlichen Urmutter, durch die stufenartige Annäherung einer Thiergattung zur andern, von derjenigen an, in welcher das Princip der Zwecke am meisten bewährt zu seyn scheint, nehmlich dem Menschen, bis zum Polyp, von diesem so gar bis zu Moosen und Flechten, und endlich zu der niedrigsten uns merklichen Stufe der Natur, zur rohen Materie: aus welcher und ihren Kräften, nach mechanischen Gesetzen (gleich denen, wornach sie in Crystallerzeugungen wirkt), die ganze Technik der Natur, die uns in organisirten Wesen so unbegreiflich ist, daß wir uns dazu ein anderes Princip zu denken genöthigt glauben, abzustammen scheint.

Hier steht es nun dem Archäologen der Natur frey, aus den übriggebliebenen Spuhren ihrer ältesten Revolutionen, nach allem ihm bekannten oder gemuthmaßten Mechanism derselben, jene große Familie von Geschöpfen (denn so müßte man sie sich vorstellen, wenn die genannte durchgängig zusammenhangende Verwandtschaft einen Grund haben soll) entspringen zu lassen. Er kann den Mutterschooß der Erde, die eben aus ihrem chaotischen Zustande herausging (gleichsam als ein großes Thier), anfänglich Geschöpfe von minder zweckmäßiger Form, diese wiederum andere, welche angemessener ihrem Zeugungsplatze und ihrem Verhältnisse unter einander sich ausbildeten, gebähren lassen: bis diese Gebährmutter selbst, erstarrt, sich verknöchert, ihre Geburten auf bestimmte fernerhin nicht ausartende Species eingeschränkt hätte, und die Mannichfaltigkeit so bliebe, wie sie am Ende der Operation jener fruchtbaren Bildungskraft ausgefallen war. — Allein er muß gleichwohl zu dem Ende dieser allgemeinen Mutter eine auf alle diese Geschöpfe zweckmäßig gestellte Organisation beylegen, widrigenfalls die Zweckform der Producte des Thier= und Pflanzenreichs ihrer Möglichkeit nach gar nicht zu denken ist *). Alsdann aber hat er den Erklärungsgrund nur weiter aufgeschoben, und kann sich nicht

---

*) Eine Hypothese von solcher Art kann man ein gewagtes Abenteuer der Vernunft nennen: und es mögen wenige, selbst von den scharfsinnigsten Naturforschern, seyn, denen es nicht bisweilen durch den Kopf gegangen wäre. Denn ungereimt ist es eben nicht, wie die generatio aequivoca, worunter man die Erzeugung eines organisirten Wesens durch die Mechanik der rohen unorganisirten Materie versteht. Sie wäre immer noch generatio univoca in der allgemeinsten Bedeutung des Worts, so fern nur etwas Organisches aus einem andern Organischen, ob zwar unter dieser Art Wesen specifisch von ihm unterschiedenen, erzeugt würde; z. B. wenn gewisse Wasserthiere sich nach und nach zu Sumpfthieren, und aus diesen, nach einigen Zeugungen, zu Landthieren ausbildeten. A priori, im Urtheile der bloßen Vernunft, widerstreitet sich das nicht. Allein die Erfahrung zeigt davon kein Beyspiel; nach der vielmehr alle Zeugung, die wir kennen, generatio homonyma ist, nicht bloß univoca, im Gegensatz mit der Zeugung aus unorganisirtem Stoffe, sondern auch ein in der Organisation selbst mit dem Erzeugenden gleichartiges Product hervorbringt, und die generatio heteronyma, so weit unsere Erfahrungskenntniß der Natur reicht, nirgend angetroffen wird.

anmaaßen, die Erzeugung jener zwey Reiche von der Bedingung der Endurſachen unabhängig gemacht zu haben.

Selbſt, was die Veränderung betrift, welcher gewiſſe Individuen der organiſirten Gattungen zufälligerweiſe unterworfen werden, wenn man findet, daß ihr ſo abgeänderter Charakter erblich und in die Zeugungskraft aufgenommen wird, ſo kann ſie nicht füglich anders als gelegentliche Entwickelung einer in der Species urſprünglich vorhandenen zweckmäßigen Anlage, zur Selbſterhaltung der Art, beurtheilt werden; weil das Zeugen ſeines gleichen, bey der durchgängigen inneren Zweckmäßigkeit eines organiſirten Weſens, mit der Bedingung nichts in die Zeugungskraft aufzunehmen, was nicht auch in einem ſolchen Syſtem von Zwecken zu einer der unentwickelten urſprünglichen Anlagen gehört, ſo nahe verbunden iſt. Denn, wenn man von dieſem Princip abgeht, ſo kann man mit Sicherheit nicht wiſſen, ob nicht mehrere Stücke der jetzt an einer Species anzutreffenden Form eben ſo zufälligen zweckloſen Urſprungs ſeyn mögen; und das Princip der Teleologie: in einem organiſirten Weſen nichts von dem, was ſich in der Fortpflanzung deſſelben erhält, als unzweckmäßig zu beurtheilen; müßte dadurch in der Anwendung ſehr unzuverläſſig werden, und lediglich für den Urſtamm (den wir aber nicht mehr kennen) gültig ſeyn.

Hume macht wider diejenigen, welche für alle solche Naturzwecke ein teleologisches Princip der Beurtheilung, d. i. einen architectonischen Verstand anzunehmen nöthig finden, die Einwendung: daß man mit eben dem Rechte fragen könnte, wie denn ein solcher Verstand möglich sey, d. i. wie die mancherley Vermögen und Eigenschaften, welche die Möglichkeit eines Verstandes, der zugleich ausführende Macht hat, ausmachen, sich so zweckmäßig in einem Wesen haben zusammen finden können. Allein dieser Einwurf ist nichtig. Denn die ganze Schwierigkeit, welche die Frage, wegen der ersten Erzeugung eines in sich selbst Zwecke enthaltenden und durch sie allein begreiflichen Dinges umgiebt, beruht auf der Nachfrage nach Einheit des Grundes der Verbindung des Mannichfaltigen außer einander in diesem Producte; da denn, wenn dieser Grund in dem Verstande einer hervorbringenden Ursache als einfacher Substanz gesetzt wird, jene Frage, sofern sie teleologisch ist, hinreichend beantwortet wird, wenn aber die Ursache bloß in der Materie, als einem Aggregat vieler Substanzen aus einander, gesucht wird, die Einheit des Princips für die innerlich zweckmäßige Form ihrer Bildung gänzlich ermangelt; und die Autocratie der Materie in Erzeugungen, welche von unserm Verstande nur als Zwecke begriffen werden können, ist ein Wort ohne Bedeutung.

Daher kommt es, daß diejenigen, welche für die objectiv-zweckmäßigen Formen der Materie einen ober-

Critik der teleologischen Urtheilskraft.

sten Grund der Möglichkeit derselben suchen, ohne ihm eben einen Verstand zuzugestehen, das Weltganze doch gern zu einer einigen allbefassenden Substanz (Pantheism), oder (welches nur eine bestimmtere Erklärung des vorigen ist) zu einem Inbegriffe vieler einer einigen einfachen Substanz inhärirenden Bestimmungen (Spinozism), machen, bloß um jene Bedingung aller Zweckmäßigkeit, die Einheit des Grundes, heraus zu bekommen; wobey sie zwar einer Bedingung der Aufgabe, nehmlich der Einheit in der Zweckverbindung, vermittelst des bloß ontologischen Begrifs einer einfachen Substanz, ein Gnüge thun, aber für die andere Bedingung, nehmlich das Verhältniß derselben zu ihrer Folge als Zweck, woburch jener ontologische Grund für die Frage näher bestimmt werden soll, nichts anführen, mithin die ganze Frage keinesweges beantworten. Auch bleibt sie schlechterdings unbeantwortlich (für unsere Vernunft), wenn wir jenen Urgrund der Dinge nicht als einfache Substanz und dieser ihre Eigenschaft zu der specifischen Beschaffenheit der auf sie sich gründenden Naturformen, nehmlich der Zweckeinheit, nicht als einer intelligenten Substanz, das Verhältniß aber derselben zu den letzteren (wegen der Zufälligkeit die wir an allem was wir uns nur als Zweck möglich denken), nicht als das Verhältniß einer Causalität uns vorstellen.

§. 81.

Von der Beygesellung des Mechanismus, zum teleologischen Princip in der Erklärung eines Naturzwecks als Naturproducts.

Gleich wie der Mechanism der Natur nach dem vorhergehenden §. allein nicht zulangen kann, um sich die Möglichkeit eines organisirten Wesens darnach zu denken, sondern (wenigstens nach der Beschaffenheit unsers Erkenntnißvermögens) einer absichtlich wirkenden Ursache ursprünglich untergeordnet werden muß: so langt eben so wenig der bloße teleologische Grund eines solchen Wesens hin, es zugleich als ein Product der Natur zu betrachten und zu beurtheilen, wenn nicht der Mechanism des letzteren dem ersteren beygesellt wird, gleichsam als das Werkzeug einer absichtlich wirkenden Ursache, deren Zwecke die Natur in ihren mechanischen Gesetzen gleichwohl untergeordnet ist. Die Möglichkeit einer solchen Vereinigung zweyer ganz verschiedener Arten von Causalität, der Natur in ihrer allgemeinen Gesetzmäßigkeit, mit einer Idee, welche jene auf eine besondere Form einschränkt, wozu sie für sich gar keinen Grund enthält, begreift unsere Vernunft nicht; sie liegt im übersinnlichen Substrat der Natur, wovon wir nichts bejahend bestimmen können, als daß es das Wesen an sich sey, von welchem wir bloß die Erscheinung kennen. Aber das Princip: alles, was wir als zu dieser Natur

(Phaenomenon) gehörig und als Product derselben annehmen, auch nach mechanischen Gesetzen mit ihr verknüpft denken zu müssen, bleibt nichts desto weniger in seiner Kraft; weil, ohne diese Art von Causalität, organisirte Wesen, als Zwecke der Natur, doch keine Naturproducte seyn würden.

Wenn nun das teleologische Princip der Erzeugung dieser Wesen angenommen wird (wie es denn nicht anders seyn kann); so kann man entweder den Occasionalism, oder den Prästabilism der Ursache ihrer innerlich zweckmäßigen Form zum Grunde legen. Nach dem ersteren würde die oberste Welturſache ihrer Idee gemäß, bey Gelegenheit einer jeden Begattung der in derselben sich mischenden Materie unmittelbar die organische Bildung geben; nach dem zweyten, würde sie in die anfänglichen Producte dieser ihrer Weisheit nur die Anlage gebracht haben, vermittelst deren ein organisches Wesen seines Gleichen hervorbringt und die Species sich selbst beständig erhält, ingleichen der Abgang der Individuen durch ihre zugleich an ihrer Zerstöhrung arbeitende Natur continuirlich ersetzt wird. Wenn man den Occasionalism der Hervorbringung organisirter Wesen annimmt, so geht alle Natur hiebey gänzlich verloren, mit ihr auch aller Vernunftgebrauch, über die Möglichkeit einer solcher Art Producte zu urtheilen; daher man voraussetzen kann, daß niemand dieses System annehmen wird, dem es irgend um Philosophie zu thun ist.

Der **Prästabilism** kann nun wiederum auf zwiefache Art verfahren. Er betrachtet nehmlich ein jedes von seines Gleichen gezeugte organische Wesen entweder als das **Educt,** oder als das **Product** des ersteren. Das System der Zeugungen als bloßer Educte heißt das der individuellen **Präformation,** oder auch die **Evolutionstheorie;** das der Zeugungen als Producte wird das System der **Epigenesis** genannt. Dieses letztere kann auch System der **generischen Präformation** genannt werden; weil das productive Vermögen der Zeugenden doch nach den inneren zweckmäßigen Anlagen, die ihrem Stamme zu Theil wurden, also die specifische Form virtualiter präformirt war. Diesem gemäß würde man die entgegenstehende Theorie der individuellen Präformation auch besser **Involutionstheorie** (oder die der Einschachtelung) nennen können.

Die Verfechter der **Evolutionstheorie,** welche jedes Individuum von der bildenden Kraft der Natur ausnehmen, um es unmittelbar aus der Hand des Schöpfers kommen zu lassen, wollten es also doch nicht wagen, dieses nach der Hypothese des Occasionalisms geschehen zu lassen, so daß die Begattung eine bloße Formalität wäre, unter der eine oberste verständige Weltursache beschlossen hätte, jedesmal eine Frucht mit unmittelbarer Hand zu bilden und der Mutter nur die Auswickelung und Ernährung derselben zu überlassen. Sie erklärten sich für die Präformation; gleich als wenn es nicht einerley wäre, übernatürlicher Weise, im Anfange, oder im Fortlaufe der Welt, dergleichen Formen entstehen zu lassen, und nicht vielmehr eine große Menge übernatürlicher Anstalten durch gelegentliche Schöpfung erspart würde, welche erforderlich wären, damit der im Anfange der Welt gebildete Embryo die lange Zeit hindurch, bis zu seiner Entwickelung, nicht von den zerstöhrenden Kräften der Natur litte und sich unverletzt erhielte, ingleichen eine unermeßlich größere Zahl solcher vorgebildeten Wesen, als jemals entwickelt werden sollten, und mit ihnen eben so viel Schöpfungen dadurch unnöthig und zwecklos gemacht würden. Allein sie wollten doch wenigstens etwas hierin, der Natur überlassen, um nicht gar in völlige Hyperphysik zu gerathen, die aller Naturerklärung entbehren kann. Sie hielten zwar noch fest an ihrer Hyperphysik, selbst da sie an Mißgeburten (die man doch unmöglich für Zwecke der Natur halten kann) eine bewunderungswürdige Zweckmäßigkeit finden, sollte sie auch nur darauf abgezielet seyn, daß ein Anatomiker einmal daran, als einer zwecklosen Zweckmäßigkeit, Anstoß nehmen und niederschlagende Bewunderung fühlen sollte. Aber die Erzeugung der Bastarte konnten sie schlechterdings nicht in das System der Präformation hineinpassen, sondern mußten dem Saamen der männlichen Geschöpfe, dem sie übrigens nichts als die mechanische Eigenschaft, zum ersten Nahrungsmittel des Embryo zu dienen, zugestanden hatten, doch noch obenein eine zweckmäßig bildende Kraft zugestehen: welche sie doch, in Ansehung des ganzen Products einer Erzeugung von zwey Geschöpfen derselben Gattung, keinem von beiden einräumen wollten.

Wenn man dagegen an dem Vertheidiger der **Epigenesis** den großen Vorzug, den er in Ansehung der Erfahrungsgründe zum Beweise seiner Theorie vor dem ersteren hat, gleich nicht kennete; so würde die Vernunft doch schon zum Voraus für seine Erklärungsart mit vorzüglicher Gunst eingenommen seyn, weil sie die Natur in Ansehung der Dinge, welche man ursprünglich nur nach der Causalität der Zwecke sich als möglich vorstellen kann, doch wenigstens, was die Fortpflanzung betrift, als selbst hervorbringend, nicht bloß als entwikkelnd, betrachtet, und so doch mit dem kleinst=möglichen Aufwande des Übernatürlichen alles Folgende vom ersten Anfange an der Natur überläßt (ohne aber über diesen ersten Anfang, an dem die Physik überhaupt scheitert, sie mag es mit einer Kette der Ursachen versuchen mit welcher sie wolle, etwas zu bestimmen).

In Ansehung dieser Theorie der Epigenesis hat niemand mehr, so wohl zum Beweise derselben, als auch zur Gründung der ächten Principien ihrer Anwendung, zum Theil durch die Beschränkung eines zu vermessenen Gebrauchs derselben, geleistet, als Herr Hofr. **Blumenbach**. Von organisirter Materie hebt er alle physische Erklärungsart dieser Bildungen an. Denn, daß rohe Materie sich nach mechanischen Gesetzen ursprünglich selbst gebildet habe, daß aus der Natur des Leblosen Leben habe entspringen, und Materie in die Form einer sich selbst erhaltenden Zweckmäßigkeit sich von selbst habe fügen können, erklärt er mit Recht für vernunftwidrig; läßt aber zugleich dem Naturmechanism unter diesem uns unerforschlichen Princip einer ursprünglichen Organisation einen unbestimmbaren, zugleich doch auch unverkennbaren Antheil, wozu das Vermögen der Materie (zum Unterschiede von der, ihr allgemein beywohnenden, bloß mechanischen Bildungskraft) von ihm in einem organisirten Körper ein (gleichsam unter der höheren Leitung und Anweisung der ersteren stehender) Bildungstrieb genannt wird.

§. 70.
Von dem teleologischen System in den äußern Verhältnissen organisirter Wesen.

Unter der äußern Zweckmäßigkeit verstehe ich diejenige, da ein Ding der Natur einem andern als Mittel zum Zwecke dient. Nun können Dinge, die keine innere Zweckmäßigkeit haben, oder zu ihrer Möglichkeit voraussetzen, z. B. Erden, Luft, Wasser, u. s. w. gleichwohl äußerlich, d. i. im Verhältniß auf andere Wesen, sehr zweckmäßig seyn; aber diese müssen jederzeit organisirte Wesen, d. i. Naturzwecke seyn, denn sonst könnten jene auch nicht als Mittel beurtheilt werden. So können Wasser, Luft und Erden nichts als Mittel zu Anhäufung von Gebirgen angesehen werden, weil diese an sich gar nichts enthalten, was einen Grund ihrer Möglichkeit nach Zwecken erforderte, worauf in Beziehung also ihre Ursache niemals unter dem Prädicate eines Mittels (das dazu nützte) vorgestellt werden kann.

Die äußere Zweckmäßigkeit ist ein ganz anderer Begrif als der Begrif der inneren, welche mit der Möglichkeit eines Gegenstandes, unangesehen ob seine Wirklichkeit selbst Zweck sey oder nicht, verbunden ist. Man kann von einem organisirten Wesen noch fragen: wozu ist es da? aber nicht leicht von Dingen, an denen man bloß die Wirkung von Mechanism der Natur erkennt. Denn in jenen stellen wir uns schon eine Causalität nach Zwecken zu ihrer inneren Möglichkeit, einen schaffenden Verstand vor, und beziehen dieses thätige Vermögen auf den Bestimmungsgrund desselben, die Absicht. Es giebt nur eine einzige äußere Zweckmäßigkeit, die mit der innern der Organisation zusammenhängt, und, ohne daß die Frage seyn darf, zu welchem Ende dieses so organisirte Wesen eben habe existiren müssen, dennoch im äußeren Verhältniß eines Mittels zum Zwecke dient. Dieses ist die Organisation beiderley Geschlechts in Beziehung auf einander zur Fortpflanzung ihrer Art; denn hier kann man immer noch, eben so wie bey einem Individuum, fragen: warum mußte ein solches Paar existiren? Die Antwort ist: Dieses hier macht allererst ein organisirendes Ganze aus, ob zwar nicht ein organisirtes in einem einzigen Körper.

Wenn man nun fragt, wozu ein Ding da ist; so ist die Antwort entweder: sein Daseyn und seine Erzeugung hat gar keine Beziehung auf eine nach Absichten wirkende Ursache, und alsdann versteht man immer einen Ursprung derselben aus dem Mechanism der Natur; oder es ist irgend ein absichtlicher Grund seines Daseyns (als eines zufälligen Naturwesens), und diesen Gedanken kann man schwerlich von dem Begriffe eines organisirten Dinges trennen: weil, da wir einmal seiner innern Möglichkeit eine Causalität der Endursachen und eine Idee, die dieser zum Grunde liegt, unterlegen müssen, wir auch die Existenz dieses Products nicht anders als Zweck denken können. Denn, die vorgestellte Wirkung, deren Vorstellung zugleich der Bestimmungsgrund der verständigen wirkenden Ursache zu ihrer Hervorbringung ist, heißt Zweck. In diesem Falle also kann man entweder sagen: der Zweck der Existenz eines solchen Naturwesens ist in ihm selbst, d. i. es ist nicht bloß Zweck, sondern auch Endzweck; oder dieser ist außer ihm in anderen Naturwesen, d. i.

es existirt zweckmäßig nicht als Endzweck, sondern noth=
wendig zugleich als Mittel.

Wenn wir aber die ganze Natur durchgehen, so
finden wir in ihr, als Natur, kein Wesen, welches auf
den Vorzug, Endzweck der Schöpfung zu seyn, An=
spruch machen könnte; und man kann sogar a priori
beweisen: daß dasjenige, was etwa noch für die Na=
tur ein letzter Zweck seyn könnte, nach allen erdenk=
lichen Bestimmungen und Eigenschaften, womit man es
ausrüsten möchte, doch als Naturding niemals ein
Endzweck seyn könne.

Wenn man das Gewächsreich ansieht, so könnte
man anfänglich durch die unermeßliche Fruchtbarkeit,
durch welche es sich beynahe über jeden Boden ver=
breitet, auf den Gedanken gebracht werden, es für ein
bloßes Product des Mechanisms der Natur, welchen
sie in den Bildungen des Mineralreichs zeigt, zu hal=
ten. Eine nähere Kenntniß aber der unbeschreiblich
weisen Organisation in demselben läßt uns an diesem
Gedanken nicht haften, sondern veranlaßt die Frage:
Wozu sind diese Geschöpfe da? Wenn man sich ant=
wortet: für das Thierreich, welches dadurch genährt
wird, damit es sich in so mannichfaltige Gattungen
über die Erde habe verbreiten können; so kommt die
Frage wieder: Wozu sind denn diese Pflanzen=verzeh=
renden Thiere da? Die Antwort würde etwa seyn: für
die Raubthiere, die sich nur von dem nähren können

was Leben hat. Endlich ist die Frage: wozu sind diese sammt den vorigen Naturreichen gut? Für den Menschen, zu dem mannichfaltigen Gebrauche, den ihn sein Verstand von allen jenen Geschöpfen machen lehrt; und er ist der letzte Zweck der Schöpfung hier auf Erden, weil er das einzige Wesen auf derselben ist, welches sich einen Begrif von Zwecken machen und aus einem Aggregat von zweckmäßig gebildeten Dingen durch seine Vernunft ein System der Zwecke machen kann.

Man könnte auch, mit dem Ritter Linné, den dem Scheine nach umgekehrten Weg gehen, und sagen: Die gewächsfressenden Thiere sind da, um den üppigen Wuchs des Pflanzenreichs, wodurch viele Species derselben erstickt werden würden, zu mäßigen; die Raubthiere, um der Gefräßigkeit jener Gränzen zu setzen; endlich der Mensch, damit, indem er diese verfolgt und vermindert, ein gewisses Gleichgewicht unter den hervorbringenden und den zerstöhrenden Kräften der Natur gestiftet werde. Und so würde der Mensch, so sehr er auch in gewisser Beziehung als Zweck gewürdigt seyn möchte, doch in anderer wiederum nur den Rang eines Mittels haben.

Wenn man sich eine objective Zweckmäßigkeit in der Mannichfaltigkeit der Gattungen der Erdgeschöpfe und ihrem äußern Verhältnisse zu einander, als zweckmäßig construirter Wesen, zum Princip macht; so ist es der Vernunft gemäß, sich in diesem Verhältnisse wiederum eine gewisse Organisation und ein System aller Naturreiche nach Endursachen zu denken. Allein hier scheint die Erfahrung der Vernunftmaxime laut zu widersprechen, vornehmlich was einen letzten Zweck der Natur betrift, der doch zu der Möglichkeit eines solchen Systems erforderlich ist, und den wir nirgend anders als im Menschen setzen können: da vielmehr in Ansehung dieses, als einer der vielen Thiergattungen, die Natur so wenig von den zerstöhrenden als erzeugenden Kräften die mindeste Ausnahme gemacht hat, alles einem Mechanism derselben, ohne einen Zweck, zu unterwerfen.

Das erste, was in einer Anordnung zu einem zweckmäßigen Ganzen der Naturwesen auf der Erde absichtlich eingerichtet seyn müßte, würde wohl ihr Wohnplatz, der Boden und das Element seyn, auf und in welchem sie ihr Fortkommen haben sollten. Allein eine genauere Kenntniß der Beschaffenheit dieser Grundlage aller organischen Erzeugung giebt auf keine andere als ganz unabsichtlich wirkende, ja eher noch verwüstende, als Erzeugung, Ordnung und Zwecke begünstigende Ursachen, Anzeige. Land und Meer enthalten nicht allein Denkmäler von alten mächtigen Verwüstungen, die sie und alle Geschöpfe, auf und in demselben, betroffen haben, in sich; sondern ihr ganzes Bauwerk, die Erdlager des einen und die Gränzen des andern haben gänzlich das Ansehen des Products wilder allgewaltiger Kräfte einer im chaotischen Zustande arbeitenden Natur. So zweckmäßig

mäßig auch jetzt die Gestalt, das Bauwerk und der Abhang der Länder für die Aufnahme der Gewässer aus der Luft, für die Quelladern zwischen Erdschichten von mannichfaltiger Art (für mancherley Producte), und den Lauf der Ströme angeordnet zu seyn scheinen mögen; so beweiset doch eine nähere Untersuchung derselben, daß sie bloß als die Wirkung theils feuriger, theils wässeriger Eruptionen, oder auch Empörungen des Oceans, zu Stande gekommen sind: so wohl was die erste Erzeugung dieser Gestalt, als vornehmlich die nachmalige Umbildung derselben, zugleich mit dem Untergange ihrer ersten organischen Erzeugungen, betrift *). Wenn nun der Wohnplatz, der Mutterboden (des Landes) und der Mutterschooß (des Meeres) für alle diese Geschöpfe auf keinen andern als gänzlich unabsichtlichen Mechanism

---

*) Wenn der einmal angenommene Name Naturgeschichte für Naturbeschreibung bleiben soll, so kann man das, was die erstere buchstäblich anzeigt, nehmlich eine Vorstellung des ehemaligen alten Zustandes der Erde, worüber man, wenn man gleich keine Gewißheit hoffen darf, doch mit gutem Grunde Vermuthungen wagt, die Archäologie der Natur, im Gegensatz mit der Kunst, nennen. Zu jener würden die Petrefacten, so wie zu dieser die geschnittenen Steine u. s. w. gehören. Denn da man doch wirklich an einer solchen (unter dem Namen einer Theorie der Erde) beständig, wenn gleich, wie billig, langsam arbeitet, so wäre dieser Name eben nicht einer bloß eingebildeten Naturforschung gegeben, sondern einer solchen, zu der die Natur selbst uns einladet und auffordert.

seiner Erzeugung Anzeige giebt; wie und mit welchem Recht können wir für diese letztern Producte einen andern Ursprung verlangen und behaupten? Wenn gleich der Mensch, wie die genaueste Prüfung der Überreste jener Naturverwüstungen (nach Camper's Urtheile) zu beweisen scheint, in diesen Revolutionen nicht mit begriffen war; so ist er doch von den übrigen Erdgeschöpfen so abhängig, daß wenn ein über die anderen allgemeinwaltender Mechanism der Natur eingeräumt wird, er als darunter mit begriffen angesehen werden muß: wenn ihn gleich sein Verstand (großentheils wenigstens) unter ihren Verwüstungen hat retten können.

Dieses Argument scheint aber mehr zu beweisen, als die Absicht enthielt, wozu es aufgestellt war: nehmlich, nicht bloß daß der Mensch kein letzter Zweck der Natur, und aus dem nehmlichen Grunde, das Aggregat der organisirten Naturdinge auf der Erde nicht ein System von Zwecken seyn könne; sondern, daß gar die vorher für Naturzwecke gehaltenen Naturproducte keinen andern Ursprung haben, als den Mechanism der Natur.

Allein in der obigen Auflösung der Antinomie der Principien, der mechanischen und der teleologischen Erzeugungsart der organischen Naturwesen, haben wir gesehen: daß, da sie, in Ansehung der nach ihren besondern Gesetzen (zu deren systematischem Zusammenhange uns aber der Schlüssel fehlt) bildenden Natur, bloß

Principien der reflectirenden Urtheilskraft sind, die nehmlich ihren Ursprung nicht an sich bestimmen, sondern nur sagen, daß wir, nach der Beschaffenheit unseres Verstandes und unsrer Vernunft, ihn, in dieser Art Wesen nicht anders als nach Endursachen denken können; die größtmögliche Bestrebung, ja Kühnheit in Versuchen sie mechanisch zu erklären, nicht allein erlaubt ist, sondern wir auch durch Vernunft dazu aufgerufen sind, ungeachtet wir wissen, daß wir damit aus subjectiven Gründen der besondern Art und Beschränkung unseres Verstandes (und nicht etwa, weil der Mechanism der Erzeugung einem Ursprunge nach Zwecken an sich widerspräche) niemals auslangen können; und daß endlich in dem übersinnlichen Princip der Natur (so wohl außer uns als in uns) gar wohl die Vereinbarkeit beider Arten sich die Möglichkeit der Natur vorzustellen, liegen könne, indem die Vorstellungsart nach Endursachen nur eine subjective Bedingung unseres Vernunftgebrauchs sey, wenn sie die Beurtheilung der Gegenstände nicht bloß als Erscheinungen angestellt wissen will, sondern diese Erscheinungen selbst, sammt ihren Principien, auf das übersinnliche Substrat zu beziehen verlangt, um gewisse Gesetze der Einheit derselben möglich zu finden, die sie sich nicht anders als durch Zwecke (wovon die Vernunft auch solche hat, die übersinnlich sind) vorstellig machen kann.

§. 83.
Von dem letzten Zwecke der Natur als eines teleologischen Systems.

Wir haben im vorigen gezeigt, daß wir den Menschen nicht bloß, wie alle organisirte Wesen, als Naturzweck, sondern auch hier auf Erden als den letzten Zweck der Natur, in Beziehung auf welchen alle übrige Naturdinge ein System von Zwecken ausmachen, nach Grundsätzen der Vernunft, zwar nicht für die bestimmende, doch für die reflectirende Urtheilskraft, zu beurtheilen hinreichende Ursache haben. Wenn nun dasjenige im Menschen selbst angetroffen werden muß, was als Zweck durch seine Verknüpfung mit der Natur befördert werden soll; so muß entweder der Zweck von der Art seyn, daß er selbst durch die Natur in ihrer Wohlthätigkeit befriedigt werden kann; oder es ist die Tauglichkeit und Geschicklichkeit zu allerley Zwecken, wozu die Natur (äußerlich und innerlich) von ihm gebraucht werden könne. Der erste Zweck der Natur würde die **Glückseligkeit**, der zweyte die **Cultur** des Menschen seyn.

Der Begrif der Glückseligkeit ist nicht ein solcher, den der Mensch etwa von seinen Instincten abstrahirt, und so aus der Thierheit in ihm selbst hernimmt; sondern ist eine bloße Idee eines Zustandes, welcher er den letzteren unter bloß empirischen Bedingungen (welches unmöglich ist) adäquat machen will. Er entwirft sie sich selbst, und zwar auf so verschiedene Art, durch seinen mit der Einbildungskraft und den Sinnen verwickelten Verstand: er ändert sogar diesen so oft, daß die Natur, wenn sie auch seiner Willkür gänzlich unterworfen wäre, doch schlechterdings kein bestimmtes allgemeines und festes Gesetz annehmen könnte, um mit diesem schwankenden Begrif, und so mit dem Zweck, den jeder sich willkürlichen Weise vorsetzt, übereinzustimmen. Aber, selbst wenn wir entweder diesen auf das wahrhafte Naturbedürfniß, worin unsere Gattung durchgängig mit sich übereinstimmt, herabsetzen, oder, anderer seits, die Geschicklichkeit sich eingebildete Zwecke zu verschaffen noch so hoch steigern wollten: so würde doch, was der Mensch unter Glückseligkeit versteht, und was in der That sein eigener letzter Naturzweck (nicht Zweck der Freyheit) ist, von ihm nie erreicht werden; denn seine Natur ist nicht von der Art, irgendwo im Besitze und Genusse aufzuhören und befriedigt zu werden. Andrerseits ist so weit gefehlt: daß die Natur ihn zu ihrem besondern Liebling aufgenommen und vor allen Thieren mit Wohlthun begünstigt habe, daß sie ihn vielmehr in ihren verderblichen Wirkungen, in Pest, Hunger, Wassergefahr, Frost, Anfall von andern großen und kleinen Thieren u. d. gl. eben so wenig verschont, wie jedes andere Thier; noch mehr aber, daß das Widersinnische der Naturanlagen in ihm ihn noch in selbstersonnene

Bb 3

Plagen, und noch andere von seiner eigenen Gattung, durch den Druck der Herrschaft, die Barbarey der Kriege u. s. w. in solche Noth versetzt und er selbst, so viel an ihm ist, an der Zerstörung seiner eigenen Gattung arbeitet, daß selbst bey der wohlthätigsten Natur außer uns, der Zweck derselben, wenn er auf die Glückseligkeit unserer Species gestellet wäre, in einem System derselben auf Erden nicht erreicht werden würde, weil die Natur in uns derselben nicht empfänglich ist. Er ist also immer nur Glied in der Kette der Naturzwecke: zwar Princip in Ansehung manches Zwecks, wozu die Natur ihn in ihrer Anlage bestimmt zu haben scheint, indem er sich selbst dazu macht; aber doch auch Mittel zur Erhaltung der Zweckmäßigkeit im Mechanism der übrigen Glieder. Als das einzige Wesen auf Erden, welches Verstand, mithin ein Vermögen hat, sich selbst willkürlich Zwecke zu setzen, ist er zwar betitelter Herr der Natur, und, wenn man diese als ein teleologisches System ansieht, seiner Bestimmung nach der letzte Zweck der Natur; aber immer nur bedingt, nehmlich daß er es verstehe und den Willen habe, dieser und ihm selbst eine solche Zweckbeziehung zu geben, die unabhängig von der Natur sich selbst genug, mithin Endzweck, seyn könne, der aber in der Natur gar nicht gesucht werden muß.

Um aber auszufinden, worein wir am Menschen wenigstens jenen letzten Zweck der Natur zu setzen haben, müssen wir dasjenige, was die Natur zu leisten vermag um ihn zu dem vorzubereiten, was er selbst thun muß um Endzweck zu seyn, heraussuchen, und es von allen den Zwecken absondern, deren Möglichkeit auf Bedingungen beruht, die man allein von der Natur erwarten darf. Von der letztern Art ist die Glückseligkeit auf Erden, worunter der Inbegrif aller durch die Natur außer und in dem Menschen möglichen Zwecke desselben verstanden wird; das ist die Materie aller seiner Zwecke auf Erden, die, wenn er sie zu seinem ganzen Zwecke macht, ihn unfähig macht, seiner eigenen Existenz einen Endzweck zu setzen und dazu zusammen zu stimmen. Es bleibt also von allen seinen Zwecken in der Natur nur die formale, subjective Bedingung, nehmlich der Tauglichkeit; sich selbst überhaupt Zwecke zu setzen, und (unabhängig von der Natur in seiner Zweckbestimmung) die Natur, den Maximen seiner freyen Zwecke überhaupt angemessen, als Mittel zu gebrauchen, übrig, was die Natur, in Absicht auf den Endzweck, der außer ihr liegt, ausrichten, und welches also als ihr letzter Zweck angesehen werden kann. Die Hervorbringung der Tauglichkeit eines vernünftigen Wesens zu beliebigen Zwecken überhaupt (folglich in seiner Freyheit) ist die Cultur. Also kann nur die Cultur der letzte Zweck seyn, den man der Natur in Ansehung der Menschengattung beyzulegen Ursache hat (nicht seine eigene Glückseligkeit auf Erden, oder wohl gar bloß das vornehmste Werkzeug zu seyn,

Ordnung und Einhelligkeit in der vernunftlosen Natur außer ihm zu stiften).

Aber nicht jede Cultur ist zu diesem letzten Zwecke der Natur hinlänglich. Die der **Geschicklichkeit** ist freylich die vornehmste subjective Bedingung der Tauglichkeit zur Beförderung der Zwecke überhaupt; aber doch nicht hinreichend, den Willen in der Bestimmung und Wahl seiner Zwecke, zu befördern, welche doch zum ganzen Umfange einer Tauglichkeit zu Zwecken wesentlich gehört. Die letztere Bedingung der Tauglichkeit, welche man die Cultur der Zucht (Disciplin) nennen könnte, ist negativ, und besteht in der Befreyung des Willens von dem Despotism der Begierden, wodurch wir, an gewisse Naturdinge geheftet, unfähig gemacht werden, selbst zu wählen, indem wir uns die Triebe zu Fesseln dienen lassen, die uns die Natur nur statt Leitfäden beygegeben hat, um die Bestimmung der Thierheit in uns nicht zu vernachläßigen, oder gar zu verletzen, indeß wir doch frey genug sind, sie anzuziehen oder nachzulassen, zu verlängern oder zu verkürzen, nachdem es die Zwecke der Vernunft erfordern.

Die Geschicklichkeit kann in der Menschengattung nicht wohl entwickelt werden, als vermittelst der Ungleichheit unter Menschen; da die größte Zahl die Nothwendigkeiten des Lebens gleichsam mechanisch, ohne dazu besonders Kunst zu bedürfen, zur Gemächlichkeit und Muße anderer, besorget, welche die minder nothwendigen Stücke der Cultur, Wissenschaft und Kunst, bearbeiten, und von diesen in einem Stande des Drucks, saurer Arbeit und wenig Genusses gehalten wird, auf welche Classe sich denn doch manches von der Cultur der höheren nach und nach auch verbreitet. Die Plagen aber wachsen im Fortschritte derselben (dessen Höhe, wenn der Hang zum Entbehrlichen schon dem Unentbehrlichen Abbruch zu thun anfängt, Luxus heißt) auf beiden Seiten gleich mächtig; auf der einen durch fremde Gewaltthätigkeit, auf der andern durch innere Ungenügsamkeit; aber das glänzende Elend ist doch mit der Entwickelung der Naturanlagen in der Menschengattung verbunden, und der Zweck der Natur selbst, wenn es gleich nicht unser Zweck ist, wird doch hiebey erreicht. Die formale Bedingung, unter welcher die Natur diese ihre Endabsicht allein erreichen kann, ist diejenige Verfassung im Verhältnisse der Menschen unter einander, wo dem Abbruche der einander wechselseitig widerstreitenden Freyheit gesetzmäßige Gewalt in einem Ganzen, welches bürgerliche Gesellschaft heißt, entgegengesetzt wird; denn nur in ihr kann die größte Entwickelung der Naturanlagen geschehen. Zu derselben wäre aber doch, wenn gleich Menschen sie auszufinden klug und sich ihrem Zwange willig zu unterwerfen weise genug wären, noch ein Weltbürgerliches Ganze d. i. ein System aller Staaten, die auf einander nachtheilig zu wirken in Gefahr sind, erforderlich. In dessen Ermangelung, und bei dem Hinderniß, welches Ehrsucht, Herrschsucht und Habsucht, vornehmlich bey denen die Gewalt in Händen haben, selbst der Möglichkeit eines solchen Entwurfs entgegen setzen, ist der Krieg (theils in welchem sich Staaten zerspalten und in kleinere auflösen, theils ein Staat andere kleinere mit sich vereinigt und ein größeres Ganze zu bilden strebt) unvermeidlich: der, so wie er ein unabsichtlicher (durch zügellose Leidenschaften angeregter) Versuch der Menschen, doch tief verborgener vielleicht absichtlicher der obersten Weisheit ist, Gesetzmäßigkeit mit der Freyheit der Staaten und dadurch Einheit eines moralisch begründeten Systems derselben, wo nicht zu stiften, dennoch vorzubereiten, und ungeachtet der schrecklichsten Drangsale, womit er das menschliche Geschlecht belegt, und der vielleicht noch größern, womit die beständige Bereitschaft dazu im Frieden drückt, dennoch eine Triebfeder mehr ist (indessen die Hofnung zu dem Ruhestande einer Volksglückseligkeit sich immer weiter entfernt) alle Talente, die zur Cultur dienen, bis zum höchsten Grade zu entwickeln.

Was die Disciplin der Neigungen betrifft, zu denen die Naturanlage in Absicht auf unsere Bestimmung, als einer Thiergattung, ganz zweckmäßig ist, die aber die Entwickelung der Menschheit sehr erschweren; so zeigt sich doch auch in Ansehung dieses zweiten Erfordernisses zur Cultur ein zweckmäßiges Streben der Natur zu einer Ausbildung, welche uns höherer Zwecke, als die Natur selbst liefern kann, empfänglich macht. Das Übergewicht

der Übel, welche die Verfeinerung des Geschmacks bis
zur Idealisirung desselben, und selbst der Luxus in Wissenschaften, als einer Nahrung für die Eitelkeit, durch die
unzubefriedigende Menge der dadurch erzeugten Neigungen über uns ausschüttet, ist nicht zu bestreiten: dagegen
aber der Zweck der Natur auch nicht zu verkennen, der
Rohigkeit und dem Ungestüm derjenigen Neigungen,
welche mehr der Thierheit in uns gehören und der
Ausbildung zu unserer höheren Bestimmung am meisten
entgegen sind (den Neigungen des Genusses), immer mehr
abzugewinnen und der Entwickelung der Menschheit Platz
zu machen. Schöne Kunst und Wissenschaften, die durch
eine Lust die sich allgemein mittheilen läßt, und durch
Geschliffenheit und Verfeinerung für die Gesellschaft,
wenn gleich den Menschen nicht sittlich besser, doch gesittet machen, gewinnen der Tyranney des Sinnenhanges
sehr viel ab, und bereiten dadurch den Menschen zu einer
Herrschaft vor, in welcher die Vernunft allein Gewalt
haben soll: indeß die Übel, womit uns theils die Natur, theils die unverträgsame Selbstsucht der Menschen
heimsucht, zugleich die Kräfte der Seele aufbieten, steigern und stählen, um jenen nicht zu unterliegen, und uns
so eine Tauglichkeit zu höheren Zwecken, die in uns
verborgen liege, fühlen lassen *).

*) Was das Leben für uns für einen Werth habe, wenn dieser bloß nach dem geschäzt wird, was man genießt (dem
natürlichen Zweck der Summe aller Neigungen, der Glück-

§. 84.

Von dem Endzwecke des Daseyns einer Welt, d. i. der Schöpfung selbst.

Endzweck ist derjenige Zweck, der keines andern als Bedingung seiner Möglichkeit bedarf.

Wenn für die Zweckmäßigkeit der Natur der bloße Mechanism derselben zum Erklärungsgrunde angenommen wird, so kann man nicht fragen: wozu die Dinge in der Welt da sind; denn es ist alsdann, nach einem solchen idealistischen System, nur von der physischen Möglichkeit der Dinge (welche uns als Zwecke zu denken bloße Vernünfteley, ohne Object, seyn würde) die Rede: man mag nun diese Form der Dinge auf den Zufall, oder blinde Nothwendigkeit deuten, in beiden Fällen

seligkeit), ist leicht zu entscheiden. Er sinkt unter Null; denn wer wollte wohl das Leben unter denselben Bedingungen, oder auch nach einem neuen, selbst entworfenen (doch dem Naturlaufe gemäßen) Plane, der aber auch bloß auf Genuß gestellt wäre, aufs neue antreten? Welchen Werth das Leben dem zufolge habe, was es, nach dem Zwecke, den die Natur mit uns hat, geführt, in sich enthält und welches in dem besteht, was man thut (nicht bloß genießt), wo wir aber immer doch nur Mittel zu unbestimmtem Endzwecke sind, ist oben gezeigt worden. Es bleibt also wohl nichts übrig, als der Werth, den wir unserem Leben selbst geben, durch das, was wir nicht allein thun, sondern auch so unabhängig von der Natur zweckmäßig thun, daß selbst die Existenz der Natur nur unter dieser Bedingung Zweck seyn kann.

wäre jene Frage leer. Nehmen wir aber die Zweckverbindung in der Welt für real und für sie eine besondere Art der Causalität, nehmlich einer *absichtlich* wirkenden Ursache an, so können wir bey der Frage nicht stehen bleiben: wozu Dinge der Welt (organisirte Wesen) diese oder jene Form haben, in diese oder jene Verhältnisse gegen andere von der Natur gesetzt sind; sondern, da einmal ein Verstand gedacht wird, der als die Ursache der Möglichkeit solcher Formen angesehen werden muß, wie sie wirklich an Dingen gefunden werden, so muß auch in eben demselben nach dem objectiven Grunde gefragt werden, der diesen productiven Verstand zu einer Wirkung dieser Art bestimmt haben könne, welcher dann der Endzweck ist, wozu dergleichen Dinge da sind.

Ich habe oben gesagt: daß der Endzweck kein Zweck sey, welchen zu bewirken und der Idee desselben gemäß hervorzubringen, die Natur hinreichend wäre, weil er unbedingt ist. Denn es ist nichts in der Natur (als einem Sinnenwesen), wozu der in ihr selbst befindliche Bestimmungsgrund nicht immer wiederum bedingt wäre; und dieses gilt nicht bloß von der Natur außer uns (der materiellen), sondern auch in uns (der denkenden): wohl zu verstehen, daß ich in mir nur das betrachte, was Natur ist. Ein Ding aber, das nothwendig, seiner objectiven Beschaffenheit wegen, als Endzweck einer verständigen Ursache existiren soll, muß von der Art seyn, daß es in der Ordnung der Zwecke von keiner anderweitigen Bedingung, als bloß seiner Idee, abhängig ist.

Nun haben wir nur eine einzige Art Wesen in der Welt, deren Causalität teleologisch, d. i. auf Zwecke gerichtet und doch zugleich so beschaffen ist, daß das Gesetz, nach welchem sie sich Zwecke zu bestimmen haben, von ihnen selbst als unbedingt und von Naturbedingungen unabhängig, an sich aber als nothwendig, vorgestellt wird. Das Wesen dieser Art ist der Mensch, aber als Noumenon betrachtet; das einzige Naturwesen, an welchem wir doch ein übersinnliches Vermögen (die Freyheit) und sogar das Gesetz der Causalität, sammt dem Objecte derselben, welches es sich als höchsten Zweck vorsetzen kann (das höchste Gut in der Welt), von Seiten seiner eigenen Beschaffenheit erkennen können.

Von dem Menschen nun (und so jedem vernünftigen Wesen in der Welt), als einem moralischen Wesen, kann nicht weiter gefragt werden: wozu (quem in finem) er existire. Sein Daseyn hat den höchsten Zweck selbst in sich, dem, so viel er vermag, er die ganze Natur unterwerfen kann, wenigstens welchem zuwider er sich keinem Einflusse der Natur unterworfen halten darf. — Wenn nun Dinge der Welt, als ihrer Existenz nach abhängige Wesen, einer nach Zwecken handelnden obersten Ursache bedürfen, so ist der Mensch der Schöpfung Endzweck; denn ohne diesen wäre die Kette der einander untergeordneten Zwecke nicht vollständig gegründet; und nur im

Menschen, aber auch in diesem nur als Subjecte der Moralität, ist die unbedingte Gesetzgebung in Ansehung der Zwecke anzutreffen, welche ihn also allein fähig macht ein Endzweck zu seyn, dem die ganze Natur teleologisch untergeordnet ist *).

*) Es wäre möglich, daß Glückseligkeit der vernünftigen Wesen in der Welt ein Zweck der Natur wäre, und alsdann wäre sie auch ihr letzter Zweck. Wenigstens kann man a priori nicht einsehen, warum die Natur nicht so eingerichtet seyn sollte, weil durch ihren Mechanism diese Wirkung, wenigstens so viel wir einsehen, wohl möglich wäre. Aber Moralität und eine ihr untergeordnete Causalität nach Zwecken ist schlechterdings durch Naturursachen unmöglich; denn das Princip ihrer Bestimmung zum Handeln ist übersinnlich, ist also das einzige Mögliche in der Ordnung der Zwecke, das in Ansehung der Natur schlechthin unbedingt ist, und ihr Subject dadurch zum Endzwecke der Schöpfung, dem die ganze Natur untergeordnet ist, allein qualificirt. — Glückseligkeit dagegen ist, wie im vorigen §. nach dem Zeugniß der Erfahrung gezeigt worden, nicht einmal ein Zweck der Natur in Ansehung der Menschen, mit einem Vorzuge vor anderen Geschöpfen: weit gefehlt, daß sie ein Endzweck der Schöpfung seyn sollte. Menschen mögen sie sich immer zu ihrem letzten subjectiven Zwecke machen. Wenn ich aber nach dem Endzwecke der Schöpfung frage: Wozu haben Menschen existiren müssen? so ist von einem objectiven obersten Zwecke die Rede, wie ihn die höchste Vernunft zu ihrer Schöpfung erfordern würde. Antwortet man nun darauf: damit Wesen existiren, denen jene oberste Ursache wohlthun könne; so widerspricht man der Bedingung, welcher die Vernunft des Menschen selbst seinen innigsten Wunsch der Glückseligkeit unterwirft (nehmlich die Übereinstimmung mit seiner eigenen inneren moralischen

§. 85.
Von der Physicotheologie.

Die **Physicotheologie** ist der Versuch der Vernunft, aus den Zwecken der Natur (die nur empirisch erkannt werden können) auf die oberste Ursache der Natur und ihre Eigenschaften zu schließen. Eine **Moraltheologie** (Ethicotheologie) wäre der Versuch, aus dem moralischen Zwecke vernünftiger Wesen in der Natur (der a priori erkannt werden kann) auf jene Ursache und ihre Eigenschaften zu schließen.

Die erstere geht natürlicher Weise vor der zweyten vorher. Denn, wenn wir von den Dingen in der Welt auf eine Welturfache teleologisch schließen wollen; so müssen Zwecke der Natur zuerst gegeben seyn, für die wir nachher einen Endzweck und für diesen dann das Princip der Causalität dieser obersten Ursache zu suchen haben.

Nach dem teleologischen Princip können und müssen viele Nachforschungen der Natur geschehen, ohne daß man nach dem Grunde der Möglichkeit, zweckmäßig zu

wirken

Gesetzgebung). Dies beweiset: daß die Glückseligkeit nur bedingter Zweck, der Mensch also, nur als moralisches Wesen, Endzweck der Schöpfung seyn könne; was aber seinen Zustand betrift; Glückseligkeit nur als Folge, nach Maaßgabe der Übereinstimmung mit jenem Zwecke; als dem Zwecke seines Daseyns, in Verbindung steht.

wirken, welche wir an verschiedenen der Producte der Natur antreffen, zu fragen Ursache hat. Will man nun aber auch hievon einen Begrif haben, so haben wir dazu schlechterdings keine weitergehende Einsicht, als bloß die Maxime der reflectirenden Urtheilskraft: daß nehmlich, wenn uns auch nur ein einziges organisches Product der Natur gegeben wäre, wir, nach der Beschaffenheit unseres Erkenntnißvermögens, dafür keinen andern Grund denken können, als den einer Ursache der Natur selbst (es sey der ganzen Natur oder auch nur dieses Stücks derselben), die durch Verstand die Causalität zu demselben enthält; ein Beurtheilungsprincip, wodurch wir in der Erklärung der Naturdinge und ihres Ursprungs zwar um nichts weiter gebracht werden, das uns aber doch über die Natur hinaus einige Aussicht eröfnet, um den sonst so unfruchtbaren Begrif eines Urwesens vielleicht näher bestimmen zu können.

Nun sage ich: die Physicotheologie, so weit sie auch getrieben werden mag, kann uns doch nichts von einem Endzwecke der Schöpfung eröfnen; denn sie reicht nicht einmal bis zur Frage nach demselben. Sie kann also zwar den Begrif einer verständigen Welturfache, als einen subjectiv für die Beschaffenheit unseres Erkenntnißvermögens allein tauglichen Begrif von der Möglichkeit der Dinge, die wir uns nach Zwecken verständlich machen können, rechtfertigen, aber diesen Begrif weder in theoretischer noch practischer Absicht weiter bestimmen; und ihr Verſuch, erreicht ſeine Abſicht **nicht**, eine Theologie zu gründen, ſondern ſie bleibt immer **nur eine** phyſiſche Teleologie: weil die Zweckbeziehung in ihr immer nur als in der Natur bedingt betrachtet **wird** und werden muß; mithin den Zweck, wozu die Natur **ſelbſt** exiſtirt (wozu der Grund außer der Natur geſucht werden muß), gar nicht einmal in Anfrage bringen kann, auf deſſen beſtimmte Idee gleichwohl der beſtimmte Begrif jener oberen verſtändigen Welturſache, mithin die Möglichkeit einer Theologie ankommt.

Wozu die Dinge in der Welt einander nützen; wozu das Mannichfaltige in einem Dinge für dieſes Ding ſelbſt gut iſt; wie man ſogar Grund habe anzunehmen, daß nichts in der Welt umſonſt, ſondern alles irgend wozu in der Natur, unter der Bedingung daß gewiſſe Dinge (als Zwecke) exiſtiren ſollten, gut ſey, wobey mithin unſere Vernunft für die Urtheilskraft kein anderes Princip der Möglichkeit des Objects ihrer unvermeidlichen teleologiſchen Beurtheilung in ihrem Vermögen hat, als das, den Mechaniſm der Natur der Architectonik eines verſtändigen Welturhebers unterzuordnen: das alles leiſtet die teleologiſche Weltbetrachtung ſehr herrlich und zur äußerſten Bewunderung. Weil aber die Data, mithin die Principien, jenen Begrif einer intelligenten Welturſache (als höchſten Künſtlers) zu beſtimmen, bloß empiriſch ſind; ſo laſſen ſie auf keine Eigenſchaften weiter ſchließen, als uns die Erfahrung an den Wirkungen derſelben offenbart: welche, da ſie nie die gesammte Natur als System befassen kann, oft auf (dem Anscheine nach) jenem Begriffe, und unter einander widerstreitende Beweisgründe stoßen muß, niemals aber, wenn wir gleich vermögend wären auch das ganze System, sofern es bloße Natur betrift, empirisch zu überschauen, uns, über die Natur, zu dem Zwecke ihrer Existenz selber, und dadurch zum bestimmten Begriffe jener obern Intelligenz, erheben können.

Wenn man sich die Aufgabe, um deren Auflösung es einer Physicotheologie zu thun ist, klein macht, so scheint ihre Auflösung leicht. Verschwendet man nehmlich den Begrif von einer Gottheit an jedes von uns gedachte verständige Wesen, deren es eines oder mehrere geben mag, welches viele und sehr große, aber eben nicht alle Eigenschaften habe, die zu Gründung einer mit dem größtmöglichen Zwecke übereinstimmenden Natur überhaupt erforderlich sind: oder hält man es für nichts, in einer Theorie den Mangel dessen, was die Beweisgründe leisten, durch willkürliche Zusätze zu ergänzen, und, wo man nur Grund hat viel Vollkommenheit anzunehmen (und was ist viel für uns?), sich da befugt hält alle mögliche vorauszusetzen; so macht die physische Teleologie wichtige Ansprüche auf den Ruhm, eine Theologie zu begründen. Wenn aber verlangt wird anzuzeigen: was uns denn antreibe und überdem berechtige, jene Ergänzungen zu machen; so werden wir in den Principien des theoretischen Gebrauchs der

Vernunft, welcher durchaus verlangt, zu Erklärung eines Objects der Erfahrung diesem nicht mehr Eigenschaften beyzulegen, als empirische Data zu ihrer Möglichkeit anzutreffen sind, vergeblich Grund zu unserer Rechtfertigung suchen. Bey näherer Prüfung würden wir sehen, daß eigentlich eine Idee von einem höchsten Wesen, die auf ganz verschiedenem Vernunftgebrauch (dem practischen) beruht, in uns a priori zum Grunde liege, welche uns antreibt, die mangelhafte Vorstellung einer physischen Teleologie, von dem Urgrunde der Zwecke in der Natur, bis zum Begriffe einer Gottheit zu ergänzen; und wir würden uns nicht fälschlich einbilden, diese Idee, mit ihr aber eine Theologie, durch den theoretischen Vernunftgebrauch der physischen Weltkenntniß zu Stande gebracht, viel weniger ihre Realität bewiesen zu haben.

Man kann es den Alten nicht so hoch zum Tadel anrechnen, wenn sie sich ihre Götter als, theils ihrem Vermögen, theils den Absichten und Willensmeynungen nach, sehr mannichfaltig verschieden, alle aber, selbst ihr Oberhaupt nicht ausgenommen, noch immer auf menschliche Weise eingeschränkt dachten. Denn, wenn sie die Einrichtung und den Gang der Dinge in der Natur betrachteten; so fanden sie zwar Grund genug etwas mehr als Mechanisches zur Ursache derselben anzunehmen, und Absichten gewisser oberer Ursachen, die sie nicht anders als übermenschlich denken konnten, hinter dem Maschinenwerk dieser Welt zu vermuthen. Weil sie aber das Gute und Böse, das Zweckmäßige und Zweckwidrige in ihr, wenigstens für unsere Einsicht, sehr gemischt antrafen, und sich nicht erlauben konnten, insgeheim dennoch zum Grunde liegende weise und wohlthätige Zwecke, von denen sie doch den Beweis nicht sahen, zum Behuf der willkürlichen Idee eines höchstvollkommenen, Urhebers anzunehmen; so konnte ihr Urtheil von der obersten Welturfache schwerlich anders ausfallen, so fern sie nehmlich nach Maximen des bloß theoretischen Gebrauchs der Vernunft ganz consequent verfuhren. Andere, die als Physiker zugleich Theologen seyn wollten, dachten Befriedigung für die Vernunft darin zu finden, daß sie für die absolute Einheit des Princips der Naturdinge, welche die Vernunft fordert, vermittelst der Idee von einem Wesen sorgten, in welchem, als alleiniger Substanz, jene insgesamt nur inhärirende Bestimmungen wären: welche Substanz zwar nicht, durch Verstand, Ursache der Welt, in welcher aber doch, als Subject, aller Verstand der Weltwesen anzutreffen wäre; ein Wesen folglich, das zwar nicht nach Zwecken etwas hervorbrächte, in welchem aber doch alle Dinge, wegen der Einheit des Subjects, von dem sie bloß Bestimmungen sind, auch ohne Zweck und Absicht nothwendig sich auf einander zweckmäßig beziehen mußten. So führten sie den Idealism der Endursachen ein: indem sie die so schwer herauszubringende Einheit einer Menge zweckmäßig verbundener Substanzen, statt der Causalabhängigkeit von einer, in die der **Inhärenz** in einer verwandelten; welches System in der **Folge**, von Seiten der inhärirenden Weltwesen betrachtet, als **Pantheism**, von Seiten des allein subsistirenden **Subjects**, als Urwesens, (späterhin) als **Spinozism**, nicht sowohl die Frage vom ersten Grunde der **Zweckmäßigkeit** der Natur auflösete, als sie vielmehr für nichtig erklärte, indem der letztere Begrif, aller seiner Realität beraubt, zur bloßen Mißdeutung eines allgemeinen ontologischen Begrifs von einem Dinge überhaupt gemacht wurde.

Nach bloß theoretischen Principien des **Vernunft**gebrauchs (worauf die Physicotheologie sich allein gründet), kann also niemals der Begrif einer Gottheit, der für unsere teleologische Beurtheilung der Natur zureichte, herausgebracht werden. Denn wir erklären entweder alle Teleologie für bloße Täuschung der Urtheilskraft in der Beurtheilung der Causalverbindung der Dinge, und flüchten uns zu dem alleinigen Princip eines bloßen Mechanisms der Natur, welche, wegen der Einheit der Substanz, von der sie nichts als das Mannichfaltige der Bestimmungen derselben sey, uns eine allgemeine Beziehung auf Zwecke zu enthalten bloß scheine; oder, wenn wir statt dieses Idealisms der Endursachen, dem Grundsatze des Realisms dieser besondern Art der Causalität anhänglich bleiben wollen, so mögen wir viele verständige Urwesen, oder nur ein einiges, den Naturzwecken unterlegen: sobald wir zu Begründung des Begrifs von demselben nichts als Erfahrungsprincipien, von der wirklichen Zweckverbindung in der Welt hergenommen, zur Hand haben, so können wir einerseits wider die Mißhelligkeit, die die Natur in Ansehung der Zweckeinheit in vielen Beyspielen aufstellt, keinen Rath finden, andrerseits den Begrif einer einigen intelligenten Ursache, so wie wir ihn, durch bloße Erfahrung berechtigt, herausbringen, niemals für irgend eine, auf welche Art es auch sey, (theoretisch oder practisch) brauchbare Theologie bestimmt genug, daraus ziehen.

Die physische Teleologie treibt uns zwar an, eine Theologie zu suchen; aber kann keine hervorbringen, so weit wir auch der Natur durch Erfahrung nachspüren, und der in ihr entdeckten Zweckverbindung, durch Vernunftideen (die zu physischen Aufgaben theoretisch seyn müssen), zu Hülfe kommen mögen. Was hilfts, wird man mit Recht klagen: daß wir allen diesen Einrichtungen einen großen, einen für uns unermeßlichen Verstand zum Grunde legen, und ihn diese Welt nach Absichten anordnen lassen? wenn uns die Natur von der Endabsicht nichts sagt, noch jemals sagen kann, ohne welche wir uns doch keinen gemeinschaftlichen Beziehungspunct aller dieser Naturzwecke, kein hinreichendes teleologisches Princip machen können, theils die Zwecke insgesammt in einem System zu erkennen, theils uns von dem obersten Verstande, als Ursache einer solchen Natur, einen Begrif zu machen, der unserer über sie teleologisch reflectirenden Urtheilskraft zum Richtmaaße dienen **könnte**. Ich hätte alsdann zwar einen **Kunstverstand**, für zerstreute Zwecke; aber keine **Weisheit**, für einen Endzweck, der doch eigentlich den Bestimmungsgrund von jenem enthalten muß. In Ermangelung aber **eines Endzwecks**, den nur die reine Vernunft a priori **an die Hand** geben kann (weil alle Zwecke in der Welt empirisch bedingt sind, und nichts, als was hiezu oder **dazu**, als zufälliger Absicht, nicht was schlechthin gut ist, enthalten können), und der mich allein lehren würde: **welche** Eigenschaften, welchen Grad und welches **Verhältniß** der obersten Ursache der Natur ich mir zu denken **habe,** um diese als teleologisches System zu beurtheilen; **wie** und mit welchem Rechte darf ich da meinen sehr eingeschränkten Begrif von jenem ursprünglichen Verstande, den ich auf meine geringe Weltkenntniß gründen kann, von der Macht dieses Urwesens seine Ideen zur Wirklichkeit zu bringen, von seinem Willen es zu thun u. s. w., nach Belieben erweitern, und bis zur Idee eines allweisen unendlichen Wesens ergänzen? Dies würde, wenn es theoretisch geschehen sollte, in mir selbst Allwissenheit voraussetzen, um die Zwecke der Natur in ihrem ganzen Zusammenhange einzusehen, und noch oben ein alle andere mögliche Plane denken zu können, mit denen in Vergleichung der gegenwärtige als der beste mit Grunde beurtheilt werden müßte. Denn, ohne diese vollendete Kenntniß der Wirkung, kann ich auf keinen bestimmten

Begrif von der obersten Ursache, der nur in dem von einer in allem Betracht unendlichen Intelligenz, d. i. dem Begriffe einer Gottheit, angetroffen werden kann, schließen, und eine Grundlage zur Theologie zu Stande bringen.

Wir können also, bey aller möglichen Erweiterung der physischen Teleologie, nach dem oben angeführten Grundsatze, wohl sagen: daß wir, nach der Beschaffenheit und den Principien unseres Erkenntnißvermögens, die Natur in ihren uns bekannt gewordenen zweckmäßigen Anordnungen, nicht anders als das Product eines Verstandes, dem diese unterworfen ist, denken können. Ob aber dieser Verstand mit dem Ganzen derselben und dessen Hervorbringung noch eine Endabsicht gehabt haben möge (die alsdann nicht in der Natur der Sinnenwelt liegen würde): das kann uns die theoretische Naturforschung nie eröfnen; sondern es bleibt, bey aller Kenntniß derselben, unausgemacht, ob jene oberste Ursache überall nach einem Endzwecke, und nicht vielmehr durch einen von der bloßen Nothwendigkeit seiner Natur zu Hervorbringung gewisser Formen bestimmten Verstand (nach der Analogie mit dem was wir bey den Thieren den Kunstinstinct nennen), Urgrund derselben sey: ohne daß es nöthig sey, ihr darum auch nur Weisheit, viel weniger höchste und mit allen andern zur Vollkommenheit ihres Products erforderlichen Eigenschaften verbundene Weisheit, beyzulegen.

Also ist die Physicotheologie, eine mißverstandene physische Teleologie, nur als Vorbereitung (Propädeutik) zur Theologie brauchbar, und nur durch Hinzukunft eines anderweitigen Princips, auf das sie sich stützen kann, nicht aber an sich selbst, wie ihr Name es anzeigen will, zu dieser Absicht zureichend.

§. 86.
Von der Ethicotheologie.

Es ist ein Urtheil, dessen sich selbst der gemeinste Verstand nicht entschlagen kann, wenn er über das Daseyn der Dinge in der Welt und die Existenz der Welt selbst nachdenkt: daß nehmlich alle die mannichfaltigen Geschöpfe, von wie großer Kunsteinrichtung und wie mannichfaltigem zweckmäßig auf einander bezogenen Zusammenhange sie auch seyn mögen; ja selbst das Ganze so vieler Systeme derselben, die wir unrichtiger Weise Welten nennen, zu nichts da seyn würden, wenn es in ihnen nicht Menschen (vernünftige Wesen überhaupt) gäbe; d. i. daß, ohne den Menschen, die ganze Schöpfung eine bloße Wüste, umsonst und ohne Endzweck seyn würde. Es ist aber auch nicht das Erkenntnißvermögen desselben (theoretische Vernunft), in Beziehung auf welches das Daseyn alles Übrigen in der Welt allererst seinen Werth bekommt, etwa damit irgend Jemand da sey, welcher die Welt betrachten könne. Denn, wenn diese Betrachtung der Welt ihm doch nichts als Dinge ohne End-

Critik der teleologischen Urtheilskraft. 411

zweck vorstellig machte, so kann daraus, daß sie erkannt wird, dem Daseyn derselben kein Werth erwachsen; und man muß schon einen Endzweck derselben voraussetzen, in Beziehung auf welchen die Weltbetrachtung selbst einen Werth habe. Auch ist es nicht das Gefühl der Lust und der Summe derselben, in Beziehung auf welches wir einen Endzweck der Schöpfung als gegeben denken, d. i. nicht das Wohlseyn, der Genuß (er sey körperlich oder geistig), mit einem Worte die Glückseligkeit, wornach wir jenen absoluten Werth schätzen. Denn: daß, wenn der Mensch da ist, er diese ihm selbst zur Endabsicht macht, giebt keinen Begrif, wozu er dann überhaupt da sey, und welchen Werth er dann selbst habe, um ihm seine Existenz angenehm zu machen. Er muß also schon als Endzweck der Schöpfung vorausgesetzt werden, um einen Vernunftgrund zu haben, warum die Natur zu seiner Glückseligkeit zusammen stimmen müsse, wenn sie als ein absolutes Ganze nach Principien der Zwecke betrachtet wird. — Also ist es nur das Begehrungsvermögen: aber nicht dasjenige, was ihn von der Natur (durch sinnliche Antriebe) abhängig macht, nicht das, in Ansehung dessen der Werth seines Daseyns auf dem, was er empfängt und genießt, beruht; sondern der Werth, welchen er allein sich selbst geben kann, und welcher in dem besteht was er thut, wie und nach welchen Principien er, nicht als Naturglied, sondern in der Freyheit seines Begehrungsvermögens, handelt; d. h.

ein guter Wille ist dasjenige, wodurch sein Daseyn allein einen absoluten Werth und in Beziehung auf welches das Daseyn der Welt einen **Endzweck** haben kann.

Auch stimmt damit das gemeinste Urtheil der gesunden Menschenvernunft vollkommen zusammen; nehmlich daß der Mensch nur als moralisches Wesen ein Endzweck der Schöpfung seyn könne, wenn man die Beurtheilung nur auf diese Frage leitet und veranlaßt sie zu versuchen. Was hilfts, wird man sagen, daß dieser Mensch so viel Talent hat, daß er damit sogar sehr thätig ist, und dadurch einen nützlichen Einfluß auf das gemeine Wesen ausübt, und also in Verhältniß, so wohl auf seine Glücksumstände, als auch auf Anderer Nutzen, einen großen Werth hat, wenn er keinen guten Willen besitzt? Er ist ein verachtungswürdiges Object, wenn man ihn nach seinem Innern betrachtet; und, wenn die Schöpfung nicht überall ohne Endzweck seyn soll, so muß er, der, als Mensch, auch dazu gehört, doch, als böser Mensch, in einer Welt unter moralischen Gesetzen, diesen gemäß, seines subjectiven Zwecks (der Glückseligkeit) verlustig gehen, als der einzigen Bedingung, unter der seine Existenz mit dem Endzwecke zusammen bestehen kann.

Wenn wir nun in der Welt Zweckanordnungen antreffen, und, wie es die Vernunft unvermeiblich fordert, die Zwecke, die es nur bedingt sind, einem unbedingten obersten, d. i. einem Endzwecke, unterordnen: so sieht

Critik der teleologischen Urtheilskraft.

man erstlich leicht, daß alsdann nicht von einem Zwecke der Natur (innerhalb derselben), sofern sie existirt, sondern dem Zwecke ihrer Existenz mit allen ihren Einrichtungen, mithin von dem letzten **Zwecke der Schöpfung** die Rede ist, und in diesem auch eigentlich von der obersten Bedingung, unter welcher allein ein Endzweck (d. i. der Bestimmungsgrund eines höchsten Verstandes zu Hervorbringung der Weltwesen) Statt finden kann.

Da wir nun den Menschen, nur als moralisches Wesen, für den Zweck der Schöpfung anerkennen: so haben wir erstlich einen Grund, wenigstens die Hauptbedingung, die Welt, als ein nach Zwecken zusammenhangendes Ganze und als **System** von Endursachen anzusehen; vornehmlich aber, für die, nach Beschaffenheit unserer Vernunft, uns nothwendige Beziehung der Naturzwecke auf eine verständige Weltursache, ein Princip, die Natur und Eigenschaften dieser ersten Ursache, als obersten Grundes im Reiche der Zwecke, zu denken, und so den Begrif derselben zu bestimmen: welches die physische Teleologie nicht vermochte, die nur unbestimmte und eben darum, zum theoretischen so wohl als practischen Gebrauche, untaugliche Begriffe von demselben veranlassen konnte.

Aus diesem so bestimmten Princip der Causalität des Urwesens werden wir es nicht bloß als Intelligenz und gesetzgebend für die Natur, sondern auch als gesetzgebendes Oberhaupt in einem moralischen Reiche der

Zwecke, denken müssen. In Beziehung auf das **höchste** unter seiner Herrschaft allein mögliche **Gut**, nehmlich die Existenz vernünftiger Wesen unter moralischen Gesetzen, werden wir uns dieses Urwesen als **allwissend** denken: damit selbst das Innerste der Gesinnungen (welches den eigentlichen moralischen Werth der Handlungen vernünftiger Weltwesen ausmacht) ihm nicht verborgen sey; als **allmächtig**: damit er die ganze Natur diesem höchsten Zwecke angemessen machen könne; als **allgütig**, und zugleich **gerecht**: weil diese beiden Eigenschaften (vereinigt, die **Weisheit**) die Bedingungen der Causalität einer obersten Ursache der Welt als höchsten Guts, unter moralischen Gesetzen, ausmachen; und so auch alle noch übrigen transscendentalen Eigenschaften, als **Ewigkeit**, **Allgegenwart**, u. s. w. (denn Güte und Gerechtigkeit sind moralische Eigenschaften), die in Beziehung auf einen solchen Endzweck vorausgesetzt werden, an demselben denken müssen. — Auf solche Weise ergänzt die **moralische Teleologie** den Mangel der **physischen**, und gründet allererst eine **Theologie**; da die letztere, wenn sie nicht unbemerkt aus der ersteren borgte, sondern consequent verfahren sollte, für sich allein nichts als eine **Dämonologie**, welche keines bestimmten Begrifs fähig ist, begründen könnte.

Aber das Princip der Beziehung der Welt, wegen der moralischen Zweckbestimmung gewisser Wesen in derselben, auf eine oberste Ursache, als Gottheit, thut dieses nicht bloß dadurch, daß es den physisch=teleologischen Beweisgrund ergänzt, und also diesen nothwendig zum Grunde legt; sondern es ist dazu auch für sich hinreichend, und treibt die Aufmerksamkeit auf die Zwecke der Natur, und die Nachforschung der hinter ihren Formen verborgen liegenden unbegreiflich großen Kunst, um den Ideen, die die reine practische Vernunft herbeyschafft, an den Naturzwecken beyläufige Bestätigung zu geben. Denn der Begrif von Weltwesen unter moralischen Gesetzen ist ein Princip (a priori), wornach sich der Mensch nothwendig beurtheilen muß. Daß ferner, wenn es überall eine absichtlich wirkende und auf einen Zweck gerichtete Welturfache giebt, jenes moralische Verhältniß eben so nothwendig die Bedingung der Möglichkeit einer Schöpfung seyn müsse, als das nach physischen Gesetzen (wenn nehmlich jene verständige Ursache auch einen Endzweck hat): sieht die Vernunft, auch a priori, als einen für sie zur teleologischen Beurtheilung der Existenz der Dinge nothwendigen Grundsatz an. Nun kommt es nur darauf an: ob wir irgend einen für die Vernunft (es sey die speculative oder practische) hinreichenden Grund haben, der nach Zwecken handelnden obersten Ursache einen Endzweck beyzulegen. Denn, daß alsdann dieser, nach der subjectiven Beschaffenheit unserer Vernunft, und selbst wie wir uns auch die Vernunft anderer Wesen nur immer denken mögen, kein anderer als der Menſch unter moraliſchen Geſetzen ſeyn könne: kann a priori für uns als gewiß gelten; da hingegen die Zwecke der Natur in der phyſiſchen Ordnung a priori gar nicht können erkannt, vornehmlich, daß eine Natur ohne ſolche nicht exiſtiren könne, auf keine Weiſe kann eingeſehen werden.

Anmerkung.

Setzet einen Menſchen in den Augenblicken der Stimmung ſeines Gemüths zur moraliſchen Empfindung. Wenn er ſich, umgeben von einer ſchönen Natur, in einem ruhigen heitern Genuſſe ſeines Daſeyns befindet, ſo fühlt er in ſich ein Bedürfniß, irgend jemand dafür dankbar zu ſeyn. Oder er ſehe ſich einandermal in derſelben Gemüthsverfaſſung im Gedränge von Pflichten, denen er nur durch freywillige Aufopferung Genüge leiſten kann und will; ſo fühlt er in ſich ein Bedürfniß, hiemit zugleich etwas Befohlnes ausgerichtet und einem Oberherren gehorcht zu haben. Oder er habe ſich etwa unbedachtſamer Weiſe wider ſeine Pflicht vergangen, wodurch er doch eben nicht Menſchen verantwortlich geworden iſt; ſo werden die ſtrengen Selbſtverweiſe dennoch eine Sprache in ihm führen, als ob ſie die Stimme eines Richters wären, dem er darüber Rechenſchaft abzulegen hatte. Mit einem Worte: er bedarf einer moraliſchen Intelligenz, um für den Zweck, wozu er exiſtirt, ein Weſen zu haben, welches dieſem gemäß von ihm und der Welt die Urſache ſey. Triebfedern hinter dieſen Gefühlen herauszukünſteln, iſt vergeblich; denn ſie hangen unmittelbar mit der reinſten moraliſchen Geſinnung zuſammen, weil Dankbarkeit, Gehorſam, und Demüthigung (Unterwerfung unter

ter verdiente Züchtigung) besondere Gemüthsstimmungen zur Pflicht sind, und das zu Erweiterung seiner moralischen Gesinnung geneigte Gemüth hier sich nur einen Gegenstand freywillig denkt, der nicht in der Welt ist, um, wo möglich, auch gegen einen solchen seine Pflicht zu beweisen. Es ist also wenigstens möglich und auch der Grund dazu in moralischer Denkungsart gelegen, ein reines moralisches Bedürfniß der Existenz eines Wesens sich vorzustellen, unter welchem entweder unsere Sittlichkeit mehr Stärke oder auch (wenigstens unserer Vorstellung nach) mehr Umfang, nehmlich einen neuen Gegenstand für ihre Ausübung gewinnt; d. i. ein moralisch-gesetzgebendes Wesen außer der Welt, ohne alle Rücksicht auf theoretischen Beweis, noch weniger auf selbstsüchtiges Interesse, aus reinem moralischen, von allem fremden Einflusse freyen (dabei freylich nur subjectiven) Grunde, anzunehmen, auf bloße Anpreisung einer für sich allein gesetzgebenden reinen practischen Vernunft. Und, obgleich eine solche Stimmung des Gemüths selten vorkäme, oder auch nicht lange haftete, sondern flüchtig und ohne dauernde Wirkung, oder auch ohne einiges Nachdenken über den in einem solchen Schattenbilde vorgestellten Gegenstand, und ohne Bemühung ihn unter deutliche Begriffe zu bringen, vorüberginge: so ist doch der Grund dazu, die moralische Anlage in uns, als subjectives Princip sich in der Weltbetrachtung mit ihrer Zweckmäßigkeit durch Naturursachen nicht zu begnügen, sondern ihr eine oberste nach moralischen Principien die Natur beherrschende Ursache unterzulegen, unverkennbar. — Wozu noch kommt, daß wir, nach einem allgemeinen höchsten Zwecke zu streben, uns durch das moralische Gesetz gedrungen, uns aber doch und die gesammte Natur ihn zu erreichen unvermögend fühlen; daß wir, nur so fern wir darnach streben, dem Endzwecke einer verständigen

Welturſache (wenn es eine ſolche gäbe) gemäß zu ſeyn urtheilen dürfen; und ſo iſt ein reiner moraliſcher Grund der practiſchen Vernunft vorhanden, dieſe Urſache (da es ohne Widerſpruch geſchehen kann) anzunehmen, wo nicht mehr, doch damit wir jene Beſtrebung, in ihren Wirkungen, nicht für ganz eitel anzuſehen und dadurch ſie ermatten zu laſſen Gefahr laufen.

Mit dieſem allen ſoll hier nur ſo viel geſagt werden: daß die Furcht zwar zuerſt Götter (Dämonen), aber die Vernunft, vermittelſt ihrer moraliſchen Principien, zuerſt den Begrif von Gott habe hervorbringen können (auch ſelbſt, wenn man in der Teleologie der Natur, wie gewoͤhnlich, ſehr unwiſſend, oder auch, wegen der Schwierigkeit, die einander hierin widerſprechenden Erſcheinungen durch ein genugſam bewährtes Princip auszugleichen, ſehr zweifelhaft war); und daß die innere moraliſche Zweckbeſtimmung ſeines Daſeyns das ergänzte, was der Naturkenntniß abging, indem ſie nehmlich anwies, zu dem Endzwecke vom Daſeyn aller Dinge, wozu das Princip nicht anders, als ethiſch, der Vernunft genugthuend iſt, die oberſte Urſache mit Eigenſchaften, womit ſie die ganze Natur jener einzigen Abſicht (zu der dieſe bloß Werkzeug iſt) zu unterwerfen vermoͤgend iſt, (d. i. als eine Gottheit) zu denken.

§. 87.
Von dem moraliſchen Beweiſe des Daſeyns Gottes.

Es giebt eine phyſiſche Teleologie, welche einen für unſere theoretiſch reflectirende Urtheilskraft hinreichenden Beweisgrund an die Hand giebt, das Daseyn einer verständigen Welturſache anzunehmen. Wir finden aber in uns ſelbſt, und noch mehr in dem Begriffe eines vernünftigen mit Freyheit (ſeiner Cauſalität) begabten Weſens überhaupt, auch eine moraliſche Teleologie, die aber, weil die Zweckbeziehung in uns ſelbſt a priori, ſammt dem Geſetze derſelben, beſtimmt, mithin als nothwendig erkannt werden kann, zu dieſem Behuf keiner verſtändigen Urſache außer uns für dieſe innere Geſetzmäßigkeit bedarf: ſo wenig, als wir bey dem, was wir in den geometriſchen Eigenſchaften der Figuren (für allerley mögliche Kunſtausübung) Zweckmäßiges finden, auf einen ihnen dieſes ertheilenden höchſten Verſtand hinaus ſehen dürfen. Aber dieſe moraliſche Teleologie betrift doch uns, als Weltweſen, und alſo mit andern Dingen in der Welt verbundene Weſen: auf welche letzteren, entweder als Zwecke oder als Gegenſtände in Anſehung deren wir ſelbſt Endzweck ſind, unſere Beurtheilung zu richten, eben dieſelben moraliſchen Geſetze uns zur Vorſchrift machen. Von dieſer moraliſchen Teleologie nun, welche die Beziehung unſerer eigenen Cauſalität auf Zwecke und ſogar auf einen Endzweck, der von uns in der Welt beabſichtigt werden muß, imgleichen die wechſelſeitige Beziehung der Welt auf jenen ſittlichen Zweck und die äußere Möglichkeit ſeiner Ausführung (wozu keine phyſiſche Teleologie uns Anleitung geben kann) betrift, geht nun die nothwendige Frage aus: ob ſie unſere vernünftige Beurtheilung nöthige, über die Welt hinaus zu gehen, und, zu jener Beziehung der Natur auf das Sittliche in uns, ein verständiges oberstes Princip zu suchen, um die Natur, auch in Beziehung auf die moralische innere Gesetzgebung und deren mögliche Ausführung, uns als zweckmäßig vorzustellen. Folglich giebt es allerdings eine moralische Teleologie; und diese hängt mit der Nomothetik der Freyheit einerseits, und der der Natur andererseits, eben so nothwendig zusammen, als bürgerliche Gesetzgebung mit der Frage, wo man die executive Gewalt suchen soll, und überhaupt in allem, worin die Vernunft ein Princip der Wirklichkeit einer gewissen gesetzmäßigen, nur nach Ideen möglichen, Ordnung der Dinge angeben soll, Zusammenhang ist. — Wir wollen den Fortschritt der Vernunft von jener moralischen Teleologie und ihrer Beziehung auf die physische, zur Theologie allererst vortragen, und nachher über die Möglichkeit und Bündigkeit dieser Schlußart Betrachtungen anstellen.

Wenn man das Daseyn gewisser Dinge (oder auch nur gewisser Formen der Dinge) als zufällig, mithin nur durch etwas Anderes, als Ursache, möglich annimmt: so kann man zu dieser Causalität der obersten und also zu dem Bedingten den unbedingten Grund entweder in der physischen, oder teleologischen Ordnung suchen (nach dem nexu effectivo, oder finali). D i. man kann fragen: welches ist die oberste hervorbringende Ur-

Critik der teleologischen Urtheilskraft.

sache? oder was ist der oberste (schlechthin unbedingte) Zweck derselben, d. i. der Endzweck ihrer Hervorbringung dieser oder aller ihrer Producte überhaupt? wobey dann freylich vorausgesetzt wird, daß diese Ursache einer Vorstellung der Zwecke fähig, mithin ein verständiges Wesen sey, oder wenigstens von uns als nach den Gesetzen eines solchen Wesens handelnd gedacht werden müsse.

Nun ist, wenn man der letztern Ordnung nachgeht, es ein Grundsatz, dem selbst die gemeinste Menschenvernunft unmittelbar Beyfall zu geben genöthigt ist: daß, wenn überall ein Endzweck, den die Vernunft a priori angeben muß, Statt finden soll, dieser kein anderer, als der Mensch (ein jedes vernünftige Weltwesen) unter moralischen Gesetzen seyn könne *). Denn: (so urtheilt ein jeder) bestände die

---

*) Ich sage mit Fleiß: unter moralischen Gesetzen. Nicht der Mensch nach moralischen Gesetzen, d. i. ein solcher der sich ihnen gemäß verhält, ist der Endzweck der Schöpfung. Denn mit dem letztern Ausdrucke würden wir mehr sagen, als wir wissen: nehmlich daß es in der Gewalt eines Welturhebers stehe, zu machen, daß der Mensch den moralischen Gesetzen jederzeit sich angemessen verhalte; welches einen Begrif von Freyheit und der Natur (von welcher letztern man allein einen äußern Urheber denken kann) voraussetzt, der eine Einsicht in das übersinnliche Substrat der Natur, und dessen Einerleyheit mit dem was die Causalität durch Freyheit in der Welt möglich macht, enthalten müßte, die weit über unsere Vernunfteinsicht hinausgeht. Nur vom

Welt aus lauter leblosen, oder zwar zum Theil aus lebenden aber vernunftlosen Wesen, so würde das Daseyn einer solchen Welt gar keinen Werth haben, weil in ihr kein Wesen existirte, das von einem Werthe den mindesten Begrif hat. Wären dagegen auch vernünftige Wesen, deren Vernunft aber den Werth des Daseyns der Dinge nur im Verhältnisse der Natur zu ihnen (ihrem

Menschen unter moralischen Gesetzen können wir, ohne die Schranken unserer Einsicht zu überschreiten, sagen: sein Daseyn mache der Welt Endzweck aus. Dieses stimmt auch vollkommen mit dem Urtheile der moralisch über den Weltlauf reflectirenden Menschenvernunft. Wir glauben die Spuren einer weisen Zweckbeziehung auch am Bösen wahrzunehmen, wenn wir nur sehen, daß der frevelhafte Böser nicht nicht eher stirbt, als bis er die wohlverschuldete Strafe seiner Unthaten erlitten hat. Nach unseren Begriffen von freyer Causalität, beruht das Wohl- oder Übelverhalten auf uns; die höchste Weisheit aber der Weltregierung setzen wir darin, daß zu dem ersteren die Veranlassung, für beides aber der Erfolg, nach moralischen Gesetzen verhängt sey. In dem letzteren besteht eigentlich die Ehre Gottes, welche daher von Theologen nicht unschicklich der letzte Zweck der Schöpfung genannt wird. — Noch ist anzumerken, daß wir unter dem Wort Schöpfung, wenn wir uns dessen bedienen, nichts anders, als was hier gesagt worden ist, nehmlich die Ursache vom Daseyn einer Welt, oder der Dinge in ihr (der Substanzen), verstehen; wie das auch der eigentliche Begrif dieses Worts mit sich bringt (actuatio substantiae est creatio): welches mithin nicht schon die Voraussetzung einer freywirkenden, folglich verständigen Ursache (deren Daseyn wir allererst beweisen wollen) bey sich führt.

Critik der teleologischen Urtheilskraft. 423

Wohlbefinden) zu setzen, nicht aber sich einen solchen ursprünglich (in der Freyheit) selbst zu verschaffen im Stande wäre; so wären zwar (relative) Zwecke in der Welt, aber kein (absoluter) Endzweck, weil das Daseyn solcher vernünftigen Wesen doch immer zwecklos seyn würde. Die moralischen Gesetze aber sind von der eigenthümlichen Beschaffenheit, daß sie etwas als Zweck ohne Bedingung, mithin gerade so, wie der Begrif eines Endzwecks es bedarf, für die Vernunft vorschreiben; und die Existenz einer solchen Vernunft, die in der Zweckbeziehung ihr selbst das oberste Gesetz seyn kann, mit andern Worten die Existenz vernünftiger Wesen unter moralischen Gesetzen, kann also allein als Endzweck vom Daseyn einer Welt gedacht werden. Ist dagegen dieses nicht so bewandt, so liegt dem Daseyn derselben entweder gar kein Zweck in der Ursache, oder es liegen ihm Zwecke ohne Endzweck zum Grunde.

Das moralische Gesetz, als formale Vernunftbedingung des Gebrauchs unserer Freyheit, verbindet uns für sich allein, ohne von irgend einem Zwecke, als materialer Bedingung, abzuhangen; aber es bestimmt uns doch auch, und zwar a priori, einen Endzweck, welchem nachzustreben es uns verbindlich macht: und dieser ist das höchste durch Freyheit mögliche Gut in der Welt.

Die subjective Bedingung, unter welcher der Mensch (und nach allen unsern Begriffen auch jedes vernünftige endliche Wesen) sich, unter dem obigen Gesetze, eines

Endzweck setzen kann, ist die Glückseligkeit. Folglich das höchste in der Welt mögliche, und, so viel an uns ist, als Endzweck zu beförderndg, physische Gut ist Glückseligkeit: unter der objectiven Bedingung der Einstimmung des Menschen mit dem Gesetze der Sittlichkeit, als der Würdigkeit glücklich zu seyn.

Diese zwey Erfordernisse des uns durch das moralische Gesetz aufgegebenen Endzwecks können wir aber, nach allen unsern Vernunftvermögen, als durch bloße Naturursachen verknüpft, und der Idee des gedachten Endzwecks angemessen, unmöglich uns vorstellen. Also stimmt der Begrif von der practischen Nothwendigkeit eines solchen Zwecks durch die Anwendung unserer Kräfte, nicht mit dem theoretischen Begriffe von der physischen Möglichkeit der Bewirkung desselben zusammen, wenn wir mit unserer Freyheit keine andere Causalität (eines Mittels), als die der Natur, verknüpfen.

Folglich müssen wir eine moralische Weltursache (einen Welturheber) annehmen, um uns, gemäß dem moralischen Gesetze, einen Endzweck vorzusetzen; und, so weit als das letztere nothwendig ist, so weit (d. i. in demselben Grade und aus demselben Grunde) ist auch das erstere nothwendig anzunehmen: nehmlich es sey ein Gott *).

---

*) Dieses moralische Argument soll keinen objectiv gültigen Beweis vom Daseyn Gottes an die Hand geben, nicht

* * *

Dieser Beweis, dem man leicht die Form der logischen Präcision anpassen kann, will nicht sagen: es ist eben so nothwendig das Daseyn Gottes anzunehmen, als die Gültigkeit des moralischen Gesetzes anzuerkennen; mithin, wer sich vom erstern nicht überzeugen kann, könne sich von den Verbindlichkeiten nach dem letzteren los zu seyn urtheilen. Nein! nur die **Beabsichtigung** des durch die Befolgung des letzteren zu bewirkenden Endzwecks in der Welt (einer mit der Befolgung moralischer Gesetze harmonisch zusammentreffenden Glückseligkeit vernünftiger Wesen, als das höchste Weltbeste) müßte alsdann aufgegeben werden. Ein jeder Vernünftige würde sich an der Vorschrift der Sitten immer noch als strenge gebunden erkennen müssen; denn die Gesetze derselben sind formal und gebieten unbedingt, ohne Rücksicht auf Zwecke (als die Materie des Wollens). Aber das eine Erforderniß des Endzwecks, wie ihn die practische Vernunft den Weltwesen vorschreibt,

dem Zweifelgläubigen beweisen, daß ein Gott sey; sondern daß, wenn er moralisch consequent denken will, er die Annehmung dieses Satzes unter die Maximen seiner practischen Vernunft aufnehmen müsse. — Es soll damit auch nicht gesagt werden: es ist zur Sittlichkeit nothwendig, die Glückseligkeit aller vernünftigen Weltwesen gemäß ihrer Moralität anzunehmen; sondern: es ist durch sie nothwendig. Mithin ist es ein subjectiv, für moralische Wesen, hinreichendes Argument.

ist ein in sie durch ihre Natur (als endlicher Wesen) ge=
legter unwiderstehlicher Zweck, den die Vernunft nur
dem moralischen Gesetze als unverletzlicher Bedingung
unterworfen, oder auch, nach demselben allgemein ge=
macht wissen will, und so die Beförderung der Glückse=
ligkeit, in Einstimmung mit der Sittlichkeit, zum End=
zwecke macht. Diesen nun, so viel (was die ersteren be=
trift) in unserem Vermögen ist, zu befördern, wird uns
durch das moralische Gesetz geboten; der Ausschlag, den
diese Bemühung hat, mag seyn welcher er wolle. Die
Erfüllung der Pflicht besteht in der Form des ernstlichen
Willens, nicht in den Mittelursachen des Gelingens.

Gesetzt also: ein Mensch überredete sich, theils
durch die Schwäche aller so sehr gepriesenen speculati=
ven Argumente, theils durch manche in der Natur und
Sittenwelt ihm vorkommende Unregelmäßigkeiten be=
wogen, von dem Satze: es sey kein Gott; so würde
er doch in seinen eigenen Augen ein Nichtswürdiger
seyn, wenn er darum die Gesetze der Pflicht für bloß
eingebildet, ungültig, unverbindlich halten, und un=
gescheut zu übertreten beschließen wollte. Ein solcher
würde auch alsdann noch, wenn er sich in der Folge
von dem, was er Anfangs bezweifelt hatte, überzeugen
könnte, mit jener Denkungsart doch immer ein Nichts=
würdiger bleiben: ob er gleich seine Pflicht, aber aus
Furcht, oder aus lohnsüchtiger Absicht, ohne pflicht=
verehrende Gesinnung, der Wirkung nach so pünktlich,

wie es immer verlangt werden mag, erfüllte. Umgekehrt, wenn er sie als Gläubiger seinem Bewußtseyn nach aufrichtig und uneigennützig befolgt, und gleichwohl, so oft er zum Versuche den Fall setzt, er könnte einmal überzeuget werden, es sey kein Gott, sich sogleich von aller sittlichen Verbindlichkeit frey glaubte; müßte es doch mit der innern moralischen Gesinnung in ihm nur schlecht bestellt seyn.

Wir können also einen rechtschaffenen Mann (wie etwa den Spinoza) annehmen, der sich fest überredet hält: es sey kein Gott, und (weil es in Ansehung des Objects der Moralität auf einerley Folge hinausläuft) auch kein künftiges Leben; wie wird er seine eigene innere Zweckbestimmung durch das moralische Gesetz, welches er thätig verehrt, beurtheilen? Er verlangt von Befolgung desselben für sich keinen Vortheil, weder in dieser noch in einer andern Welt; uneigennützig will er vielmehr nur das Gute stiften, wozu jenes heilige Gesetz allen seinen Kräften die Richtung giebt. Aber sein Bestreben ist begränzt; und von der Natur kann er zwar hin und wieder einen zufälligen Beytritt, niemals aber eine gesetzmäßige und nach beständigen Regeln (so wie innerlich seine Maximen sind und seyn müssen) eintreffende Zusammenstimmung zu dem Zwecke erwarten, welchen zu bewirken er sich doch verbunden und angetrieben fühlt. Betrug, Gewaltthätigkeit und Neid werden immer um ihn im Schwange gehen, ob er gleich **selbst** redlich, friedfertig und wohlwollend ist; und die Rechtschaffenen, die er außer sich noch antrift, werden, unangesehen aller ihrer Würdigkeit glücklich zu seyn, dennoch durch die Natur, die darauf nicht achtet, allen Übeln, des Mangels, der Krankheiten und des unzeitigen Todes, gleich den übrigen Thieren der Erde, unterworfen seyn und es auch immer bleiben, bis ein weites Grab sie insgesammt (redlich oder unredlich, das gilt hier gleichviel) verschlingt, und sie, die da glauben konnten, Endzweck der Schöpfung zu seyn, in den Schlund des zwecklosen Chaos der Materie zurück wirft, aus dem sie gezogen waren. — Den Zweck also, den dieser Wohlgesinnte in Befolgung der moralischen Gesetze vor Augen hatte und haben sollte, müßte er allerdings als unmöglich, aufgeben; oder will er auch hierin dem Rufe seiner sittlichen inneren Bestimmung anhänglich bleiben, und die Achtung, welche das sittliche Gesetz ihm unmittelbar zum Gehorchen einflößt, nicht durch die Nichtigkeit des einzigen ihrer hohen Forderung angemessenen idealischen Endzwecks schwächen (welches ohne einen der moralischen Gesinnung widerfahrenden Abbruch nicht geschehen kann): so muß er, welches er auch gar wohl thun kann, indem es an sich wenigstens nicht widersprechend ist, in practischer Absicht, d. i. um sich wenigstens von der Möglichkeit des ihm moralisch vorgeschriebenen Endzwecks einen Begrif zu machen, das Daseyn eines **moralischen Welturhebers**, d. i. Gottes, annehmen.

§. 88.
Beschränkung der Gültigkeit des moralischen Beweises.

Die reine Vernunft, als practisches Vermögen, d. i. als Vermögen den freyen Gebrauch unserer Causalität durch Ideen (reine Vernunftbegriffe) zu bestimmen, enthält nicht allein im moralischen Gesetze ein regulatives Princip unserer Handlungen, sondern giebt auch dadurch zugleich ein subjectiv-constitutives, in dem Begriffe eines Objects an die Hand, welches nur Vernunft denken kann, und welches durch unsere Handlungen in der Welt nach jenem Gesetze wirklich gemacht werden soll. Die Idee eines Endzwecks im Gebrauche der Freyheit nach moralischen Gesetzen hat also subjectiv-practische Realität. Wir sind a priori durch die Vernunft bestimmt, das Weltbeste, welches in der Verbindung des größten Wohls der vernünftigen Weltwesen mit der höchsten Bedingung des Guten an denselben, d. i. der allgemeinen Glückseligkeit mit der gesetzmäßigsten Sittlichkeit, besteht, nach allen Kräften zu befördern. In diesem Endzwecke ist die Möglichkeit des einen Theils, nehmlich der Glückseligkeit, empirisch bedingt, d. i. von der Beschaffenheit der Natur (ob sie zu diesem Zwecke übereinstimme oder nicht) abhängig, und in theoretischer Rückficht problematisch; indeß der andere Theil, nehmlich die Sittlichkeit, in Ansehung deren wir von der Naturmitwirkung frey sind, seiner Möglichkeit nach a priori fest steht und dogmatisch gewiß ist. Zur objectiven theoretischen Realität also des Begrifs von dem Endzwecke vernünftiger Weltwesen wird erfordert, daß nicht allein wir einen uns a priori vorgesetzten Endzweck haben, sondern daß auch die Schöpfung, d. i. die Welt selbst, ihrer Existenz nach einen Endzweck habe: welches, wenn es a priori bewiesen werden könnte, zur subjectiven Realität des Endzwecks die objective hinzuthun würde. Denn, hat die Schöpfung überall einen Endzweck, so können wir ihn nicht anders denken, als so, daß er mit dem moralischen (der allein den Begrif von einem Zwecke möglich macht) übereinstimmen müsse. Nun finden wir aber in der Welt zwar Zwecke: und die physische Teleologie stellt sie in solchem Maaße dar, daß, wenn wir der Vernunft gemäß urtheilen, wir zum Princip der Nachforschung der Natur zuletzt anzunehmen Grund haben, daß in der Natur gar nichts ohne Zweck sey; allein den Endzweck der Natur suchen wir in ihr selbst vergeblich. Dieser kann und muß daher, so wie die Idee davon nur in der Vernunft liegt, selbst seiner objectiven Möglichkeit nach, nur in vernünftigen Wesen gesucht werden. Die praktische Vernunft der letzteren aber giebt diesen Endzweck nicht allein an, sondern bestimmt auch diesen Begrif in Ansehung der Bedingungen, unter welchen ein Endzweck der Schöpfung allein von uns gedacht werden kann.

Es ist nun die Frage: ob die objective Realität des Begrifs von einem Endzweck der Schöpfung nicht auch für die theoretischen Forderungen der reinen Vernunft hinreichend, wenn gleich nicht apodictisch, für die bestimmende, doch hinreichend für die Maximen der theoretisch-reflectirenden Urtheilskraft könne dargethan werden. Dieses ist das mindeste, was man der speculativen Philosophie ansinnen kann, die den sittlichen Zweck mit den Naturzwecken vermittelst der Idee eines einzigen Zwecks zu verbinden sich anheischig macht; aber auch dieses Wenige ist doch weit mehr, als sie je zu leisten vermag.

Nach dem Princip der theoretisch-reflectirenden Urtheilskraft würden wir sagen: Wenn wir Grund haben, zu den zweckmäßigen Producten der Natur eine oberste Ursache der Natur anzunehmen, deren Causalität in Ansehung der Wirklichkeit der letzteren (die Schöpfung) von anderer Art, als zum Mechanism der Natur erforderlich ist, nehmlich, als die eines Verstandes, gedacht werden muß; so werden wir auch an diesem Urwesen nicht bloß allenthalben in der Natur Zwecke, sondern auch einen Endzweck zu denken hinreichenden Grund haben, wenn gleich nicht um das Daseyn eines solchen Wesens darzuthun, doch wenigstens (so wie es in der physischen Teleologie geschah) uns zu überzeugen, daß wir die Möglichkeit einer solchen Welt nicht bloß nach Zwecken, sondern auch nur dadurch daß wir ihrer Existenz einen Endzweck unterlegen, uns begreiflich machen können.

Allein Endzweck ist bloß ein Begrif unserer practischen Vernunft, und kann aus keinen Datis der Erfahrung zu theoretischer Beurtheilung der Natur gefolgert, noch auf Erkenntniß derselben bezogen werden. Es ist kein Gebrauch von diesem Begriffe möglich, als lediglich für die practische Vernunft nach moralischen Gesetzen; und der Endzweck der Schöpfung ist diejenige Beschaffenheit der Welt, die zu dem, was wir allein nach Gesetzen bestimmt angeben können, nehmlich dem Endzwecke unserer reinen practischen Vernunft, und zwar so fern sie practisch seyn soll, übereinstimmt. — Nun haben wir durch das moralische Gesetz, welches uns diesen letztern auferlegt, in practischer Absicht, nehmlich um unsere Kräfte zur Bewirkung desselben anzuwenden, einen Grund, die Möglichkeit, Ausführbarkeit desselben, mithin auch (weil, ohne Beytritt der Natur zu einer in unserer Gewalt nicht stehenden Bedingung derselben, die Bewirkung desselben unmöglich seyn würde) eine Natur der Dinge, die dazu übereinstimmt, anzunehmen. Also haben wir einen moralischen Grund, uns an einer Welt auch einen Endzweck der Schöpfung zu denken.

Dieses

Dieses ist nun noch nicht der Schluß von der moralischen Teleologie auf eine Theologie, d. i. auf das Daseyn eines moralischen Welturhebers, sondern nur auf einen Endzweck der Schöpfung, der auf diese Art bestimmt wird. Daß nun zu dieser Schöpfung, d. i. der Existenz der Dinge, gemäß einem Endzwecke, erstlich ein verständiges, aber zweytens nicht bloß (wie zu der Möglichkeit der Dinge der Natur, die wir als Zwecke zu beurtheilen genöthiget waren) ein verständiges, sondern ein zugleich moralisches Wesen, als Welturheber, mithin ein Gott, angenommen werden müsse: ist ein zweyter Schluß, welcher so beschaffen ist, daß man sieht, er sey bloß für die Urtheilskraft, nach Begriffen der practischen Vernunft, und, als ein solcher, für die reflectirende, nicht die bestimmende, Urtheilskraft gefället. Denn wir können uns nicht anmaßen einzusehen: daß, ob zwar in uns die moralisch-practische Vernunft von der technisch-practischen ihren Principien nach wesentlich unterschieden ist, in der obersten Welturfache, wenn sie als Intelligenz angenommen wird, es auch so seyn müsse, und eine besondere und verschiedene Art der Causalität derselben zum Endzwecke, als bloß zu Zwecken der Natur, erforderlich sey; daß wir mithin an unserm Endzweck nicht bloß einen moralischen Grund haben, einen Endzweck der Schöpfung (als Wirkung), sondern auch ein moralisches Wesen als Urgrund der Schöpfung, anzunehmen. Wohl aber können wir sagen: daß, nach der **Beschaffenheit unseres Vernunftvermögens**, wir uns die **Möglichkeit** einer solchen auf das moralische **Gesetz** und dessen Object bezogenen Zweckmäßigkeit, als in diesem Endzwecke ist, ohne einen Welturheber und Regierer, der zugleich moralischer Gesetzgeber ist, gar nicht begreiflich machen können.

Die Wirklichkeit eines höchsten moralisch-gesetzgebenden Urhebers ist also bloß für den **practischen Gebrauch** unserer Vernunft hinreichend dargethan, ohne in Ansehung des Daseyns desselben etwas theoretisch zu bestimmen. Denn diese bedarf zur Möglichkeit ihres Zwecks, der uns auch ohne das durch ihre eigene Gesetzgebung aufgegeben ist, einer Idee, wodurch das Hinderniß, aus dem Unvermögen ihrer Befolgung nach dem bloßen Naturbegriffe von der Welt (für die reflectirende Urtheilskraft hinreichend) weggeräumt wird; und diese Idee bekommt dadurch practische Realität, wenn ihr gleich alle Mittel, ihr eine solche in theoretischer Absicht, zur Erklärung der Natur und Bestimmung der obersten Ursache zu verschaffen, für das speculative Erkenntniß gänzlich abgehen. Für die theoretisch-reflectirende Urtheilskraft bewies die physische Teleologie aus den Zwecken der Natur hinreichend eine verständige Weltursache; für die practische, bewirkt dieses die moralische durch den Begrif eines Endzwecks, den sie in practischer Absicht der Schöpfung beyzulegen genöthiget ist. Die objective Realität der Idee von Gott, als moralischen Welturhebers, kann nun zwar nicht durch physische Zwecke allein dargethan werden; gleichwohl aber, wenn ihr Erkenntniß mit dem des moralischen verbunden wird, sind jene, vermöge der Maxime der reinen Vernunft, Einheit der Principien, so viel sich thun läßt, zu befolgen, von großer Bedeutung, um der practischen Realität jener Idee, durch die, welche sie in theoretischer Absicht für die Urtheilskraft bereit hat, zu Hülfe zu kommen.

Hiebey ist nun, zu Verhütung eines leicht eintretenden Mißverständnisses, höchst nöthig anzumerken: daß wir erstlich diese Eigenschaften des höchsten Wesens nur nach der Analogie denken können. Denn wie wollten wir seine Natur, wovon uns die Erfahrung nichts ähnliches zeigen kann, erforschen? Zweytens: daß wir es durch dasselbe auch nur denken, nicht darnach erkennen, und sie ihm etwa theoretisch beylegen können; denn das wäre für die bestimmende Urtheilskraft in speculativer Absicht unserer Vernunft, um, was die oberste Welturfache an sich sey, einzusehen. Hier aber ist es nur darum zu thun, welchen Begrif wir uns, nach der Beschaffenheit unserer Erkenntnißvermögen, von demselben zu machen, und ob wir seine Existenz anzunehmen haben, um einem Zwecke, den uns reine practische Vernunft, ohne alle solche Voraussetzung, a priori nach allen Kräften zu bewirken auferlegt, gleichfalls nur practische Realität zu verschaffen, d. i. nur eine beabsichtete Wirkung als möglich denken zu können. Immerhin mag jener Begrif für die speculative Vernunft überschwenglich seyn; auch mögen die Eigenschaften, die wir dem dadurch gedachten Wesen beylegen, objectiv gebraucht, einen Anthropomorphism in sich verbergen: die Absicht ihres Gebrauchs ist auch nicht, seine für uns unerreichbare Natur, sondern uns selbst und unseren Willen, darnach bestimmen zu wollen. So wie wir eine Ursache nach dem Begriffe, den wir von der Wirkung haben (aber nur in Ansehung ihrer Relation dieser) benennen, ohne darum die innere Beschaffenheit derselben durch die Eigenschaften, die uns von dergleichen Ursachen einzig und allein bekannt und durch Erfahrung gegeben werden müssen, innerlich bestimmen zu wollen; so wie wir z. B. der Seele unter andern auch eine vim locomotivam beylegen, weil wirklich Bewegungen des Körpers entspringen, deren Ursache in ihren Vorstellungen liegt, ohne ihr darum die einzige Art, wie wir bewegende Kräfte kennen, (nehmlich durch Anziehung, Druck, Stoß, mithin Bewegung, welche jederzeit ein ausgedehntes Wesen voraussetzen) beylegen zu wollen: — eben so werden wir Etwas, das den Grund der Möglichkeit und der practischen Realität, d. i. der Ausführbarkeit, eines nothwendigen moralischen Endzwecks enthält, annehmen müssen; dieses aber, nach Beschaffenheit der von ihm

Critik der teleologischen Urtheilskraft.

erwarteten Wirkung, uns als ein weises nach moralischen Gesetzen die Welt beherrschendes Wesen denken können, und der Beschaffenheit unserer Erkenntnißvermögen gemäß, als von der Natur unterschiedene Ursache der Dinge denken müssen, um nur das Verhältniß dieses alle unsere Erkenntnißvermögen übersteigenden Wesens zum Objecte unserer practischen Vernunft auszudrücken: ohne doch dadurch die einzige uns bekannte Causalität dieser Art, nehmlich einen Verstand und Willen, ihm darum theoretisch beylegen, ja selbst auch nur die an ihm gedachte Causalität in Ansehung dessen was für uns Endzweck ist, als in diesem Wesen selbst von der Causalität in Ansehung der Natur (und deren Zweckbestimmungen überhaupt) objectiv unterscheiden zu wollen, sondern diesen Unterschied nur als subjectiv nothwendig, für die Beschaffenheit unseres Erkenntnißvermögens und gültig für die reflectirende, nicht für die objectiv bestimmende Urtheilskraft, annehmen können. Wenn es aber auf das Practische ankommt, so ist ein solches regulatives Princip (für die Klugheit oder Weisheit): dem, was nach Beschaffenheit unserer Erkenntnißvermögen von uns auf gewisse Weise allein als möglich gedacht werden kann, als Zwecke gemäß zu handeln, zugleich constitutiv, d. i. practisch bestimmend; indeß eben dasselbe, als Princip die objective Möglichkeit der Dinge zu beurtheilen, keinesweges theoretisch-bestimmend (daß nehmlich auch dem Objecte die einzige Art der Möglichkeit zukomme, die unserm Vermögen zu denken zukommt), sondern ein bloß regulatives Princip für die reflectirende Urtheilskraft ist.

Anmerkung.

Dieser moralische Beweis ist nicht etwa ein neu erfundener, sondern allenfalls nur ein neuerörterter Beweisgrund; denn er hat vor der frühesten Aufkeimung des menschlichen Vernunftvermögens schon in demselben gelegen, und wird mit der fortgehenden Cultur desselben nur immer mehr entwickelt. Sobald die Menschen über Recht und Unrecht zu reflectiren anfingen, in einer Zeit, wo sie über die Zweckmäßigkeit der Natur noch gleichgültig wegsahen, sie nützten, ohne sich dabei etwas Anderes als den gewohnten Lauf der Natur zu denken, mußte sich das Urtheil unvermeidlich einfinden: daß es im Ausgange nimmermehr einerlei seyn könne, ob ein Mensch sich redlich oder falsch, billig oder gewaltthätig verhalten habe, wenn er gleich bis an sein Ende, wenigstens sichtbarlich, für seine Tugenden kein Glück, oder für seine Verbrechen keine Strafe angetroffen habe. Es ist als ob sie in sich eine Stimme wahrnähmen, es müsse anders zugehen; mithin mußte auch die, obgleich dunkle, Vorstellung von Etwas dem sie nachzustreben sich verbunden fühlten, verborgen liegen, womit ein solcher Ausschlag sich gar nicht zusammenreimen lasse, oder, womit, wenn sie den Weltlauf einmal als die einzige Ordnung der Dinge ansahen, sie wiederum jene innere Zweckbestimmung ihres Gemüths nicht zu vereinigen wußten. Nun mochten sie die Art, wie eine solche Unregelmäßigkeit (welche dem menschlichen Gemüthe weit empörender seyn muß, als der blinde Zufall, den man etwa der Naturbeurtheilung zum Princip unterlegen wollte) ausgeglichen werden könne, sich auf mancherley noch so grobe Weise vorstellen; so konnten sie sich doch niemal ein anderes Princip der Möglichkeit der Vereinigung der Natur mit ihrem innern Sittengesetze erdenken, als eine nach moralischen Gesetzen die Welt beherrschende oberste Ursache: weil ein als Pflicht aufgegebener Endzweck in ihnen, und eine Natur ohne allen Endzweck, außer ihnen, in welcher gleichwohl jener Zweck wirklich werden soll, im Widerspruche stehen. Über die innere Beschaffenheit jener Welturſache konnten sie nun manchen Unsinn ausbrüten; jenes moralische Verhältniß in der Weltregierung blieb immer daſſelbe, welches für die unangebauteſte Vernunft, ſofern ſie ſich als practiſch betrachtet, allgemein faßlich iſt, mit welcher hingegen die ſpeculative bey weitem nicht gleichen Schritt halten kann. — Auch wurde, aller Wahrſcheinlichkeit nach, durch dieſes moraliſche Intereſſe allererſt die Aufmerkſamkeit auf die Schönheit und Zwecke in der Natur rege gemacht, die alsdann jene Idee zu beſtärken vortreflich diente, ſie aber doch nicht begründen, noch weniger jenes entbehren konnte, weil ſelbſt die Nachforſchung der Zwecke der Natur nur in Beziehung auf den Endzweck dasjenige unmittelbare Intereſſe bekommt, welches ſich in der Bewunderung derſelben, ohne Rückſicht auf irgend daraus zu ziehenden Vortheil, in ſo großem Maaße zeigt.

§. 89.

Von dem Nutzen des moraliſchen Arguments.

Die Einſchränkung der Vernunft, in Anſehung aller unſerer Ideen vom überſinnlichen, auf die Bedingungen ihres practischen Gebrauchs, hat, was die Idee von Gott betrift, den unverkennbaren Nutzen: daß sie verhütet, daß Theologie sich nicht in Theosophie (in Vernunftverwirrende überschwengliche Begriffe) versteige, oder zur Dämonologie (einer anthropomorphistischen Vorstellungsart des höchsten Wesens) herabsinke; daß Religion nicht in Theurgie (ein schwärmerischer Wahn, von anderen übersinnlichen Wesen Gefühl und auf sie wiederum Einfluß haben zu können), oder in Idololatrie (ein abergläubischer Wahn, dem höchsten Wesen sich durch andere Mittel, als durch eine moralische Gesinnung, wohlgefällig machen zu können) gerathe *).

Denn, wenn man der Eitelkeit oder Vermessenheit des Vernünftelns in Ansehung dessen, was über die Sinnenwelt hinausliegt, auch nur das Mindeste theoretisch (und Erkenntniß-erweiternd) zu bestimmen einräumt; wenn man mit Einsichten vom Daseyn und von

---

*) Abgötterey in practischem Verstande ist noch immer diejenige Religion, welche sich das höchste Wesen mit Eigenschaften denkt, nach denen noch etwas anders, als Moralität, die für sich taugliche Bedingung seyn könne, seinem Willen in dem was der Mensch zu thun vermag, gemäß zu seyn. Denn so rein und frey von sinnlichen Bildern man auch in theoretischer Rücksicht jenen Begrif gefaßt haben mag, so ist er in practischer alsdann dennoch als ein Idol, d. i. der Beschaffenheit seines Willens nach anthropomorphistisch, vorgestellt.

der Beschaffenheit der göttlichen Natur, von seinem Verstande und Willen, den Gesetzen beider und den daraus auf die Welt abfließenden Eigenschaften groß zu thun verstattet: so möchte ich wohl wissen, wo und an welcher Stelle man die Anmaßungen der Vernunft begränzen wolle; denn, wo jene Einsichten hergenommen sind, eben daher können ja noch mehrere (wenn man nur, wie man meynt, sein Nachdenken anstrengte) erwartet werden. Die Begränzung solcher Ansprüche müßte doch nach einem gewissen Princip geschehen, nicht etwa bloß aus dem Grunde, weil wir finden, daß alle Versuche mit denselben bisher fehlgeschlagen sind; denn das beweiset nichts wider die Möglichkeit eines besseren Ausschlags. Hier ist aber kein Princip möglich, als entweder anzunehmen: daß in Ansehung des Übersinnlichen schlechterdings gar nichts theoretisch (als lediglich nur negativ) bestimmt werden könne, oder daß unsere Vernunft eine noch unbenutzte Fundgrube, zu wer weiß wie großen, für uns und unsere Nachkommen aufbewahrten erweiternden Kenntnissen, in sich enthalte. — Was aber Religion betrifft, d. i. die Moral in Beziehung auf Gott als Gesetzgeber; so muß, wenn die theoretische Erkenntniß desselben vorhergehen müßte, die Moral sich nach der Theologie richten, und, nicht allein, statt einer inneren nothwendigen Gesetzgebung der Vernunft, eine äußere willkürliche eines obersten Wesens eingeführt, sondern auch in dieser alles, was unsere Einsicht in die Natur desselben Mangelhaftes hat, sich auf die sittliche Vorschrift erstrecken, und so die Religion unmoralisch machen und verkehren.

In Ansehung der Hofnung eines künftigen Lebens, wenn wir, statt des Endzwecks, den wir, der Vorschrift des moralischen Gesetzes gemäß, selbst zu vollführen haben, zum Leitfaden des Vernunfturtheils für unsere Bestimmung (welches also nur in practischer Beziehung als nothwendig, oder annehmungswürdig, betrachtet wird) unser theoretisches Erkenntnißvermögen befragen, giebt die Seelenlehre in dieser Absicht, so wie oben die Theologie, nichts mehr als einen negativen Begrif von unserm denkenden Wesen: daß nehmlich keines seiner Handlungen und Erscheinungen des innern Sinnes materialistisch erklärt werden könne; daß also von ihrer abgesonderten Natur, und der Dauer oder Nichtdauer ihrer Persönlichkeit nach dem Tode, uns schlechterdings kein erweiterndes bestimmendes Urtheil aus speculativen Gründen durch unser gesammtes theoretisches Erkenntnißvermögen möglich sey. Da also alles hier der teleologischen Beurtheilung unseres Daseyns in practischer nothwendiger Rücksicht und der Annehmung unserer Fortdauer, als der zu dem uns von der Vernunft schlechterdings aufgegebenen Endzweck erforderlichen Bedingung, überlassen bleibt, so zeigt sich hier zugleich der Nutzen (der zwar beym ersten Anblick Verlust zu seyn scheint): daß, so wie die Theologie für uns nie Theosophie werden kann, die rationale Psychologie niemals Pnevmatologie als erweiternde Wissenschaft werden könne, so wie sie andrerseits auch gesichert ist, in keinen Materialism zu verfallen; sondern daß sie vielmehr bloß Anthropologie des innern Sinnes, d. i. Kenntniß unseres denkenden Selbst im Leben sey, und als theoretisches Erkenntniß auch bloß empirisch bleibe; dagegen die rationale Psychologie, was die Frage über unsere ewige Existenz betrift, gar keine theoretische Wissenschaft ist, sondern auf einem einzigen Schlusse der moralischen Teleologie beruht, wie denn auch ihr ganzer Gebrauch, bloß der letztern als unserer practischen Bestimmung wegen, nothwendig ist.

§. 90.

Von der Art des Fürwahrhaltens in einem moralischen Beweise des Daseyns Gottes.

Zuerst wird zu jedem Beweise, er mag (wie bey dem Beweise durch Beobachtung des Gegenstandes oder Experiment) durch unmittelbare empirische Darstellung dessen, was bewiesen werden soll, oder durch Vernunft a priori aus Principien geführt werden, erfordert: daß er nicht überrede, sondern überzeuge, oder wenigstens auf Überzeugung wirke; d. i. daß der Beweis grund, oder der Schluß, nicht bloß ein **subjectiver** (ästhetischer) Bestimmungsgrund des Beyfalls (bloßer Schein), sondern objectivgültig und ein logischer **Grund** der Erkenntniß sey: denn sonst wird der Verstand berückt, aber nicht überführt. Von jener Art **eines** Scheinbeweises ist derjenige, welcher vielleicht in **guter** Absicht, aber doch mit vorsetzlicher Verhehlung **seiner** Schwäche, in der natürlichen Theologie geführt **wird**: wenn man die große Menge der Beweisthümer **eines** Ursprungs der Naturdinge nach dem Princip der **Zwecke** herbeyzieht, und sich den bloß subjectiven Grund **der menschlichen Vernunft** zu Nutze macht, nehmlich den **ihr** eigenen Hang, wo es nur ohne Widerspruch **geschehen** kann, statt vieler Principien ein einziges, und, wo in diesem Princip nur einige oder auch viele Erfordernisse zur Bestimmung eines Begrifs angetroffen werden, die übrigen hinzuzudenken, um den Begrif des Dinges durch willkürliche Ergänzung zu vollenden. Denn freylich, wenn wir so viele Producte in der Natur antreffen, die für uns Anzeigen einer verständigen Ursache sind; warum sollen wir, statt vieler solcher Ursachen, nicht lieber eine einzige, und zwar an dieser nicht etwa bloß großen Verstand, Macht u. s. w. sondern nicht vielmehr **Allweisheit, Allmacht,** mit einem Worte sie als eine solche, die den für alle **mögliche** Dinge zureichenden Grund solcher Eigenschaften enthalte, denken? und über das diesem einigen alles vermögenden Urwesen, nicht bloß für die Naturgesetze und Producte Verstand, sondern auch, als einer moralischen Welturfache, höchste sittliche practische Vernunft beylegen; da durch diese Vollendung des Begrifs ein für Natureinsicht so wohl als moralische Weisheit zusammen hinreichendes Princip angegeben wird, und kein nur einigermaaßen gegründeter Einwurf wider die Möglichkeit einer solchen Idee gemacht werden kann? Werden hiebey nun zugleich die moralischen Triebfedern des Gemüths in Bewegung gesetzt, und ein lebhaftes Interesse der letzteren mit redneriſcher Stärke (deren sie auch wohl würdig sind) hinzugefügt; so entspringt daraus eine Überredung von der objectiven Zulänglichkeit des Beweises, und ein (in den meisten Fällen seines Gebrauchs) auch heilsamer Schein, der aller Prüfung der logischen Schärfe desselben sich ganz überhebt, und sogar dawider, als ob ihr ein frevelhafter Zweifel zum Grunde läge, Abscheu und Wiberwillen trägt. — Nun ist hierwider wohl nichts zu sagen, so fern man auf populäre Brauchbarkeit eigentlich Rücksicht nimmt. Allein, da doch die Zerfällung desselben in die zwey ungleichartigen Stücke, die dieses Argument enthält, nehmlich in das was zur physischen, und das was zur moralischen Teleologie gehört, nicht abgehalten werden kann und darf, indem die Zusammenschmelzung beider es unkenntlich macht, wo der eigentliche Nerve des Beweises liege, und an welchem Theile und wie er müßte bearbeitet werben, um für die Gültigkeit desselben vor der schärfsten Prüfung Stand halten zu können (selbst wenn man an einem Theile die Schwäche unserer Vernunfteinsicht einzugestehen genöthigt seyn sollte; so ist es für den Philosophen Pflicht (gesetzt daß er auch die Anforderung der Aufrichtigkeit an ihn für nichts rechnete), den obgleich noch so heilsamen Schein, welchen eine solche Vermengung hervorbringen kann, aufzudecken, und, was bloß zur Überredung gehört, von dem was auf Überzeugung führt (die beide nicht bloß dem Grade, sondern selbst der Art nach, unterschiedene Bestimmungen des Beyfalls sind) abzusondern, um die Gemüthsfassung in diesem Beweise in ihrer ganzen Lauterkeit offen darzustellen, und diesen der strengsten Prüfung freymüthig unterwerfen zu können.

Ein Beweis aber, der auf Überzeugung angelegt ist, kann wiederum zwiefacher Art seyn, entweder ein solcher, der, was der Gegenstand an sich sey, oder was er für uns (Menschen überhaupt), nach den uns nothwendigen Vernunftprincipien seiner Beurtheilung, sey (ein Beweis κατ' ἀληθείαν, oder κατ' ἄνθρωπον, das letztere Wort in allgemeiner Bedeutung für Menschen überhaupt genommen), ausmachen soll. Im ersteren Falle ist er auf hinreichende Principien für die bestimmende, im zweyten bloß für die reflectirende Urtheilskraft gegründet. Im letztern Falle kann er, auf bloß theoretischen Principien beruhend, niemals auf Überzeugung

Critik der teleologischen Urtheilskraft.

wirken; legt er aber ein practisches Vernunftprincip zum Grunde (welches mithin allgemein und nothwendig gilt), so darf er wohl auf eine, in reiner practischer Absicht hinreichende, d. i. moralische, Überzeugung Anspruch machen. Ein Beweis aber wirkt auf Überzeugung, ohne noch zu überzeugen, wenn er bloß auf dem Wege dahin geführt wird, d. i. nur objective Gründe dazu in sich enthält, die, ob sie gleich noch nicht zur Gewißheit hinreichend, dennoch von der Art sind, daß sie nicht bloß als subjective Gründe des Urtheils zur Überredung dienen.

Alle theoretische Beweisgründe reichen nun entweder zu: 1) zum Beweise durch logisch=strenge Vernunftschlüsse; oder, wo dieses nicht ist, 2) zum Schlusse nach der Analogie; oder, findet auch dieses etwa nicht Statt, doch noch 3) zur wahrscheinlichen Meynung; oder endlich, was das Mindeste ist, 4) zur Annehmung eines bloß möglichen Erklärungsgrundes, als Hypothese. — Nun sage ich: daß alle Beweisgründe überhaupt, die auf theoretische Überzeugung wirken, kein Fürwahrhalten dieser Art von dem höchsten bis zum niedrigsten Grade desselben, bewirken können, wenn der Satz von der Existenz eines Urwesens, als eines Gottes, in der dem ganzen Inhalte dieses Begrifs angemessenen Bedeutung, nehmlich als eines moralischen Welturhebers, mithin so, daß durch ihn zugleich der Endzweck der Schöpfung angegeben wird, bewiesen werden soll.

1) Was den logisch-gerechten, vom Allgemeinen zum Besonderen fortgehenden, Beweis betrift, so ist in der Critik hinreichend dargethan worden: daß, da dem Begriffe von einem Wesen, welches über die Natur hinaus zu suchen ist, keine uns mögliche Anschauung correspondirt, dessen Begrif also selbst, sofern er durch synthetische Prädicate theoretisch bestimmt werden soll, für uns jederzeit problematisch bleibt, schlechterdings kein Erkenntniß desselben (wodurch der Umfang unseres theoretischen Wissens im mindesten erweitert würde) Statt finde, und unter die allgemeinen Principien der Natur der Dinge der besondere Begrif eines übersinnlichen Wesens gar nicht subsumirt werden könne, um von jenen auf dieses zu schließen; weil jene Principien lediglich für die Natur, als Gegenstand der Sinne, gelten.

2) Man kann sich zwar von zwey ungleichartigen Dingen, eben in dem Puncte ihrer Ungleichartigkeit, eines derselben doch nach einer Analogie *) mit dem

andern

---

*) Analogie (in qualitativer Bedeutung) ist die Identität des Verhältnisses zwischen Gründen und Folgen (Ursachen und Wirkungen), sofern sie, ungeachtet der specifischen Verschiedenheit der Dinge, oder derjenigen Eigenschaften an sich, welche den Grund von ähnlichen Folgen enthalten, (d. i. außer diesem Verhältnisse betrachtet), Statt findet

So.

andern denken; aber aus dem, worin sie ungleichartig sind, nicht von einem nach der Analogie auf das andere

So denken wir uns zu den Kunsthandlungen der Thiere, in Vergleichung mit denen des Menschen, den Grund dieser Wirkungen in den ersteren, den wir nicht kennen, mit dem Grunde ähnlicher Wirkungen des Menschen (der Vernunft), den wir kennen, als Analogon der Vernunft; und wollen damit zugleich anzeigen: daß der Grund des thierischen Kunstvermögens, unter der Benennung eines Instincts, von der Vernunft in der That specifisch unterschieden, doch auf die Wirkung (der Bau der Biber mit dem der Menschen verglichen) ein ähnliches Verhältniß habe. — Deswegen aber kann ich daraus, weil der Mensch zu seinem Bauen Vernunft braucht, nicht schließen, daß der Biber auch dergleichen haben müsse, und es einen Schluß nach der Analogie nennen. Aber aus der ähnlichen Wirkungsart der Thiere (wovon wir den Grund nicht unmittelbar wahrnehmen können), mit der des Menschen (dessen wir uns unmittelbar bewußt sind) verglichen, können wir ganz richtig nach der Analogie schließen, daß die Thiere auch nach Vorstellungen handeln (nicht, wie Cartesius will, Maschinen sind), und, ungeachtet ihrer specifischen Verschiedenheit, doch der Gattung nach (als lebende Wesen) mit dem Menschen einerley sind. Das Princip der Befugniß, so zu schließen, liegt in der Einerleyheit des Grundes, die Thiere in Ansehung gedachter Bestimmung mit dem Menschen, als Menschen, so weit wir sie äußerlich nach ihren Handlungen mit einander vergleichen, zu einerley Gattung zu zählen. Es ist par ratio. Eben so kann ich die Causalität der obersten Weltursache, in der Vergleichung der zweckmäßigen Producte derselben in der Welt mit den Kunstwerken des Menschen, nach der Analogie eines Verstandes denken, aber nicht auf diese Eigenschaften in demselben nach der Analo-

schließen, d. i. dieses Merkmal des specifischen Unterschiedes auf das andere übertragen. So kann ich mir, nach der Analogie mit dem Gesetze der Gleichheit der Wirkung und Gegenwirkung, in der wechselseitigen Anziehung und Abstoßung der Körper untereinander, auch die Gemeinschaft der Glieder eines gemeinen Wesens nach Regeln des Rechts denken; aber jene specifischen Bestimmungen (die materielle Anziehung oder Abstoßung) nicht auf diese übertragen, und sie den Bürgern beylegen, um ein System welches Staat heißt, auszumachen. — Eben so dürfen wir wohl die Causalität des Urwesens in Ansehung der Dinge der Welt, als Naturzwecke, nach der Analogie eines Verstandes, als Grundes der Formen gewisser Producte, die wir Kunstwerke nennen, denken (denn dieses geschieht nur zum Behuf des theoretischen oder practischen Gebrauchs unseres Erkenntnißvermögens, den wir von diesem Begriffe in Ansehung der Naturdinge in der Welt, nach einem gewissen Princip, zu machen haben); aber wir

gie schließen; weil hier das Princip der Möglichkeit einer solchen Schlußart gerade mangelt, nehmlich die paritas rationis, das höchste Wesen mit dem Menschen (in Ansehung ihrer beiderseitigen Causalität) zu einer und derselben Gattung zu zählen. Die Causalität der Weltwesen, die immer sinnlich-bedingt (dergleichen die durch Verstand) ist, kann nicht auf ein Wesen übertragen werden, welches mit jenen keinen Gattungsbegrif, als den eines Dinges überhaupt, gemein hat.

können daraus, daß unter Weltwesen der Ursache einer Wirkung, die als künstlich beurtheilt wird, Verstand beygelegt werden muß, keinesweges nach einer Analogie schließen, daß auch dem Wesen, welches von der Natur gänzlich unterschieden ist, in Ansehung der Natur selbst eben dieselbe Causalität, die wir am Menschen wahrnehmen, zukomme: weil dieses eben den Punct der Ungleichartigkeit betrift, der zwischen einer in Ansehung ihrer Wirkungen sinnlich-bedingten Ursache und dem übersinnlichen Urwesen selbst im Begriffe desselben gedacht wird, und also auf diesen nicht übergetragen werden kann. — Eben darin, daß ich mir die göttliche Causalität nur nach der Analogie mit einem Verstande (welches Vermögen wir an keinem anderen Wesen als dem sinnlich-bedingten Menschen kennen) denken soll, liegt das Verbot, ihm diesen Verstand in der eigentlichen Bedeutung beyzulegen *).

3) Meynen findet in Urtheilen a priori gar nicht Statt; sondern man erkennt durch sie entweder etwas als ganz gewiß, oder gar nichts. Wenn aber auch die gegebenen Beweisgründe, von denen wir ausgehen (wie hier von den Zwecken in der Welt), empirisch sind,

*) Man vermißt dadurch nicht das Mindeste in der Vorstellung der Verhältnisse dieses Wesens zur Welt, so wohl was die theoretischen als practischen Folgerungen aus diesem Begriffe betrift. Was es an sich selbst sey, erforschen zu wollen, ist ein eben so zweckloser als vergeblicher Vorwitz.

so kann man mit diesen doch über die Sinnenwelt hinaus nichts meynen, und solchen gewagten Urtheilen den mindesten Anspruch auf Wahrscheinlichkeit zugestehen. Denn Wahrscheinlichkeit ist ein Theil einer in einer gewissen Reihe der Gründe möglichen Gewißheit (die Gründe derselben werden darin mit dem Zureichenden, als Theile mit einem Ganzen, verglichen), zu welchem jener unzureichende Grund muß ergänzt werden können. Weil sie aber als Bestimmungsgründe der Gewißheit eines und desselben Urtheils gleichartig seyn müssen, indem sie sonst nicht zusammen eine Größe (dergleichen die Gewißheit ist) ausmachen würden: so kann nicht ein Theil derselben innerhalb den Gränzen möglicher Erfahrung, ein anderer außerhalb aller möglichen Erfahrung liegen. Mithin, da bloß-empirische Beweisgründe auf nichts Übersinnliches führen, der Mangel in der Reihe derselben auch durch nichts ergänzt werden kann; so findet in dem Versuche, durch sie zum Übersinnlichen und einer Erkenntniß desselben zu gelangen, nicht die mindeste Annäherung, folglich in einem Urtheile über das letztere burch von der Erfahrung hergenommene Argumente, auch keine Wahrscheinlichkeit Statt.

4) Was als Hypothese zu Erklärung der Möglichkeit einer gegebenen Erscheinung dienen soll, davon muß wenigstens die Möglichkeit völlig gewiß seyn. Es ist genug, daß ich bey einer Hypothese auf die Erkenntniß der Wirklichkeit (die in einer für wahrscheinlich aus-

gegebenen Meynung noch behauptet wird) Verzicht thue: mehr kann ich nicht Preis geben; die Möglichkeit dessen, was ich einer Erklärung zum Grunde lege, muß wenigstens keinem Zweifel ausgesetzt seyn, weil sonst der leeren Hirngespinste kein Ende seyn würde. Die Möglichkeit aber eines nach gewissen Begriffen bestimmten übersinnlichen Wesens anzunehmen, da hiezu keine von den erforderlichen Bedingungen einer Erkenntniß, nach dem was in ihr auf Anschauung beruht, gegeben ist, und also der bloße Satz des Widerspruchs (der nichts als die Möglichkeit des Denkens und nicht des gedachten Gegenstandes selbst beweisen kann) als Criterium dieser Möglichkeit übrig bleibt, würde eine völlig grundlose Voraussetzung seyn.

Das Resultat hievon ist: daß für das Daseyn des Urwesens, als einer Gottheit, oder der Seele, als eines unsterblichen Geistes, schlechterdings kein Beweis in theoretischer Absicht, um auch nur den mindesten Grad des Fürwahrhaltens zu wirken, für die menschliche Vernunft möglich sey; und dieses aus dem ganz begreiflichen Grunde: weil zur Bestimmung der Ideen des übersinnlichen für uns gar kein Stof da ist, indem wir diesen letzteren von Dingen in der Sinnenwelt hernehmen müßten, ein solcher aber jenem Objecte schlechterdings nicht angemessen ist, also, ohne alle Bestimmung derselben, nichts mehr, als der Begrif von einem nichtsinnlichen Etwas übrig bleibt, welches den letzten Grund der Sinnenwelt enthalte, der noch kein **Erkenntniß** (als Erweiterung des Begrifs) von seiner inneren Beschaffenheit ausmacht.

§. 91.

Von der Art des Fürwahrhaltens durch einen practischen Glauben.

Wenn wir bloß auf die Art sehen, wie etwas **für uns** (nach der subjectiven Beschaffenheit unserer Vorstellungskräfte) Object der Erkenntniß (res cognoscibilis) seyn kann: so werden alsdann die Begriffe **nicht** mit den Objecten, sondern bloß mit unsern Erkenntnißvermögen und dem Gebrauche, den diese von der gegebenen Vorstellung (in theoretischer oder practischer Absicht) machen können, zusammengehalten; und die Frage, ob etwas ein erkennbares Wesen sey oder nicht, ist keine Frage, die die Möglichkeit der Dinge selbst, sondern unserer Erkenntniß derselben angeht.

Erkennbare Dinge sind nun von dreyfacher Art: **Sachen der Meynung** (opinabile), **Thatsachen** (scibile), und **Glaubenssachen** (mere credibile).

1) Gegenstände der bloßen Vernunftideen, die für das theoretische Erkenntniß gar nicht in irgend einer möglichen Erfahrung dargestellt werden können, sind sofern auch gar nicht **erkennbare Dinge**, mithin kann man in Ansehung ihrer nicht einmal meynen; wie

denn a priori zu meynen, schon an sich ungereimt und der gerade Weg zu lauter Hirngespenstern ist. Entweder unser Satz a priori ist also gewiß, oder er enthält gar nichts zum Fürwahrhalten. Also sind Meynungssachen jederzeit Objecte einer wenigstens an sich möglichen Erfahrungserkenntniß (Gegenstände der Sinnenwelt), die aber, nach dem bloßen Grade dieses Vermögens den wir besitzen, für uns unmöglich ist. So ist der Äther der neuern Physiker, eine elastische alle andere Materien durchdringende (mit ihnen innigst vermischte) Flüßigkeit, eine bloße Meynungssache, immer doch noch von der Art, daß, wenn die äußern Sinne im höchsten Grade geschärft wären, er wahrgenommen werden könnte; der aber nie in irgend einer Beobachtung, oder Experimente, dargestellt werden kann. Vernünftige Bewohner anderer Planeten anzunehmen, ist eine Sache der Meynung; denn, wenn wir diesen näher kommen könnten, welches an sich möglich ist, würden wir, ob sie sind, oder nicht sind, durch Erfahrung ausmachen; aber wir werden ihnen niemals so nahe kommen, und so bleibt es beym Meynen. Allein meynen: daß es reine, ohne Körper denkende, Geister im materiellen Univers gebe (wenn man nehmlich gewisse dafür ausgegebene wirkliche Erscheinungen, wie billig, von der Hand weiset), heißt dichten, und ist gar keine Sache der Meynung, sondern eine bloße Idee, welche übrig bleibt, wenn man von einem denkenden Wesen alles Materielle wegnimmt, und ihm doch das Denken übrig läßt. Ob aber alsdann das *Letztere* (welches wir nur am Menschen, d. i. in Verbindung mit einem Körper, kennen) übrig bleibe, können wir nicht ausmachen. Ein solches Ding ist ein *vernünfteltes Wesen* (ens rationis ratiocinantis), *kein Vernunftwesen* (ens rationis ratiocinatae); von welchem letzteren es doch möglich ist, die objective Realität seines Begrifs, wenigstens für den practischen Gebrauch der Vernunft, hinreichend darzuthun, weil dieser, der seine eigenthümlichen und apodictisch gewissen Principien a priori hat, ihn sogar erheischt (postulirt).

2) Gegenstände für Begriffe, deren objective Realität (es sey durch reine Vernunft, oder durch Erfahrung, und, im ersteren Falle, aus theoretischen oder practischen Datis derselben, in allen Fällen aber vermittelst einer ihnen correspondirenden Anschauung) bewiesen werden kann, sind (res facti) *Thatsachen* *). Dergleichen sind die mathematischen Eigenschaften der Größen (in der Geometrie), weil sie einer *Darstellung* a priori für den theoretischen Vernunftgebrauch fähig sind. Fer-

---

*) Ich erweitere hier, wie mich dünkt mit Recht, den Begrif einer Thatsache über die gewöhnliche Bedeutung dieses Worts. Denn es ist nicht nöthig, ja nicht einmal thunlich, diesen Ausdruck bloß auf die wirkliche Erfahrung einzuschränken, wenn von dem Verhältnisse der Dinge zu unseren Erkenntnißvermögen die Rede ist, da eine bloß mögliche Erfahrung schon hinreichend ist, um von ihnen bloß als Gegenständen einer bestimmten Erkenntnißart, zu reden.

ner' sind Dinge, oder Beschaffenheiten derselben, die durch Erfahrung (eigene oder fremde Erfahrung, vermittelst der Zeugnisse) dargethan werden können, gleichfalls Thatsachen. — Was aber sehr merkwürdig ist, so findet sich sogar eine Vernunftidee (die an sich keiner Darstellung in der Anschauung, mithin auch keines theoretischen Beweises ihrer Möglichkeit, fähig ist) unter den Thatsachen; und das ist die Idee der Freyheit, deren Realität, als einer besondern Art von Causalität, (von welcher der Begrif in theoretischem Betracht überschwenglich seyn würde) sich durch practische Gesetze der reinen Vernunft, und, diesen gemäß, in wirklichen Handlungen, mithin in der Erfahrung, darthun läßt. — Die einzige unter allen Ideen der reinen Vernunft, deren Gegenstand Thatsache ist, und unter die scibilia mit gerechnet werden muß.

3) Gegenstände, die in Beziehung auf den pflichtmäßigen Gebrauch der reinen practischen Vernunft (es sey als Folgen, oder als Gründe) a priori gedacht werden müssen, aber für den theoretischen Gebrauch derselben überschwenglich sind, sind bloße Glaubenssachen. Dergleichen ist das höchste durch Freyheit zu bewirkende Gut in der Welt; dessen Begrif in keiner für uns möglichen Erfahrung, mithin für den theoretischen Vernunftgebrauch hinreichend, seiner objectiven Realität nach bewiesen werden kann, dessen Gebrauch aber zur bestmöglichen Bewirkung jenes Zwecks doch durch practi-

sche reine Vernunft geboten ist, und mithin als möglich angenommen werden muß. Diese gebotene Wirkung, zusammt den einzigen für uns denkbaren Bedingungen ihrer Möglichkeit, nehmlich dem Daseyn Gottes und der Seelen-Unsterblichkeit, sind **Glaubenssachen** (res Fidei), und zwar die einzigen unter allen Gegenständen, die so genannt werden können *). Denn, ob von uns gleich, was wir nur von der Erfahrung anderer durch Zeugniß lernen können, geglaubt werden muß, so ist es darum doch noch nicht an sich Glaubenssache; denn bey jener Zeugen Einem war es doch eigene Erfahrung und Thatsache, oder wird als solche vorausgesetzt. Zudem muß es möglich seyn, durch diesen Weg (des historischen Glaubens) zum Wissen zu gelangen; und die Objecte der Geschichte und Geographie, wie alles überhaupt was zu wissen nach der Beschaffenheit unserer Erkenntnißvermögen wenigstens möglich ist, gehören nicht zu Glaubenssachen, sondern zu Thatsachen. Nur Gegenstände der reinen Vernunft kön-

---

*) Glaubenssachen sind aber darum nicht Glaubensartikel; wenn man unter den letzteren solche Glaubenssachen versteht, zu deren Bekenntniß (innerem oder äußeren) man verpflichtet werden kann: dergleichen also die natürliche Theologie nicht enthält. Denn da sie, als Glaubenssachen sich (gleich den Thatsachen) auf theoretische Beweise nicht gründen können; so ist es ein freyes Fürwahrhalten, und auch nur als ein solches mit der Moralität des Subjects vereinbar.

nen allenfalls Glaubenssachen seyn, aber nicht als Gegenstände der bloßen reinen speculativen Vernunft; denn da können sie gar nicht einmal mit Sicherheit zu den Sachen, d. i. Objecten jenes für uns möglichen Erkenntnisses, gezählt werden. Es sind Ideen, d. i. Begriffe, denen man die objective Realität theoretisch nicht sichern kann. Dagegen ist der von uns zu bewirkende höchste Endzweck, das wodurch wir allein würdig werden können selbst Endzweck einer Schöpfung zu seyn, eine Idee, die für uns in practischer Beziehung objective Realität hat, und Sache; aber darum, weil wir diesem Begriffe in theoretischer Absicht diese Realität nicht verschaffen können, bloße Glaubenssache der reinen Vernunft, mit ihm aber zugleich Gott und Unsterblichkeit, als die Bedingungen, unter denen allein wir, nach der Beschaffenheit unserer (der menschlichen) Vernunft, uns die Möglichkeit jenes Effects des gesetzmäßigen Gebrauchs unserer Freyheit denken können. Das Fürwahrhalten aber in Glaubenssachen ist ein Fürwahrhalten in reiner practischer Absicht, d. i. ein moralischer Glaube, der nichts für das theoretische, sondern bloß für das practische, auf Befolgung seiner Pflichten gerichtete, reine Vernunfterkenntniß, beweiset, und die Speculation, oder die practischen Klugheitsregeln nach dem Princip der Selbstliebe, gar nicht erweitert. Wenn das oberste Princip aller Sittengesetze ein Postulat ist, so wird zugleich die Möglichkeit ihres höchsten Objects, mithin auch die Bedingung, unter der wir diese Möglichkeit denken können, dadurch mit postulirt. Dadurch wird nun das Erkenntniß der letzteren weder Wissen noch Meynung von dem Daseyn und der Beschaffenheit dieser Bedingungen, als theoretische Erkenntnißart, sondern bloß Annahme, in practischer und dazu gebotener Beziehung für den moralischen Gebrauch unserer Vernunft.

Würden wir auch auf die Zwecke der Natur, die uns die physische Teleologie in so reichem Maaße vorlegt, einen bestimmten Begrif von einer verständigen Welturfache scheinbar gründen können, so wäre das Daseyn dieses Wesens doch nicht Glaubenssache. Denn da dieses nicht zum Behuf der Erfüllung meiner Pflicht, sondern nur zur Erklärung der Natur angenommen wird, so würde es bloß die unserer Vernunft angemessenste Meynung und Hypothese seyn. Nun führt jene Teleologie keinesweges auf einen bestimmten Begrif von Gott, der hingegen allein in dem von einem moralischen Welturheber angetroffen wird, weil dieser allein den Endzweck angiebt, zu welchem wir uns nur sofern zählen können, als wir dem, was uns das moralische Gesetz als Endzweck auferlegt, mithin uns verpflichtet, uns gemäß verhalten. Folglich bekommt der Begrif von Gott nur durch die Beziehung auf das Object unserer Pflicht, als Bedingung der Möglichkeit den Endzweck derselben zu erreichen, den Vorzug in unserm Fürwahrhalten als

Glaubenssache zu gelten; dagegen eben derselbe Begrif doch sein Object nicht als Thatsache geltend machen kann: weil, obzwar die Nothwendigkeit der Pflicht für die practische Vernunft wohl klar ist, doch die Erreichung des Endzwecks derselben, sofern er nicht ganz in unserer Gewalt ist, nur zum Behuf des practischen Gebrauchs der Vernunft angenommen, also nicht so wie die Pflicht selbst, practisch nothwendig ist *).

*) Der Endzweck, den das moralische Gesetz zu befördern aufs erlegt, ist nicht der Grund der Pflicht: denn dieser liegt im moralischen Gesetze, welches, als formales practisches Princip, categorisch leitet, unangesehen der Objecte des Begehrungsvermögens (der Materie des Wollens), mithin irgend eines Zwecks. Diese formale Beschaffenheit meiner Handlungen (Unterordnung derselben unter das Princip der Allgemeingültigkeit), worin allein ihr innerer moralischer Werth besteht, ist gänzlich in unserer Gewalt; und ich kann von der Möglichkeit, oder Unausführbarkeit, der Zwecke, die mir jenem Gesetze gemäß zu befördern obliegen, gar wohl abstrahiren (weil in ihnen nur der äußere Werth meiner Handlungen besteht), als etwas, welches nie völlig in meiner Gewalt ist, um nur auf das zu sehen, was meines Thuns ist. Allein die Absicht, den Endzweck aller vernünftigen Wesen (Glückseligkeit, so weit sie einstimmig mit der Pflicht möglich ist) zu befördern, ist doch, eben durch das Gesetz der Pflicht, auferlegt. Aber die speculative Vernunft sieht die Ausführbarkeit derselben (weder von Seiten unseres eigenen physischen Vermögens, noch der Mitwirkung der Natur) gar nicht ein; vielmehr muß sie aus solchen Ursachen, so viel wir vernünftiger Weise urtheilen können, einen solchen Erfolg unseres Wohlverhaltens von der bloßen Natur (in uns und außer uns), ohne Gott und

Glaube (als habitus, nicht als actus) ist *die moralische* Denkungsart der Vernunft im Fürwahrhalten desjenigen, was für das theoretische Erkenntniß unzugänglich ist. Er ist also der beharrliche Grundsatz des Gemüths, das, was zur Möglichkeit des höchsten moralischen Endzwecks als Bedingung vorauszusetzen nothwendig ist, wegen der Verbindlichkeit zu demselben als wahr anzunehmen *); ob zwar die Möglichkeit desselben

> Unsterblichkeit anzunehmen, für eine ungegründete und nichtige wenn gleich wohlgemeinte Erwartung halten, und, wenn sie von diesem Urtheile völlige Gewißheit haben könnte, das moralische Gesetz selbst als bloße Täuschung unserer Vernunft in practischer Rücksicht ansehen. Da aber die speculative Vernunft sich völlig überzeugt, daß das letztere nie geschehen kann, dagegen aber jene Ideen, deren Gegenstand über die Natur hinaus liegt, ohne Widerspruch gedacht werden können; so wird sie für ihr eigenes practisches Gesetz und die dadurch auferlegte Aufgabe, also in moralischer Rücksicht, jene Ideen als real anerkennen müssen, um nicht mit sich selbst in Widerspruch zu kommen.
>
> *) Er ist ein Vertrauen auf die Verheißung des moralischen Gesetzes; aber nicht als eine solche, die in demselben enthalten ist, sondern die ich hineinlege, und zwar aus moralisch hinreichendem Grunde. Denn ein Endzweck kann durch kein Gesetz der Vernunft geboten seyn, ohne daß diese zugleich die Erreichbarkeit desselben, wenn gleich ungewiß, verspreche, und hiemit auch das Fürwahrhalten der einzigen Bedingungen berechtige, unter denen unsere Vernunft sich diese allein denken kann. Das Wort Fides drückt dieses auch schon aus; und es kann nur bedenklich scheinen, wie dieser Ausdruck und diese besondere Idee in die

Critik der teleologischen Urtheilskraft.

ben, jedoch eben so wohl auch die Unmöglichkeit, von uns nicht eingesehen werden kann. Der Glaube (schlechthin so genannt) ist ein Vertrauen zu der Erreichung einer Absicht, deren Beförderung Pflicht, die Möglichkeit der Ausübung derselben aber für uns nicht einzusehen ist (folglich auch nicht die der einzigen für uns denkbaren Bedingungen). Der Glaube also, der sich auf besondere Gegenstände, die nicht Gegenstände des möglichen Wissens oder Meynens sind, bezieht (in welchem letztern Falle er, vornehmlich im Historischen, Leichtgläubigkeit und nicht Glaube heißen müßte) ist ganz moralisch. Er ist ein freyes Fürwahrhalten, nicht dessen wozu dogmatische Beweise für die theoretisch bestimmende Urtheilskraft anzutreffen sind, noch wozu wir uns verbunden halten, sondern dessen, was wir, zum Behuf einer Absicht nach Gesetzen der Freiheit annehmen; aber doch nicht, wie etwa eine Meynung, ohne hinreichenden Grund, sondern als in der Vernunft (obwohl

moralische Philosophie hineinkomme, da sie allererst mit dem Christenthum eingeführt worden, und die Annahme derselben vielleicht nur eine schmeichlerische Nachahmung seiner Sprache zu seyn scheinen dürfte. Aber das ist nicht der einzige Fall, da diese wundersame Religion in der größten Einfalt ihres Vortrages die Philosophie mit weit bestimmteren und reineren Begriffen der Sittlichkeit bereichert hat, als diese bis dahin hatte liefern können, die aber, wenn sie einmal da sind, von der Vernunft frey gebilligt, und als solche angenommen werden auf die sie wohl von selbst hätte kommen und sie einführen können und sollen.

nur in Ansehung ihres practischen Gebrauchs), **für die Absicht derselben hinreichend**, gegründet: denn ohne ihn hat die moralische Denkungsart bey dem Verstoß gegen die Aufforderung der theoretischen Vernunft zum Beweise (der Möglichkeit des Objects der Moralität) keine feste Beharrlichkeit, sondern schwankt zwischen practischen Geboten und theoretischen Zweifeln. **Ungläubisch** seyn, heißt der Maxime nachhangen, Zeugnissen überhaupt nicht zu glauben; **Ungläubig** aber ist der, welcher jenen Vernunftideen, weil es ihnen an **theoretischer** Begründung ihrer Realität fehlt, darum alle Gültigkeit abspricht. Er urtheilt also dogmatisch. Ein dogmatischer **Unglaube** kann aber mit einer in der Denkungsart herrschenden sittlichen Maxime nicht zusammen bestehen (denn einem Zwecke, der für nichts als Hirngespinst erkannt wird, nachzugehen, kann die Vernunft nicht gebieten); wohl aber ein **Zweifelglaube**, dem der Mangel der Überzeugung durch Gründe der speculativen Vernunft nur Hinderniß ist, welchem eine critische Einsicht in die Schranken der letztern den Einfluß auf das Verhalten benehmen und ihm ein überwiegendes practisches Fürwahrhalten zum Ersatz hinstellen kann.

*   *

Wenn man an die Stelle gewisser verfehlten Versuche in der Philosophie ein anderes Princip aufführen und ihm Einfluß verschaffen will, so gereicht es zu großer

ßer Befriedigung, einzusehen, wie jene und warum sie fehl schlagen mußten.

Gott, Freyheit, und Seelenunsterblichkeit sind diejenigen Aufgaben, zu deren Auflösung alle Zurüstungen der Metaphysik, als ihrem letzten und alleinigen Zwecke, abzielen. Nun glaubte man, daß die Lehre von der Freyheit nur als negative Bedingung für die practische Philosophie nöthig sey, die Lehre von Gott und der Seelenbeschaffenheit hingegen, zur theoretischen gehörig, für sich und abgesondert dargethan werden müsse, um beide nachher mit dem, was das moralische Gesetz (das nur unter der Bedingung der Freyheit möglich ist) gebietet, zu verknüpfen und so eine Religion zu Stande zu bringen. Man kann aber bald einsehen, daß diese Versuche fehl schlagen mußten. Denn aus bloßen ontologischen Begriffen von Dingen überhaupt, oder der Existenz eines nothwendigen Wesens läßt sich schlechterdings kein, durch Prädikate die sich in der Erfahrung geben lassen und also zum Erkenntnisse dienen könnten, bestimmter, Begrif von einem Urwesen machen; der aber, welcher auf Erfahrung von der physischen Zweckmäßigkeit der Natur gegründet wurde, konnte wiederum keinen für die Moral, mithin zur Erkenntniß eines Gottes, hinreichenden Beweis abgeben. Eben so wenig konnte auch die Seelenkenntniß durch Erfahrung (die wir nur in diesem Leben anstellen) einen Begrif von der geistigen, unsterblichen Natur derselben, mithin für die

Moral zureichend, verschaffen. Theologie und Pneu=
matologie, als Aufgaben zum Behuf der Wissenschaf=
ten einer speculativen Vernunft, weil deren Begrif für
alle unsere Erkenntnißvermögen überschwenglich ist, kön=
nen durch keine empirische Data und Prädicate zu
Stande kommen. — Die Bestimmung beider Begrif=
fe, Gottes sowohl als der Seele (in Ansehung ihrer
Unsterblichkeit), kann nur durch Prädicate geschehen,
die, ob sie gleich selbst nur aus einem übersinnlichen
Grunde möglich sind, dennoch in der Erfahrung ihre
Realität beweisen müssen: denn so allein können sie
von ganz übersinnlichen Wesen ein Erkenntniß möglich
machen. — Dergleichen ist nun der einzige in der
menschlichen Vernunft anzutreffende Begrif der Frey=
heit des Menschen unter moralischen Gesetzen, zusammt
dem Endzwecke, den jene durch diese vorschreibt, wo=
von die erstern dem Urheber der Natur, der zweyte
dem Menschen diejenigen Eigenschaften beyzulegen taug=
lich sind, welche zu der Möglichkeit beider die nothwen=
dige Bedingung enthalten; so daß eben aus dieser Idee
auf die Existenz und die Beschaffenheit jener sonst gänz=
lich für uns verborgenen Wesen geschlossen werden kann.

Also liegt der Grund der auf dem bloß theoretischen
Wege verfehlten Absicht, Gott und Unsterblichkeit zu
beweisen, darin: daß von dem Übersinnlichen auf die=
sem Wege (der Naturbegriffe) gar kein Erkenntniß mög=
lich ist. Daß es dagegen auf dem moralischen (des

Freyheitsbegrifs) gelingt, hat diesen Grund: daß hier das Überſinnliche, welches dabey zum Grunde liegt (die Freyheit), durch ein beſtimmtes Geſetz der Cauſalität, welches aus ihm entſpringt, nicht allein Stof zum Erkenntniß des andern Überſinnlichen (des moraliſchen Endzwecks und der Bedingungen ſeiner Ausführbarkeit) verſchäft, ſondern auch als Thatſache ſeine Realität in Handlungen darthut, aber eben darum auch keinen andern, als nur in practiſcher Abſicht (welche auch die einzige iſt, deren die Religion bedarf) gültigen, Beweisgrund abgeben kann.

Es bleibt hiebey immer ſehr merkwürdig: daß unter den drey reinen Vernunftideen, Gott, Freyheit und Unſterblichkeit, die der Freyheit der einzige Begrif des Überſinnlichen iſt, welcher ſeine objective Realität (vermittelſt der Cauſalität, die in ihm gedacht wird) an der Natur, durch ihre in derſelben mögliche Wirkung, beweiſet, und eben dadurch die Verknüpfung der beiden andern mit der Natur, aller dreyen aber unter einander zu einer Religion möglich macht; und daß wir alſo in uns ein Princip haben, welches die Idee des Überſinnlichen in uns, dadurch aber auch die deſſelben außer uns, zu einer, ob gleich nur in practiſcher Abſicht möglichen, Erkenntniß zu beſtimmen vermögend iſt, woran die bloß ſpeculative Philoſophie (die auch von der Freyheit einen bloß negativen Begrif geben konnte) verzweifeln mußte: mithin der Freiheitsbegrif (als Grundbegrif aller unbedingt=practischen Gesetze) die Vernunft über diejenigen Gränzen erweitern kann, innerhalb deren jeder Naturbegrif (theoretischer) ohne Hofnung eingeschränkt bleiben müßte.

Allgemeine Anmerkung zur Teleologie.

Wenn die Frage ist: welchen Rang das moralische Argument, welches das Daseyn Gottes nur als Glaubenssache für die practisch reine Vernunft beweiset, unter den übrigen in der Philosophie behaupte; so läßt sich der ganze Besitz dieser letztern leicht überschlagen, wo es sich dann ausweiset, daß hier nicht zu wählen sey, sondern ihr theoretisches Vermögen, vor einer unparteyischen Critik, alle seine Ansprüche von selbst aufgeben müße.

Auf Thatsache muß sich alles Fürwahrhalten zuförderst gründen, wenn es nicht völlig grundlos seyn soll; und es kann also nur der einzige Unterschied im Beweisen Statt finden, ob auf diese Thatsache ein Fürwahrhalten der daraus gezogenen Folgerung, als *Wissen*, für das theoretische, oder, bloß als *Glauben*, für das practische Erkenntniß, könne gegründet werden. Alle Thatsachen gehören entweder zum *Naturbegrif*, der seine Realität an den vor allen Naturbegriffen gegebenen (oder zu geben möglichen) Gegenständen der Sinne beweiset; oder zum *Freyheitsbegriffe*, der seine Realität durch die Caußalität der Vernunft, in Ansehung gewisser durch sie möglichen Wirkungen in der Sinnenwelt, die sie im moralischen Gesetze unwiderleglich postulirt, hinreichend darthut. Der Naturbegrif (bloß zur theoretischen Erkenntniß gehörige) ist nun entweder metaphysisch, und völlig a priori; oder physisch, d. i. a posteriori

Critik der teleologischen Urtheilskraft.

und nothwendig nur durch bestimmte Erfahrung denkbar. Der metaphysische Naturbegrif (der keine bestimmte Erfahrung voraussetzt) ist also ontologisch.

Der ontologische Beweis vom Daseyn Gottes aus dem Begriffe eines Urwesens ist nun entweder der, welcher aus ontologischen Prädicaten, wodurch es allein durchgängig bestimmt gedacht werden kann, auf das absolut-nothwendige Daseyn, oder aus der absoluten Nothwendigkeit des Daseyns irgend eines Dinges, welches es auch sey, auf die Prädicate des Urwesens schließt: denn zum Begriffe eines Urwesens gehört, damit es nicht abgeleitet sey, die unbedingte Nothwendigkeit seines Daseyns, und (um diese sich vorzustellen) die durchgängige Bestimmung durch den Begrif desselben. Beide Erfordernisse glaubte man nun im Begriffe der ontologischen Idee eines allerrealsten Wesens zu finden: und so entsprangen zwey metaphysische Beweise.

Der einen bloß metaphysischen Naturbegrif zum Grunde legende (eigentlich-ontologisch genannte) Beweis schloß aus dem Begriffe des allerrealsten Wesens auf seine schlechthin nothwendige Existenz; denn (heißt es) wenn es nicht existirte, so würde ihm eine Realität, nehmlich die Existenz, mangeln. — Der andere (den man auch den metaphysisch-cosmologischen Beweis nennt) schloß aus der Nothwendigkeit der Existenz irgend eines Dinges (dergleichen, da uns im Selbstbewußtseyn ein Daseyn gegeben ist, durchaus eingeräumt werden muß) auf die durchgängige Bestimmung desselben, als allerrealsten Wesens: weil alles Existirende durchgängig bestimmt, das schlechterdings Nothwendige aber (nehmlich was wir als ein solches, mithin a priori, erkennen sollen) durch seinen Begrif durchgängig bestimmt seyn müsse; welches sich aber nur im Begriffe eines allerrealsten Dinges antreffen lasse. Es ist hier nicht nöthig, die Sophisterey in beiden Schlüssen aufzudecken, welches schon anderwärts geschehen ist; sondern nur zu bemerken, daß solche Beweise, wenn sie sich auch durch allerley dialectische Subtilität versechten ließen, doch niemals über die Schule hinaus in das gemeine Wesen hinüberkommen, und auf den bloßen gesunden Verstand den mindesten Einfluß haben können.

Der Beweis, welcher einen Naturbegrif, der nur empirisch seyn kann, dennoch aber über die Gränzen der Natur, als Inbegrifs der Gegenstände der Sinne, hinausführen soll, zum Grunde legt, kann kein anderer, als der von den Zwecken der Natur seyn: deren Begrif sich zwar nicht a priori, sondern nur durch die Erfahrung geben läßt, aber doch einen solchen Begrif von dem Urgrunde der Natur verheißt, welcher unter allen, die wir denken können, allein sich zum Übersinnlichen schickt, nehmlich den von einem höchsten Verstande, als Weltursache; welches er auch in der That nach Principien der reflectirenden Urtheilskraft, d. i. nach der Beschaffenheit unseres (menschlichen) Erkenntnißvermögens, vollkommen ausrichtet. — Ob er nun aber aus denselben Datis diesen Begrif eines obersten d. i. unabhängigen verständigen Wesens auch als eines Gottes, d. i. Urhebers einer Welt unter moralischen Gesetzen, mithin hinreichend bestimmt für die Idee von einem Endzwecke des Daseyns der Welt, zu liefern im Stande sey, das ist eine Frage, worauf alles ankommt; wir mögen nun einen theoretisch hinlänglichen Begrif von dem Urwesen zum Behuf der gesammten Naturkenntniß, oder einen practischen für die Religion verlangen.

Dieses aus der physischen Teleologie genommene Argument ist verehrungswerth. Es thut gleiche Wirkung zur Überzeugung auf den gemeinen Verstand, als auf den sub-

Critik der teleologischen Urtheilskraft. 471

tilsten Denker; und ein Reimarus in seinem noch nicht übertroffenen Werke, worin er diesen Beweisgrund mit der ihm eigenen Gründlichkeit und Klarheit weitläuftig ausführt, hat sich dadurch ein unsterbliches Verdienst erworben. — Allein, wodurch gewinnt dieser Beweis so gewaltigen Einfluß auf das Gemüth, vornehmlich in der Beurtheilung durch kalte Vernunft (denn die Rührung und Erhebung desselben durch die Wunder der Natur könnte man zur Überredung rechnen), auf eine ruhige, sich gänzlich dahin gebende Beystimmung? Es sind nicht die physischen Zwecke, die alle auf einen unergründlichen Verstand in der Weltursache hindeuten; denn diese sind dazu unzureichend, weil sie das Bedürfniß der fragenden Vernunft nicht befriedigen. Denn wozu sind (fragt diese) alle jene künstliche Naturdinge; wozu der Mensch selbst, bei dem wir, als dem letzten für uns denkbaren Zwecke der Natur, stehen bleiben müssen; wozu ist diese gesammte Natur da, und was ist der Endzweck so großer und mannichfaltiger Kunst? Zum Genießen, oder zum Anschauen, Betrachten und Bewundern (welches, wenn es dabey bleibt, auch nichts weiter als Genuß von besonderer Art ist), als dem letzten Endzweck warum die Welt und der Mensch selbst da ist, geschaffen zu seyn, kann die Vernunft nicht befriedigen; denn diese setzt einen persönlichen Werth, den der Mensch sich allein geben kann, als Bedingung, unter welcher allein er und sein Daseyn Endzweck seyn kann, voraus. In Ermangelung desselben (der allein eines bestimmten Begrifs fähig ist) thun die Zwecke der Natur seiner Nachfrage nicht Genüge, vornehmlich, weil sie keinen bestimmten Begrif von dem höchsten Wesen als einem allgenugsamen (und eben darum einigen, eigentlich so zu nennenden höchsten) Wesen, und den Gesetzen nach denen ein Verstand Ursache der Welt ist, an die Hand geben können.

Daß also der physisch-teleologische Beweis, gleich als ob er zugleich ein theologischer wäre, überzeugt, rührt nicht von der Bemühung der Ideen von Zwecken der Natur, als so viel empirischen Beweisgründen eines höchsten Verstandes her; sondern es mischt sich unvermerkt der jedem Menschen beywohnende und ihn so innigst bewegende moralische Beweisgrund in den Schluß mit ein, nach welchem man dem Wesen, welches sich so unbegreiflich künstlich in den Zwecken der Natur offenbart, auch einen Endzweck, mithin Weisheit, (obzwar ohne dazu durch die Wahrnehmung der ersteren berechtigt zu seyn) beylegt, und also jenes Argument, in Ansehung des Mangelhaften welches ihm noch anhängt, willkürlich ergänzt. In der That bringt also nur der moralische Beweisgrund die Überzeugung, und auch diese nur in moralischer Rücksicht, wozu jedermann seine Beystimmung innigst fühlt, hervor; der physisch-teleologische aber hat nur das Verdienst, das Gemüth in der Weltbetrachtung auf den Weg der Zwecke, dadurch aber auf einen verständigen Welturheber zu leiten: da denn die moralische Beziehung auf Zwecke und die Idee eines eben solchen Gesetzgebers und Welturhebers, als theologischer Begrif, ob er zwar reine Zugabe ist, sich dennoch aus jenem Beweisgrunde von selbst zu entwickeln scheint.

Hiebey kann man es in dem gewöhnlichen Vortrage fernerhin auch bewenden lassen. Denn dem gemeinen und gesunden Verstande wird es gemeiniglich schwer, die verschiedenen Principien, die er vermischt, und aus deren einem er wirklich allein und richtig folgert, wenn die Absonderung viel Nachdenken bedarf, als ungleichartig von einander zu scheiden. Der moralische Beweisgrund vom Daseyn Gottes ergänzt aber eigentlich auch nicht etwa bloß den physisch-teleologischen zu einem vollständigen Beweise; sondern er ist ein besonderer Beweis, der den Mangel der Überzeugung aus dem letzteren ersetzt: indem dieser in der That nichts leisten kann, als die Vernunft in der Beurtheilung des Grundes der Natur und der zufälligen, aber bewunderungswürdigen, Ordnung derselben, welche uns nur durch Erfahrung bekannt wird, auf die Caufalität einer Ursache, die nach Zwecken den Grund derselben enthält, (die wir nach der Beschaffenheit unserer Erkenntnißvermögen als verständige Ursache denken müssen) zu lenken und aufmerksam, so aber des moralischen Beweises empfänglicher, zu machen. Denn das was zu dem letztern Begriffe erforderlich ist, ist von allem, was Naturbegriffe enthalten und lehren können, so wesentlich unterschieden, daß es eines besondern von den vorigen ganz unabhängigen Beweisgrundes und Beweises bedarf, um den Begrif vom Urwesen für eine Theologie hinreichend anzugeben, und auf seine Existenz zu schließen. — Der moralische Beweis (der aber freylich nur das Daseyn Gottes in practischer, doch auch unnachlaßlicher, Rücksicht der Vernunft beweiset) würde daher noch immer in seiner Kraft bleiben, wenn wir in der Welt gar keinen, oder nur zweydeutigen Stof zur physischen Teleologie anträfen. Es läßt sich denken, daß vernünftige Wesen sich von einer solchen Natur, welche keine deutliche Spur von Organisation sondern nur Wirkungen von einem bloßen Mechanism der rohen Materie zeigte, umgeben sähen, um derentwillen und bey der Veränderlichkeit einiger bloß zufällig zweckmäßigen Formen und Verhältnisse, kein Grund zu seyn schiene, auf einen verständigen Urheber zu schließen; wo alsdann auch zu einer physischen Teleologie keine Veranlassung seyn würde: und dennoch würde die Vernunft, die durch Naturbegriffe hier keine Anleitung bekommt, im Freyheitsbegriffe und in den sich darauf gründenden sittlichen Ideen einen practisch hinreichenden Grund finden, den Begrif des Urwesens diesen angemessen, d. i. als einer Gottheit, und die Natur (selbst unser eigenes Daseyn) als einen jener und ihren Gesetzen gemäßen Endzweck zu postuliren, und zwar in Rücksicht auf das unnachlaßliche Gebot der practischen Vernunft. — Daß nun aber in der wirklichen Welt für die vernünftigen Wesen in ihr reichlicher Stof zur physischen Teleologie ist (welches eben nicht nothwendig wäre), dient dem moralischen Argument zu erwünschter Bestätigung, soweit Natur etwas den Vernunftideen (den moralischen) Analoges aufzustellen vermag. Denn der Begrif einer obersten Ursache, die Verstand hat, (welches aber für eine Theologie lange nicht hinreichend ist) bekommt dadurch die, für die reflectirende Urtheilskraft hinreichende, Realität; aber er ist nicht erforderlich, um den moralischen Beweis darauf zu gründen: noch dient dieser, um jenen, der für sich allein gar nicht auf Moralität hinweiset, durch fortgesetzten Schluß nach einem einzigen Princip, zu einem Beweise zu ergänzen. Zwey so ungleichartige Principien, als Natur und Freyheit, können nur zwey verschiedene Beweisarten abgeben, da denn der Versuch, denselben aus der ersteren zu führen, für das was bewiesen werden soll, unzulänglich befunden wird.

Wenn der physisch-teleologische Beweisgrund zu dem gesuchten Beweise zureichte, so wäre es für die speculative Vernunft sehr befriedigend; denn er würde Hofnung geben, eine Theosophie hervorzubringen (so würde man nehmlich die theoretische Erkenntniß der göttlichen Natur und seiner Existenz, welche zur Erklärung der Weltbeschaffenheit und zugleich der Bestimmung der sittlichen Gesetze zureichte, nennen müssen). Eben so wenn Psychologie zureichte, um dadurch zur Erkenntniß der Unsterblichkeit der Seele zu gelangen, so würde sie eine Pneumatologie, welche der speculativen Vernunft eben so willkommen wäre, möglich machen. Beide aber, so lieb es auch dem Dünkel der Wißbegierde seyn mag, erfüllen nicht den Wunsch der Vernunft in Absicht auf die Theorie, die auf Kenntniß der Natur der Dinge gegründet seyn müßte. Ob aber nicht die erstere, als Theologie, die zwepte als Anthropologie, beide auf das sittliche, d. i. das Freyheitsprincip gegründet, mithin dem practischen Gebrauche der Vernunft angemessen, ihre objective Endabsicht besser erfüllen, ist eine andere Frage, die wir hier nicht nöthig haben weiter zu verfolgen.

Der physisch teleologische Beweisgrund reicht aber darum nicht zur Theologie zu, weil er keinen für diese Absicht hinreichend bestimmten Begrif von dem Urwesen giebt, noch geben kann, sondern man diesen gänzlich anderwärts hernehmen, oder seinen Mangel dadurch, als durch einen willkürlichen Zusatz, ersetzen muß. Ihr schließt aus der großen Zweckmäßigkeit der Naturformen und ihrer Verhältnisse auf eine verständige Welturfache; aber auf welchen Grad dieses Verstandes? Ohne Zweifel könnt Ihr euch nicht anmaßen, auf den höchstmöglichen Verstand; denn dazu würde erfordert werden, daß Ihr einsähet, ein größerer Verstand als wovon Ihr Beweisthümer in der Welt wahrnehmet, sey nicht denkbar: welches euch selber Allwissenheit beylegen hieße. Eben so schließt Ihr aus der Größe der Welt auf eine sehr große Macht des Urhebers; aber Ihr werdet euch bescheiden, daß dieses nur comparativ für eure Fassungskraft Bedeutung hat, und, da Ihr nicht alles Mögliche erkennt, um es mit der Weltgröße, so weit Ihr sie kennt, zu vergleichen, Ihr nach einem so kleinen Maaßstabe keine Allmacht des Urhebers folgern könnet, u. s. w. Nun gelangt Ihr dadurch zu keinem bestimmten, für eine Theologie tauglichen,

Begriffe eines Urwesens; denn dieser kann nur in dem der Allheit der mit einem Verstande vereinbarten Vollkommenheiten gefunden werden, wozu euch bloß empirische Data gar nicht verhelfen können: ohne einen solchen bestimmten Begrif aber könnt Ihr auch nicht auf ein einiges verständiges Urwesen schließen, sondern (es sey zu welchem Behuf) ein solches nur annehmen. — Nun kann man es zwar ganz wohl einräumen, daß Ihr (da die Vernunft nichts gegründetes dawider zu sagen hat) willkürlich hinzusetzt: wo so viel Vollkommenheit angetroffen wird, möge man wohl alle Vollkommenheit in einer einzigen Welturfache vereinigt annehmen; weil die Vernunft mit einem so bestimmten Princip, theoretisch und practisch, besser zurecht kommt. Aber Ihr könnt denn doch diesen Begrif des Urwesens nicht als von euch bewiesen anpreisen, da Ihr ihn nur zum Behuf eines bessern Vernunftgebrauchs angenommen habt. Alles Jammern also oder ohnmächtiges Zürnen über den vorgeblichen Frevel, die Bündigkeit eurer Schlußkette in Zweifel zu ziehen, ist eitle Großthuerey, die gern haben möchte, daß man den Zweifel, welcher gegen euer Argument frey herausgesagt wird, für Bezweifelung heiliger Wahrheit halten möchte, um nur hinter dieser Decke die Seichtigkeit desselben durchschlüpfen zu lassen.

Die moralische Teleologie hingegen, welche nicht minder fest gegründet ist, wie die physische, vielmehr dadurch, daß sie a priori auf von unserer Vernunft untrennbaren Principien beruht, Vorzug verdient, führt auf das, was zur Möglichkeit einer Theologie erfordert wird, nehmlich auf einen bestimmten Begrif der obersten Ursache, als Welturfache nach moralischen Gesetzen, mithin einer solchen, die unserm moralischen Endzwecke Genüge thut: wozu nichts weniger als Allwissenheit, Allmacht, Allgegenwart u. s. w. als

dazu gehörige Natureigenschaften erforderlich sind, die mit
dem moralischen Endzwecke, der unendlich ist, als verbunden, mithin ihm adäquat gedacht werden müssen, und kann
so den Begrif eines einzigen Welturhebers, der zu einer
Theologie tauglich ist, ganz allein verschaffen.

Auf solche Weise führt eine Theologie auch unmittelbar
zur Religion, d. i. der Erkenntniß unserer Pflichten,
als göttlicher Gebote; weil die Erkenntniß unserer Pflicht,
und des darin uns durch Vernunft auferlegten Endzwecks,
den Begrif von Gott zuerst bestimmt hervorbringen konnte,
der also schon in seinem Ursprunge von der Verbindlichkeit gegen dieses Wesen unzertrennlich ist: anstatt daß, wenn der
Begrif vom Urwesen auf dem bloß theoretischen Wege (nehmlich desselben als bloßer Ursache der Natur) auch bestimmt gefunden werden könnte, es nachher noch mit großer Schwierigkeit, vielleicht gar Unmöglichkeit es ohne willkürliche Ein-
schiebung zu leisten, verbunden seyn würde, diesem Wesen
eine Causalität nach moralischen Gesetzen durch gründliche
Beweise beyzulegen; ohne die doch jener angeblich theologische Begrif keine Grundlage zur Religion ausmachen kann.
Selbst wenn eine Religion auf diesem theoretischen Wege gegründet werden könnte, würde sie in Ansehung der Gesinnung (worin doch ihr Wesentliches besteht) wirklich von derjenigen unterschieden seyn, in welcher der Begrif von Gott
und die (practische) Überzeugung von seinem Daseyn aus
Grundideen der Sittlichkeit entspringt. Denn wenn wir Allgewalt, Allwissenheit u. s. w. eines Welturhebers, als anderwärts her uns gegebene Begriffe voraussetzen müßten, um
nachher unsere Begriffe von Pflichten auf unser Verhältniß
zu ihm nur anzuwenden, so müßten diese sehr stark den Anstrich
von Zwang und abgenöthigter Unterwerfung bey sich führen:
statt dessen, wenn die Hochachtung für das sittliche Gesetz

uns ganz frey, laut Vorschrift unserer eigenen Vernunft, den Endzweck unserer Bestimmung vorstellt, wir eine damit und zu dessen Ausführung zusammenstimmende Ursache mit der wahrhaftesten Ehrfurcht, die gänzlich von pathologischer Furcht unterschieden ist, in unsere moralischen Absichten mit aufnehmen und uns derselben willig unterwerfen *).

Wenn man fragt: warum uns denn etwas daran gelegen sey, überhaupt eine Theologie zu haben; so leuchtet klar ein, daß sie nicht zur Erweiterung oder Berichtigung unserer Naturkenntniß und überhaupt irgend einer Theorie, sondern lediglich zur Religion, d. i. dem practischen, namentlich dem moralischen Gebrauche der Vernunft in subjectiver Absicht nöthig sey. Findet sich nun: daß das einzige Argument, welches zu einem bestimmten Begriffe des Gegenstandes der Theologie führt, selbst moralisch ist; so wird es nicht allein nicht befremden, sondern man wird auch in Ansehung der Zulänglichkeit des Fürwahrhaltens aus diesem Bewegungsgrunde zur Endabsicht derselben nichts vermissen, wenn gestanden wird, daß ein solches Argument das Daseyn Gottes nur für unsere moralische Bestimmung, d. i. in practischer Absicht hinreichend darthue, und die Speculation in demselben

*) Die Bewunderung der Schönheit sowohl, als die Rührung durch die so mannichfaltigen Zwecke der Natur, welche ein nachdenkendes Gemüth, noch vor einer klaren Vorstellung eines vernünftigen Urhebers der Welt, zu fühlen im Stande ist, haben etwas einem religiösen Gefühl ähnliches an sich. Sie scheinen daher zuerst durch eine der moralischen analoge Beurtheilungsart derselben auf das moralische Gefühl (der Dankbarkeit und der Verehrung gegen die uns unbekannte Ursache) und also durch Erregung moralischer Ideen auf das Gemüth zu wirken, wenn sie diejenige Bewunderung einflößen, die mit weit mehrerem Interesse verbunden ist, als bloße theoretische Betrachtung wirken kann.

ihre Stärke keinesweges beweise, oder den Umfang ihres Gebiets dadurch erweitere. Auch wird die Befremdung, oder der vorgebliche Widerspruch einer hier behaupteten Möglichkeit einer Theologie, mit dem was die Critik der speculativen Vernunft von den Categorieen sagte: daß diese nehmlich nur in Anwendung auf Gegenstände der Sinne, keinesweges aber auf das Übersinnliche angewandt, Erkenntniß hervorbringen können; verschwinden, wenn man sie hier zu einem Erkenntniß Gottes, aber nicht in theoretischer (nach dem was seine uns unerforschliche Natur an sich sey), sondern lediglich in practischer Absicht gebraucht sieht. — Um bey dieser Gelegenheit der Mißdeutung jener sehr nothwendigen, aber auch, zum Verdruß des blinden Dogmatikers, die Vernunft in ihre Gränzen zurückweisenden, Lehre der Critik ein Ende zu machen, füge ich hier nachstehende Erläuterung derselben bei.

Wenn ich einem Körper bewegende Kraft beylege, mithin ihn durch die Categorie der Causalität denke; so erkenne ich ihn dadurch zugleich, d. i. ich bestimme den Begrif desselben, als Objects überhaupt, durch das, was ihm, als Gegenstande der Sinne, für sich (als Bedingung der Möglichkeit jener Relation) zukommt. Denn, ist die bewegende Kraft, die ich ihm beylege, eine abstoßende; so kommt ihm (wenn ich gleich noch nicht einen andern, gegen den er sie ausübt, neben ihm setze) ein Ort im Raume, ferner eine Ausdehnung, d. i. Raum in ihm selbst, überdem Erfüllung desselben durch die abstoßenden Kräfte seiner Theile zu, endlich auch das Gesetz dieser Erfüllung (daß der Grund der Abstoßung der letzteren in derselben Proportion abnehmen müsse, als die Ausdehnung des Körpers wächst, und der Raum, den er mit denselben Theilen durch diese Kraft erfüllt, zunimmt). — Dagegen, wenn ich mir ein übersinnliches Wesen als den ersten Beweger, mithin durch die Categorie der Causalität in Ansehung derselben Weltbestimmung (der Bewegung der Materie), denke; so muß ich es nicht in irgend einem Orte im Raume, eben so wenig als ausgedehnt, ja ich darf es nicht einmal als in der Zeit und mit andern zugleich existirend denken. Also habe ich gar keine Bestimmungen, welche mir die Bedingung der Möglichkeit der Bewegung durch dieses Wesen als Grund verständlich machen könnten. Folglich erkenne ich dasselbe durch das Prädicat der Ursache (als ersteren Beweger) für sich nicht im mindesten: sondern ich habe nur die Vorstellung von einem Etwas, welches den Grund der Bewegungen in der Welt enthält; und die Relation derselben zu diesen, als deren Ursache, da sie mir sonst nichts zur Beschaffenheit des Dinges, welches Ursache ist, gehöriges, an die Hand giebt, läßt den Begrif von dieser ganz leer. Der Grund davon ist: weil ich mit Prädicaten, die nur in der Sinnenwelt ihr Object finden, zwar zu dem Daseyn von Etwas, was den Grund der letzteren enthalten muß, aber nicht zu der Bestimmung seines Begrifs als übersinnlichen Wesens, welcher alle jene Prädicate ausstößt, fortschreiten kann. Durch die Categorie der Causalität also, wenn ich sie durch den Begrif eines ersten Bewegers bestimme, erkenne ich, was Gott sey, nicht im mindesten; vielleicht aber wird es besser gelingen, wenn ich aus der Weltordnung Anlaß nehme, seine Causalität, als die eines obersten Verstandes nicht bloß zu denken, sondern ihn auch durch diese Bestimmung des genannten Begrifs zu erkennen: weil da die lästige Bedingung des Raumes und der Ausdehnung wegfällt. — Allerdings nöthigt uns die große Zweckmäßigkeit in der Welt, eine oberste Ursache zu derselben und deren Causalität als durch einen Verstand zu denken; aber dadurch sind wir gar nicht befugt, ihr diesen beyzulegen (wie z. B. die Ewigkeit Gottes als Daseyn zu aller Zeit zu denken, weil wir sonst gar keinen Begrif vom bloßen Daseyn als einer Größe, d. i.

als

als Dauer, machen können; oder die göttliche Allgegenwart als Daseyn in allen Orten zu denken, um die unmittelbare Gegenwart für Dinge außer einander uns faßlich zu machen, ohne gleichwohl eine dieser Bestimmungen Gott, als etwas an ihm Erkanntes, beylegen zu dürfen). Wenn ich die Causalität des Menschen in Ansehung gewisser Producte, welche nur durch absichtliche Zweckmäßigkeit erklärlich sind, dadurch bestimme, daß ich sie als einen Verstand desselben denke; so brauche ich nicht dabey stehen zu bleiben, sondern kann ihm dieses Prädicat als wohlbekannte Eigenschaft desselben beylegen und ihn dadurch erkennen. Denn ich weiß, daß Anschauungen den Sinnen des Menschen gegeben, und durch den Verstand unter einen Begriff und hiemit unter eine Regel gebracht werden; daß dieser Begriff nur das gemeinsame Merkmal (mit Weglassung des Besondern) enthalte, und also discursiv sey; daß die Regeln, um gegebene Vorstellungen unter ein Bewußtseyn überhaupt zu bringen, von ihm noch vor jenen Anschauungen gegeben werden, u. s. w.: ich lege also diese Eigenschaft dem Menschen bey, als eine solche, wodurch ich ihn erkenne. Will ich nun aber ein übersinnliches Wesen (Gott) als Intelligenz denken, so ist dieses in gewisser Rücksicht meines Vernunftgebrauchs nicht allein erlaubt, sondern auch unvermeidlich; aber ihm Verstand beyzulegen, und es dadurch als durch eine Eigenschaft desselben erkennen zu können, sich schmeicheln, ist keinesweges erlaubt: weil ich alsdann alle jene Bedingungen, unter denen ich allein einen Verstand kenne, weglassen muß, mithin das Prädicat, das nur zur Bestimmung des Menschen dient, auf ein übersinnliches Object gar nicht bezogen werden kann, und also durch eine so bestimmte Causalität, was Gott ei. gar nicht erkannt werden kann. Und so geht es mit allen Categorieen, die gar keine Bedeutung zum Erkenntniß in theoretischer Rücksicht haben können, wenn sie nicht auf Gegenstände möglicher Erfahrung angewandt werden. — Aber nach der Analogie mit einem Verstande kann ich, ja muß ich, mir wohl in gewisser anderer Rückficht selbst ein übersinnliches Wesen denken, ohne es gleichwohl dadurch theoretisch erkennen zu wollen; wenn nehmlich diese Bestimmung seiner Causalität eine Wirkung in der Welt betrift, die eine moralisch nothwendige, aber für Sinnenwesen unausführbare Absicht enthält: da alsdann ein Erkenntniß Gottes und seines Daseyns (Theologie) durch bloß nach der Analogie an ihm gedachte Eigenschaften und Bestimmungen seiner Causalität möglich ist, welches in practischer Beziehung, aber auch nur in Rücksicht auf diese (als moralische), alle erforderliche Realität hat. — Es ist also wohl eine Ethicotheologie möglich; denn die Moral kann zwar mit ihrer Regel, aber nicht mit der Endabsicht, welche eben dieselbe auferlegt, ohne Theologie bestehen, ohne die Vernunft in Ansehung der letzteren im Bloßen zu lassen. Aber eine theologische Ethik (der reinen Vernunft) ist unmöglich; weil Gesetze, die nicht die Vernunft ursprünglich selbst giebt, und deren Befolgung sie als reines practisches Vermögen auch bewirkt, nicht moralisch seyn können. Eben so würde eine theologische Physik ein Unding seyn, weil sie keine Naturgesetze sondern Anordnungen eines höchsten Willens vortragen würde; wogegen eine physische (eigentlich physisch-teleologische) Theologie doch wenigstens als Propädeutik zur eigentlichen Theologie dienen kann: indem sie durch die Betrachtung der Naturzwecke, von denen sie reichen Stof darbietet, zur Idee eines Endzwecks, den die Natur nicht aufstellen kann, Anlaß giebt; mithin das Bedürfniß einer Theologie, die den Begrif von Gott für den höchsten practischen Gebrauch der Vernunft zureichend bestimmte, zwar fühlbar machen, aber sie nicht hervorbringen und auf ihre Beweisthümer zulänglich gründen kann.

www.ingramcontent.com/pod-product-compliance
Lightning Source LLC
Chambersburg PA
CBHW031944290426
44108CB00011B/669